U0427803

电子商务"十三五"系列
编审委员会名单

主　　任　陈　进
副 主 任　祁　明　汤兵勇　贺盛瑜　张润彤
委　　员（按拼音排序）
　　　　　曹　杰（南京财经大学）
　　　　　陈　进（对外经济贸易大学）
　　　　　郭卫东（首都经济贸易大学）
　　　　　贺盛瑜（成都信息工程学院）
　　　　　胡　桃（北京邮电大学）
　　　　　华　迎（对外经济贸易大学）
　　　　　琚春华（浙江工商大学）
　　　　　劳帼龄（上海财经大学）
　　　　　李　明（重庆师范大学）
　　　　　倪　明（华东交通大学）
　　　　　祁　明（华南理工大学）
　　　　　瞿彭志（上海大学）
　　　　　帅青红（西南财经大学）
　　　　　孙宝文（中央财经大学）
　　　　　孙建红（宁波大学）
　　　　　孙细明（武汉工程大学）
　　　　　汤兵勇（东华大学）
　　　　　闫相斌（哈尔滨工业大学）
　　　　　杨路明（云南大学）
　　　　　叶琼伟（云南财经大学）
　　　　　张李义（武汉大学）
　　　　　张润彤（北京交通大学）
　　　　　张玉林（东南大学）

电子商务"十三五"系列

Theory and Applications of Electronic Tourism

旅游电子商务理论及应用

杨路明 陈昱 刘明 等编著

化学工业出版社
·北京·

互联网＋旅游，当传统旅游业遇到互联网思维，会产生怎样的化学反应？12306火车票官网、携程、途牛、同程旅游、驴妈妈、淘宝旅行/去啊、去哪儿、艺龙网、穷游网、遨游网、悠哉网……他们改写了中国传统旅游市场的格局。居民旅游意愿的大幅提升、国内旅游政策的大力扶持、产业资本的热情追捧给旅游市场带来机会无限。

《旅游电子商务理论及应用》系统介绍了旅游电子商务的基本知识、相关技术、实际应用及发展概况；通过对理论的讨论与概念的界定，针对性提供实际的企业案例，使读者了解并熟悉旅游电子商务相关理论，掌握一定的实际应用技能，本书是学习旅游电子商务的基础性与应用性读物。

《旅游电子商务理论及应用》适合作为高等院校电子商务、旅游管理专业的本科生、研究生以及开发者的学习用书；适合从事旅游电子商务开发、旅游管理、旅游规划、旅游经营管理的单位及个人学习及参考。

图书在版编目（CIP）数据

旅游电子商务理论及应用/杨路明等编著．—北京：化学工业出版社，2015.9（2022.8重印）

ISBN 978-7-122-24704-9

Ⅰ.①旅⋯ Ⅱ.①杨⋯ Ⅲ.①旅游业-电子商务-高等学校-教材 Ⅳ.①F590.6

中国版本图书馆CIP数据核字（2015）第167622号

责任编辑：宋湘玲　　　　　　　　　　　　装帧设计：尹琳琳
责任校对：边　涛

出版发行：化学工业出版社（北京市东城区青年湖南街13号　邮政编码100011）
印　　装：涿州市般润文化传播有限公司
787mm×1092mm　1/16　印张18　字数450千字　2022年8月北京第1版第8次印刷

购书咨询：010-64518888　　　　　　　售后服务：010-64518899
网　　址：http://www.cip.com.cn
凡购买本书，如有缺损质量问题，本社销售中心负责调换。

定　价：49.80元　　　　　　　　　　　　　　　　版权所有　违者必究

编写说明

近年来国家有关部委发布了《电子商务发展"十二五"规划》、《"十二五"电子商务发展指导意见》等文件,为电子商务的发展制定了宏伟蓝图。并从国家层面开展了电子商务示范城市创建工作、电子商务示范基地创建工作及电子商务示范企业评选工作等。电子商务的发展进入了快车道。2015年"互联网+"行动计划的提出,为电子商务的快速发展提供了助推器。

电子商务的飞速发展,使得各行各业对电子商务人才的要求越来越高。我国高等教育承担着为国家培养和输送懂技术、能实干的电子商务活动的策划、开发和管理的专门人才。目前,我国300多所高校开设了电子商务本科专业,每年约有5万多电子商务的高等学校毕业生走向电子商务相关行业。为了更好地培养电子商务专业人才,我们经过多次调研、反复研讨、认真组织,与化学工业出版社合作出版了本套电子商务系列教材。

本套教材是依据电子商务专业最新专业规范的培养要求,组织电子商务研究领域中颇有建树的学者教授、行业专家共同编写。主编老师大多为教育部高等学校电子商务专业教学指导委员会委员及业内公认专家学者。

本套教材定位于为企业培养开展电子商务活动的策划、开发和管理的专门人才。

本套教材具有如下特色:

(1) 行业特色:融入电器、服装、制造、化工、钢铁、粮食、小商品;金融、电信移动、新材料、网络信息等行业特点;重视制造业与服

务业的融合。

(2) 案例特色:以传统行业开展电子商务活动的典型案例为主,注重案例分析及拓展。

(3) 校企合作:教材面向社会需求和应用,与企业结合、与企业共同编写,将企业实战观点渗入教材。

本套教材配套有电子资源(电子课件、习题解答),为选用教材的任课老师免费提供,如有需要请登录化学工业出版社教学资源网 www.cipedu.com.cn 下载或者联系 1172741428@qq.com。

编写时虽力求精益求精,但疏漏在所难免,还请广大专家读者批评指正。

电子商务"十三五"系列
编审委员会
2015 年 7 月

前言
Preface

从 1969 年互联网的问世至今，网络技术及信息技术的快速发展推动了商务的发展，而且互联网的种种创新有效改变了传统商务的模式。人们通过网络进行信息交流，营销沟通，提供各种客户支持；利用各种网络设备实现个性化的沟通与交流；把在线与离线的数据进行有效结合，并进行相应的整合来促进各类商务的运营与发展；形成了具有独特性的商务模式——电子商务。电子商务作为最新的先进生产力，推动着现代商务的发展，甚至作用于各个行业：生产、科研及创新。

随着电子商务应用的普及，电子商务已经对工业、农业的原材料采购、产成品销售、企业的营销及商业的零售、国际贸易以及各类服务业产生了巨大的影响。电子商务正在从微观到中观到宏观对企业、行业、区域的经济发展产生巨大的作用，已经直接影响到国家经济的发展环境。

随着互联网的快速发展以及信息技术的进一步发展，特别是网络技术、信息技术、通信技术的发展，使得电子商务更能有效呈现出广泛性、虚拟性、个人性、社会性及数据海量性等特征，电子商务已经从深入各行各业，到真正改变着各行各业的现状。

旅游电子商务就是把电子商务与旅游进行结合的一种应用，是互联网＋旅游的一种展现形式。旅游企业及各种旅游组织机构在电子商务的支撑下，管理模型、运营模式、营销模式已经开始发生巨大的变化。速度、知识、网络正在改变着市场竞争规则。旅游企业之间、旅游组织之间、甚至于国家之间的竞争已经从过去的质量、价格、管理为中心的竞争，转变为以信息为基础的管理方式的竞争。电子商务环境下的旅游业发展必然要通过信息技术的支撑与管理模式的改变来提升旅游企业的竞争能力。旅游电子商务已经不是单纯的企业运作问题，而是一种从传统走向新的管理方式的转变。它将把旅游企业、旅游组织有效实现数据集成、管理集成、运营集成作为竞争手段，对旅游业的发展起到更大的促进作用。

《旅游电子商务理论及应用》是笔者近20年旅游电子商务研究与教学的最新成果，也是旅游电子商务的理论研究、应用及实施的最新、最全面总结。《旅游电子商务理论及应用》最突出的特点，是把互联网与旅游业进行紧密结合，用互联网思维突破传统旅游业发展的思考与应用。为提高学习效果，本书增加了理论方面的讨论、实战的分析、网络的应用练习。以期望通过学习本书后，能对旅游电子商务的理论及其应用有一个新的突破，使得读者能结合实际来解决旅游电子商务方面的问题。

本书内容的总体设计：第1章，旅游电子商务概述及发展趋势；第2章，电子商务环境下的旅游市场；第3章，旅游电子商务的技术基础；第4章，旅游电子商务网站建设与管理；第5章，旅游电子商务体系；第6章，旅游移动电子商务；第7章，旅游服务的电子商务；第8章，旅游产品网上中间商电子商务；第9章，旅游电子商务管理；第10章，智慧旅游。

《旅游电子商务理论及应用》的特色如下。

(1) 互联网的思维。论述与旅游电子商务相关的概念，分析与讨论互联网与这些概念的关系，利于融通互联网＋旅游意识。

(2) 真实的案例。每一章结尾部分介绍一个真实的企业在旅游电子商务方面的运营及管理的案例，并提出了相应的分析内容。以期让读者通过学习及分析，由表及里探究旅游电子商务发展过程、成功要素、改进空间。

(3) 明确的目标。在每一章的开头，列出了本章的学习目标，希望读者在完成了一章的学习之后，能够达到预期的目标。读者按照目标去学习与复习，能够达到较佳效果。每章后小结内容可对照检验学习效果。

(4) 丰富的练习。在每章的结尾处，设计了至少20个问题，包括复习思考题（10个），讨论题（6个）和网络实践题（4个）。这些问题，一方面是有效帮助读者理解相应的概念和内容，利于通过讨论来实现思维的碰撞，完成对内容的掌握。通过网络实践题，解决读者的实际动手能力，真正知道相应的操作方式，并通过网络实践来了解或掌握更多的扩展内容。

《旅游电子商务理论及应用》由杨路明教授进行总体设计、内容选取、组织、写作、最后审核。具体参与本书写作的还有：刘明博士（第1、2章）；陈昱教授、博士（第3～5章）；王德彬、杨段羽、闻博、李宇庭、张钧彦（第6～10章）。2014级研究生武亚娜、单良参加了本书部分的写作、校对工作。本书配套有丰富服务资源，包括立体课件、习题参考答案等，可为选用本书作为教材或培训教程的老师提供，如有需要，请联系1172741428@qq.com。

《旅游电子商务理论及应用》引用了大量的研究成果及研究资料，参阅了大量的学者及研究人员的成果，在此无法一一列出，对于未能列出成果的作者，如看到本书，敬请联系作者或责编。在此谨对所有的旅游电子商务的研究及开发人员、旅游工作者、旅游网站及我们所获得信息的网站表示最衷心的谢意。

感谢教育部高等学校电子商务类专业教学指导委员会及所有委员，由于你们的支持及建议，使得《旅游电子商务理论及应用》能够更加完善，更能体现旅游电子商务的理论与应用。

感谢阅读《旅游电子商务理论及应用》的读者，由于你们的阅读与学习，使得本书能真正发挥价值，在此希望各位读者对本书提出宝贵的意见，使得本书能更加完善，更有效地发挥作用。

本书配套有电子课件、微课等资料，为读者免费提供，如有需要，可以扫描下述二维码，在线观看。

杨路明
2015.08
于云南昆明云南大学龙泉苑
Lmyang@ynu.edu.cn

目录 Contents

1 旅游电子商务概述及发展趋势

学前导读 ·· 1
学习目标 ·· 1
1.1 电子商务与旅游电子商务的概念 ·· 2
  1.1.1 电子商务的定义与内涵 ·· 2
  1.1.2 电子商务发展历程 ·· 5
  1.1.3 旅游电子商务的定义和内涵 ·· 6
  1.1.4 旅游电子商务的发展历程 ··· 7
  1.1.5 电子商务与旅游业的适应性 ·· 9
1.2 旅游电子商务的特点与作用 ··· 11
  1.2.1 旅游电子商务的特点 ··· 11
  1.2.2 旅游电子商务的功能 ··· 12
  1.2.3 旅游电子商务的分类 ··· 13
  1.2.4 旅游电子商务的作用 ··· 15
1.3 旅游电子商务的发展现状 ·· 16
  1.3.1 中国旅游电子商务的发展现状 ·· 16
  1.3.2 旅游电子商务对社会经济的影响 ··· 17
1.4 旅游电子商务发展趋势 ··· 19
  1.4.1 旅游物联网 ·· 19
  1.4.2 旅游云计算 ·· 21
  1.4.3 智慧旅游 ··· 22
  1.4.4 旅游O2O ·· 24
  1.4.5 移动旅游电子商务 ··· 24
本章案例 穷游网：定义穷游，成立即盈利（节选） ····························· 26

本章小结 …………………………………………………………………… 29
复习思考题 ………………………………………………………………… 30
讨论题 ……………………………………………………………………… 30
网络实践题 ………………………………………………………………… 30

2 电子商务环境下的旅游市场

学前导读 …………………………………………………………………… 31
学习目标 …………………………………………………………………… 31
2.1 电子商务环境下的旅游市场供给和需求 ……………………………… 32
　2.1.1 电子商务环境下的旅游市场供给 ……………………………… 32
　2.1.2 电子商务环境下的旅游市场需求 ……………………………… 32
2.2 电子商务环境下的旅游市场结构 ……………………………………… 33
　2.2.1 旅游市场结构 …………………………………………………… 33
　2.2.2 电子商务对旅游市场结构的影响 ……………………………… 34
2.3 电子商务环境下的旅游市场运行 ……………………………………… 36
　2.3.1 电子商务对旅游市场运行的作用 ……………………………… 36
　2.3.2 电子商务对旅游市场运行的影响 ……………………………… 37
2.4 电子商务环境下的旅游消费 …………………………………………… 38
　2.4.1 电子商务对旅游消费方式的影响 ……………………………… 39
　2.4.2 电子商务对旅游消费行为的影响 ……………………………… 40
2.5 电子商务环境下旅游产品与服务的营销 ……………………………… 41
　2.5.1 电子商务环境下旅游产品与服务的特点 ……………………… 42
　2.5.2 电子商务对旅游产品与服务网络营销的影响 ………………… 43
　2.5.3 旅游产品与服务网络营销的策略 ……………………………… 44
本章案例　携程和春秋旅游电子商务模式比较（节选）………………… 46
本章小结 …………………………………………………………………… 49
复习思考题 ………………………………………………………………… 49
讨论题 ……………………………………………………………………… 49
网络实践题 ………………………………………………………………… 50

3 旅游电子商务的技术基础

学前导读 …………………………………………………………………… 51
学习目标 …………………………………………………………………… 51
3.1 旅游电子商务的网络技术 ……………………………………………… 52
　3.1.1 网络基础 ………………………………………………………… 52
　3.1.2 网络协议及技术 ………………………………………………… 54
　3.1.3 互联网的接入技术 ……………………………………………… 55

3.1.4 移动互联网的技术 …… 55
3.2 旅游电子商务的网络数据库技术 …… 56
　3.2.1 网络数据库结构 …… 57
　3.2.2 网络数据库的特点 …… 58
　3.2.3 数据库系统的选择 …… 59
　3.2.4 网络数据库备份 …… 60
　3.2.5 网络数据库在旅游电子商务中的应用 …… 61
3.3 旅游电子商务的虚拟现实技术 …… 63
　3.3.1 虚拟现实技术简介 …… 64
　3.3.2 虚拟现实的关键技术 …… 65
　3.3.3 虚拟现实关键设备 …… 65
　3.3.4 虚拟现实技术在旅游业的应用 …… 66
3.4 旅游电子商务的 GIS、GPS 技术 …… 67
　3.4.1 GIS 简介 …… 67
　3.4.2 GPS 简介 …… 68
　3.4.3 GIS、GPS 在旅游电子商务的应用 …… 68
3.5 旅游电子商务的网络金融技术 …… 69
　3.5.1 网络金融 …… 69
　3.5.2 网络金融技术与电子支付 …… 70
　3.5.3 网络金融支付方式 …… 70
　3.5.4 网络金融支付在旅游电子商务的应用 …… 72
3.6 旅游电子商务物联网技术 …… 72
　3.6.1 物联网定义及技术 …… 72
　3.6.2 物联网应用体系架构 …… 74
　3.6.3 物联网情景感知技术及应用 …… 77
3.7 旅游电子商务的移动网络技术 …… 79
　3.7.1 移动网络技术 …… 79
　3.7.2 移动网络安全技术 …… 80
　3.7.3 移动网络技术在旅游电子商务的应用 …… 81
本章案例　艺龙旅行网电子商务技术的应用 …… 84
本章小结 …… 86
复习思考题 …… 86
讨论题 …… 86
网络实践题 …… 86

4　旅游电子商务网站建设与管理

学前导读 …… 88
学习目标 …… 88
4.1 旅游电子商务网站概述 …… 89
　4.1.1 旅游电子商务网站的特性及交易类型 …… 89

  4.1.2 旅游电子商务网站建设的基本问题 …………………………… 93
  4.1.3 旅游电子商务网站建设的设计要素 …………………………… 94
 4.2 旅游电子商务网站的规划 …………………………………………… 96
  4.2.1 旅游电子商务网站的需求分析 ………………………………… 96
  4.2.2 旅游电子商务网站的定位及可行性分析 ……………………… 96
  4.2.3 域名及 ISP 选择 ………………………………………………… 99
 4.3 旅游电子商务网站的设计与开发 …………………………………… 100
  4.3.1 Web 数据库技术 ………………………………………………… 100
  4.3.2 视频信息服务平台开发 ………………………………………… 101
  4.3.3 Web-mail 信息服务平台 ………………………………………… 102
  4.3.4 组建 ISP 信息服务平台 ………………………………………… 103
 4.4 旅游电子商务网站的建设 …………………………………………… 105
  4.4.1 旅游网站设计的基本内容 ……………………………………… 105
  4.4.2 网页设计与制作方法 …………………………………………… 107
  4.4.3 网站界面与功能设计 …………………………………………… 111
 4.5 旅游电子商务网站的测试和维护 …………………………………… 112
  4.5.1 旅游电子商务网站测试重点 …………………………………… 112
  4.5.2 旅游电子商务网站测试流程 …………………………………… 113
  4.5.3 旅游电子商务网站测试大纲 …………………………………… 114
  4.5.4 旅游电子商务网站的维护 ……………………………………… 116
本章案例 携程网电子商务网站建设与管理 ……………………………… 118
本章小结 …………………………………………………………………… 119
复习思考题 ………………………………………………………………… 119
讨论题 ……………………………………………………………………… 119
网络实践题 ………………………………………………………………… 120

5 旅游电子商务体系

学前导读 …………………………………………………………………… 121
学习目标 …………………………………………………………………… 121
5.1 旅游电子商务体系 …………………………………………………… 122
 5.1.1 旅游电子商务体系的内涵 ……………………………………… 122
 5.1.2 旅游电子商务体系与旅游业 …………………………………… 122
5.2 旅游电子商务体系的构成 …………………………………………… 124
 5.2.1 网络信息系统 …………………………………………………… 124
 5.2.2 电子商务服务商 ………………………………………………… 126
 5.2.3 旅游目的地营销机构、旅游企业和旅游者 …………………… 127
 5.2.4 旅游信息化组织 ………………………………………………… 130
 5.2.5 支付、规范和物流配送体系 …………………………………… 134
5.3 旅游电子商务体系的功能与特点 …………………………………… 136
 5.3.1 旅游电子商务体系的信息流功能 ……………………………… 136

5.3.2　旅游电子商务体系与资金流、物流和旅游流 …………… 141
5.4　旅游电子商务网络支付与网络银行 ……………………………… 143
　　5.4.1　旅游电子商务网络支付 ……………………………………… 143
　　5.4.2　电子支付在旅游电子商务中的应用现状 …………………… 143
　　5.4.3　旅游电子商务网络银行 ……………………………………… 144
5.5　旅游电子商务安全体系 …………………………………………… 145
　　5.5.1　旅游电子商务网络访问控制的构建 ………………………… 145
　　5.5.2　旅游电子商务网站系统安全的构建 ………………………… 146
　　5.5.3　旅游电子商务安全体系的基本协议 ………………………… 147
　　5.5.4　旅游电子商务网络安全管理 ………………………………… 147
本章案例　Agoda 酒店预订系统 ………………………………………… 148
本章小结 …………………………………………………………………… 149
复习思考题 ………………………………………………………………… 149
讨论题 ……………………………………………………………………… 150
网络实践题 ………………………………………………………………… 150

6　旅游移动电子商务

学前导读 …………………………………………………………………… 151
学习目标 …………………………………………………………………… 151
6.1　旅游移动电子商务概况 …………………………………………… 152
　　6.1.1　移动电子商务与旅游的融合 ………………………………… 152
　　6.1.2　国内外旅游移动电子商务的主要研究内容 ………………… 154
　　6.1.3　旅游移动电子商务的国内外发展 …………………………… 155
　　6.1.4　传统旅游电子商务与旅游移动电子商务的比较 …………… 156
6.2　旅游移动电子商务的特点与优势 ………………………………… 157
　　6.2.1　旅游移动电子商务中的旅游需求 …………………………… 157
　　6.2.2　移动电子商务与旅游的协同优势 …………………………… 157
　　6.2.3　旅游移动电子商务的特点 …………………………………… 158
　　6.2.4　旅游移动电子商务的主要优势 ……………………………… 159
6.3　旅游移动电子商务商业模式 ……………………………………… 159
　　6.3.1　旅游移动电子商务商业模式的定义 ………………………… 159
　　6.3.2　移动电子商务技术的演进 …………………………………… 160
　　6.3.3　旅游移动电子商业模式的类别细分 ………………………… 161
6.4　旅游移动电子商务的组成 ………………………………………… 164
　　6.4.1　移动信息服务 ………………………………………………… 164
　　6.4.2　移动定位服务 ………………………………………………… 165
　　6.4.3　移动支付服务 ………………………………………………… 166
　　6.4.4　移动营销服务 ………………………………………………… 166
6.5　旅游移动电子商务服务与交易过程 ……………………………… 167
　　6.5.1　旅游移动电子商务服务系统及其组成 ……………………… 167

  6.5.2 旅游移动电子商务交易系统框架和流程 …………………………… 168
 6.6 旅游移动电子商务支付与安全 ………………………………………… 171
  6.6.1 移动支付的定义及分类 …………………………………………… 171
  6.6.2 移动支付安全与游客隐私 ………………………………………… 171
  6.6.3 移动支付可能带来的损失及其防范措施 ………………………… 172
  6.6.4 移动支付安全问题来源 …………………………………………… 173
  6.6.5 移动支付安全问题的解决策略 …………………………………… 174
本章案例 张家界旅游信息港、去哪儿、艺龙 ………………………………… 175
本章小结 …………………………………………………………………………… 176
复习思考题 ………………………………………………………………………… 176
讨论题 ……………………………………………………………………………… 177
网络实践题 ………………………………………………………………………… 177

7 旅游服务的电子商务

 学前导读 ……………………………………………………………………… 178
 学习目标 ……………………………………………………………………… 178
 7.1 旅游餐饮电子商务 ……………………………………………………… 179
  7.1.1 餐饮企业电子商务概述 …………………………………………… 179
  7.1.2 餐饮企业电子商务业务及功能 …………………………………… 180
  7.1.3 餐饮企业电子商务的应用 ………………………………………… 181
  7.1.4 餐饮企业电子商务系统构建 ……………………………………… 182
 7.2 饭店电子商务 …………………………………………………………… 183
  7.2.1 饭店电子商务概念 ………………………………………………… 184
  7.2.2 饭店电子商务业务及功能 ………………………………………… 184
  7.2.3 饭店电子商务应用模式 …………………………………………… 185
 7.3 旅行社电子商务 ………………………………………………………… 186
  7.3.1 旅行社电子商务概念 ……………………………………………… 186
  7.3.2 旅行社电子商务业务及功能 ……………………………………… 186
  7.3.3 旅行社电子商务应用模式 ………………………………………… 188
  7.3.4 旅行社电子商务系统构建 ………………………………………… 190
 7.4 交通业电子商务 ………………………………………………………… 191
  7.4.1 交通业电子商务的概念 …………………………………………… 191
  7.4.2 航空电子商务 ……………………………………………………… 191
  7.4.3 铁路电子商务 ……………………………………………………… 192
  7.4.4 公路及水运电子商务 ……………………………………………… 193
  7.4.5 旅游业与交通业的整合与实现 …………………………………… 194
 7.5 旅游景区电子商务 ……………………………………………………… 195
  7.5.1 旅游景区电子商务概述 …………………………………………… 195
  7.5.2 旅游景区电子商务的业务与功能 ………………………………… 195
  7.5.3 旅游景区电子商务的应用 ………………………………………… 196

7.5.4 旅游目的地营销系统构建 …………………………………………… 197
7.6 旅游商品电子商务 ……………………………………………………………… 199
　　7.6.1 旅游商品交易中的电子商务概述 ……………………………………… 199
　　7.6.2 旅游商品交易中的电子商务应用 ……………………………………… 200
　　7.6.3 旅游商品的电子商务推广策略 ………………………………………… 200
本章案例　驴妈妈：个性化与低成本如何兼得？ ………………………………… 203
本章小结 ……………………………………………………………………………… 204
复习思考题 …………………………………………………………………………… 205
讨论题 ………………………………………………………………………………… 205
网络实践题 …………………………………………………………………………… 205

8 旅游产品网上中间商电子商务

学前导读 ……………………………………………………………………………… 207
学习目标 ……………………………………………………………………………… 207
8.1 旅游产品中间商概述 …………………………………………………………… 208
　　8.1.1 传统旅游产品中间商的概念 …………………………………………… 208
　　8.1.2 旅游产品网上中间商电子商务的概念 ………………………………… 208
　　8.1.3 旅游产品网上中间商的发展现状 ……………………………………… 208
　　8.1.4 传统旅游产品中间商的职能 …………………………………………… 209
　　8.1.5 传统旅游产品中间商的不足之处 ……………………………………… 209
　　8.1.6 旅游产品网上中间商的职能转变 ……………………………………… 210
8.2 旅游产品网上中间商电子商务模式 …………………………………………… 212
　　8.2.1 旅游产品网上中间商电子商务模式概述 ……………………………… 212
　　8.2.2 国内典型旅游产品网上中间商电子商务模式分析 …………………… 214
8.3 旅游产品网上中间商电子商务网站结构（OTA） …………………………… 215
　　8.3.1 旅游电子商务网站的介绍 ……………………………………………… 215
　　8.3.2 旅游产品网上中间商电子商务网站的结构 …………………………… 215
　　8.3.3 旅游产品网上中间商电子商务网站的功能 …………………………… 217
本章案例　上海春秋国旅开展旅游电子商务的成功案例 ………………………… 218
本章小结 ……………………………………………………………………………… 219
复习思考题 …………………………………………………………………………… 220
讨论题 ………………………………………………………………………………… 220
网络实践题 …………………………………………………………………………… 220

9 旅游电子商务管理

学前导读 ……………………………………………………………………………… 221
学习目标 ……………………………………………………………………………… 221
9.1 旅游电子商务流程管理 ………………………………………………………… 222

9.1.1 流程管理 …… 222
  9.1.2 旅游电子商务企业的业务流程 …… 223
  9.1.3 旅游电子商务的业务流程管理 …… 225
 9.2 旅游电子商务网络营销管理 …… 225
  9.2.1 旅游电子商务与网络营销 …… 225
  9.2.2 旅游电子商务的网络营销策略 …… 226
  9.2.3 旅游电子商务的网络营销手段 …… 227
  9.2.4 旅游电子商务网络营销的管理 …… 228
 9.3 旅游电子商务物流与供应链管理 …… 229
  9.3.1 传统旅游物流 …… 229
  9.3.2 旅游电子商务的供应链运营模式 …… 231
  9.3.3 旅游电子商务的物流与供应链管理 …… 233
 9.4 旅游电子商务客户关系管理 …… 234
  9.4.1 电子商务环境下的客户关系管理 …… 234
  9.4.2 旅游电子商务的客户关系管理 …… 237
 本章案例 携程旅行网（Ctrip.com）的客户关系管理 …… 238
 本章小结 …… 240
 复习思考题 …… 241
 讨论题 …… 241
 网络实践题 …… 241

10 智慧旅游

学前导读 …… 242
学习目标 …… 242
10.1 智慧旅游产生发展的背景 …… 243
10.2 智慧旅游的概念 …… 244
  10.2.1 智慧地球与智慧城市 …… 244
  10.2.2 智慧旅游的概念 …… 245
  10.2.3 智慧旅游的内涵 …… 246
10.3 智慧旅游的体系构成 …… 248
  10.3.1 CAA 体系模型 …… 248
  10.3.2 智慧旅游技术体系 …… 248
10.4 智慧旅游的典型应用 …… 249
  10.4.1 智慧旅游城市 …… 249
  10.4.2 智慧景区 …… 252
  10.4.3 智慧酒店 …… 255
  10.4.4 智慧旅游公共服务体系 …… 256
本章案例 杭州市智慧旅游城市建设 …… 259
本章小结 …… 262
复习思考题 …… 263

讨论题 ………………………………………………………………………… 263
网络实践题 …………………………………………………………………… 263

参考文献

旅游电子商务概述及发展趋势

学前导读

旅游业被誉为是最能与电子商务完美契合的行业之一,近年来旅游电子商务的快速发展也印证了这一论断。旅游业是一个综合性的经济产业,为旅游者提供食、宿、行、游、购、娱等多种服务,电子商务的出现无论是对旅游者出行,还是旅行社、酒店、景区景点等企业的经营,都带来了革命性的影响,它大大促进了旅游业的蓬勃发展。本章从电子商务概念入手,介绍了电子商务的发展历程以及电子商务与旅游业之间的关联,从而给出旅游电子商务的定义和内涵,同时重点阐述了旅游电子商务的特点、功能、分类和作用。最后,对国内旅游电子商务的现状以及旅游电子商务的发展趋势进行了总结。

学习目标

- 掌握旅游电子商务的定义、内涵
- 掌握旅游电子商务的特点、作用
- 了解旅游电子商务的发展现状
- 了解旅游电子商务的发展趋势
- 了解旅游电子商务对社会经济的影响

1.1 电子商务与旅游电子商务的概念

电子商务经营管理理念给全球旅游业带来了新的发展契机，旅游电子商务的迅速发展已广受业界和公众的关注。旅游业与信息产业同是当今世界最大、最有发展潜力的两大产业，而旅游业与电子商务的结合，使旅游电子商务的内涵、外延以及对社会经济的发展产生了更为深刻的影响。

1.1.1 电子商务的定义与内涵

电子商务，英文翻译为 E-Commerce（简称 EC）或者 E-Business（简称 EB），不同的学者对其有不同的理解。在国内学术研究中，学者使用 EB 来描述"电子商务"的频率要高于 EC；从实际含义上，普遍认为 EB 所包含的范围要远高于 EC，因为 EC 一般被描述为与商业活动直接相关的电子商务行为，而 EB 除了包含商业活动，还包括一切与商业相关的政府、组织等其它参与主体的所有活动。

从 20 世纪 60 年代的 EDI（Electronic Data Interchange，电子数据交换）开始，电子商务已经走过了约 60 年的路程，它已经渗透进个人和社会的方方面面，正改变着我们的社会、经济、思维方式。

无论是在线购物人数，还是在线交易规模，我国的电子商务在近 10 年中有了井喷式的发展。根据 CNNIC（中国互联网络信息中心）2015 年 1 月发布的《中国互联网络发展状况统计报告》显示，截至 2014 年 12 月底，我国网民规模已经达到 6.49 亿，中国网民手机商务应用发展大爆发，其中手机旅行预订用户增长达 194.6%，是增长最为快速的移动商务类应用。按照此趋势，电子商务将继续对我们的社会带来更加深远的变革，旅游电子商务也将迎来井喷式发展。

1.1.1.1 电子商务的定义

目前，对于电子商务的概念仍然没有统一的定义，各国政府、组织、学者、企业等根据自身的理解都分别对其做了侧重点不同的表述，以下是几个被大家所熟知的定义。

（1）各政府对电子商务的定义

美国在其《电子商务纲要》中指出，"电子商务是指通过互联网进行的各项商务活动，包括广告、交易、支付、服务等活动，全球电子商务将会涉及全球各国。"

欧洲议会在"欧洲电子商务发展倡议"中指出，"电子商务是通过电子方式进行的商务活动。它通过电子方式处理和传递数据，包括文本、声音和图像。它涉及许多方面的活动，包括货物电子贸易和服务、在线数据传递、电子资金划拨、电子证券交易、电子货运单证、商业拍卖、合作设计和工程、在线资料、公共产品获得。它包括了产品（如消费品、专门设备）和服务（如信息服务、金融和法律服务）、传统活动（如健身、教育）和新型活动（如虚拟购物、虚拟训练）。"

在我国"全国科学技术名词审定委员会公布名词"中，搜索"电子商务"关键字后的查询结果有：由地理学名词审定委员会审定的"电子商务是基于因特网的一种新的商业模式，其特征是商务活动在因特网上以数字化电子方式完成"；以及由通信科技名词审定委员会审定的"电子商务是在因特网上通过数字媒体进行买卖交易的商业活动"等。

（2）各组织对电子商务的定义

国际商会于 1997 年 11 月在巴黎举行了世界电子商务会议（the World Business Agenda for Electronic Commerce），会上各国代表和专家对电子商务的概念进行了以下阐述：电子商务是指实现整个贸易过程中各阶段的贸易活动的电子化。从涵盖范围方面可以定义为：交易各方以电子交易方式而不是通过当面交换或直接面谈方式进行的任何形式的商业交易；从技术方面可以定义为：电子商务是一种多技术的集合体，包括交换数据（如电子数据交换、电子邮件）、获得数据（共享数据库、电子公告牌）以及自动捕获数据（条形码）等。电子商务涵盖的业务包括：信息交换、售前售后服务（提供产品和服务的细节、产品使用技术指南、回答顾客意见）、销售、电子支付（使用电子资金转账、信用卡、电子支票、电子现金）、运输（包括商品的发送管理和运输跟踪，以及可以电子化传送的产品的实际发送）、组建虚拟企业（组建一个物理上不存在的企业，集中一批独立的中小公司的权限，提供比任何单独公司多得多的产品和服务）、公司和贸易伙伴可以共同拥有和运营共享的商业方法等。

联合国经合组织（Organization for Economic Cooperation Development，OECD）是较早对电子商务进行系统研究的机构，它将电子商务定义为：电子商务是利用电子化手段从事的商业活动，它基于电子处理和信息技术，如文本、声音和图像等数据传输。其主要是遵循TCP/IP协议通讯传输标准，遵循Web信息交换标准，提供安全保密技术。

（3）各企业对电子商务的定义

惠普（HP）公司认为，电子商务简单地说就是指在从售前服务到售后支持的各个环节实现电子化、自动化。

IBM公司认为，电子商务是指采用数字化电子方式进行商务数据交换和开展商务业务的活动，是在Internet的广阔联系与传统信息技术系统的丰富资源相互结合的背景下应运而生的一种相互关联的动态商务活动。简言之，"电子商务＝Web＋企业业务"。

因特尔（Intel）公司的定义："电子商务＝电子化的市场＋电子化的交易＋电子化的服务"。

Sybase公司的定义：电子商务可以用二维坐标系来表示，前端和后端应用组成其中一个坐标轴，"企业到企业"和"企业到顾客"组成另一个坐标轴，而所有的产品都是这个坐标系中的点。

美国通用电气（GE）公司定义：电子商务是任何商务交易形式或商务信息交流通过电子信息高速公路运行或动作的总称。而信息高速公路泛指一切电子信息传递网络。

（4）各学者对电子商务的定义

瑞维·卡拉克塔（RaviKalakota）和安德鲁·B·惠斯顿（AndrewB. Whinston）在《电子商务的前沿》一书中提出："广义地讲，电子商务是一种现代商业方法。这种方法通过改善产品和服务质量、提高服务传递速度，满足政府组织、厂商和消费者的降低成本的需求。这一概念也用于通过计算机网络寻找信息以支持决策。一般地讲，今天的电子商务通过计算机网络将买方和卖方的信息、产品和服务联系起来，而未来的电子商务则通过构成信息高速公路的无数计算机网络中的一条线将买方和卖方联系起来。"

杰弗里·雷波特（Jeffrey F. Rayport）和伯纳德·杰沃斯基（Bernard J. Jaworski）在《电子商务导论》里提到，"所谓电子商务，是指相关各方利用技术作为中介进行的交易，以及在组织内部和组织之间利用电子技术开展的活动。"

西安交通大学李琪（1997）在专著《中国电子商务》一书中指出："客观上存在着两类或三类依据内在要素不同而对电子商务的定义。第一，广义的电子商务指电子工具在商务活动中的应用。电子工具包括从初级的电报、电话到NII（national information infrastructure）、GII（global information infrastructure）和Internet等。现代系统商务活动是从泛商品（实物与非实物，商品与商品化的生产要素等）的需求活动到商品的合理、合法的消费除去典型的生产过程后的所有活动。第二，狭义的电子商务指在技术、经济高度发达的现代社会里，掌握信息技术和商务规则的人，系统化的运用电子工具，高效率、低成本地从事以商品交换为中心的各种活动的全过程。第一个定义可以简称为商务电子化，第二个定义可以简称为电子化商务系统……如果再考察一下第一定义和第二定义的关系，我们可以说，第一定义是基本范畴，第二定义则是具有现代特征、现实意义的电子商务系统定义。"

武汉大学黄敏学（2007）在教材《电子商务（第三版）》中指出："电子商务是在利用现代电子工具（包括现代通信工具和计算机网络）的基础上进行的企业的经营管理和市场贸易等现代商务活动。这一定义将电子商务的内涵由原来局限于市场贸易方面的商务活动扩展到包括企业内部的经营管理活动。"

综上所述，无论是政府、组织、企业或者是学者个人对于电子商务的认识或解释，都强调了新技术或方法的应用，以及在此基础上与商务直接或间接相关的各项活动。在本教材中，采用杨路明（2006）在其《电子商务概论》中对于电子商务的定义："电子商务是以信息技术、网络技术、通讯技术为基础，高效率、低成本地从事以商品交换为中心的各种商务活动；电子商务过程就是利用各种电子工具和电子技术从事各种商务活动的过程。其中，电子工具是指计算机硬件和网络基础设施（包括 Internet、Intranet、各种局域网等）；电子技术是指处理、传递、交换和获得数据的多技术集合。"

1.1.1.2 电子商务的内涵

在对电子商务内涵的各种理解中，基本都强调了技术的工具性和商务的目的性。但从电子商务的具体应用来看，电子商务涵盖的范围更加具体。以旅游电子商务为例，旅游者首先通过搜索引擎或旅游电子商务平台接触感兴趣的旅游信息（这些信息包括旅游者主动搜寻和在线旅游企业的主动推送），然后通过网络或电话等渠道与企业进一步沟通咨询，确定购买产品后进行在线支付，产生的票据再通过 email 或邮递等形式送达旅游者，旅游者旅行结束后还可以进行在线评价（涉及旅游企业的售后服务）。这一系列的活动包括了商务信息交换、售前售后服务（提供产品和服务的细节、产品使用技术指南、回答顾客意见）、广告、销售、电子支付（电子资金转账、信用卡、电子支票、电子现金）、配送（包括有形商品的配送管理和运输跟踪，以及可以电子化传送的产品的实际发送）等。

因此，电子商务的内涵可以概括为：通过信息运营、集成信息资源、商务贸易、协作交流等活动实现的电子化的贸易过程。

（1）信息运营

在过去，那些核心商务系统中的信息很难为更多的人所使用。而现在，通过通用的 Internet 界面，解决了信息系统的开放问题。信息的收集、发布、处理、分析可以更高效率地进行。

（2）集成信息资源

企业数据包括客户数据、库存记录、银行账号、安全密码等最有价值的信息，这些宝贵的信息财富支撑着一个企业的运作。将这些信息与自己的网络站点集成起来，就可以把成千上万的雇员和商业伙伴连接起来，并由此引来了更多的客户。可以说，此时的信息就能使公司雇员工作效率更高、供货渠道更畅通、客户也更满意。如果把企业的事务处理系统与网络集成在一起，那么企业就开始进入了电子商务。在此，客户不仅可以从企业数据库中获得 Internet 当前的产品信息，还可以实时购买并进行支付。目前，国内外许多公司正在利用自己的后台资源与信息网络进行集成，直接投入商业应用，从而扩大全球的商业合作伙伴和客户范围。

（3）商务贸易

基于互联网的商务贸易并不仅是在线购物，还应该是一个为各个企业间建立起一个协同营销的网络提供服务的平台。电子商务的发展方向之一就是网上在线交易，这是一种全新的贸易方式。1997年出现的亚马逊（Amazon）在一夜之间成为全球最大的、陈列书籍最多的书店，有全球成千上万个出版商在此平台上营销产品，可同时提供超过百万种英文图书。这种模式是新技术下电子商务企业与传统企业协同营销的范例，也为传统企业间形成战略合作提供了新的途径。应当说，在科学快速发展的今天，商业贸易的新模式每天都在不断涌现。因此，要利用最新的科技方式进行商务贸易的更新才是最好的方式。

（4）协作交流

电子化的商业贸易正在快速发展，而电子商务最强有力的方面正是协作交流。Internet为企业提供了高速、便捷的信息传输通道，极大提升了信息流的运行效率，从而也加快了资金流、商流、物流的速度。此速度的提升必然会增强企业间关系的紧密程度，同时将这种关系从传统企业间扩展至线上和线下企业范围。这也要求参与的各企业只有与供应链上的各个环节紧密协作，才能够发挥电子商务的最大优势。

1.1.2 电子商务发展历程

广义电子商务的发展阶段基本有两种划分方法，第一种"二分法"是把电子商务的发展划分为基于EDI（Electronic Data Interchange，电子数据交换）的电子商务和基于Internet的电子商务两个阶段；而"三分法"是除了以上两个阶段外，还在之前加入了基于电话、电报、传真以及电视等传统电子方式的电子商务阶段。

（1）20世纪60年代以前：基于传统电子方式的电子商务

众所周知，电报是人们较早用以通信的重要工具，在发展的中后期，甚至出现了智能用户电报（Telex）以满足不断增长的用户需求，商务信息借助电报大大提高了便捷性，但此时的商务活动仍然较为单一。随着电话、传真以及电视的出现，人们进行商务活动的渠道越来越丰富，沟通的实时性和直接性不断催生出新的市场营销思想和理念。在此期间，出现了电话营销和电视营销等多种营销方式，时至今日，电视等媒体工具也仍然在商务活动中发挥着重要作用。

（2）20世纪60年代至90年代：基于EDI的电子商务

EDI是将业务文件按一个公认的标准从一台计算机传输到另一台计算机上去的电子传输方法。由于EDI大大减少了纸张票据，因此，人们形象地称之为"无纸贸易"或"无纸交易"。

EDI在20世纪60年代末期70年代初期产生于美国，当时的贸易商们在使用计算机处理各类商务文件的时候发现，由人工输入到一台计算机中的数据70%是来源于另一台计算机输出的文件，由于过多的人为因素，影响了数据的准确性和工作效率的提高，人们开始尝试在贸易伙伴之间的计算机上使数据能够自动交换，EDI便应运而生。20世纪70年代，美国运输数据协调委员会（Transportation Data Coordinating Committee，TDCC）发表了第一个EDI标准，同时，美国银行家协会（American Bankers Association）提出了无纸金融信息传递的行业标准，开始了美国信息的电子交换。不过，EDI始终只是一种为满足企业需要而发展起来的先进技术手段，与普通公众一直无缘，而且由于网络在那时还没有得到充分发展，使很多商务活动的电子化仅仅处于一种理论研究的阶段。

随着美国政府的参与和各行业的加入，美国全国性的EDI委员会于20世纪80年代初出版了第一套全国性的EDI标准，接着，在80年代末期联合国公布了EDI运作标准UN/EDIFACT（United Nations Rules for Electronic Data Interchange for Administration, Commerce and Transport），并于1990年由国际标准化组织正式接受为国际标准IDO9735。随着这一系列的 EDI 标准的推出，人们开始通过网络进行诸如产品交换、订购等活动，EDI 也得到广泛的使用和认可。

（3）20 世纪 90 年代以来：基于 Internet 的电子商务

由于使用 VAN 的费用很高，只有大型企业才会使用，因此限制了基于 EDI 的电子商务应用范围的扩大。20 世纪 90 年代中期后，Internet 迅速走向普及化，逐步从大学、科研机构走向企业和百姓家庭，其功能从信息共享演变为一种大众化的信息传播工具。从 1991 年起，一直排斥在 Internet 之外的商业贸易活动正式进入到 Internet 王国，电子商务成为 Internet 应用的最大热点。

随着基于 www 的 Internet 技术的飞速发展，Internet 网络开始真正应用于商业交易，这时电子商务才日益蓬勃发展起来，并成为 20 世纪 90 年代初期美国、加拿大等发达国家的一种崭新的企业经营方式。因此，我们可以说，电子商务在今天成为继电子出版和电子邮件之后出现在 Internet 上的又一焦点的主要原因就是 Internet 技术的成熟、个人计算机互联性的增强和能力的提高。电子商务改变了传统的买卖双方面对面的交流方式，也打破了传统的企业经营模式，它通过网络使企业面对整个世界，为用户提供每周 7 天、每天 24 小时的全天候服务。电子商务的规模正在逐年迅速增长，它的飞速增长为世界带来了无限商机，也为世界带来一场深刻的变革，全面推动整个社会向信息化的方向发展。

现在，以手机为代表的移动互联网终端正在普通消费者中快速普及，根据 CNNIC（中国互联网络信息中心）发布的《中国移动互联网发展状况报告》，截至 2014 年 12 月底，我国手机网民规模达 5.57 亿，较 2013 年增加 5672 万人。网民中使用手机上网的民群占比由 2013 年的 81.0% 提升至 85.8%。而基于移动终端的硬件及电子商务软件开发和应用也如火如荼，电子商务的发展正进入了一个全新"移动"时代。

1.1.3 旅游电子商务的定义和内涵

为了明晰对旅游电子商务的认识并便于展开对旅游电子商务的详细分析与介绍，首先界定旅游电子商务的概念及内涵。

（1）旅游电子商务的定义

如前所述，电子商务至今也没有一个明确而统一的定义，这导致对旅游电子商务的概念的阐述缺乏统一的依据。目前比较权威的定义是由世界旅游组织在《E-Business for Tourism》中给出："旅游电子商务就是通过先进的信息技术手段改进旅游机构内部和对外的连通性（connectivity），即改进旅游企业之间、旅游企业与供应商之间、旅游企业与旅游者之间的交流与交易，改进企业内部流程，增进知识共享。"

在国内，学者巫宁、杨路明（2004）对旅游电子商务做了如下定义："旅游电子商务是通过先进的网络信息技术手段实现旅游商务活动各环节的电子化，包括通过网络发布、交流旅游基本信息和旅游商务信息，以电子手段进行旅游宣传促销、开展旅游售前售后服务；通过网络查询、预订旅游产品并进行支付，以及旅游企业内部流程的电子化及管理信息系统的应用等。"

除此之外，王欣（2000）认为"旅游电子商务是指以网络为主体，以旅游信息库、电子化商务银行为基础，利用最先进的电子手段运作旅游业及其分销系统的商务体系。"唐超（2004）将旅游电子商务定义为"在全球范围内通过各种现代信息技术尤其是信息化网络所进行并完成的各种旅游相关的商务活动、交易活动、金融活动和综合服务活动"。杜鑫坤（2005）的阐释是，"旅游电子商务就是旅游业以网络、数据库等信息手段进行旅游系统中各个部门的运营与管理。"刘四青（2005）对旅游电子商务的定义是"买卖双方通过网络订单的方式进行网络和电子的服务产品交易,是一种没有物流配送的预约型电子商务"。刘笑诵(2005)给出的定义则是,"旅游电子商务是指同旅游业相关的各行业,以网络为主体,以旅游信息库为基础,利用最先进的电子手段,开展旅游产品信息服务、产品交易等旅游商务活动的一种新型的旅游运营方式"。杨宏伟(2006)认为可以从两个方面来认识旅游电子商务,"一是互联网上在线销售,即旅游网站即时在线为每一位旅游者提高专门的服务;二是以整个旅游市场为基础的电子商务,泛指一切与数字化处理有关的商务活动"。

在本书中,结合以上的各种解释以及旅游电子商务自身的特性,对其做如下的定义:旅游电子商务是通过国际互联网(Internet)、企业内部网(Intranet)等基础网络,借助于有线或无线网络终端,在旅行者、在线旅游服务提供商、旅行社、旅游交通、景区景点、酒店饭店等各主体间实现的旅行信息咨询、产品预定、支付与结算以及服务评价等一系列电子化的服务与交易过程。

(2) 旅游电子商务的内涵

首先,从技术层面看,旅游电子商务要依托 Internet 和 Intranet 等基础网络,借助于有线和无线终端来实现。计算机网络的无边界、开放性等特征保证了网络上各主体间的互联互通,是进行信息存储、传输及处理的物理基础,是包括旅游电子商务在内的各种互联网应用得以实现的前提;终端设备是连接网络与各主体的节点,尤其是近年来以手机、平板电脑为主要发展潮流的无线终端设备,其便携性和易用性更加促进了在线旅游应用的推广,使旅游者真正进入到了"无处不在"的旅游信息时代。

其次,从应用和服务层面看,旅游电子商务实现的是服务与交易的全程电子化过程。这个过程大致可以分为两个层次:一是较低层次的旅游电子商务,可以实现诸如旅游信息查询、在线航班预订等应用;二是较高层次的旅游电子商务,这个过程可以实现除旅游现场活动(如就餐、乘车、观光等)以外的所有商务活动,在网上将旅游信息流、商流、资金流进行完整的实现。

最后,从商务活动实现层面来看,旅游电子商务可分为三个层次:一是面向市场,以市场活动为中心,包括促成旅游交易实现的各种商业行为(如网上发布旅游信息、网上公关促销、旅游市场调研),和实现旅游交易的电子贸易活动(如网上旅游企业洽谈、售前咨询、网上旅游交易、网上支付、售后服务等);二是利用网络重组和整合旅游企业内部的经营管理活动,实现旅游企业内部电子商务,包括旅游企业建设内部网,利用饭店客户管理系统、旅行社业务管理系统、客户关系管理系统和财务管理系统等实现旅游企业内部管理信息化;三是旅游经济活动能基于互联网开展还需要具体环境的支持,包括旅游电子商务的通行规范,旅游行业管理机构对旅游电子商务活动的引导、协调和管理,旅游电子商务的支付与安全环境等。

1.1.4 旅游电子商务的发展历程

我国旅游电子商务的发展与电子商务的发展是息息相关的,正是在 20 世纪 90 年代末电子商务起步的大背景下,我国旅游电子商务才真正进入了萌芽并高速发展的时期。由于起步较晚,要在如此短时间内为我国旅游电子商务划分成长阶段是非常困难的。粗略地说,把我国旅游电子商务从产生到现在全都划分为"起步成长"阶段也不无道理。为让读者有更深入的了解,本文只能根据我国主要在线旅游电子服务提供商的发展轨迹,尝试将我国旅游电子商务的发展划分为如下几个阶段。

(1) 萌芽起步阶段(1997~2001年)

我国的旅游电子商务发展起步较晚。1997年由国旅总社参与投资的华夏旅游网成立,标志着我国旅游业与互联网开始融合。1999年10月，携程接受美国国际数据集团（International Data Group，IDG）投资并开通，又在2000年3月和11月分别接受软件银行（Soft Bank）和凯雷集团（Carlyle Group）的资金注入。同年11月，携程收购现代运通，成为当时中国最大的宾馆分销商。也是在1999年，艺龙网在美国德拉华州成立。此后，国内各种小型旅游电子商务网站也纷纷出现，呈现出"欣欣向荣"的景象。

借助于强劲的萌芽态势，我国旅游电子商务本可以早早的顺利进入发展阶段，但事与愿违，过热的市场投资与过于乐观的市场预测导致了2000年电子商务泡沫的破裂。与其他电子商务领域一样，我国旅游电子商务也进入了调整期。

（2）快速增长阶段（2002~2004年）

在经历了一年多的互联网泡沫破裂痛楚后，我国电子商务的发展因为"非典"迎来了快速成长期。2002年5月，全国机票中央预订系统启动，这为我国旅游电子商务发展奠定至关重要的基础，它标志着以在线预订为主要核心的早期旅游电子商务交易行为全面展开。这一阶段的重要事件有很多，比如2002年03月携程并购北京海岸航空服务有限公司；10月，携程的总收入突破1亿元人民币；次年12月登陆纳斯达克。2004年7月，美国的Expedia入股艺龙，同年10月艺龙在纳斯达克上市。与此同时，2002年11同程网上旅行社1.0版本研发成功；以淘宝和腾讯为首的传统电子商务巨头也纷纷进入旅游业，"淘宝旅行"和"QQ旅游"凭借多年的客户积累和品牌塑造迅速在旅游电子商务市场中占有一席之地。

在这个阶段里，最典型的特征莫过于携程和艺龙这两大旅游电子服务提供商竞争格局的形成，此时的应用服务主要以在线预订为主要盈利模式。

（3）转型升级阶段（2005~2009年）

2005年5月，"去哪儿"成立，这个与携程和艺龙具有完全不同盈利模式的企业成为我国第一家旅游搜索引擎网站，实现了网民在线比较国内机票和酒店价格的功能。两个月后，著名的硅谷风险投资商Mayfield和GSR Ventures完成对"去哪儿"网的第一轮投资。2006年，芒果网和途牛网正式成立；5月至12月，同程网CEO吴志祥代表公司参加CCTV"赢在中国"创业大赛进入五强，获得IDG、Soft Bank、今日资本（Capital Today）等风险投资机构投资。

由于看到中国旅游电子商务市场的巨大潜力，2007年9月，Mayfield和GSR Ventures、以及Tenaya Capital完成对"去哪儿"网的第二轮投资。2008年11月，南方航空、新浪网与芒果网达成全面的商旅业务战略合作，次年3月，芒果网与易休网完成并购，整合出全新子品牌。2008年11月，欣欣旅游网正式组建，三个月后其旅行社联盟正式上线。

2009年，旅游电子商务市场竞争更加激烈。全球最大旅游网站之一的TripAdvisor的中国官方网站——到到网正式上线。2009年1月，途牛网与扬子晚报达成战略合作伙伴关系，在3月宣布完成数百万美金的A轮融资。同年11月，同程网进入租车市场。

除"去哪儿"逐渐变成了携程的最大竞争对手外，这个阶段最明显的特征是各种风险投资开始大举进入在线旅游市场，为我国旅游电子商务的发展提供了充足的资金动力。除此之外，O2O（Online To Offline，线上到线下）模式开始在旅游电子商务中出现，在线预订已不是OTA的唯一利润来源。当然，2005年支付宝的出现也是我国旅游电子商务发展不可忽视的重要因素之一。

（4）高速发展阶段（2010至今）

进入2010年，我国的旅游电子商务发展更加如火如荼。2010年2月，携程投资永安旅游（控股）有限公司旗下旅游业务；3月收购汉庭连锁酒店集团和首旅建国酒店的部分股份。2011年，腾讯入股艺龙，以16%的股份成为艺龙第二大股东。2011年5月，去哪儿与中国旅游研究院建立战略合作伙伴关系；6月，去哪儿与百度共同宣布双方达成战略合作协议，百度成为去哪儿第一大机构股东。2013年11月，去哪儿网于2013年11月1日在美国纳斯达克上市。

除此之外，还有一个比较特殊的事件发生在2011年6月，这就是12306网站（中国铁路客户服务中心）开始试行网络售票。由于特殊的铁路售票管理体制，虽然起步较晚，它还是以极快的速度成为我国最大的在线预订网站之一。据中国铁路客票系统监控中心发布的消息，2015年春运火车票售卖最高峰出现在12月19日，当天12306网站访问量（PV值）达到破纪录的297亿次，共发售火车票956.4万张，其中互联网发售563.9万张，占比59%，均创历年新高。

在这个阶段中，线上和线下的结合愈发紧密，网络门户企业之间的合作愈加频繁。以手机为首的网络移动终端迅速在我国普及，移动旅游电子商务的应用全面展开。

1.1.5 电子商务与旅游业的适应性

旅游业是一个综合性的经济产业，为旅游者提供食、宿、行、游、购、娱等多种服务。现代社会经济的发展，人均收入的提高，交通方式的改进，大众闲暇时间的增多促进了旅游业这个重要新兴产业的蓬勃发展。早在1996年，世界旅游理事会（WTTC）就指出，"无论用哪一种经济指标（总产值、附加值、资本投资、就业和税收贡献）来衡量，旅游都是世界上最大的产业"。

与其他产业相比，电子商务在旅游业中的地位和作用尤为突出。这和旅游业本身的性质和特征是分不开的。旅游业与电子商务的适应性表现在如下几点。

1.1.5.1 旅游业是信息密集型和信息依托型产业

（1）旅游产品的产地消费性和事前决策性

从旅游活动的实现方式来看，在旅游市场流通领域活动的不是商品，而是有关旅游产品的信息传递引起旅游者的流动。从这个意义上来讲，旅游业的核心是信息。因此，很少有其他领域能像旅游业那样把信息搜集、加工、传递和利用放到如此重要的地位。形成这一事实的根本原因在于旅游产品的产地消费性和事前决策性。旅游产品不能移动，它不像其他实物产品一样，可以被消费者预先试用、观察并检验质量。无形的旅游服务在销售时是无法展示的，而且通常在远离消费地点被预先销售。而游客到陌生的旅游目的地之前，总希望对旅游地的自然文化环境，旅游资源，旅游设施与服务有所了解。游客企图通过信息搜寻手段、减少有关的不确定因素来提高他们的旅游质量。这种事前了解只可能靠无形的信息传递来实现。

随着旅游者的日趋成熟，旅游者的要求更加多样，客观上就使得旅游信息的提供越来越重要，也愈发困难。如果旅游信息容易获得，就可以降低旅游者在计划旅游行程时所需的成本，从而也使得旅游市场交易容易达成。除此之外，旅游产品满足人类的精神需求，它复杂、综合，具有丰富的内涵和审美特征，如何使信息充分表现旅游产品的特征是值得研究的问题。

（2）旅游业务对互动信息流的依赖性

信息是旅游业内部各环节得以联结的纽带。在外出旅行之前，人们首先要收集各种旅游信息，然后根据自己的主观偏好，做出决策。旅游机构开展营销的过程，也就是有意图地向目标旅游客源市场传递旅游产品信息的过程。

旅游服务包括对旅客所提供的涉及从一个地理位置到另一个地理位置的交通运输、住宿、娱乐等诸方面的服务。在实际运作过程中，这些服务必须根据旅游者复杂多变的需求加以包装和组合。然而，旅游住宿、汽车出租、航空预订并不是在物质上传送给旅行代理商，并且将它们贮存并出售给游客。相反，其间交流和加工的是有关服务的可获得性、价格、质量、位置、便利性等方面的信息。

同样，电子商务环境下的支付通常不是通过旅游代理商传送给供应商，佣金也并非从旅游供应商直接传送至旅游代理商，而是通过信用卡或其他电子货币支付手段将借贷的信息传输出去。旅游经营管理者之间的联系也不是通过产品，而是通过信息流，同时伴随着数据流和资金流开展的。

(3) 旅游业的动态性

从旅游产业运行来看，旅游业会受到外部自然因素、政治因素和经济因素的影响和冲击。产业内部，由于构成旅游商品的成分多种多样，它们之间的比例关系错综复杂，这就要求旅游业内部各组成部分之间以及旅游业同其他行业之间必须保持协调，否则，任何一部分脱节都会造成整个旅游业的失调。因此，不管是对旅游管理部门还是旅游企业，有效地获取信息以辅助科学决策都显得特别重要，旅游产业运行对信息具有很强的依赖性。

旅游业的信息密集性和信息依赖性，正是现代信息技术手段在旅游业中迅速普及运用的基础。旅游电子商务的发展，信息平台、沟通平台、交易平台、支付平台的建构，改善了过去旅游业中信息流的多层分流及断裂状况。旅游在更大程度上实现了信息畅达，运行效率得到提高。

1.1.5.2 旅游业是跨国界合作和跨空间运作的典型产业

(1) 电子商务能有效降低跨地域信息交流成本

利用互联网跨国交流信息的平均成本和边际成本极为低廉。目的地营销组织在运用其他手段进行营销时，预算会随着地理覆盖范围的增加而增加，而互联网与地理因素毫无关系，在全球宣传、销售的成本与在本地销售的成本并无差别。国际旅游业通过互联网直接传递和处理电子单证，既节约了纸单证的制作费用，又可以缩短交单结汇的时间，加快资金周转，节省利息开支。电子商务为国际旅游交易带来的便利体现在：首先，参与交易的各方只需支付较低的网络通信和管理费用就可以获得、存储、交换和处理信息，节省了资金，降低了成本；其次，通过网络进行信息传递的成本相对于信件、电话、传真的成本是很低的，距离越远，成本的节约就越明显。

(2) 电子商务能有效提高跨地域信息交流效率

因特网是一个全球性媒体。它是宣传旅行和旅游产品的一个理想媒介，集合了宣传册的鲜艳色彩、多媒体技术的动态效果、实时更新的信息效率和检索查询的交互功能。如今，许多旅游电子商务网站都建设了多语言版本，旅游者能毫不费力地访问世界各国的旅游网站，获取大量的、纵深的信息，是国际旅游信息交流的理想渠道。

通过电子商务方式处理国际旅游业务，交易双方可以采用标准格式文件，例如标准化的合同、单据、发票等进行即时传递和自动处理，在网上直接办理预订，进行谈判、签约、支付结算等手续，从而缩短交易时间。

1.1.5.3 旅游电子商务较少涉及物流问题

物流问题常是电子商务发展的瓶颈之一。实物产品的电子商务，不可避免地涉及货物从供方向需方配送的问题。电子商务中的需求往往来自不同的地域，也常常面临小而分散的需求。物流问题极大地影响着电子商务的交易成本，且常需依托强大的第三方物流服务体系的支持。在现有社会经济环境下，特别是社会物流体系尚未发展成熟之时，物流仍是制约电子商务发展的重要问题。

与实物产品贸易不同，旅游电子商务交易中，对物流环节的需求相对较少。交易的确认可以通过信息流的形式实现，以旅游者的流动完成旅游消费而实现整个交易过程。这是由旅游生产与消费同时性的特点所决定的。

1.1.5.4 电子商务平台的特性，能较好地解决满足旅游者个性化需求与实现旅游业运作规模优势的矛盾

过去居于主流的团队旅游，正被个性化、零散化的旅游消费代替。仅从信息服务一点来看，散客旅游使得传统旅游经营者必须要面对剧增的咨询业务，这样的状况带来的后果是效率的降低和成本的增高。而旅游电子商务可以为消费者提供目的地预览和决策参考信息，这种服务可是全天候跨地域的。旅游电子商务依托于容量巨大的旅游信息库，信息的提供基本没有边际成本。

通过旅游电子商务，可以根据旅游者需求的不同完成散客成团，将团队接待委托给旅行社；将批量客人信息传递给饭店，简化传统旅游操作流程。传统旅行社在散客接待上的力不从心，根本原因是由于单个旅行社的客源量和信息流量有限，造成无法使购买个性旅游线路的旅游者聚集到发挥旅行社规模经营优势的程度。而通过互联网提供可视、可查询、可实时更新的信息平台，通过旅游经营者和旅游者的共同参与，网上成团和网上拼团得以实现。

在旅游需求个性化的今天，电子商务的出现丰富了旅游产品结构，在更大程度上匹配了旅游供需，激发了潜在的购买，扩大了整个行业的市场。总之，旅游服务活动具有多种鲜明的特点：跨行业（异质性）、跨地区（异地性）、时间连续和空间散布（网络性）、想象推销（无形性）、动态不稳定（实时性），因此旅游业既离不开信息网络的技术支持，又能充分体现信息网络的应用价值，不难看出旅游业与电子商务具有天然的结合性与适应性。

1.2 旅游电子商务的特点与作用

旅游产品具有信息性、无形性、不可储藏等特点，产品包括食、住、行、游、购、娱等诸多要素，它的销售过程实际上是产品信息的传递过程，消费者必须到产品供应商的场所进行消费。互联网在信息高速传输方面所扮演的角色无人可及，所以旅游产品对电子商务有天然的适应性，发展旅游电子商务更具广泛的实用性和舒适性。旅游与互联网同样有着跨地区、跨时间、无形、无质的特性，两者形成完美结合，必将促成旅游产业的加速发展，成为对传统旅游业的革命性推动力量。

1.2.1 旅游电子商务的特点

旅游业是典型的服务性行业，旅游电子商务也以服务为本。旅游电子商务的特点既有计算机网络的特征，又包含旅游业及服务业的诸多特性。具体总结有以下四点。

（1）旅游信息数字化

在电子商务的环境下，要让旅游者在旅游活动实施以前，得到最大限度的旅游服务；在旅游者消费进行及完成后，使线上、线下旅游企业跨地区、快速高效的进行资金流和商流的流动，这些都离不开旅游信息的数字化。

（2）旅游服务的个性化

在传统旅游服务中，受到自身条件及资源的限制，旅游产品往往是旅行社等企业根据之前消费者需求高低预先设计，产品价格也是企业依据往年市场经验提前设定的，服务模式基

本为企业面向团队客户为主。然而，由于地域和时间的限度，这种旅游企业的经验性决策并不总能充分满足旅游者的消费体验。旅游电子商务的出现大大缓解了这种矛盾，旅游企业与旅游者之间"多对一"的服务模式和便捷的沟通渠道既使企业及时掌握消费者的个性化、定制化旅游需求，又使其能够快速地进行资源调配以适应市场变化。旅游电子商务的该特点在"自由行"市场火热的今天显得尤为突出。

(3) 旅游产品的聚合化

旅游产品是一个纷繁复杂、多个部分组成的结构实体。旅游电子商务像一张大网，把众多的旅游供应商、旅游中介、旅游者联系在一起。不同景区、旅行社、旅游饭店及其他旅游相关行业，可借助同一网络平台招徕更多的顾客。新兴的"在线旅游服务提供商"成为旅游行业的"多面手"，它们将原来旅游市场分散的利润点集中起来，提高了资源的利用效率。

(4) 旅游企业合作的整体性

旅游体验过程是一个连续的过程，它涉及旅游的所有要素，需要各旅游企业密切配合、无缝衔接，为旅行者提供完整、优质的旅游产品。传统旅游企业一般在国内或洲内从事经营活动，由旅行社、宾馆旅店、餐饮店、商店、娱乐机构和运输公司等不同类型的企业各自承担相应的旅游服务环节，形成招徕、组织、客运、观光、住宿、餐饮、娱乐、购物等旅游服务链。在科技现代化、经济全球化、区域一体化、尤其是旅游电子商务深度推进的背景下，现代旅游业逐步形成了跨地区、跨国家、跨洲界、跨行业（旅行商、饭店、航空公司、游船公司、娱乐公司、度假村等）的全球性新业态，产生了一大批各有专长、各具特色的著名国际、国家旅游品牌企业。在这些著名企业的主导下，形成了由批发、代理、零售组成的全球性旅游产销体系。

1.2.2 旅游电子商务的功能

旅游电子商务可以提供在线旅游服务与交易的全部过程。因此它具有旅游信息发布、旅游产品在线咨询、在线预定、网上支付、电子账户、旅游服务评价、旅游交易管理等各项功能。

(1) 旅游信息发布

不同的旅游企业可在自己的官方网站或第三方在线旅游服务平台上发布各类旅游信息，客户也可借助网站自身的搜索功能或互联网上的搜索引擎迅速地找到所需商品信息。随着互联网应用服务的不断创新，利用新的营销模式，如微信营销和微博营销，也可以使旅游企业在极短的时间内取得更高的广告效应。与传统的旅游宣传方式和效果相比，网上的旅游信息发布成本更为低廉，而给顾客的信息量却更为丰富。

(2) 在线预定

在线预定是截至目前旅游电子商务中应用时间最长、范围最广的功能。根据 CNNIC《2012～2013 年中国在线旅游预订行业发展报告》显示，截至 2014 年 12 月，我国在网上预订过机票、酒店、火车票和旅行行程的网民规模达到 2.22 亿，占网民比例为 34.2%。我国目前已经形成了较为成熟的在线旅游预定产业链，包括上游产品供应商、中游渠道商和下游媒介营销平台三个部分，每一部分的末端均指向用户。上游产品供应商指航空公司、酒店、景区、旅行社等，其中前三者又是旅行社的供应商。中游渠道商包括批发商（如上海不夜城）和代理商（如艺龙和携程）。下游媒体营销平台包括综合搜索引擎（如百度和谷歌）、垂直搜索引擎（如去哪儿、酷讯）、社交媒体（如新浪微博、腾讯微博）、点评攻略（如马蜂窝、豆瓣）、门户网站（如新浪、腾讯的旅游频道）、营销平台（如淘宝旅行、京东旅行）。

（3）网上支付

旅游电子商务要成为一个完整的过程，网上支付是非常重要的环节。客户和线上、线下旅游企业之间可采用的支付方式有很多，比如电子现金、信用卡在线支付、手机支付等。对参与交易的各方身份的有效性进行认证，通过认证机构或注册机构向参与各方发放数字证书等，以证实其身份的合法性，防止支付欺诈。通过网络数据的快速传输实现支付效率的提高。

（4）电子账户

网上支付必须要有电子金融来支持，即银行、信用卡公司及保险公司等金融单位要为金融服务提供网上操作的服务。电子账户管理是其基本的组成部分，信用卡号或银行账号都是电子账户的一种标志，其可信度需配以必要技术措施来保证，如数字凭证、数字签名、加密等手段的应用提高了电子账户操作的安全性。

（5）旅游服务评价

旅游服务评价有两层含义，一是旅游电子商务能十分方便地采用网页上的"选择"、"填空"等格式文件来收集用户对销售服务的反馈意见，这样，使旅游企业的市场运营能形成一个封闭的回路。客户的反馈意见不仅能提高旅游服务的水平，更使企业获得改进产品、发现市场的商业机会。二是旅游者能够在行程结束后，对旅游体验进行评述，这种评述既针对于某一旅游服务（如入住的酒店），也可以针对整个旅游行程。这些评述对其他旅游者具有重要的参考价值。

（6）旅游交易管理

整个旅游交易的管理将涉及到人、财、物多个方面，企业和企业、企业和客户及企业内部等各方面的协调和管理。因此，旅游交易管理是涉及商务活动全过程的管理。这需要政府和社会为旅游电子商务的发展提供安全的网络交易环境，保障旅游电子商务获得更广泛的应用。

1.2.3 旅游电子商务的分类

站在不同的观察角度或者按照不同的标准，旅游电子商务可划分为不同的类型。

1.2.3.1 按照旅游活动在互联网上的实施程度分类

按照旅游活动在互联网上的实施程度来分类，电子商务可分为完全旅游电子商务和非完全旅游电子商务。这种分类方式可直接反映旅游活动参与各方信息化的实施情况和互联互通的实现程度。

完全旅游电子商务是指除旅游观光、食宿、乘坐交通工具等实地活动外，其它都通过电子商务方式实现和完成完整交易的旅游交易行为和过程，这些行为和过程包括旅游前的信息检索和收集，网上参团或自由行行程设计，酒店、交通、门票预订，在线支付，甚至旅行后对旅游商品或服务的在线评价等。完全旅游电子商务能使双方超越地理空间的障碍进行电子交易，可以充分挖掘全球市场的潜力。

非完全旅游电子商务是指不能完全依靠电子商务方式实现和完成完整旅游交易的交易行为和过程。例如，有些景区景点并未开通网上预订服务，只能通过旅行者到达后实地购买门票。

1.2.3.2 按照旅游服务对象分类

按照旅游服务对象的不同，可以将旅游电子商务分为面向自由行的电子商务与面向团体的电子商务。前一种面向旅游散客，他们往往以个人为出行单位，旅游需求带有高度个性化；后一种面向传统旅游团体或散客成团客户，团队人数较多，往往可通过旅游产品标准化满足旅游需求。

传统的旅游活动过程中，受自身资源及服务能力的限制，旅行社往往借助于较为成熟的旅游产品，通过既定的旅游服务模式，向团队游客进行推介和服务，团队的大小往往直接反映了旅行社一次经营活动的规模效益；而对于那些对旅行时间、景区景点等有个性需求的自由行散客来说，在传统旅游服务条件下无论是自己出行还是散客成团，除非付出更高的费用，否则就不得不面临散客拼团或被旅行社放弃的结果。

在网络环境下，旅游电子商务不仅使拼团的可行性以及团队服务的效率大大提高，更使得自由行的市场规模迅速增长。旅游者可以根据自己的需求避开旅行社，直接面向旅游电子商务平台、航空公司、酒店及景区景点等，电子商务充分满足了具有新特征的现代旅游者的个性化、定制化需求。

1.2.3.3　按照交易对象分类

按照交易对象分类，旅游电子商务可以分为五类：商业机构对商业机构（Business-to-Business，简称B2B）的旅游电子商务，商业机构对消费者（Business-to-Consumer，简称B2C）的旅游电子商务，商业机构对政府（Business-to-Government，简称B2G）的旅游电子商务，消费者对消费者（Consumer-to-Consumer，简称C2C）的旅游电子商务，消费者对商业机构（Consumer-to-Business，简称C2B）的旅游电子商务。

（1）B2B旅游电子商务

B2B是指企业和企业之间进行电子商务活动，B2B旅游电子商务可以大大减少电子商务平台、旅行社、酒店、景区景点、旅游交通等企业在办公、采购等方面成本，并在树立品牌形象、增加企业竞争力等方面提高企业效率。这种类型是电子商务的主流，也是各类企业在面临激烈的市场竞争时，改善竞争条件，建立竞争优势的主要方法。

（2）B2C旅游电子商务

B2C是指企业与消费者之间进行的电子商务活动。B2C旅游电子商务主要是借助于Internet开展的在线销售活动，可看作是旅游的网上零售业。近年来，随着Internet为企业和消费者开辟了新的交易平台，使得这类旅游电子商务得到了较快发展。另外，Internet上提供的搜索浏览功能和多媒体界面，又使得消费者更容易寻找和深入了解所需的旅游产品。因此，开展B2C电子商务具有巨大的潜力，是今后旅游电子商务发展的主要动力。

（3）B2G旅游电子商务

B2G是指企业与政府机构之间进行的电子商务活动。B2G旅游电子商务涉及的商业活动包括旅游企业网上交税、政府主导的旅游结算、政府旅游信息发布等。通过B2G旅游电子商务，加强了政府对旅游企业的监管，提高了税收缴纳的效率。除此之外，全国一些旅游大省正在试行的旅游结算平台（如云南省的丽江市），一定程度上解决了困扰旅游产业发展的"三角债"问题，规范了旅游市场，促进了旅游产业的健康发展。

（4）C2C旅游电子商务

C2C是将大量的个人买主和卖主联系起来，以便进行商品的在线交易。C2C旅游电子商务的发展离不开旅游电子商务平台的高速发展，携程、艺龙、去哪儿等网站都是该市场的有力推动者。目前，C2C旅游电子商务主要涉及的业务有旅游商品的销售、个人所有但对外经营的房间预订，以及个人农家乐、渔家乐的产品服务等。但值得注意的是，与其它C2C电子商务相似，消费者信任、税收、交易安全性等也成为了制约C2C旅游电子商务发展的重要因素。

(5) C2B 旅游电子商务

C2B 模式的核心，是通过网络将数量庞大的用户形成一个强大的采购集团，以此来改变 C2B 模式中用户一对一出价的弱势地位，使之享受到以大批发商的价格买单件商品的利益。在这种模式下，可由旅游者首先提出服务需求，再由旅游企业按需求组织"生产"。通常情况为旅游者根据自身需求定制旅游产品，或主动参与旅游产品设计、组合，甚至是旅游产品的定价，这同时彰显了旅游者的个性化需求和旅游企业的定制化加工。虽然这种形式还没有在旅游业大面积推广，但其将成为旅游电子商务的重要发展方向。

1.2.4 旅游电子商务的作用

无论是对旅游者、旅游企业，还是对旅游产品和旅游市场，旅游电子商务都对传统旅游业带来巨大影响。

(1) 对旅游者，旅游电子商务提供丰富的信息资讯和个性化服务

互联网被称为继报刊、电视、广播后的第四大媒体，其信息容量、传播范围、传播速度、开放性都具有其它媒体无可比拟的优势。借助于互联网，旅游电子商务应用可以为旅游者提供任何其想获取的信息。

伴随着自助游、散客游的兴起，旅游者的旅游需求趋向于个性化、零散化。传统旅行社由于客源量和信息量有限，成本高昂，无法满足旅游者的个性化需求。电子商务依托着容量巨大的旅游信息库，可以为旅游者提供目的地预览和出行的决策信息参考。

(2) 对旅游企业，旅游电子商务降低运营成本、提高运营效率

电子商务环境下，要求旅游业在回应消费者的要求方面需要变得更灵活、更有效和更快捷。电子商务为全行业带来了一系列工具和机制创新，这使得旅游企业直接能与全球市场接触，强化了动态的企业竞争力，同时也能更经济、更快捷地与世界各地的其他企业形成合作。同时，旅行社通过可查询和实时更新的信息平台，在网上设计产品，聚集客源，使得网上成团和网上拼团得以实现。另外，通过电子商务，旅行社还可以保持与旅游者的良好关系，实现一对一网上营销，提供优质的售后服务，为旅行社塑造良好的品牌形象。

在市场营销方面，旅游企业需要收集各类的信息，并尽可能广泛地传播出去。因此，对于旅游企业而言，而电子商务可以为旅游企业提供最具时效的国内外动态信息，帮助企业及时调整规划方向和营销策略。同时，电子商务也可以使旅游企业能够随时了解上下游企业和旅游者的需求，迅速调整产品开发和营销重点。另外，在线交易和支付系统不仅能够减少交易的中间环节，降低成本，还能避免在交易过程中因信息不对称造成的意外损失。

(3) 对旅游产品，旅游电子商务增加产品透明度

旅游企业的一般业务过程是将酒店、景区等供应厂商的旅游产品采购之后，进行优化组合，形成特色的旅游线路或旅游项目产品，再销售给旅游者。在此过程中，旅行社需要与众多的旅游供应商、旅游者进行信息交换。而电子商务由于其开放性、交互性等特性成为旅游企业对外信息宣传的最佳平台。电子商务可以打破时空的限制，最大限度地将各种旅游资源和旅游信息有效地结合一起。通过电子商务，旅游公司可以及时发布最新旅游线路和产品的信息、动态，为旅游者提供最全面、最准确的旅游产品和旅游信息。以上行为产生的最终结果，就是旅游者可以直接享受到各旅游类企业提供的服务（没有或少量中间环节），还可以在线直接与企业进行信息咨询或者讨价还价，实现旅游服务细节的透明化，特别是价格透明化。

(4) 对旅游市场，旅游电子商务增加交易机会

首先，企业利用网络可以突破时间和空间限制。利用互联网可以实行每周 7 天、每天

24小时的营销模式，不需要增加额外的营销费用。其次，利用网络可以突破传统市场中地理位置的分割。在传统条件下，旅游企业要拓展国际市场，必须与海外旅游企业建立合作或设立海外办事处，其耗资大、风险高。在网络时代，互联网代表了一个开放性的大市场，旅游企业只需要将旅游目的地信息和旅游产品信息搬上网站，做好搜索引擎注册和网站推广，就能达到较好的信息宣传效果。

另外，旅游电子商务创造的虚拟市场空间，集中体现在旅游电子商务平台或网上旅游交易市场上。由网络服务商建设的旅游电子商务平台，将售前信息发布、订购、支付、售后服务等多种商务功能集成于一个互联网站上，节省了传统旅游销售和分销的人财物费用，促进了买卖双方共建"双赢"的价值体系。对中小旅游企业来说，旅游电子商务极大地弥补了其在传统市场上网络少、知名度低的弱势，为其提供了更为广泛的发展机遇和更为平等的竞争手段。

1.3 旅游电子商务的发展现状

现代信息技术的发展，为旅游业的跨空间信息传递、供求匹配和效率提高提供了良好的解决方案，信息产业与传统产业的结合已在旅游业中得到代表性的实践。旅游电子商务作为新兴的旅游商务活动方式，其增长势头、应用范围和产生的交易额数量已不可忽视。旅游产业以其持续增长的消费需求、快速扩张的市场规模和普遍看好的发展前景，成为促进现代经济社会繁荣和发展的新兴产业。

1.3.1 中国旅游电子商务的发展现状

旅游电子商务作为信息技术和电子商务在旅游产业的运用，是以我国产业信息化的整体环境和发展状况为背景的。我国的旅游电子商务是发展较早、发展速度较快的领域。

（1）宏观环境

2013年我国旅游电子商务发展势头迅猛，行业处于快速成长期，发展速度快，市场预期乐观。根据CNNIC最新数据显示，截至2014年12月，在网上预订过机票、酒店、火车票和旅行行程的网民规模达到2.22亿，占网民比例为34.2%，中国在线旅游市场展现出巨大的市场潜力。

从政策环境来看，国家提出"文化旅游"的理念，并将其写入《国家"十二五"时期文化改革发展规划纲要》，指出要"积极发展文化旅游，促进非物质文化遗产保护传承与旅游相结合，提升旅游的文化内涵，发挥旅游对文化消费的促进作用，支持海南等重点旅游区建设"。国家大力发展旅游业并将其上升到战略高度，将对旅游市场的发展起到重要推动作用。旅游电子商务作为现代旅游业的新的发展方向，将受到政策的积极影响。

从经济环境来看，国家统计局发布数据显示，2014年国内生产总值达到63.65万亿元人民币，首破60万亿元，比上年增长7.4%；我国城乡居民可支配收入也有较大提升。由于旅游非日常消费品，而是满足人们娱乐休闲需要的更高层次精神消费，所以旅游市场的发展与居民的生活水平息息相关。

从社会环境来看，以手机为首的移动终端设备正渗透至大众的日常生活，针对移动终端而开发的社会化媒体为旅游电子商务注入新的市场活力。社会化媒体贯穿于旅游电子商务以及旅游行程的始终，对在线旅游预订决策、在线旅游营销和旅途中见闻分享具有重要作用。社会化媒体互动在促进在线旅游预订方面功不可没，但其目前的影响力仍然有限，其商业价值有待进一步发掘。

从技术环境来看，大数据时代赋予旅游电子商务更大的商业价值，是在线旅游企业在新时代面临的最大机遇。旅游电子商务参与各方必须借助于先进的技术手段，对获取的海量数据进行有效的数据存储和挖掘，通过科学的分析和预测追求更大的市场价值。

(2) 市场格局

目前，"去哪儿"、"驴妈妈"等垂直旅游平台带来的价格竞争，淘宝、京东等大型电商平台的介入，以及航空公司和酒店大力发展的直销业务都在侵蚀着携程、艺龙等传统 OTA（Online Tourism Agent，在线旅游服务代理商）的市场份额。此外，途牛、乐途旅游网、悠哉旅行网等新兴网站正在借助资本力量迅速崛起，深耕市场打造品牌。从整体上看，整个旅游电子商务行业的市场竞争愈演愈烈。

在线旅游预订市场呈现出两家独大的竞争态势。其中，携程网和去哪儿领跑市场，用户份额分别占 33.9% 和 22.1%。12306、淘宝旅行、艺龙网处于第二阵营，用户份额均在 5%～10% 之间，分别占 8.8%、5.6% 和 5.0%，其他在线旅游预订网站的用户份额均不到 5%（见图 1-1）。

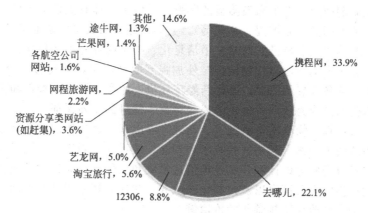

图 1-1　2013 年我国在线旅行企业 TOP10 用户份额

(3) 用户行为

根据 CNNIC（中国互联网络信息中心）的调查数据显示，2014 年在线旅行预订市场中，品牌渗透率最高的是 12306 火车票官网，为 50.2%。去哪儿网以 24.8% 的渗透率位居第二位。携程网与去哪儿网的竞争呈胶着之势，以 24.1% 紧随其后。淘宝旅行/去啊、同程旅游和艺龙网渗透率分别为 17.2%、14.7% 和 11.2%。其他品牌的渗透率均不到 10%。

总之，我国旅游电子商务的发展正处于一个高速增长时期，这不仅得益于国家政策的宏观导向，社会化媒体交互作用刺激消费也成为重要行业催化剂；另外，移动终端的应用普及和消费者成熟度的不断提高也成为旅游电子商务发展的前提要素。毫无疑问，借助于技术的进步和庞大的用户群体，我国旅游电子商务已经显示出强势增长的势头。

1.3.2　旅游电子商务对社会经济的影响

旅游电子商务对传统旅游业的影响远远超出了其本身活动的价值。随着网络的发展，全球旅游业市场的不断扩大，越来越多的企业和个人已经能够接受电子化的交易手段。无论是发达国家还是发展中国家，旅游电子商务都正在社会经济活动中起着极其重要的作用。

(1) 旅游电子商务让旅游企业和旅游者间实现信息沟通无屏障

旅游本身包含食、住、行、游、购、娱等多项要素，其产品和服务的提供带有连贯性，旅游者的体验具有整体性。旅行中任何一个环节中的失误都有可能极大地影响旅游者的满意度,这其中一个很大的原因在于旅游企业和旅游信息对消费者的屏蔽性。在传统旅游业中,旅游者在旅行开始之前唯一或最主要获取信息的来源就是旅行社,所有行程中的信息,如景区景点的优劣、酒店的好坏、行程的合理与否等,全部依靠旅行社的宣传来传递。这种信息的屏蔽和不对称极大阻碍了旅游者消费需求的提高。

在电子商务环境中,上述情况完全改变。旅游者可以绕过所有的中间环节,通过互联网面对所有旅游产品和服务提供商,直接向目的地各类产品供应商进行预订。这不仅使旅游者的成本大大降低,更让旅游从一种只能听从旅行社安排的被动行为变成旅游者完全DIY的主动行为,刺激了旅游者的消费兴趣。

(2)旅游电子商务改变了旅游业的传统分工

旅游电子商务的出现对传统旅游业的分工带来了巨大影响。一方面它直接催生了在线旅游服务提供商的出现,另一方面也削弱了传统旅行社的基本职能。

传统经济下,由于信息不畅通,具有庞大销售网络的大型旅行社(批发商)主导着整个旅游行业资源的配置,是由旅行社"带领"旅游交通、饭店、景区景点等其它行业发展。而电子商务对传统旅游产业分工带来最明显的影响,是催生了拥有更强电子商务技术和更多信息资源的电子商务中间商(如携程、艺龙等),它们已经成为我国旅游电子商务市场的主角。虽然不少旅游企业都建立了自己的网站,但信息化、电子商务并不是只建立一个网站那么简单。旅游企业只有对内加强信息化建设,对外加强互联网应用,强化自身企业的网站建设,才能真正适应电子商务发展的需要,赢得新经济环境下的竞争优势。携程和艺龙的兴起正在告诉人们,技术创新已成为获取竞争优势或保持竞争优势的重要保证。

除此之外,云计算、物联网等新技术、新理念的出现,也让传统旅游企业在实施电子商务活动中将商务和技术分离。利用这些技术和理念,旅行社、酒店、景点等传统市场参与者没有必要完全依靠自身实力设计和开发各类信息系统和软件,一大批软件或在线系统服务提供商可以为他们提供安全、可靠以及定制化的服务,使他们摆脱了技术方面的劣势。

(3)旅游电子商务改变了旅游业的价值链

旅游产业价值链是旅游产品从供应到最终消费的一系列传递的过程,它一般由旅游产品供应商、旅游中间商及旅游消费者组成。旅游价值链传递的过程也就是旅游产品不断增值的过程。在这一条价值链中,不同层次的旅游企业通过其职能化分和专业优势为旅游产品注入价值,最终使旅游产品实现价值增值。例如,在旅游供应商环节,旅游目的地供应商提供旅游吸引物的开发与建设;目的地接待方(旅行社、导游公司)提供接待与导游服务;旅游运输商提供运输服务;旅游饭店提供的是餐饮与住宿服务;旅游娱乐企业提供娱乐享受;旅游购物企业提供旅游纪念品等。可以把旅游供应商提供的产品看作是个别产品,旅游个别产品经过旅游中间商的组合包装后形成旅游组合产品并传递给旅游消费者,其中,旅游批发商为旅游产品进行整合与包装,旅游零售商或代理商提供接待、咨询与代理服务。

在电子商务条件下,信息沟通的优势使旅游供应商通过互联网络可以便捷地与客源地旅游者直接沟通,这时供应商可以通过网络直接向旅游者销售产品,从而形成新的旅游产业价值链结构。

(4)旅游电子商务推进了我国旅游相关法律法规的完善

近年来,我国在线旅游市场成长迅速,造就了一批诸如携程网、去哪儿网以及途牛网等在线旅游企业。同时,许多旅行社也将业务逐渐扩展至线上,官网成为其吸引客源的重要途径。越来越多的游客也开始习惯于在网上查询相关信息、预订产品线路,并作出相应的评价。但与此同时,目前旅游电子商务交易也存在着一些问题,部分企业在互联网上发布一些不实的旅游信息,有些涉嫌违反《旅游法》、《旅行社条例》等。

2014年7月1日，我国旅游局发布实施《旅行社产品第三方网络交易平台经营和服务要求》、《旅行社服务网点服务要求》等5项旅游业行业标准。其中第一项新规是对在线旅游经营服务首次作出的规范，对治理当前在线旅游乱象具有很强的针对性。新规规定，"（第三方网络交易）平台应取得工商营业执照、电信与信息服务业务经营许可证，完成经营性网站备案，并在网站主页面显著位置公示相关信息"，"应与合作的旅行社订立进场经营合同，监督旅行社发布的旅行社产品及其相关信息"，"可设立信用评价制度以对旅行社进行信用评价和管理，信用等级评价制度应提前公示，并为旅游者提供信用等级查询服务"。这些规定均为进一步规范在线旅游经营、维护消费者权益提供了保障，也使"黑户"企业再难以立足。

（5）旅游电子商务为出境游带来新的机遇

根据2012年中国旅游业统计公报显示，我国2012全年公民出境人数达到8318.27万人次，比上年增长18.4%；全年实现旅游业总收入2.59万亿元人民币，比上年增长了15.2%；其中因私出境人数7705.61万人次，增长20.2%。

这些数据增长的重要原因是旅游企业借助网络营销的优势不断扩大海外市场，为国内旅游者出境游提供诸多便利，加快了中国境外游市场的成熟。可以预测到，在旅游市场不断扩大、竞争日益加剧的形势下，在线旅游企业通过电子商务渠道将可获得比以往更广阔的营销空间，跨地域营销不再受到成本及人员的限制；借助电子支付，可以把全部的旅游产品销售向在线转移，这对于在线旅游企业获得更广大的市场空间奠定了良好的基础。

目前，中国已成为世界第四大入境旅游接待国，跃居世界第一大出境旅游消费国。据专家预测，未来3年我国出境游人数将持续保持平均15%的增长率，而在线旅游的网络覆盖优势，势必助力出境游市场持续保持更高比例的增长幅度。

1.4 旅游电子商务发展趋势

国内旅游电子商务经过十几年的探索，已形成一批具有资讯服务实力的旅游网站，主要包括地区性网站、专业网站和门户网站三类。这些网站可以提供比较全面的网上资讯服务，涉及旅游的食、住、行、游、购、娱等方面，成为旅游服务的重要媒介。随着国内旅游市场逐步向国外开放，国际旅游企业将携带观念、管理、网络、资金、人才等多方面的优势，以各种方式进入中国旅游市场。旅游市场竞争的日益激烈，旅游者的需求越来越高，传统旅游市场必须转向以互联网技术为核心服务的旅游电子商务。

1.4.1 旅游物联网

物联网是以互联网为基础，借助信息传感设备，通过信息交换与通信实现对物品的智能化识别、定位、跟踪、监控和管理的网络体系。随着技术的不断成熟，物联网已经被广泛地运用于各种实践，这其中就包括旅游业的发展。

1.4.1.1 物联网的概念

物联网（Internet of Things，IOT）的实践最早可以追溯到1990年施乐公司的网络可乐贩售机，其概念最早在1991年由美国麻省理工学院（MIT）的Kevin Ashton教授提出。1999年MIT建立了"自动识别中心（Auto-ID）"，提出"万物皆可通过网络互联"，阐明了物联网的基本含义。早期的物联网是依托射频识别（RFID）技术的物流网络，随着技术和应用的发展，物联网的内涵已经发生了较大变化。

根据国际电信联盟（ITU）的定义，物联网主要解决物品与物品（Thing to Thing，

T2T)、人与物品（Human to Thing，H2T）、人与人（Human to Human，H2H）之间的互联。但是与传统互联网不同的是，H2T 是指人利用通用装置与物品之间的连接，从而使得物品连接更加的简化，而 H2H 是指人之间不依赖于 PC 而进行的互连。因为互联网并没有考虑到对于任何物品连接的问题，故我们使用物联网来解决这个传统意义上的问题。物联网顾名思义就是连接物品的网络，许多学者讨论物联网时，经常会引入一个 M2M 的概念，可以解释成为人到人（Man to Man）、人到机器（Man to Machine）、机器到机器（Machine to Machine）。从本质上而言，人与机器、机器与机器的交互大部分是为了实现人与人之间的信息交互。

业内专家认为，物联网一方面可以提高经济效益，大大节约成本；另一方面可以为全球经济的复苏提供技术动力。美国、欧盟等都在投入巨资深入研究探索物联网。我国也正在高度关注、重视物联网的研究，工业和信息化部会同有关部门，在新一代信息技术方面正在开展研究，以形成支持新一代信息技术发展的政策措施。

此外，物联网普及以后，用于动物、植物和机器、物品的传感器与电子标签及配套的接口装置的数量将大大超过手机的数量。物联网的推广将会是促进经济发展的又一个驱动器，为产业开拓了又一个潜力无穷的发展机会。按照对物联网的需求，需要按亿计的传感器和电子标签，这将大大推进信息技术元件的生产，同时增加大量的就业机会。

1.4.1.2 物联网与旅游业的结合

旅游业作为服务业的龙头产业，信息技术前进的每一步都影响到旅游业发展。目前，国内外各地都努力尝试通过物联网技术进而达成旅游活动全过程、旅游经营全流程和旅游产业全链条的全面数字化、智能化应用。

（1）物联网可以更好地为旅游者服务

旅游者是旅游活动的主体，随着旅游者消费行为不断成熟，旅游者对旅游信息、旅游体验等的需求不断增高，物联网能有针对性的为旅游者提供综合信息查询、在线预订、行程规划、线路选择等服务，为旅游者出行前提供充分的信息参考和选择。

物联网强大的信息储存和处理功能可以使旅游产业链上的吃、住、行、游、购、娱等相关信息实现互联互通，为旅游者整个旅游活动提供"全程式"的服务，如，餐饮、住宿、娱乐、购物的资讯信息查询与订购；列车、航班时刻表及票价查询与订购；景区线路信息；景区实时人流量；医疗服务等日常的旅游信息服务。在参观游览过程中，还可以为旅游者提供智能化的导览服务，借助精准的定位技术，结合旅游者的个人喜好，通过文字、图片、声音、视频等多种形式，生动详细的为旅游者展示景区内的自然风光、人文景观，完善的旅游基础设施、项目以及多姿多彩的民俗民风，同时可以开启语音导游服务，为旅游者提供详细的讲解，给旅游者带来丰富的旅游体验。

旅游活动结束后，可以为旅游者发表景点评论、攻略、分享旅游过程中的感受提供便捷、及时的渠道。借助 web2.0 技术、旅游网站、论坛、微博等互动平台，可以实现旅游者之间、旅游者与旅游企业之间、旅游者与管理部门之间互动沟通，以及对旅游过程中的旅游投诉进行及时处理等。

（2）物联网改变了旅游企业运营方式

旅游企业为旅游者提供旅游资源信息和相关服务，同时也接受旅游管理部门的监督管理。物联网能聚合 IT 资源与存储、计算能力，形成一定范围内的虚拟资源池，实现旅游企业信息化的集约建设、按照旅游者的需求提供相关服务。同时通过供应链、企业资源管理、在线营销、在线订购等专业化服务系统，可为旅游企业提供基于网络共享的软件和硬件的应用服务，有效降低中小型旅游企业利用信息化手段开展经营活动的资源和技术障碍，有效的提升旅游企业信息化建设、应用和服务效率。

物联网以其强大的网络渠道作为营销的载体，针对其服务的客户群体的特征组织相应的在线旅游营销活动，提高营销内容的辐射力和影响力，降低企业的运营成本。对客户进行细分，建立客户忠诚度，管理旅游产品目录，为客户提供量身定制的个性化旅游产品和服务，满足其个性化的需求，改变旅游服务的增值化方向，建立新的竞争优势。

（3）物联网有利于实现科学的旅游行业管理

旅游管理部门具有经济调节、市场监管、公共服务和社会管理的职能。在物联网技术的支持下，旅游管理部门将实现传统旅游管理方式向现代管理方式转变。旅游管理部门可以实现更加及时的监管和实时管理；可以更好地维持旅游秩序，有效处理旅游质量问题，实现与交通、卫生、公安等部门的信息共享和协作；旅游创新系统加强了旅游管理部门、旅游者、旅游企业和旅游景区的联系，高效整合了旅游资源，实现科学的旅游管理。

此外，物联网技术的运用将进一步推进旅游电子政务的建设，实现区域间的互联互通，提高各地各级旅游管理部门的办公自动化水平，提高行政效率，降低行政成本；为公众提供畅通的旅游投诉和评价反馈渠道，强化对旅游市场的运行监测，提升对旅游市场主体的服务能力和管理能力；实现对旅游资源的监控保护与智能化管理，提高旅游宏观决策的有效性和科学性。

1.4.2 旅游云计算

现代化信息技术和网络技术的发展和应用正在促进经济社会各个领域发生革命性的变化。作为新兴的现代信息技术重要代表，近年来，"云计算"的兴起和发展引起了广泛的关注。"云计算"是电信与IT融合创新的产物，是通过虚拟化技术、自助管理运算能力整合IT资源，形成高效资源池，以按需分配的形式提供运算服务的一种信息化技术。在旅游行业国际化、现代化、低碳化的升级改造中，云计算的应用将具有深远和广阔的空间。

1.4.2.1 云计算的概念

2006年8月9日，Google首席执行官埃里克·施密特（Eric Schmidt）在全球搜索引擎大会上首次提出"云计算"（Cloud Computing）的概念。2007年10月，Google与IBM开始在美国大学校园实施（包括卡内基梅隆大学、麻省理工学院、斯坦福大学、加州大学柏克莱分校及马里兰大学等）实施推广云计算的计划，这项计划希望能降低分布式计算技术在学术研究方面的成本，并为这些大学提供相关的软硬件设备及技术支持。

云计算是分布式计算技术的一种，其透过网络将庞大的计算处理程序自动分拆成无数个较小的子程序，再交由多部服务器所组成的庞大系统经搜寻、计算分析之后将处理结果回传给用户。透过这项技术，网络服务提供者可以在数秒之内，达成处理数以千万计甚至亿计的信息，达到和"超级计算机"同样强大效能的网络服务。

美国国家标准与技术研究院（NIST）对云计算的定义是：云计算是一种按使用量付费的模式，这种模式提供可用的、便捷的、按需的网络访问，进入可配置的计算资源共享池（资源包括网络、服务器、存储、应用软件、服务），这些资源能够被快速提供，只需投入很少的管理工作，或与服务供应商进行很少的交互。

云计算包括以下几个层次的服务：基础设施即服务（Infrastructure-as-a-Service，IaaS）、平台即服务（Platform-as-a-Service，PaaS）和软件即服务（Software-as-a-Service，SaaS）。

IaaS 可以让消费者通过 Internet 从完善的计算机基础设施获得服务，如服务器的租用等；PaaS 是指将软件研发的平台作为一种服务，以 SaaS 的模式提交给用户。因此，PaaS 也是 SaaS 模式的一种应用，如软件的个性化定制开发等。SaaS 是一种通过 Internet 提供软件的模式，用户无需购买软件，而是向提供商租用基于 Web 的软件，来管理企业经营活动。

1.4.2.2 云计算与旅游业的结合

进入互联网时代后，我国旅游业正在从传统的劳动、服务密集型向现代的知识、信息密集型方向转变。尤其是在旅游电子商务蓬勃发展的今天，海量的旅游信息和数据更加需要云计算等先进的思想和技术来应对。总体来说，云计算在旅游业中应用的优势有以下几点：

（1）加快旅游数据资源整合，提高旅游信息利用率

现代旅游业是以信息密集型为重要特征的服务业，需要处理海量的数据和信息，而对大多数旅游服务企业来说，仅仅依靠自身的力量往往显得力不从心。云计算能实现高效快速的数据存储和分析，对海量数据的快速处理和智能挖掘具有独到优势，可以为旅游业的发展提供存储能力和计算能力的保障。

运用云计算技术可以使线上和线下、虚拟与现实有机结合，形成对旅游全过程的服务整合，可根据游客的位置、行为以及其他个性化的信息，全方位提供专业化和多样化的服务，更好地满足游客多方面的需要。云计算中心采用分布式来进行数据存储，采用冗余存储的方式来确保存储数据的可靠性，这种存储技术的高吞吐率和高传输率可以满足旅游行业访问量大、数据资源丰富繁杂的行业应用需要。

（2）让商务和技术分离，形成弹性基础架构服务

"云"概念的出现，催生了一批以服务旅游业为主的各类高新技术企业，比如旅游软件服务提供商，它们可以为旅游企业设计和开发网站、各类管理信息系统等；甚至可以向旅游企业承担外包业务，如客户服务中心功能等。这些新企业的出现可以让传统旅游企业不再局限于自身较弱的技术问题，做到术业专攻、强强联合。

此外，云服务还可以根据旅游企业的自身需求提供定制化的服务，比如可以随时调整服务器租用的时间、空间容量的大小等，形成弹性基础架构服务，降低企业的软硬件设备投入，减少在信息化管理和服务方面的资源消耗。

（3）有效配置资源，实现可持续发展

旅游行业是一个具有明显淡旺季的行业，在重要节假日的时候各个旅游景区往往人满为患，而在非节假日期间游客寥寥无几，对旅游服务提供商来说，如何平衡服务资源是一项极其困难的任务。利用旅游云服务，可使旅游服务企业根据实际需要动态调度和平衡各种服务资源，做到伸缩自如、保障有力，确保各项业务活动实现可持续发展。

1.4.3 智慧旅游

智慧旅游来源于"智慧地球（Smarter Planet）"及其在中国实践的"智慧城市（Smarter Cities）"。2008 年国际商用机器公司（International Business Machine，IBM）首先提出了"智慧地球"概念，指出智慧地球的核心是以一种更智慧的方法通过利用新一代信息技术来改变政府、公司和人们相互交互的方式，以便提高交互的明确性、效率、灵活性和响应速度。

1.4.3.1 智慧旅游的概念

目前对于智慧旅游还没有统一的概念。叶铁伟（2011）认为，智慧旅游是"利用云计算、物联网等新技术，通过互联网或移动互联网，借助便携的终端上网设备，主要感知旅游

资源、经济、活动和旅游者等方面的信息并及时发布,让人们能够及时了解这些信息,及时安排和调整工作与旅游计划,从而达到对各类旅游信息的智能感知、方便利用的效果,通过便利的手段实现更加优质的服务"。张凌云(2012)等认为,"智慧旅游是基于新一代信息技术(也称信息通信技术,ICT),为满足游客个性化需求,提供高品质、高满意度服务,而实现旅游资源及社会资源的共享与有效利用的系统化、集约化的管理变革。从内涵来看,智慧旅游的本质是指包括信息通信技术在内的智能技术在旅游业中的应用,是以提升旅游服务、改善旅游体验、创新旅游管理、优化旅游资源利用为目标,增强旅游企业竞争力、提高旅游行业管理水平、扩大行业规模的现代化工程。智慧旅游是智慧地球及智慧城市的一部分。"

目前我国有 18 个城市入选首批"国家智慧旅游试点城市",分别是:北京、武汉、福州、大连、厦门、洛阳、苏州、成都、南京、黄山、温州、烟台、无锡、常州、南通、扬州、镇江、武夷山。

1.4.3.2 智慧旅游的框架体系

学者张凌云认为,智慧旅游的框架体系包括智慧旅游的能力、属性以及应用构成(见图 1-2)。

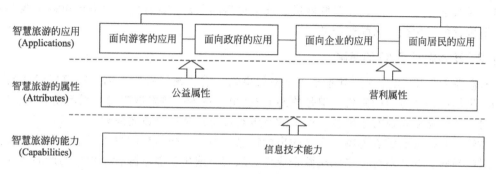

图 1-2 智慧旅游的框架体系

能力(capabilities)是指智慧旅游所具有的先进信息技术能力,属性(attributes)是指智慧旅游的应用是公益性的还是营利性的,应用(applications)是指智慧旅游能够向应用各方利益主体提供的具体功能。公益性指智慧旅游的应用由政府或第三方组织提供,以公共管理与服务为目的,具有非营利性。营利性应用由市场化机制来决定服务提供商。智慧旅游的属性能够决定其开发主体、应用主体以及运营主体。

1.4.3.3 智慧旅游框架体系的内涵

智慧旅游的框架体系的内涵可归结为以下三点。

(1)以智慧旅游目的地的概念来明确应用主体。因此,除了一般智慧旅游所涵盖的旅游者、政府、企业之外,还包含了目的地居民,即智慧旅游面向涵盖了景区、城市(街区、社区等)、区域性旅游目的地概念。

(2)公益和营利属性是信息技术能力和应用的连接层,即纵向可建立起具有公益或营利性质的具有某种(某些)信息技术能力,面向某个(某些)应用主体的智慧旅游解决方案。

(3)公益性智慧旅游和营利性智慧旅游的各种应用以及两者之间具有某种程度的兼容性和连通性,可最大程度地避免信息孤岛和填补信息鸿沟。

面对越来越激烈的市场竞争,越来越多的旅游产品,越来越高的旅游需求水准,要想实现旅游业的良好发展,必须依靠现代科技的力量。要加快智慧旅游基础设施建设,发展智慧旅游的相关产业，促进旅游信息化融合发展，整合旅游资源、激励创新应用，动员全社会积极参与，推进智慧旅游建设。从而可以为游客提供智慧化的旅游服务和旅游体验，为管理部门提供智能化的管理手段，为旅游企业提供更高效的营销平台和广阔的客源市场。智慧旅游是发展现代旅游业的关键，也是旅游业发展的重要趋势，加快智慧旅游的发展，利于我国向旅游强国迈进。

1.4.4 旅游 O2O

O2O 模式，早在团购网站兴起时就已经开始出现，只不过消费者更熟知团购的概念。旅游业 O2O 的出现不仅使线上销售与线下旅游业融合度更高、更便捷，还以 O2O 特有的线上交易数据，统计每一份订单的详细数据。

1.4.4.1 O2O 的概念

O2O 即 Online To Offline（在线离线/线上到线下），是指将线下的商务机会与互联网结合，让互联网成为线下交易的前台。O2O 的概念非常广泛，一般只要产业链中既可涉及线上，又可涉及线下，就可通称为 O2O。线上，互联网是交易的前台。消费者可以在线上筛选服务，还有成交可以在线结算。线下，消费者可以自主去享受服务。即将线下商务的机会与互联网结合在了一起，让互联网成为线下交易的前台。这样线下服务就可以用线上来揽客，消费者可以用线上来筛选服务。

1.4.4.2 发展旅游 O2O 的障碍

旅游业中采用 O2O 模式并不是一个新鲜事物，在线预订机票和酒店都可以看作其具体应用。虽然取得了迅猛的发展，但是旅游 O2O 也存在着一些发展障碍和亟需拓展的空间。

（1）在线旅游企业与旅游者间信息的有效对接仍然是一个重要障碍

虽然互联网为旅游者提供了海量的出行信息，另一方面信息的过于分散也是旅游者不得不面对的问题。与此对应，在线旅游企业也必须实时搜集众多旅游者个性化的产品需求并及时作出反应。目前，一些大型在线旅游网站已经对旅游信息尽可能地进行细化、重组，并贴上标签，便于消费者查找。比如，现在的旅游者可以轻易找到一家位于某城市的某条地铁线的某个站点附近的某一家五星级的酒店。这需要网站及时的迎合消费者需求，对网站信息进行结构化和再梳理，虽然大大增加了企业的运营成本，但以此可以换得访问流量和投资者对网站的关注。

（2）在线门票 2014 年初成为各大旅游电商 O2O 争抢的蛋糕

数据显示，2013 年景区门票销售总收入在 1300 亿～1400 亿元之间，但在线预订比例仅占约 2%。门票预订市场蕴藏着巨大的发展潜力与空间，特别是随着移动时代的到来，各大旅游电商都更为重视门票业务。有业内人士分析，旅游电商对门票 O2O 的重视程度远超酒店、机票，并打算将其作为整合旅游产业链的抓手，也是旅游电商抢占移动终端市场的关键一战。可以看到，在线门票销售将是未来在线旅游业发展的重要方向之一。然而食、住、行、游、购、娱是旅游业的六大要素，当前的 OTO 应用只涉及其中一小部分。随着旅游电子商务的不断向前发展，旅游业的其它内容将越来越多的向线上转移。

1.4.5 移动旅游电子商务

移动智能终端的发展和应用拓展了在线旅游预订渠道，朋友间的交互作用极大刺激了旅游需求和旅游消费。未来随着智能手机的普及和旅游预订 APP 的不断完善，线下用户和潜在旅游用户可能直接转化为手机在线旅游预订用户。

1.4.5.1 移动旅游电子商务的发展现状

咨询机构 PhoCusWright 认为，美国旅游业在移动端的增长会明显超过行业总体和在线业务的增长速度，到 2015 年将占到美国在线旅游预定总额的 25% 以上，这将会在移动端转化成一个价值 400 亿美元的旅游商业市场（见图 1-3）。

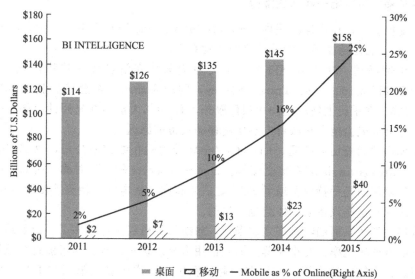

图 1-3　美国移动及桌面旅游电子商务的发展趋势

PhoCusWright（全球旅游业研究机构，总部在美国）同时预计，2015 年欧洲地区移动端预订总量将会占到在线预订总额的 20%，比美国市场稍低。

另据 Adobe（数字媒体和在线营销方案供应商，总部在美国）的数据显示，2013 年第三季度，全球范围内在线预定总额达到了 540 亿美元，和 2012 年同季度相比增加了 10.7%。移动端的增长更是令人印象深刻，仅平板设备方面的增长就占到了全球在线预定营收的 7%，在一年的时间内几乎实现了翻倍。

在我国，2013 年线上预订用户中，有过手机预订经历的用户占 20.3%。安装了在线旅游预订 APP 的人绝大多数都在使用该 APP。手机在人们旅行过程中作用贯穿全程。不仅仅是旅游过程中与亲人朋友联络，对于旅行前目的地等行程信息查询、旅游过程中信息导航（LBS 等功能）、旅游过程中分享见闻等智能手机新兴功能，线上预订用户占比分别为 60.6%、59.8% 和 45.3%，多于线下用户。

1.4.5.2 移动旅游电子商务的优势

移动终端应用在旅游业中具有诸多优势。

（1）可以通过移动终端进行位置定位。ComScore（全球性互联网信息服务提供商，总部在美国）2013 年发布的数据显示，美国地区有 82% 的地图操作发生在平板电脑或智能手机上。但是地理位置信息服务（Location-based services，LBS），比如应用内搜索，则正变得更加个性化。

（2）移动终端可以整合摄像功能。拍照对于社交媒体来说无比重要，社交媒体照片里面比较受欢迎的是分享旅行照片。社交、移动、照片和旅行之间有着天然的联系，Pinterest 公司最近就在产品中加入了一个针对旅行的图片分享功能，叫做"地址标注（Place Pins）"。

（3）加强现实技术（Augmented Reality，AR）将会与可穿戴设备紧密相连。AR 作为技术爱好者们的心头好，一直以来都在吸引着人们的想象力。加强现实技术指的是，当通过手机查看的时候，信息或虚拟化图像叠加在真实世界的画面之上。例如，你刚刚抵达了泰姬陵，你所佩戴的Google Glass就有可能在不同建筑旁滚动显示有解释文字。目前，Google Glass上已经有几个和旅游相关的应用出现，包括记录自行车骑行路线和能够实时翻译外语的功能应用。

1.4.5.3 普及移动旅游电子商务的障碍

一些调查也显示，在全球范围内（Societe International De Telecommun-ications，国际航空电信协会），移动旅游服务的普及仍旧非常有限。

（1）易用性问题。2013年SITA空中交通全球乘客信息技术趋势调查（SITA/Air-Transport World Passenger IT Trends Survey）的结果显示，在全球的旅行者当中，只有5%表示它们曾经在手机上使用签到和预订服务，有78%人指出在易用性上的问题以及设备的局限性，并可能成为他们在旅行中不使用移动设备的原因。

（2）跨设备的无缝切换问题。Expedia（全球最大的在线旅游公司，总部在美国）的首席执行官Dara Khosrowshahi在接受媒体Jamaica Observer的采访时称"研究显示90%的在线消费者最先使用的是手持设备或者PC，之后才转向平板电脑，接着才使用另外一款设备。我们一定要确保在这些设备上的体验是一致的。"

（3）就移动端和桌面端转化率之比来说，旅游行业已经是好很多了，但是移动渠道仍旧没有实现桌面端的转化率。在小屏幕上输入信用卡号码这一困难操作可能是导致转化率不佳的一个原因。为了解决这个问题，旅游企业正在想办法用内置或第三方工具，免除输入操作，调整支付流程。

（4）旅行还会涉及大额支付，所以安全也是一个问题。在线旅行代理（OTA）、航空公司和连锁酒店需要确保旅行者不仅能轻松完成交易，而且他们的信息被安全地存储。

（5）缺少数据网络覆盖是移动旅游电子商务发展必须解决的。虽然国际数据漫游费用已经降低，而且一些电信运营商还推出了吸引人的国际数据流量套餐，实际情况是移动数据网络覆盖对于旅行者来说仍旧是一个难题。去到海外国家的旅行者常常在使用移动设备和旅游app应用上受到限制，需要待在酒店房间或是带有Wi-Fi的咖啡厅里。有时候酒店收取高昂的Wi-Fi费用，让旅行者对使用移动设备望而却步。现在需要的是运营商之间更好的协作，这样国际间便捷的数据服务会更主流，而不是成为特例。

总之，虽然通过移动终端实现旅游电子商务还存在诸多障碍，但随着移动终端的进一步普及和移动应用的丰富，它是推动旅游业发展的强劲动力毋庸置疑。

本章案例

穷游网：定义穷游，成立即盈利（节选）

（1）穷游的成立

2004年2月由在欧洲的中国留学生创立了"穷游网"，此后，便有了"穷游"一词的流行。从BBS到社区，从UGC到PGC，从纸质内容到电子阅读，穷游经历了中国旅游逐渐兴盛的时代，也为自己的存在做了一个好定义。

北京郎园Vintage20号楼是穷游的北京总部，很难想象如今这个已有100多名员工的公司，在2011年连同COO蔡景晖在内仅有4名员工，尽管那时它已创立了7年之久。"做中文海外自助，依靠用户贡献内容"，是穷游自2004年创办起的定位，而实际上一直到2011年，它的形态始终是论坛BBS。

穷游最初面向的用户群体是海外华人，发帖的内容、讨论的主题也都和出境游相关。2011年之前，这种形式更多是因用户的个人爱好趋同而产生的，没有生成实际的商业模式。那时的出境游市场规模不大，更没有相关的社交网络产生，因此穷游这个非常小众化的网站靠的是口耳相传。

2011年之后，穷游的产品形态开始改变。蔡景晖把论坛上原有的信息通过更加结构化的方式进行展示，最初定位于中文出境游免费旅行指南的《穷游锦囊》也于同期推出，但这时锦囊的内容全部由网站编辑进行搜罗和制定，与用户关系不大。

《穷游锦囊》推出后，穷游试图加强SNS方面的推广，在之后的两年内，流量增长了4倍左右，注册用户也上升为300多万，活跃用户则超1000万。

为什么不做国内游？蔡景晖解释穷游是从海外起来的，而最初始的那部分内容将满足人群的需求都集中在出境游上。"穷游是一家中国人创办的公司，服务于华人。"蔡景晖说。

实际上2011年之前，国内的一些中文旅行网站信息发布做得都不是很好，这就导致大量中国人出境玩的时候，拿的并不是国内的攻略，而是海外的一些产品，比如中文版的《Lonely Planet》（以下简称为LP）。这其中有很多问题产生，因为是汉化版的旅行指南，是以外国人的视角观察的，美国人有美国人的玩法，中国人有中国人的玩法，所以国人拿着LP去游玩，很难找到自己最需要的东西。

旅游最大的问题在于信息不对称，信息不对称所带来的就是不安全感。用户确实需要出境游这块市场的相关内容，而出生于海外的穷游，并且20%的用户仍是常驻海外的华人，那么它能提供用户所需要的信息、攻略，解决他们的需求，便是最大的优势。

近几年旅游市场增长最快的是出境游，国内游份额实际上有下降的趋势，最差的便是国外游客来国内旅游这块。而在形态上，自助游的群体规模已经开始扩大，类似穷游、蚂蜂窝、一起游为代表的旅游点评TripAdvisor模式走俏。

简单来说，穷游就是中文海外自助游信息的接入平台，如今网站上的信息被结构化地分为目的地、论坛、问答、行程助手以及相关移动应用。

这种布局其实很有趣，也暗含了用户在面对旅行这件事时的需求顺序。有出行计划的用户，可以在目的地版块寻找自己想要去的地方，倘若已经定下目的地，那么可以在论坛搜罗其他旅行者分享的攻略。当用户决定出行了，他可能会有许多明确的需要了解的问题，而在海量信息的论坛中搜索是一件复杂的事，所以可以用问答的形式获取。行程助手以及移动端的应用则是旅行者制定旅行路线，以及在游中所需使用的一些工具。

蔡景晖提到，当年旅行的话，一本书可能可以覆盖所有的内容，包括美食、住宿、交通以及风景介绍，而如今是信息最大化时代，每个人的玩法都不一样。那么相对来说，个性化的用户那20%的长尾需求，是没办法全部满足的。

所以穷游的内容产品分为两块，一块是为了满足用户20%的长尾个性化需求，一块是满足用户共同的80%的出行需求。现在的内容很庞杂，穷游通过产品去把这些庞杂的内容结构化，比如通过目的地，通过问答，通过论坛来处理，这样结构化和数据处理过后的信息，用户寻找起来会比较容易。

2011年8月之前，穷游锦囊是靠编辑制作的。但是一个指南最大的用处就是要给用户信心，让他拿着这个指南出行有依靠。这就要求指南的内容必须是真实可信的。于是2011年8月之后，穷游锦囊开始转由作者进行撰写，由编辑来进行内容维护。

蔡景晖透露，因为穷游本身是德国留学生在海外做起来的，所以至今为止，在穷游锦囊的作者团队中,20%还是生活在海外的人。这100多个作者,生活在五个不同的国家。

穷游锦囊如今已有200个,但锦囊并不是以国家来区分,而基本是按照城市或者线路划分。而且并不是一个作者完成一个锦囊,而是每个锦囊的作者可能负责某一个特定城市的某些内容,而在具体的细节上,更多是去过当地的网友进行补充后由编辑去找作者核实,随后加进去的。这就使得锦囊内容的可信度非常高。

在穷游锦囊作者的招募上,蔡景晖他们通过版主知道哪个用户对当地比较熟,经验比较丰富,他们就会找到这个用户,问他是否有时间撰写。如果符合要求,那么穷游会给他一个测试,假如文字水平可以,写出来的东西又是可信的,那么他就可以当穷游锦囊的作者。

(2) 穷游是怎么盈利的

UGC或者PGC社区和OTA对接是传统旅行社区的标准商业模式。穷游自诞生第一天起,便已经盈利。这是当时论坛BBS屹立不倒的原因。实际现在去看穷游,它的盈利模式是一个闭环。从最开始接入海外OTA是为了保证这个网站不倒闭,到现在大规模接入OTA却更多是因为用户需求。

蔡景晖举了个有趣的例子来形容穷游接入OTA和其他商业产品的缘由:最开始是旅行者在穷游社区上找到了好玩的信息,然后引发了他的旅行冲动,他就会问穷游,这个地方怎么去、怎么订票,住哪里等,那时穷游没有这方面服务,于是用户就会抱怨。当时有一个OTA网站叫做Agoda,有一天,Agoda的人致电说要拜访穷游,来的那天,他们带着支票,说这是给穷游网站的佣金。蔡景晖他们很奇怪,因为穷游并没有和Agoda签订任何协议,穷游网站上也没有任何入口可以导向Agoda。然后Agoda的人说,来自于穷游网站的订单量很多,并且集中在某几个酒店产品,他们查了一下,发现游客来源很多都是来自于穷游论坛的帖子,帖子中提到了他们的产品,从而直接产生了订单。所以他们觉得,穷游是一个非常好的合作伙伴。

后来蔡景晖他们发现,很多用户在使用穷游时,他们可能会很快决定是否要进行一次旅行,这时如果有能立刻帮助下订单的工具,那么就能直接成交。相对地,如果在用户产生旅行冲动时,没有相关工具来完成这个冲动,他可能看完信息也就过去了,下次想起来想旅行,就得重新寻找,比较费劲。所以穷游后来开了一些小的窗口,用来帮助用户进行比较简单的预订行为。这种预订窗口是直接转到合作伙伴的预订页面。而穷游彼时完全是站在一个当用户找到信息之后,怎样去植入一些商业产品才能帮助用户的切入口上。

这和如今所说的C2B其实有微小的不同,C2B一般是推荐,可能会出现网站推荐什么,用户就被迫接受什么的状况,而穷游更多是倾向于归纳。归根结底,这都是数据的事。如果数据做得好,那么网站本身就会有一定的意识积累,通过各个方面数据的统计,推荐给用户一个最可能实现成交的信息,而这种信息,基本不会伤害到用户体验。

成交佣金和广告收入是穷游盈利的两大模式,成交佣金占据了80%以上的收入,而广告这块,穷游接的很少。

在市场运营总监张哲瑞的说法中,穷游对于广告这块的态度更多倾向于合作,一部分是内容合作,比如亚航大促信息,这种信息是网友需求的,无论收不收费,这都是穷游作为资讯网站必须给到的。一种是品牌合作,穷游挑选气质比较符合的品牌商,比如可口可乐、果壳来进行合作,然后一起做有趣的事。因为穷游的用户质量其实很高,所以在产品层面比较挑剔,穷游提供的信息,包括广告,如果不是觉得有用,那必须得是有趣。

对于长期在穷游上活跃的用户来说,90%都是有明确出境游计划的。有旅行,必定有消费。单纯以传统广告形式来比较,从UV、PV这些因素来衡量,穷游并不符合传统广告的流量需求,但它单个UV的质量很高,1个UV产生的交易量是不可想象的。

蔡景晖透露，以合作伙伴Booking来看，用户从它自身网站下单的转化率在2%~3%，而从穷游网导入的用户下单率在8%~10%左右。

说到盈利模式，不得不提到成本问题。穷游最大的成本损耗在人力，员工在福利与激励政策之外，还有每年10天的旅行假期。通常看一个网站的盈利状况，会十分关注它流量变现的能力，这当中流量分为自有流量和采购流量。穷游只有自有流量，没有采购流量，因为做UGC（User generated content，用户生产内容），产品的特性导致花钱做推广的话，拿到的流量质量并不一定是高的。你给用户激励，用户产生的质量也往往和激励不成正比。

（3）怎么定义穷游

单纯从字面上来看，穷游导向的概念似乎是如何用最少的钱进行一次旅行。事实上，历经十年，价格已经不是唯一的旅行决策因素。

大部分人提到旅行，需求的信息远远大于价格这个单一维度，而在同一个价格基础上，实际上还会有多种不同的选择。最主要的就是，哪种选择符合你的需求。

穷游有着十年的历史，从十年前跟到现在的用户，他们的消费能力并不低，但这并不表示他们对价格不敏感。同样的一次旅行，多花200元如果可以住到一个类似古堡的房间，那么用户可能就会偏向于加价，因为体验完全不同。

所以穷游的穷，不是穷富的穷。穷游从诞生第一天起，当时看重的也许是价格，但现在最终看重的是体验。无论从信息角度切入，从人的角度切入，还是从安全角度切入，单纯看价格，是比较狭隘的。

曾经的穷游在遇到商业化最大的诱惑时，各种投资者曾建议他们改名，蔡景晖他们当时有过深入的思考，他们觉得，穷游是在做旅行，这只是一个平台。他们想宣扬的是一种价值观，这种价值观的内容是，成功的路不止一条，一个人生活得幸福与否，实际和外在的一些东西是没关系的。

怎么去定义穷游？蔡景晖说："在旅行中，你会发现很多难忘的回忆和当地风景并没多少关系，而是在于和当地人的交流中。交流一番之后你会发现，有些人生活得并不如意，但他们有自己所执著的，和他们聊天时，你会感觉到他们眼中的光芒。""我们一直想传达的是，这个世界上有很多很多种不同的生活可能性，你去旅行，每打开一扇门，你都会发现这些可能性从而有所改变。我并不是说每个人都要辞职去旅行，但人至少要在年轻的时候有机会去想想到底想要怎样的生活。"

（案例来源：http://www.chinazcl.com/case/1013/1932.html）

案例分析题：

1. 穷游网取得成功的关键因素是什么？

2. 有人说，旅游本身就应该消费，一方面让自己的身心得到充分放松，另一方面也可以通过消费带动地方经济发展，应该抵制所谓的"穷游"。你怎么看？

本章小结

电子商务通过信息技术对传统旅游活动中的信息载体进行了彻底改造，使得旅游产品和服务的交易管理活动真正实现高效、低成本、数字化、网络化、全球化等目的，催生了现代旅游业。为适应这种发展趋势，旅游企业必须利用这一优势，增加旅游服务手段，促进旅游服务的发展。现代信息技术的发展，为旅游业的跨空间信息传递、供求匹配和效率提高提供了良好的解决方案，旅游电子商务应运而生。

目前，电子商务的飞速增长，它为旅游业带来的商机巨大而深远。电子商务依托的Internet的全球性和开放性，对旅游业的影响将是全面的，它不但在微观上影响旅游企业的经营行为和消费者的消费行为，而且在宏观上影响到国际贸易关系和国家未来竞争力。信息产业与传统产业的结合已在旅游业中得到代表性的实践，旅游电子商务作为新兴的旅游商务活动方式，其增长势头、应用范围和产生的交易量已不可忽视；但这同样也存在着各种问题，这要求现代信息社会中的每一个旅游业者关注新方向，认识、研究、利用这种为旅游业创造崭新发展机遇的趋势。

复习思考题

1. 电子商务的定义与内涵是什么？
2. 电子商务与旅游业的适应性有哪些？
3. 旅游电子商务的定义与内涵是什么？
4. 旅游电子商务的特点有哪些？
5. 旅游电子商务的功能有哪些？
6. 旅游电子商务如何分类？
7. 旅游电子商务的作用有哪些？
8. 云计算对旅游电子商务带来了哪些改变？
9. 物联网对旅游电子商务带来了哪些改变？
10. 什么是智慧旅游？

讨论题

1. 就某种旅游电子商务的新趋势讨论其发展潜力。
2. 旅游电子商务对社会经济的深层次影响有哪些？
3. 旅游电子商务现在对你的旅游出行有没有产生影响？
4. 传统旅行社是否会在未来消失？O2O模式对其功能带来哪些改变？
5. 移动旅游电子商务是否会成为今后旅游电子商务的主流模式？
6. 旅游电子商务今后还会向哪些新方向发展？

网络实践题

1. 登录www.cnnic.cn网址，查询最新的中国在线旅游预订行业发展报告，掌握最新动态。
2. 通过互联网信息搜索，拟定你的一个假期旅游目的地并制定旅行计划。
3. 登录tripadvisor中国官网地址：到到网www.daodao.com，通过查看别人的点评选择你的准备入驻的酒店和就餐的餐厅。
4. 通过携程www.ctrip.com或艺龙www.elong.com对以上确定的酒店进行模拟预订并同时模拟预订往返机票。

电子商务环境下的旅游市场

学前导读

　　旅游电子商务的兴起是全球经济信息一体化的必然产物,其为旅游业带来了一场真正的变革。它从根本上改变了旅游业原有的运作模式,提高了旅游服务产品的交易效率,降低了交易过程中的成本,传递了旅游信息资源,使这一领域的竞争更加激烈。本章从介绍电子商务对旅游市场供给和需求的影响开始,分析电子商务对旅游市场的结构和运行带来的影响,对电子商务环境下旅游消费的变化进行阐述,最后对旅游产品和服务如何采用网络营销进行分析。

学习目标

- 了解电子商务对旅游市场供给和需求的影响
- 掌握旅游市场结构的概念
- 了解电子商务对旅游市场结构的影响
- 了解电子商务对旅游市场运行的影响
- 了解电子商务对旅游消费的影响
- 掌握旅游产品与服务的网络营销策略

2.1 电子商务环境下的旅游市场供给和需求

广义的旅游市场,是指在旅游产品交换过程中所反映出来的旅游者与旅游经营者之间各种经济行为和经济关系的总和。而狭义的旅游市场,是指在一定时间、一定地点和条件下对旅游产品具有支付能力的现实和潜在的旅游消费者群体,也就是一般所说的旅游需求市场或旅游客源市场。狭义旅游市场主要是由旅游者、旅游购买力、旅游购买欲望和旅游购买权利所构成。现代旅游市场作为旅游经济运行的基础,其与一般商品市场、服务市场和生产要素市场相比,既有一定的共性,又有不同于其他市场的多样性、季节性、波动性等特点。

2.1.1 电子商务环境下的旅游市场供给

旅游市场中的供给方是由除旅游者之外的旅游供应商、经营商以及代理商等旅游企业组成的。

2.1.1.1 传统经济环境下的旅游市场供给

传统经济环境下,旅游企业一般根据自身的实际与掌握的资源状况生产和加工产品,源于资源的稀缺性和信息不对称等因素,其地位远远高于需求方(即旅游者),传统的旅游市场是一个供方市场。旅游企业只要规模足够大、成本足够低、质量足够好,企业就可以在市场竞争中取得竞争优势,最终形成规模经济。但是按照企业发展的一般规律,在传统经济运行中,规模经济随着旅游企业规模的不断扩大将会受到制约,当企业规模的扩大到一定程度,规模经济就可能会消失,从而形成规模不经济。

2.1.1.2 电子商务环境下旅游企业如何取得竞争优势

而在电子商务环境中,供给方规模经济将不再适用,规模经济将向需求方转化。

① 旅游企业要取得竞争优势,首先要吸引消费者的注意,让消费者了解企业的产品。在电子商务时代,信息的海量增长一方面为旅游者带来了丰富的可选资源,也同时带来了由于信息泛滥而产生的负面影响。这使得消费者的注意力过于分散,企业需要通过各种方式方法去吸引消费者的注意力才能产生商业价值,这时注意力就成了稀缺要素。对于电子商务环境下的旅游企业来说,要想使更多的旅游者使用自己企业的产品和服务,首先要解决的问题就是通过针对性的营销手段吸引客户的注意。

② 旅游企业要重视旅游者间信息传递的价值,尤其是旅游者评价。在传统经济时代,由于传递信息的渠道有限,人们通常只能将对产品的评价信息传递给自己身边的亲朋好友,而在电子商务条件下,人们通过网络不但可以向更多的人传递对企业的产品和服务的评价信息,而且还可以将信息储存起来反复传递去影响更多的人。通常旅游目的地距离旅游者常住地比较远,在这种情况下,旅游者对旅游目的地的相关信息、旅游目的地旅游服务企业的产品和质量就不太清楚,而网络正好为人们获得相关的信息提供了最好的平台。

2.1.2 电子商务环境下的旅游市场需求

旅游市场中的需求方就是旅游者。电子商务环境下,旅游市场产生明显的需求方规模经济。需求方规模经济是指企业产品在投入到市场中以后,因为消费者对该企业产品的认可并对此进行评价,当这种评价不断上升后,就会影响其他消费者的认可和购买意愿,而促使需求方的数量急速增长,这就会使企业产品规模的不断扩大和市场份额的迅速增长,从而迅速取得竞争优势。

对于旅游企业来说，需求方即旅游消费者数量的增长既可以降低企业的成本，又能够通过网络提供的旅游服务对更多的旅游者产生更大的吸引力，从而进一步增加旅游消费者的需求。国内的各旅游电子商务运营商都在通过构建网络平台，向旅游者传递更多的旅游产品信息，再通过提供点评服务使旅游消费者的评价对其他旅游者构成影响，这样接受服务的消费者越多，使得企业获得的价值评判就越高，就会吸引更多的消费者。而需求方规模经济产生的同时又会引发供给方规模经济，产生正反馈效应，使得总规模经济效益远高于传统经济的规模经济效益。

此外，旅游者的需求也正向个性化、定制化方向进一步发展。随着旅游产业的发展和升级，以及游客旅行活动的频率、深度不断增加，人们对旅游的需求呈多样化发展趋势，很多人外出旅游的方式正在悄然改变，越来越多的人追求自主化、个性化、深度化的旅游体验。而在线旅游的目标客户群更年轻化，对这部分消费群体来说，针对旅游者自身个性化需求而设计行程的定制旅游产品需求旺盛。定制旅游区别于一般的跟团游和自由行，它的特点是产品的提供和组织方式发生了改变。定制旅游根据旅游者的个性需求，以旅游者为主导而不是以产品提供方为主导进行旅游行程的设计，通俗点讲就是游客可以根据自己的喜好和需求定制行程。这是国外非常流行的旅游方式，但国内的发展才刚刚起步。这种模式的特点就是弱化了或者去除了中间商的作用，能够给旅游者带来最个性化的服务。目前，欣欣旅行网、驴妈妈等企业已经推出了一系列的旅游产品以满足消费者的个性化、定制化的需求。

2.2 电子商务环境下的旅游市场结构

2.2.1 旅游市场结构

这里所指的旅游市场结构，是指不同类别的旅游企业在各个市场区域和旅游产品流通环节中所扮演的角色、发挥的职能及其相互之间的关系。由于经济体制环境的不同和旅游发展阶段的差异，旅游业的现存市场结构也会存在一定的差异。在旅游业发展的过程中，市场结构又是不断变化的。

从垂直分工体系的角度划分旅游市场，旅游市场由旅游者、旅游中间商和旅游供应商三层结构组成，如图 2-1 所示。这种分工是在市场经济体制下依据旅游者的消费流程自然形成的。

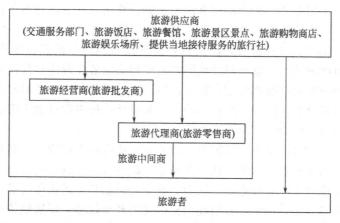

图 2-1　旅游市场结构图

(1) 旅游供应商

旅游供应商是各种具体旅游服务的提供者，包括旅游交通服务部门、旅游饭店、旅游餐馆、旅游景区景点、旅游购物商店、旅游娱乐场所和提供当地接待服务的旅行社。旅游活动涉及"吃、住、行、游、购、娱"六个方面的产业，旅游业是一个综合性的产业，这从旅游供应商的多元性上能充分地体现出来。旅游者旅游活动的完成，需要不同地区、类型众多的旅游产品供应商提供服务，并与它们发生各种经济关系。

(2) 旅游中间商

旅游中间商则在旅游供应商和旅游者之间起中介作用，它实现了沟通供需的重要功能。旅游中间商又分为旅游经营商（旅游批发商）和旅游代理商（旅游零售商），这是按照垂直分工原则对旅游中间商的再一次划分。旅游经营商是指以组合及批发包价旅游产品为主要业务、兼营旅游产品零售业务的旅行社。旅游经营商通过对旅游者旅游需求、爱好、消费水平的调查，预测旅游市场及旅游产品需求的发展趋势，设计满足市场需求的产品组合，并通过旅游代理商在旅游市场销售。旅游代理商是旅游经营商与旅游者之间联系的纽带，其主要业务是向旅游者提供旅游咨询，销售旅游经营商组合的旅游产品。

(3) 旅游者

旅游者是旅游的构成主体，是旅游三大要素的基本要素，没有旅游者，旅游活动就无法实现。旅游者的类型可以分为消遣型旅游者、差旅型旅游者和家庭及个人事务型旅游者。

2.2.2 电子商务对旅游市场结构的影响

电子商务的发展不仅便利了市场交易本身，而且正改变着市场交易的参与各方——它们的职能、地位、生存空间和选择。正如诺贝尔经济学奖获得者库兹涅茨（Kuznets）在其著作《现代经济增长：总产值和生产结构》中通过大量历史资料和实证分析指出，技术对经济的影响是通过影响技术结构、市场微观组织，进而影响市场结构、产业结构这一路径发生的。无论是结构形态，还是参与者的竞争力量，电子商务都对旅游市场结构产生了激烈而深远的影响。

(1) 市场结构更趋扁平化

在传统旅游市场中，从旅游供应商到旅游消费者之间呈"哑铃"形状，市场结构层级化特征明显。这些特征与传统旅游市场的运行模式密不可分。

在旅游供应商和最终消费者之间存在着天然的信息屏障，信息不对称现象非常严重。首先，由于旅游产品带有强烈的属地性特点，众多旅游供应商无法提供统一的产品信息，旅游者只能亲身体验后才能对某一个产品有直观的了解；其次，旅游活动本身就是一次旅游产品的集中消费行为，一次旅游会涉及食、住、行、游、购、娱的方方面面，旅游活动必须全部考虑；最后，旅游供应商与旅游者之间信息传递的路径和成本因素也加剧了这种信息不对称。以上的因素直接导致了在整个传统旅游市场结构中旅游经营商和代理商占有绝对的主导地位。它们既面向所有的旅游供应商，将产品信息在其内部集中，又面向庞大消费群体，把掌握的资源进行合理分配，进行旅游产品的组合和设计，最终出售给旅游者。从市场参与者数量上形成了两端多中间少的"哑铃"形状。

在实际旅游商品交易过程中，旅游者一般要先向旅行社支付费用，双方签订旅游协议合同，但协议条款的内容一般是由旅行社事先确定。旅行社在接到并确定消费者的约定信息之后，将信息传递给旅游生产商如旅馆、饭店、航空公司或其他运输部门等，并向其支付相关费用。由此我们可以看出，传统旅游市场信息传递的环节较多，层级性特点明显。

电子商务的出现改变了这种情况。第一，信息传递的便捷极大拉近了旅游供应商与旅游者之间的距离，旅游者足不出户就可以查阅所有旅游产品信息，对一位旅行者而言，他所享受的是所有旅游供应商提供的服务，而对于一个旅游供应商，其面对的是整个旅游者群体。第二，价格的逐步透明以及在线交易的出现，也使得旅游者可以主动组合旅游产品，自行设计旅游线路，直接与不同旅游供应商进行交易。这些情况使旅游产品交易路径得到缩短，市场结构更趋扁平化。

（2）减小旅游产品价格离散水平，增加旅游者议价能力

在旅游市场中，旅游产品的质量和价格存在离散性。这种离散性表现为完全相同产品在不同市场的价格不同，或者质量不同的同种商品在不同的市场上以同样的价格销售。一般来说，旅游者在购买旅游产品之前，都盼望得到直接的信息，对不同或相同的旅游产品和目的地进行比较和选择，以合理的价格换取产品和服务。互联网作为一种强大且经济的工具，可以帮助消费者快速、准确地掌握他们感兴趣的目的地和相关活动的信息。另一方面在线销售通过降低搜寻成本使更多的消费者加入到网上搜寻的行列中，从而促使那些销售同质产品和服务却索要高价的卖主不得不降价。由此，电子商务可以减小旅游产品的价格离散水平，并增加旅游市场的竞争性。

旅游产品买卖双方的讨价还价是十分普遍的。讨价还价就会带来成本，这种成本可认为是一种磋商成本。在电子交易市场中，讨价还价还存在着信息传递问题，即讨价还价同样存在信息内容。所谓价格的信息内容，就是市场参与者提出的价格隐含的市场知识。电子商务使消费者具有较为全面的市场价格知识，改善谈判磋商中的被动地位，增加议价能力。

（3）削弱了传统旅游经营商和代理商的地位

在传统旅游市场中，旅游经营商和代理商通常与其他参与企业协同工作，运用它对旅游预订信息和支付转账的垄断，可以把相应的条件和条款强加给旅游生产商和消费者双方。经营商和代理商因而具有信息流动的专卖权，地位举足轻重。随着信息技术和互联网的迅速普及和发展，许多旅游生产商可以绕过旅游经营商和代理商，直接与消费者接触产生经济收益，节约以往支付给旅游经营商和代理商的费用与佣金，从而简化分销过程，降低成本。

与传统旅游经营商和代理商相比，网上旅游代理商更有竞争力。他们可以提供全球24小时全天候接入服务，最新的内容，强大的聚合能力（方便消费者能在几个品牌和产品之间的选择）和理所当然的低价承诺。传统旅行社市场仍然处于严重的分割状态，而同时为数不多的大型网上旅游中介商做出了高额的投入以在消费者心目中建立强大的品牌意识，这使得这批网上旅游中介商迅速崛起，而且也让他们成功地从传统街头旅行社那里夺取并增加了自己的市场份额。

除此之外，网上旅游代理商相较旅游生产商更具有影响力。他们简化了搜索旅游产品的程序，使旅游者可以在众多品牌和产品范围中进行选择（例如航班，客房，租车等）。旅游生产商（航空公司，酒店，旅游经营商等）则只是鼓励消费者直接从他们的网站预定旅游产品，取消给传统旅游代理商的佣金，以减少分销成本，但品牌或产品种类的缺乏限制了这些单一品牌网站的影响力。

随着网上旅游市场的不断增长，网上旅游代理商之间的竞争也将加剧。由于网上代理商之间缺乏明显的区别特征，网上代理商正通过提供附加服务以开发和保持现有的客户群。在今天日益激烈的竞争环境中，一些正在使用的竞争手段包括：①提供辅助旅游服务，包括个人旅游概述，目的地导游，实时旅游新闻，天气预报，地图，外汇交换处；②针对客户需求喜好定制旅游产品等。因此，自我满足或低质服务不大可能在现有网上旅游代理商中存在。近几年，少数大型网上中介商的发展为他们自己创造了大量竞争优势，借助强大的规模经济，强大的品牌，雄厚的客户群以及与旅游提供商建立起来的良好关系，并不断引进新的产

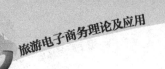

品，通过增强的技术能力，以吸引更多顾客并开发销售机会。

2.3 电子商务环境下的旅游市场运行

旅游电子商务的兴起是全球经济信息一体化的必然趋势，为旅游业带来一场真正的变革。从根本上改变了旅游业原有的运作模式，提高了旅游服务产品的交易效率，降低了交易过程中的成本，传递了旅游信息资源，使这一领域的竞争更加激烈。

2.3.1 电子商务对旅游市场运行的作用

随着旅游电子商务的发展，旅游业不再是简单的劳动密集型或资金密集型产业，而信息技术的运用增加了旅游业的科技含量，增加了作为重要生产资料的信息资源在旅游业的投入，并且提高了旅游业对劳动从业人员素质的要求，提高了旅游劳动生产率。旅游电子商务的发展，改变了旅游交易的方式，改造了传统旅游市场的运作方式，提升了旅游市场运行效率。

2.3.1.1 新技术的不断引入给市场格局带来变数

① 直接服务于游客的技术。例如自助语音导游服务、3G 无线网的应用服务，都给旅游业带来新契机。

② 服务于旅游企业和旅游目的地的技术。例如基于 SOA（Service-Oriented Architecture，面向服务的体系结构）架构的旅游网站和旅游信息管理系统、基于 SaaS（Software-as-a-Service，软件即服务）的旅游企业信息系统，这些技术的运用为企业（目的地）优化业务流程、提高业务效率，进而更好地为游客服务，为旅游企业规模不断扩大奠定了一定的基础，客观上加剧了旅游企业（旅游目的地）之间的竞争。

2.3.1.2 新的应用将引领旅游电子商务的深度发展

① 移动商务引领旅游电子商务发展的新趋向。随着各种移动终端的普及、移动通信网络的完善、移动服务提供商的增多，移动商务将成为一个新的切入点，结合智能网络技术，真正实现以人为中心的旅游电子商务应用。移动支付、短信息服务、全球定位系统等移动商务技术的全面应用将给旅游业乃至旅游电子商务带来一场新的旅游革命。顾客无论在何时何地，通过移动电话等终端就能完成对企业或对个人的安全的资金支付，移动商务可以随时随地将顾客、旅游中间商和旅游服务企业联系在一起，预订的结果、航班的延迟等信息皆可随时通知旅游者。移动电子商务技术的应用将使旅游电子商务服务功能更加完善，应用更加普及。

② Web2.0 应用。我国旅游网络的建设在网络技术、配套设施、人员素质以及网站有效性和技术功能等方面存在很大差距。缺乏能满足不同需求层次的动态信息整合，难以完成个性化的定制服务，旅游产品重复、单一、缺乏创新和无针对性等弱点成为制约我国旅游网站发展的瓶颈。Web2.0 网站以其独特的优势迅速崛起，成为未来旅游网站发展的方向：网站信息提供方式不再采用由网站编辑提供，而是让用户变成网站信息的提供者和使用者；直接获取用户的需求和习惯，征求用户的意见，加强用户的互动，用户在网站上的时间越长，参与的程度越高，用户就越不易流失。

2.3.1.3 新的整合将推进旅游电子商务体系的演进

国内的旅游电子商务还处于发展初期，具有"中国特色"的旅游电子商务体系和业务模式逐步在一些企业获得成功。从国外发展的经验看，随着企业的发展壮大，规模扩张与效益最大化的矛盾也会逐渐显现，这时就会出现行业内部的并购与整合，产生若干个拥有资金和资源优势的大型企业。

未来，信息技术的支撑可更好地为旅游企业整合奠定良好的基础。旅游电子商务行业内将形成覆盖范围广、成本低廉的旅游业通信交流平台，使旅游企业之间增进交流与合作，为游客提供一体化的旅游服务感受；来自众多旅游企业的动态旅游产品信息将更多地通过大型旅游电子商务平台、GDS、CRS等系统汇聚、共享、传播，企业建网形成"信息孤岛"（相互之间在功能上不关联互助、信息不共享互换以及信息与业务流程和应用相互脱节的计算机应用系统）的不成熟模式将得到改观；旅游分销渠道将更加多样化，会有众多的非旅游机构成为旅游产品的分销渠道。

2.3.2 电子商务对旅游市场运行的影响

电子商务技术的应用改造着传统产业，其具有广泛的渗透性和增值作用，能够迅速渗透到各行各业，调整着产业中原有的技术结构、劳动力结构，直接或间接地提高着企业直至整个产业的工作效率和经济效益。电子商务环境对旅游市场的运行产生了积极的影响，主要体现在交易成本降低、交易效率提高、交易机会增多、内部竞争加剧等几个方面。

2.3.2.1 降低了市场交易的成本

① 利用互联网可以降低交通和通讯费用。一些业务涉及到全球的公司，业务人员和管理人员必须与各地业务相关者保持密切联系，他们必须不停地在世界各地了解业务进展情况。现在他们通过网上低廉的沟通工具如 E-mail、网上电话、网上会议等方式就可进行沟通。据统计，互联网出现后可减少企业的传统交通和通讯费用的30%左右。

② 电子商务降低了市场信息传播成本。信息传播成本（广告成本）构成市场成本的重要组成部分。作为第四类媒体，互联网具有传统媒体无法比拟的交互性和多媒体性，可以实现实时传送声音、图像和文字信息，可直接为信息发布方和接收方架设沟通桥梁。

③ 电子商务节省了市场信息搜寻成本。按经济学家斯蒂格利茨的理论，交易费用的最大部分是交易双方的信息搜寻费用，而旅游电子商务是节省信息搜寻费用的一个重要途径。旅游消费者获得信息的过程就是"寻找"的过程。寻找的收益是得到价廉物美的商品和服务，寻找所花的时间就是获得信息的成本。但是，一般随着寻找次数的增加，旅游消费者的收益递减，最后在边际成本等于边际收益处停止寻找。而旅游互联网的介入大大地降低了信息的寻找成本，使旅游者可直接从旅游目的地和相关企业中获得更多更有用的信息，使他们有更多的选择机会。

④ 电子商务减少了旅游中间环节市场的中介成本。互联网络形成的"媒体空间"取代了"物质空间"，"虚拟市场"取代了"传统市场"，中间商、代理商、批发商、零售商的作用弱化，生产者和消费者可进行直接交易，节约了市场成本。

2.3.2.2 提高了市场交易的效率

① 电子商务提高了信息流的效率。市场交易双方信息的快速传递对缩短商务周期有显著的作用，电子商务使旅游企业获取、传递、分析和管理市场信息更加方便，提高了企业的市场反应速度。

旅游市场是一个分散多元的市场，在这样一个庞大的、错综复杂的关系网中，买卖双方之间很可能存在以下问题：一是信息沟通不畅必然造成生产和需求的不对称，出现商品短缺或者过剩的局面；二是由于一个卖家对应的买家有限，众多买家和卖家选择余地有限，造成买卖竞价不充分，既影响交易效率又不能营造一个公平的市场环境。电子商务的出现，使信息在旅游中实现实时畅达、广域连通，市场参与者更多地发掘潜在的合作和竞争机会，促进旅游市场流通，提高市场效率。

② 电子商务促进了信息流对资金流和物流的替代效应，提高了市场交易效率。对于资金流来说，网上金融业的发展可通过数字化技术实现网上支付，不但可以大大节约资金在途中占用的时间，而且数字化资金是对传统实物货币的一种替代，可大大减少对实物货币的需求。对于实物来说，旅游业本身的实物流不多，而旅游电子商务创造的一系列物流替代解决方案，如电子客票、电子票据的推行，使旅游者能更方便地完成购票，也方便了旅游企业和旅游代理商等的运作。

2.3.2.3 增加了旅游市场的交易机会

① 电子商务突破了传统商务交易的时空限制。互联网代表了一个开放性的大市场，企业利用网络可以突破时间、地理位置限制，旅游企业只需要将旅游目的地信息和旅游产品信息搬上网站，做好搜索引擎注册和网站推广，就能达到较好的宣传效果。

② 电子商务为旅游业创造了新的市场交易空间。旅游电子商务创造的虚拟市场空间，集中体现在旅游电子商务平台或网上旅游交易市场上。由网络服务商建设的旅游电子商务平台，将售前信息发布、订购、支付、售后服务等多种商务功能集成于一个互联网网站上，节省了传统旅游销售和分销的人财物等，促进了买卖双方共建"双赢"的价值体系。

③ 电子商务增加了旅游企业的市场机会。旅游企业利用网络可以吸引新顾客，进一步细分和深化市场，同时实现与旅游者的交互式沟通。旅游者可以根据自身需要对旅游企业提出新的需求，旅游企业可以及时根据自身情况针对旅游者需求设计新的旅游线路或提供个性化服务，这种旅游经营方式的改进也为旅游企业创造了更多的市场机会。

2.3.2.4 加剧了旅游市场的内部竞争

① 电子商务的透明度和比价特性加剧了旅游市场竞争。在传统旅游经营中，旅游者信息的不完备和不对称往往是旅游中间商盈利的基础。在电子商务环境下，各种旅游产品和价格信息在网上随手可得，千篇一律、缺乏特色的旅游产品将无法获得竞争优势，这迫使旅游经营者不得不从营造特殊优势、提供附加值方面考虑。

② 电子商务降低了旅游市场的准入条件，使旅游企业可以以相近的成本进入全球电子化市场，中小企业也有可能拥有和大企业一样的信息资源，提高了中小旅游企业，特别是特色型中小旅游企业的竞争能力。这是因为在电子商务时代，客户在交易中的地位从被动变为主动；而在交易过程中，客户比较的不是企业的规模和办公环境，而是企业的产品、价格、特色等是否合适，以及企业的服务理念怎样。因此，在网络中无论是中小旅游企业还是大型旅游企业，都在相对公开、公平的竞争环境中进行，这样就加剧了市场竞争，迫使传统的大型旅游企业反思自己的竞争地位和竞争优势。

旅游电子商务对改造传统旅游市场的运作方式、提升旅游市场效率具有重要意义。它增加了旅游交易的机会，降低了旅游交易的成本，并且打破了中小旅游企业走向国际市场的壁垒，这些对于旅游市场的发展和成熟有着深远的重要意义。

2.4 电子商务环境下的旅游消费

世界旅游组织将旅游消费定义为"由旅游单位（游客）使用或为他们而生产的产品和服务的价值"。旅游消费是旅游者通过购买旅游产品来满足个人发展和享受需要的行为和活动，它是由旅游者休闲、度假、游览、观光等旅游欲望推动的一种经济行为。旅游消费是社会经济发展的产物。随着经济的发展、信息技术的快速发展、环境的变化，旅游消费的特点在不断发生着变化。

2.4.1 电子商务对旅游消费方式的影响

（1）电子商务对普通消费方式的影响

电子商务的出现对消费者消费方式的转变是革命性的。根据 CNNIC（中国互联网络信息中心）第 34 次互联网络发展状况统计报告，截至 2014 年 6 月，我国网民规模达 6.32 亿，较 2013 年底增加 1442 万人；互联网普及率为 46.9%，较 2013 年底提升了 1.1 个百分点。与此同时，手机网民规模达 5.27 亿，较 2013 年底增加 2699 万人，手机使用率达 83.4%，首次超越传统 PC 整体使用率（80.9%），手机作为第一大上网终端设备的地位更加巩固。

伴随互联网的完善和网民的激增，以网上支付为主要特征的在线消费方式发展迅猛（见图 2-2）。我国网络购物用户目前规模已达到 3.32 亿，较 2013 年底增加 2962 万人，半年度增长率为 9.8%。与 2013 年 12 月相比，我国网民使用网络购物的比例从 48.9% 提升至 52.5%。与此同时，手机购物在移动商务市场发展迅速，用户规模达到 2.05 亿，半年度增长率为 42%，是网络购物市场整体用户规模增长速度的 4.3 倍，手机购物的使用比例由 28.9% 提升至 38.9%。移动网上支付与消费者生活紧密结合拓展了更多的应用场景和数据服务（如账单功能），也推动了手机端商务类应用的迅速发展。相比 2013 年底，手机购物、手机团购和手机旅行预订网民规模增长率分别达到 42.0%、25.5%、65.4%。

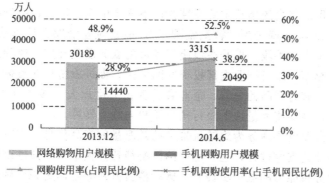

图 2-2 2013.12~2014.6 网络购物/手机网络购物用户规模及使用率

资料来源：中国互联网络发展状况统计调查

以上数据均清楚地表明，我国消费者对电子商务的认知程度正迅速增加，在线交易已经成为超过半数网民的网络行为之一。在此宏观环境下，旅游电子商务的迅速发展也顺理成章。

网络购物用户规模的增长主要得益于以下五个方面：首先，商务部等相关部门联合企业加大力度整顿市场、打击假货，使网络诚信环境得到改善；其二，新《消费者权益保护法》规定网购 7 天无理由退货，加强对消费者的保障力度；其三，电商平台和快递企业推出预约配送和当日送达等服务提升物流效率，物流服务比拼升级到配送时间的精准度；其四，企业大力推广移动端购物，移动端便捷的支付功能和比 PC 端更大的优惠幅度推动移动端购物的快速发展；最后，企业基于大数据应用推出 C2B 定制化创新模式，更好的匹配了用户个性化需求，实现精准销售。

(2) 电子商务对旅游消费方式的影响

截至 2014 年 6 月，在网上预订过机票、酒店、火车票或旅行行程的网民规模达到 1.90 亿，较 2013 年底增长 883 万人，半年度增长率为 4.9%，我国网民使用在线旅行预订的比例由 29.3% 提升至 30.0%（见图 2-3）。在网上预订机票、酒店、火车票和旅行行程的网民占比分别为 23.9%、11.7%、10.7% 和 8.1%。值得注意的是，网上预订旅行行程的网民规模增长迅速，半年度增长 1257 万人，涨幅 32.4%，对整体在线旅行预订用户规模增长的贡献最大。与此同时，手机预订机票、酒店、火车票或旅行行程用户规模达到 7537 万，较 2013 年 12 月增长 2980 万人，半年度增长率为 65.4%，我国网民使用手机在线旅行预订的比例由 9.1% 提升至 14.3%。

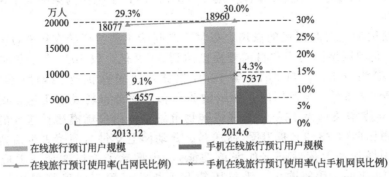

图 2-3　2013.12~2014.6 在线旅行预订/手机在线旅行用户规模及使用率

资料来源：中国互联网络发展状况统计调查

在线旅行预订用户规模的增长主要归结为以下三个因素。第一，政府相关部门的大力支持。国家旅游局将 2014 年确定为"智慧旅游年"，鼓励企业借助云计算技术、互联网/移动互联网、智能终端等先进手段，提升在线旅行预订的服务品质和用户体验。第二，社会资本对旅游较高的投资热度，以及行业内部投资并购活跃，促进旅游行业整体环境的改善和服务质量的提升。第三，旅游产品的完善、企业宣传促销力度加大、移动 APP 的推广应用激发消费者的旅行需求，并促使大量线下旅行预订用户向线上转移。

总之，互联网以及电子商务为旅游者带来的是海量的产品信息、丰富的在线体验、个性化的定制服务、便捷的支付过程，这些都是给旅游消费方式带来革命性改变的根本动力。随着安全性以及数据分析能力的进一步提升，旅游消费方式必定向更为合理的方向发展。

2.4.2　电子商务对旅游消费行为的影响

自 20 世纪 90 年代以来，旅游者的消费行为呈现个性化、信息化的特点。电子商务对不同收入水平旅游者的消费行为、购买行为的过程、使用信息渠道的偏好程度、决策行为产生不同的影响。旅游者的消费行为趋于理性，对旅游者购后评价的影响宽度和深度发生变化。

传统的消费者购买过程分为认知需要、搜寻信息、判断选择、购买决策和购后评价五个阶段。与传统的购买过程类似，电子商务环境下的网络旅游消费行为也要经过一系列的阶段来完成，但每个阶段中的影响因素和由此导致的行为反应不同。

(1) 认知需要阶段

需要的引发是内部驱动和外部刺激共同作用的结果，即一方面有旅游的愿望，另一方面受外部因素的刺激。在电子商务环境下，外部刺激主要来自旅游网站的营销刺激和社会参照群体的刺激。前者表现为旅游供应商网站、旅游中间商网站、旅游目的地网站以及门户网站旅游频道上的宣传文字、景点图片、折扣信息、视频短片等；后者表现为微博、博客、播客、社区和论坛上旅游者发布的文章、照片、视频和音频文件等。网络旅游消费者依托微博、博客、播客、社区、论坛等虚拟空间构成旅游社会性网络。

(2) 搜寻信息阶段

由于旅游产品的特质，旅游者在消费前很难对产品和服务的质量作出全面的判断，在购买旅游产品之前将会感知到较高的风险，由此产生更多的信息需求。在电子商务环境下，网络旅游消费者获取信息的主要外部渠道是通过旅游搜索引擎，发现有价值的旅游企业网站、目的地营销网站等，通过标签、RSS 来快速地浏览最新的旅游资讯。另外，旅游消费者不仅在网上收集商家信息、产品信息和服务信息，而且会通过博客、播客、社区等平台去了解其他旅游者的计划或体验，从中发现更加可靠的信息。

(3) 判断选择阶段

在获取一定数量和质量的旅游信息后，网络旅游消费者会对这些信息进行处理，形成购买意图。在电子商务环境下，网络旅游消费者的信息处理过程将主动或被动地受到旅游社区、旅游论坛、个人或企业博客、播客中其他网络旅游消费者及旅游经营者的影响，逐步修正自己的信息处理方式和信息处理结果。在产品的判断选择过程中，其他人的旅游体验信息和个性化推荐系统对网络旅游消费者的影响力更大。

(4) 购买决策阶段

在购买意图产生后，将形成购买决策。网络旅游消费者需要决策的问题除了是否出游、选择哪个旅游目的地、选择单项旅游产品还是组团旅游产品、选择哪些旅游服务供应商之外，还要对购买方式做决策，如是在线预订还是网下预订，是在线支付还是网下支付等。在电子商务环境下，网络旅游消费者产品购买决策既受到现实环境中经济状况、闲暇时间等因素影响，也受到虚拟的旅游社会性网络中其他的旅游消费体验和服务质量评价的影响。网络旅游消费者对购买方式的决策，更多取决于消费者对网络信息服务质量的感知。网站提供的信息和服务不仅要具有实用功能，还要满足消费者的情感、社交等的需要，最终刺激购买决策。

(5) 购后评价阶段

在购买和消费产品之后，消费者会衡量产品和服务是否达到预期，并反馈评价结果。在电子商务环境下，网络旅游消费者的购后评价主要通过旅游网站上的博客、播客、社区、论坛来传播，这些反馈信息最终通过搜索引擎的映射链接，为旅游产品进行营销和对旅游产品的完善提供宝贵意见。

显然，在电子商务环境下，旅游消费者的行为特征发生了许多变化，如更多地受到网络环境因素刺激；信息搜寻路径发生变化，通过搜索引擎、标签、网站等，信息获取量更大；更关注体验信息和个性化的信息源；购后评价对其他网络旅游消费者的影响范围更广，影响程度更高。

2.5 电子商务环境下旅游产品与服务的营销

旅游电子商务极大地扩张了旅游产品和服务消费需求，也改变了旅游业的运作方式。现代信息技术及旅游电子商务代表了目前旅游发展的一个主要方向，以互联网技术为支撑的旅游市场营销已经成为现代旅游业参与国际国内竞争的关键技术和手段。传统的旅游营销面临着信息化的变革，面临着如何运用信息技术来收集信息、沟通市场、降低成本、改善服务，以此提高企业竞争力的问题。网络营销已经成为国内旅游企业增强竞争力的关键。

2.5.1 电子商务环境下旅游产品与服务的特点

旅游产品是指旅游经营者凭借旅游景点和旅游设施向旅游者提供的用以满足其旅游需求的全部产品和服务。旅游产品不是以物质形态表现出来的一个具体的劳动产品，而是以多种服务表现出来的无形产品，其特点主要体现在以下三个方面。

（1）在线旅游产品的载体是网站

网站是在线旅游产品的载体，是网民访问的门户，网站可以获取有关旅游产品的各种信息，产品内容是吸引网民的关键。为确保网民能够在短时间内捕捉到旅游产品的核心信息，网站内容必须准确、精炼，同时还要对产品的最新动态、企业重大活动、客户服务举措等信息进行及时更新和延伸扩展。网站作为企业和客户之间新的沟通渠道和沟通方式，具有以下功能。

① 电子邮件链接，便于客户和网站管理者通过邮件联系。
② 电子公告板，供客户在网上公开发表意见。
③ 网络社区，培养稳定的客户群。
④ 网上论坛，对感兴趣的问题进行探讨、评论。
⑤ 邮件列表，定期或不定期向不同的客户群体发送不同的信息。
⑥ 网上调查，了解市场需求和客户消费倾向的变化。
⑦ 网上呼叫服务，及时解答客户的问题和投诉。
⑧ 客户购物专区，存放每一个客户的购物信息，便于跟踪客户。

（2）在线旅游交易的途径是人机界面

人机界面（Human-Machine Interaction，HMI），指人和机器在信息交换和功能上接触或互相影响的平台和对话接口，用户使用机器系统的综合操作环境，是计算机系统的重要组成部分。在人机交互过程中，机器的各种显示都"作用"于人，实现人机信息传递；人通过视觉和听觉等感官接收来自机器的信息，经过大脑的加工、决策，然后作出反应，实现人机的信息传递和操作。

网络系统是最为常见的人机系统，它由网站、软件和人三者组成。按通常的理解，人与硬件、软件的交叉部分构成人机界面。人机界面介于人与网站之间，是人与网站之间传递、交换信息的媒介，是用户操作的环境。通过人机界面，用户向网站系统提供命令数据等输入信息，这些信息经网站处理后，又通过人机界面把反馈信息回送给用户。人机界面集中体现了网站输入输出功能，以及用户对系统的各个部件进行操作和控制功能，是人机交互的桥梁。

在线旅游的整个过程时刻都离不开人机间的交互界面。从旅行前的信息搜索查询、与旅游企业间的顺利沟通，到旅行中的费用支付、自助旅游信息查询，直到旅行结束后的评价及建议等，人机界面的人性化与否是旅游者能否取得良好旅游体验的最直接因素。

（3）旅游需求个性化日趋明显

信息时代，人类在充分体验信息、网络等高新技术带来的科技成果的同时，比以往更加注重人文关怀，强调人性回归，关注人的精神需求和个性得到充分满足。旅游需求作为满足人类高层次精神需求的特殊形式，其人性化、个性化发展趋势体现得更为明显。为此，作为满足个性化需求最佳方式的旅游定制营销，也将成为新时期旅游企业市场营销的必然选择。

在传统的大众旅游时期，旅游消费者的个性化需求受经济技术水平、旅游业发展水平和旅游消费者自身成熟程度的制约，而呈现隐性状态。旅游企业仅需要制作大批量、易于操作的旅游产品，提供统一的规范化服务，即可满足大多数旅游者的需求。互联网时代，旅游消费者不仅要求享受高质量的旅游产品和服务，而且要参与到旅游产品的设计制作和信息服务中，获得"我喜欢的"或"单独为我定制"的个性化产品与服务，从而使自身的个性化需求得到最大满足。

2.5.2 电子商务对旅游产品与服务网络营销的影响

随着电子商务的发展，旅游产品与服务的网络营销为旅游者提供了大量的旅游信息和虚拟旅游产品，网络多媒体给旅游产品提供了"身临其境"的展示效果。这种全新的旅游体验，扩大了旅游市场规模，缩短了旅游产品与服务分销的空间距离，减少了旅游产品与服务的销售环节，降低了成本。

（1）降低信息发布的成本

信息是网络营销的基本职能之一。网络营销的基本思想是通过各种互联网手段，将企业营销信息以高效的手段向目标用户、合作伙伴、公众等群体传递。互联网为企业发布信息创造了优越的条件。一方面，它不仅可以将信息发布在企业网站上，利用各种网络营销工具和网络服务商的信息发布渠道向更大的范围传播信息。另一方面，互联网具有渠道、促销、电子交易、互动客户服务以及市场调查与分析等多种营销服务功能，在线预订、在线支付以及反馈市场信息可在瞬间完成，极大地降低了信息传递和获取信息的成本。与网络营销相比，广告、公共关系和人员促销等是传统的旅游市场营销方式。从接触成本和传递信息的丰富程度看，广告的成本花费最低，但信息的丰富程度也最低；人员促销的成本花费最高，但信息的丰富程度也最高；公共关系营销的成本花费、信息的丰富程度介于这两者之间。从营销成本看，国际互联网仅仅高于广告，但信息的丰富程度最高，如图2-4所示。旅游营销信息的发散程度和丰富程度也是决定旅游市场营销效果的重要因素。信息的发散能力越强，意味着信息传播的范围越广，受到此信息影响的受众也越多；旅游营销传递的信息越丰富，旅游营销受众对旅游目的地或旅游企业的认知也就越清晰，传播的形象也就越突出。从信息的发散程度来说，广告在4种传统营销方式中的发散能力最强，人员销售的发散能力最差，公共关系营销的发散能力介于两者之间，而具有全球传播特性的国际互联网的发散能力是其他3种传统营销方式所不能比拟的，如图2-5所示。

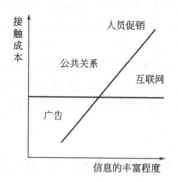

图2-4 信息的丰富程度与成本

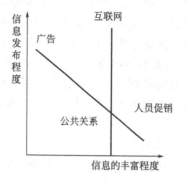

图2-5 信息的发散与丰富程度

（2）延伸旅游企业营销渠道

旅游营销渠道是与提供旅游产品相关的一系列相互依赖、相互联系的机构，它涉及信息流、资金流、商流、物流等多方面，是旅游产品从旅游企业向旅游者转移过程的具体通道。网上销售是旅游企业销售渠道在网上的延伸。一个具备网上交易功能的旅游网站本身就是一个网上交易场所。网上销售渠道建设并不限于网站本身,还包括与其他电子商务网站不同形式的战略合作等,不同规模的旅游企业可以拥有适合自己需要的在线销售渠道。网络渠道跨越时空限制,可以实现每天 24 小时、每年 365 天全天候覆盖全球市场,不受地域、国别、时间等的影响。不论旅游者身在何处,只要能上网,旅游营销者就能与之沟通。由于网络渠道相对简单,流通环节大大减少,降低了交易费用和销售成本,提高了营销活动的效率。3、提升旅游企业客户关系管理水平。

客户关系对于开发客户的长期价值具有至关重要的作用。以客户关系为核心的营销方式成为企业创造和保持竞争优势的重要策略。电子商务为建立客户关系管理、提高客户满意度和客户忠诚度提供了更为有效的手段。通过网络营销的交互性和良好的客户服务手段,增进客户关系成为网络营销取得长期效果的必要条件。

2.5.3 旅游产品与服务网络营销的策略

旅游产品与服务网络营销是指根据旅游产品的特性和旅游者的需求,利用电子网络载体进行的营销活动;利用互联网的特点和基础服务,对旅游市场进行更有效的细分和目标定位,对分销、产品定价等进行更为有效的策划和实施,实现满足旅游者需求的交易。在旅游产品网络营销过程中,遵循"4Cs"营销理论,即 Customer(顾客)、Cost(成本)、Convenience(便利)和 Communication(沟通),其营销决策是在满足 4Cs 要求下达到企业利润最大化,最终实现顾客满足和企业利润的最大化。

(1) 顾客

旅游网络营销首先必须了解和研究顾客,根据顾客的需求来提供适当的旅游产品。同时,网络营销提供的不仅仅是产品和服务,更重要的是由此产生的顾客价值。针对顾客的网络营销的常见方法有 3 种。

① 会员注册与管理。以会员注册与管理为中心的网络化客户关系管理是电子商务网络营销中普遍应用的营销方式,通过对客户资料的有效掌握,从而有针对性进行产品设计和服务,使一对一营销成为可能,以此精确地掌握和锁定目标客户,有的放矢地宣传和推销产品,最大限度地实现了客户个性化营销。

② 网络市场调查。网上调查是掌握游客需求的最理想方式。在传统的营销过程中,由于受制于人员、成本等诸因素,传统的顾客调查结果与真实情况有较大偏差,不能准确掌握顾客需求、市场动态,就可能产生错误的运营决策。与传统的调查方式相比,网上调查在组织实施、信息采集、信息处理、调查结果等方面具有明显的优势。

③ 旅游市场细分。每个旅游网站都有针对的目标客户群和目标客户市场。在传统的旅游产品营销过程中,由于信息的不对称,要实现精确地细分旅游市场,满足不同目标客户的需求是相当困难的。同时,在传统的营销活动中,实现旅游产品细分也会增加宣传和管理成本。

(2) 成本

在"4Cs"营销理论中,成本(Cost)不仅指旅游企业的生产成本,还包括顾客的购买成本(回避成本、时间成本、体力和精力成本)。

① 网上折扣。旅游者在网络上搜索旅游产品,最主要的目的就是寻找价格低廉的旅游产品。旅游网站在制定网上旅游产品的价格时要充分考虑到游客的想法,针对不同的服务、不同的产品采用不同的折扣定价策略。

② 积分促销。这种方式在网络上的应用比传统营销方式更简单、更易操作。网络营销积分活动很容易通过编程和数据库来实现,并且结果可信度高,操作相对简便。在注册成网

站会员后，网站根据会员在网站的消费情况，转换成相应积分。积分促销是旅游电子商务网站采用最多的一种促销方式，利用计算机网络管理，做到针对每个会员积分的积累，可以增加旅客访问网站和参与活动的次数，以此提高网站的知名度，相应地增加宣传力度。

③ 精心的信息组织和表现。除了旅游产品和价格等优惠因素，旅游电子商务网站还应该降低游客获取产品信息的搜索成本，减少游客为掌握产品信息花费的经历和时间成本，使游客建立起对网站的良好印象。

旅游产品的表述涉及旅游信息的组织结果和表现形式，旅游者对产品的关注包括旅游景点、住宿节点、旅游时间、各种价格、行程安排等诸多内容，合理的旅游信息组织和发布就是让旅游者在打开尽可能少的页面的基础上清楚地了解产品。

多媒体技术为旅游产品的多样化、全方位展示提供了强大的支持，旅游景点的风光图片、旅游途中纪实图片等为游客了解旅游产品提供了有形的网上体验。在高新技术的支持下，动画、视频、虚拟现实等形式广泛地运用到了旅游产品的展示中，增加了游客的虚拟旅游体验。

（3）便利

便利（Convenience）就是为顾客提供最大的购物便利和使用便利，要更多地考虑顾客方便而不是企业自己方便。要通过更好的服务使顾客不仅购物愉快，同时享受其便利性。

① 分类导航服务。游客通过网络寻找的旅游产品大部分集中在酒店、机票和旅游线路上，众多旅游网站在首页醒目位置上，按照客户的需求目标或旅游产品设置了众多栏目，方便游客查找自己关心的旅游信息。

② 产品查询预订服务。网络营销的目的就是推销产品，为游客提供方便的用户体验是旅游电子商务网站建设的宗旨。在整个产品查询预订服务中，应始终遵循用户体验原则，提升游客在使用过程中的舒适感、易用感、友好度和吸引力，从而为旅游产品的销售开辟出快速服务通道。一方面，网络营销弥补了在传统旅游产品营销中费时费力、游客获取信息不全面的缺陷；另一方面，它也集合了网络各项服务的优势，实现了一站式服务，减少了游客受到干扰的机会。

（4）沟通

沟通（Communication）指企业应该通过与顾客进行积极有效的双向沟通，建立基于共同利益的新型企业，增进与顾客的关系。这不再是企业单向的促销和劝导顾客，而是在双方的沟通中找到能同时实现各自目标的途径。

网络沟通是互联网的强项，旅游电子商务网站与游客可以通过即时通信工具、电子邮件、留言板、交流论坛等进行多方面沟通。

① 旅游网站的联系热线和在线视频。旅游电子商务网站在醒目位置标注旅游企业的联系电话和在线视频，方便游客通过电话或者视频方式与旅游企业沟通。

② 网上旅游咨询服务。旅游咨询服务在传统的旅游活动中就是一项重要服务，强调游客与旅游企业之间的信息交流是游客制订旅游计划的依据。游客对旅游产品的需求是多样的，在网站不能够找到满意答案时，游客希望通过某种快捷方式向网站或其他游客寻求咨询，以获得满意的答案。旅游电子商务网站为实现与游客之间的交互性，利用了各种网络通信工具，如QQ、MSN等与游客进行即时性的文字、语音或视频形式的沟通，让游客能够尽快获得满意的答复，增加了游客对网站和产品的信心。

③ 在线信息反馈及评价。信息反馈及评价机制是目前电子商务环境下消费者获取企业和产品的最重要渠道之一。旅游者可以通过该渠道及时地向旅游企业反馈其对旅游产品的感知，提出相应的建议和意见，为旅游企业提升服务质量提供宝贵的借鉴；同时，旅游者也可

在网上将旅行体验和感受进行发布，为其他旅游者在选择相同或相似旅游产品时提供决策支持。

本章案例

携程和春秋旅游电子商务模式比较（节选）

旅游电子商务行业已经成为全球在线旅游巨头和风险投资的投资热点。据世界旅游组织预计，5年之内旅游电子商务将占全球旅游交易总额的25%。目前，世界主要旅游客源地约1/4的旅游产品订购是通过互联网实现的。网上促销规模进一步加大，很多国家的航空、汽车、饭店、景点、旅行社等旅游企业及组织纷纷上网建立自己的站点；部分旅游产品已实现上网销售，机票、饭店在线预定很受大众欢迎。随着信息化程度的提高和旅游业的兴盛，旅游电子商务正以一种空前的速度发展，改变了传统旅行社的运作模式。

我国旅游电子商务在探索发展中，逐渐形成了一批具有稳定盈利的电子商务网站。携程旅行网和春秋旅游网分别代表了中国"鼠标＋水泥"和"水泥＋鼠标"两种商业模式，发展较快、应用广泛，具有相应的品牌知名度和可比性。

携程和春秋旅游电子商务商业模式

旅游电子商务模式，是指在网络环境下旅游企业基于一定技术基础的商务运作方式和赢利模式。它主要包括客户价值、商业范围、定价、收入来源、核心能力、持久性等。

（一）携程旅游电子商务商业模式

携程旅行网品牌创立于1999年，总部设在中国上海，于2000年10月并购了现代运通公司，成为一家大型商旅服务企业和宾馆分销商，是"旅游互联网企业传统化"的代表，目前已在全国11个大中城市设立分公司，在南通设立呼叫中心，员工近9000人，服务网络覆盖国内54个城市。

作为中国领先的在线旅行服务公司，携程旅行网向超过3400万会员提供集酒店预订、机票预订、度假预订、商旅管理、特约商户及旅游资讯在内的全方位旅行服务，被誉为互联网和传统旅游无缝结合的典范。

携程的收入主要来自以下几个方面：酒店预订代理费、机票预订代理费、线路预订代理费、商旅管理及自助游中的酒店、机票、租车预订等代理费用、会员收入、广告收入。

携程的盈利模型主要由网站、目的地酒店、航空票务代理商、合作旅行社和网民市场构成，即通过与网民的交易获得预定代理费，与目的地酒店、航空票务代理商、旅行社的合作取得回扣，给客户和供应商带来利益的同时，也给自己创造利益的模式。

携程网在成立十周年之际，其第三季度酒店、机票和度假业务收入分别同比增长了41%、45%和93%。携程的优异业绩将其股票拉到了历史新高，截至2009年11月13日收市，其总市值达48.5亿美元，仅次于Priceline和Expedia同期的88.5亿美元和68.4亿美元，成为全球市值第三的在线旅游公司。

（二）春秋旅游电子商务商业模式

春秋旅游网1999年正式建立。初期运营模式为春秋国旅的企业网站，以发布企业最新动态及线下产品的线上展销为主，属于"旅游传统企业信息化"的典型案例，现名为春秋航空旅游网（www.china-sss.com）。春秋旅游网组建以来一直作为春秋国旅的一个经营部门来发展，并通过其发展推动企业信息化改造。

目前，春秋旅游网已拥有30余家国内全资子公司及7家境外全资子公司。除提供线路预订、酒店预订、机票预订之外，还提供性价比较高的产品和旅行社。由于春秋国旅强大的资源支撑，线路预订成为了春秋旅游网的主营业务。春秋旅游网的收入主要是由以下几个方面构成：线路预订代理费、酒店预订代理费、机票预订代理费、春秋国旅提供的发展资金。

春秋的盈利模型是由网站、春秋国旅总社及各个网点、上游旅游企业、春秋国旅各地分社及合作旅行社、航空票务代理商、目的地酒店和网民市场构成。这种模式能够将各种传统资源与网络资源很好地整合起来，实现春秋与传统旅游业的"双赢"。

（三）携程与春秋模式的特点及比较

作为国内比较有影响力的旅游电子商务网站，携程和春秋各自代表了两种不同的电子商务模式。其各自的特点及比较如表2-1、表2-2所示。

表2-1 携程与春秋的特点

特点	携程	春秋
特色服务	会员服务	线路预定与竞拍
品牌与资源	无传统旅游企业的品牌优势，但拥有先进的网络资源和业内最大的呼叫中心	依托春秋国旅的支持，有品牌优势、产品和景点资源优势
价格与费用	无景点资源，故投入资金少。盈利过程通过网络实现，省去诸多中间环节费用	有庞大的春秋国旅发展资金，产品和线路优惠的价格
支付方式	网上与线下支付相结合多种支付模式；与银联结盟，较早采用电话支付、手机支付	网上浏览-电话确定-离线交易；到各分社购买
信息化程度	信息化程度相对较高，沟通速度较快	网络系统反应慢，层次多，降低了沟通速度
交易与保障	在线交易缺乏安全保证	售后服务需要合作伙伴的配合以实现
安全的交易	有保证的售后服务	

表2-2 携程模式与春秋模式的比较

模式异同点	携程模式	春秋模式
市场定位	以商旅客户为主。市场定位"旅游资讯加旅游电子商务"，基本盈利点定在短信、网络广告和网络游戏	以观光和度假游客为主。市场定位是以强大的传统旅游业资源为依托，以丰富的旅游信息和产品吸引消费者
客户价值	80多万条丰富的评价信息数据库，先进的用户评论和发布机制，200人的"酒店私访团"为其撰写酒店评论	分春秋F1中国、春秋货运、春秋娱乐票务、春秋会务、春秋体育旅游五大业务模块，并围绕自身业务展开服务
商业范围	酒店预订、机票预订、旅游中介；度假预订、商旅服务、特约客户、旅游项目；顾客订制和顾客自选服务	线路、酒店、机票预订（依托传统旅行社）；旅游线路竞拍；性价比高的旅游目的地住宿、餐饮等系列连锁服务
资本模式	融资、收购与合作。初始资金来源于风险投资，包括美国凯雷、日本软银等，并通过上市实现进一步融资。收购现代运通及北京海岸票务公司，携手移动等	资金模式是运用春秋国旅的发展资金。春秋的商业模式是成为传统旅游业即春秋国旅的一个部门，使其具有自己的产品资源
核心能力	用技术大规模制造优质服务。按效果付费。IT与传统业务有效整合。线上线下结合，多样化营销策略，注重互动	拥有大规模旅行社作为品牌及资源依托
文化环境	重视对服务人员服务理念的强化，将自己坚定地定位于服务标准的建立者	文化环境呈现传统与现代相结合的氛围

总的来说，携程的信息化程度较高，信息数据库资源、网络应用水平及营销效果高于春秋，线上线下相结合的推广效果显著，拥有较强的规模优势和品牌优势；而春秋依托传统资源的优势，在服务提供方面具有更强实用性和良好消费者感受。春秋网尚未建立起庞大的目的地信息库，在技术和互动反馈及旅游服务方面较携程有一定差距。

从以上的特点和比较，我们可以发现以下几点。

第一，携程具有产品丰富、一站式购买、服务专业的优势，且携程具有更高的品牌价值和品牌优势。①在通用平台上进行营销。随着旅游者和网民市场的不断成熟，携程等专业旅游电子商务公司"按效果付费"的分销渠道模式，逐渐成为主流的盈利模式。②IT技术手段与传统业务有效整合。先进、大规模的呼叫中心预订模式，作为在线业务的重要补充；同时其所采用的酒店前台现付＋纸质机票为主的产品体系以及自行车＋现金（机票销售以现金收取为主，并利用自行车送票）为主的结算和服务体系充分体现了中国电子商务发展的特色。③独具中国特色的推广手段。派发会员卡推广模式迅速覆盖中国各大主要机场、火车站、码头等，通过合作伙伴的联合市场营销也开辟了传统旅游行业从未超过的新路。

第二，旅游B2C模式，即直接面向最终旅游客户提供相关旅游产品及服务的电子商务模式，携程、春秋皆为此模式。它是与旅游B2B模式（即面向旅游相关上下游企业的电子商务，构建包括旅行社、酒店、景区、航空、票务在内的旅游企业间交流、交易的平台）相对应。在现有的旅游电子商务企业中占绝大多数。因为B2C本质上是企业产品和服务的网上直销，利用互联网边际成本低、无时空限制的特点，给企业带来更多的商机，因此这一电子商务模式深受企业青睐。

第三，携程模式具有更高的盈利空间。与依赖传统店面扩张，增加运营成本吸引更多客户，侧重团队观光游的春秋类模式相比，携程运用高科技手段、精细化管理，发展服务更方便快捷、利润更高的商务及自助度假游市场。尽管两者各具优势，强势的携程始终替代不了传统旅行社的发展，因为它缺乏旅行社面对面人性化的服务。对于旅游这种精神活动产品而言，人与人之间的情感交流在庞大的大众旅游市场仍然很重要。

携程模式仍存在致命的弱点，面临着严峻的挑战。

① Expedia 们的围剿。TripAdvisor 收购酷讯网后，Expedia 在中国控制的企业已经包括了艺龙网、到到网、酷讯网和 Egencia，再加上已经发布中文网站和800预订电话的 Hotels.com，其业务范围已经广泛涉及旅行预订、用户评论、垂直搜索、商务旅行等领域，Expedia 正在对携程网形成合围之势。

② 直销、裸销的冲击。包括新浪、搜狐、百度、淘宝在内的行业巨头都在2009年加大了在线旅游业务的动作；去哪儿网则在11月获得第三轮1500万美元的风投后，高调启动了全球最大中文酒店评论系统的建造；东方航空公司与民营互联网企业阿里巴巴集团签订整体战略协议，把网上专卖店概念的直销模式引入集团销售体系；而一大批酒店的自建线上营销网络也做得风生水起。

③ 过度依赖传统业务。整体业务中酒店和机票预订仍然占绝对大的比例，在携程2008年第一季度财报显示的1.71亿元营收中，酒店和机票共占89.9%的比例，而其他增值业务仅占了10.1%。当酒店、机票传统业务遭遇越来越强劲的竞争对手的时候，携程就会逐渐陷于被动。

④ 过于依赖呼叫中心。主要依赖于数千人规模的呼叫中心来完成预定交易，只有很少一部分订单通过网络完成，这与国际上的大型旅游网络公司差距较大。一旦 Expedia 等国际

巨头大举进入国内，那么其成本优势将有可能威胁到携程的市场地位。

[案例来源：携程和春秋旅游电子商务模式比较，郑亚琴，胡成杰，安庆师范学院学报（社会科学版），2011，30（4）：48-51]

案例分析题：
1. 对于携程和春秋两家企业开展的在线服务，你认为哪一家更加适合当前的旅游市场？
2. 中国的旅游电子商务企业应该如何更好地参与国际竞争？

本章小结

电子商务作为一种新的经济形态，影响着不同行业领域的经济发展。旅游业更是与其息息相关。作为现代服务业的旅游行业，电子商务以其自身的特点，对传统的旅游市场作出了新的阐释。电子商务环境下的旅游消费行为有着明显的网络特征，新技术的出现，对旅游市场的运行产生着重要影响。以互联网为技术支撑的电子商务，改变着传统的旅游服务供应链，也改变着旅游产品与服务的营销，也成为现代旅游业参与市场竞争的关键技术和手段。传统的旅游营销面临着信息化的变革，运用信息技术来收集顾客信息、沟通市场、降低成本、改善服务，已成为国内旅游企业提高竞争力的关键。

复习思考题

1. 什么是旅游市场？
2. 现代旅游市场的特点有哪些？
3. 什么是旅游市场结构？
4. 电子商务对旅游市场结构的影响有哪些？
5. 电子商务对旅游市场结构运行的作用有哪些？
6. 电子商务对旅游市场结构运行的影响有哪些？
7. 电子商务对旅游市场消费方式的影响有哪些？
8. 电子商务对旅游市场消费行为的影响有哪些？
9. 电子商务环境下旅游产品与服务的特点有哪些？
10. 电子商务对旅游产品与服务网络营销的作用是什么？

讨论题

1. 结合目前电子商务发展的趋势，探讨旅游市场结构今后变化的方向。
2. 电子商务环境下旅游消费行为显示出哪些特征？
3. 电子商务下旅游消费需求将向什么方向发生改变？
4. 随着网络技术的发展，旅游产品与服务的创新可能会在哪些方面？
5. 对于旅游产品与服务，现代网络营销应通过哪些方式进行？
6. 网络环境下，旅游企业应如何提升客户关系管理水平？

网络实践题

1. 通过了解传统旅行社在网络环境下的业务拓展，分析当前旅游市场细分的情况。
2. 登录携程和艺龙，分析两家企业提供的在线旅游服务与产品的异同点。
3. 通过收集近些年的相关统计数据，找出该时期内旅游消费需求的变化。
4. 通过体验某一个旅游企业的微信营销服务，讨论该服务的优缺点。

旅游电子商务的技术基础

学前导读

电子商务的发展已经影响到各行各业,旅游行业也不例外。大量的旅游企业已经意识到旅游产品与电子商务相结合,可以有效地创造企业的核心竞争力。有效地开展旅游电子商务,除应具有可靠的旅游电子商务模式设计外,关键是要选对技术工具加以实现,才能做到事半功倍。本章主要讲述了旅游电子商务中常用到的基本信息技术,同时也兼顾介绍了一些引用到旅游服务中的前沿技术,目的是帮助旅游企业管理者能够做出正确、科学的技术决策,选对技术,以创造价值。本章主要从技术概念、基本原理、功能和应用三个方面来诠释不同技术在旅游业中的价值。本章主要介绍网络技术、网络数据库技术、虚拟现实技术、多媒体技术、电子支付技术、物流网技术和移动商务技术等。

学习目标

- 掌握旅游电子商务的网络技术
- 掌握旅游电子商务的网络数据库技术
- 了解旅游电子商务的虚拟现实技术
- 了解旅游电子商务的GIS、GPS技术
- 理解旅游电子商务的网络金融技术
- 了解旅游物联网技术
- 掌握旅游电子商务的移动网络技术

导入案例

同程旅游网技术模式包括以下几类。①独特的 Web2.0 模式。同程旅游网专注于旅游博客的建设,目前已经成为中国最好的旅游博客服务商,为网友记录旅游经历,分享行走感悟,帮助更多人出行提供了非常好的平台支持,尤其是旅游博客大赛的成功开展,更是大大推动了旅游信息的分享和传播,让网友获得最大的满足。在产品预订上,同程旅游网更是充分发挥了其在旅游 B2B 电子商务上的领先优势,尽力展示推广数千个旅游企业的实际产品,这一突破为同程旅游网建一个非常好的行业壁垒,使得其他同类网站的模仿拷贝永远无法落实到最终的服务上。②有效的电子商务平台。同程网经过长期酝酿,利用拥有 4 万旅游产品供应商的资源优势,2005 年 1 月推出面向普通游客的 B2C 平台,游客可以通过旅游点评、旅游提问、旅游询价、旅游博客等互动形式参与到网站中,并可直接与旅行社、酒店、景区、交通等旅游供应商进行沟通,进行旅游采购,降低旅游者采购风险与采购成本。随着 B2C 平台的推出,同程网亦成为目前中国唯一拥有双平台即 B2B 旅游企业间平台和 B2C 大众旅游平台的旅游电子商务平台。③独特的 IP 技术。在全国旅游网站中独家采用分 IP 技术,首创了全新的以出发地为核心的市民出游指南新模式,即根据网友来访 IP 地址,直接判断其所在城市,使其一打开 www.17u.com 网站即进入当地的市民出游中心,各地市民出游指南中心以专家的角度清晰划分了当地市民的一日市内、周边游、二日游、长线游和出境游,深度满足大众旅游者的出发地地域属性。

3.1 旅游电子商务的网络技术

3.1.1 网络基础

3.1.1.1 互联网的起源

计算机网络是实现数据通信和资源共享的重要手段,而互联网属于计算机网络,所以互联网主要的功能是资源共享和数据通信。随着互联网商业价值的发现,现在大多数企业都在网络上宣传自己的产品或服务,这些企业已经涵盖大部分的行业,旅游业也在其中。WWW(World Wide Web,万维网,简称 Web)是互联网的一部分,它是一些计算机按照一种特定方式互相连接起来构成的互联网的子集,这些计算机很容易实现信息内容的互访。Web 最重要的特点就是使用标准图形界面,从而使那些对计算机不很精通的人也可以通过 Web 页面访问大量的互联网资源。

20 世纪 60 年代初期,美国国防部担心核攻击可能对其计算机设施带来严重破坏,同时,国防部意识到将来的武器需要功能强大的计算机来进行协调和控制,但当时功能强大的计算机都是大型机,所以国防部就想把这些计算机连接在一起,并把它们和遍布全球的武器装置连在一起。国防部雇用了很多顶尖的通信技术专家,花了多年时间委托一些著名大学和研究所进行研究,目的是创造一种全球性的网络。即使该网络的一部分被敌人的军事活动等破坏活动所摧毁,整个网络依然可以运行。专家们研究各种可以建立独立运行网络的方法,即不需要一个中央计算机来控制网络的运行。

1969 年,国防部用这种网络模型把四台分别位于加州大学洛杉矶分校、斯坦福大学国际研究所、加州大学圣巴巴拉分校和犹他大学的计算机连接到一起。在接下来的几年内，更多的专家进入该网络（ARPA Net）进行研究，他们为网络的建设出谋划策，提高网络运行的速度和效率。与此同时，其他大学的研究者也在用同样的技术创建学校的网络。

3.1.1.2 互联网的快速发展

1994年4月20日，中科院一条64K国际专线连接国际互联网，中国从此接入互联网。互联网发展20余年。如今的互联网早已实现了广泛渗透：6.5亿网民，5亿智能手机用户。其中2003年网民数量0.79亿，网民渗透率4.6%，2014年网民6.49亿，网民渗透率48%。中国网购人数3.61亿超过英法德意四国人口之和（2.7亿）。中国网站数量增长情况如图3-1所示。

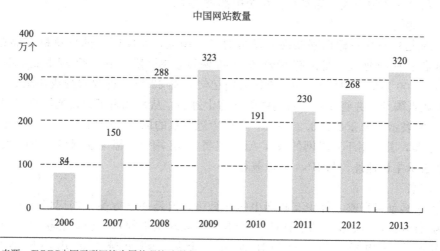

图 3-1　2006~2013年中国网站数量

3.1.1.3 互联网提供的新趋势

在互联网发展方面，互联网用户数增长速度已放缓至10%以下。在智能手机发展方面，智能手机用户数增长速度为20%，也出现放缓，此外，全球52亿移动用户中只有30%拥有智能手机。全球电视机用户数仍超过手机用户数，前者用户量为55亿。在移动互联网消费方面，移动数据流量继续加速增长，同比增幅达到81%。这主要是由于用户对视频服务的需求，移动平台已占视频消费量的22%。在中国市场互联网发展情况方面，中国移动互联网用户数量已经达到中国互联网用户总数的约80%。在比特币发展方面，现存的比特币钱包数量约为500万个，达到去年同期的8倍。在移动广告发展方面，米克尔指出，相对于用户在移动设备上花费的时间，移动广告的发展仍未达到相应水平，而印刷广告仍远远超过应有水平。

其他领域，我们正利用移动设备、随身传感器创造新的数据海洋。大数据会由手机等移动终端创造的数据而变得更加丰富。

值得一提的是，2013年，流量排名前10的公司中有9家为美国公司。短短一年，这一数字下降到了6家，中国的百度、阿里巴巴、搜狐与腾讯并肩进入榜单。中国在世界互联网的地位正在不断凸显。

3.1.2 网络协议及技术

互联网技术可以分为硬件技术和软件技术，主要包括数据分组交换技术、互联网协议、网站技术、网络构建技术和网络接入技术，它们是构成互联网的基础技术，也是开展电子商务的技术基础。互联网技术既适用于局域网（LAN[❶]）也同样适用于广域网（WAN[❷]）。

（1）TCP/IP 协议

TCP/IP 协议[❸]是互联网连接的标准协议，该协议主要由四层协议层构成，分别是网络接口层、网络层（IP 协议）、传输层（TCP 协议）和应用层。TCP 协议主要处理数据打包和重组，IP 协议主要处理数据包的寻址和传输路径选择。该协议可用于互联网，也可用于局域网，在目前各种个人计算机操作系统中都被支持。

（2）IP 地址

IP 地址是用来唯一标识互联网计算机的二进制数，互联网上的计算机能够相互识别，必须拥有唯一的 IP 地址，目前有 IPv4 和 IPv6 两种版本。IPv4 由一个 32 位的二进制数构成（可以表示 4000 多亿个地址），为了方便人们记忆，将 32 位二进制数分成四组，每组 8 位，中间用小数点隔开，并将每组二进制数翻译为十进制，从而就有了人们能够直接识别的十进制 IP 地址的表示，如 202.203.208.33，每个十进制数的取值范围为 0～255。IP 地址被分为 ABCDE 五类，其中用于互联网的只有 ABC 三类，DE 用于广播电视网络。IPv6 用 128 位的二进制数表示主机地址，与 IPv4 地址兼容。

（3）域名

虽然 IP 地址可以唯一标识互联网中的计算机，但是并不方便人们记忆。于是，人们发明了域名（Domain Name），即利用层次命名法为互联网中的每一台计算机取一个唯一的名字。域名由字符构成，每一个层次称为一个域，两个域之间用小数点隔开。如 www.sina.com.cn，此域名的理解应从右到左，最右边的部分 cn 是顶级域名，表示中国，com 表示商业类网站，sina 表示公司名称，www 是服务器名字，这个域名完整的表述是"中国商业新浪公司中一台称为 www 的计算机"。利用层次命名法，可以唯一为网络中的计算机确定一个名称，但是所有域名必须先注册后使用[❹]。域名是所有企业网站在网络中的品牌标识，具有品牌价值，好的域名将成为企业在网络中新的品牌形象，所以域名保护对于企业来说至关重要。

（4）HTTP 协议

HTTP（Hypertext Transfer Protocol）为超文本传输协议，主要用来在互联网上传输 HTML 文档，网站由若干 HTML 文档组成，网站工作在远程的服务器上，客户端的浏览器输入远程服务器上所查找的 HTML 文档的地址（该地址利用统一资源定位符表示[❺]），HTTP 协议就能将所请求的 HTML 文档从服务器上下载到客户端，再通过浏览器对该 HTML 文档进行解释执行，这样用户就看到了丰富多彩的网页。

[❶] 局域网是由距离较近的计算机所组成的网络，一般覆盖范围在 10km 以内。
[❷] 广域网是由距离较远的计算机互联在一起所组成的网络，一般覆盖范围在几百公里以上。
[❸] TCP/IP 协议由文森特·瑟夫和罗伯特·卡恩开发。
[❹] 我国域名注册和管理机构为中国互联网络信息中心，网址为 www.cnnic.net。
[❺] 统一资源定位符 URL，是描述互联网上文件位置的一种方法，如 http://www.sina.com.cn/sport/index.asp。

(5) 电子邮件协议

电子邮件服务是互联网上使用最多的服务之一，用户通过远程电子邮件服务器来交换电子邮件，并可以利用邮件客户端软件和网页邮箱的方式来使用和管理邮件服务器上的电子邮件信息。SMTP（简单邮件传输协议）和 POP（邮局协议）是两个用于发送和检索电子邮件的常用协议。SMTP 规定了邮件信息的具体格式、邮件服务器上邮件的管理方式以及互联网上电子邮件传输方式。POP 完成邮件客户端软件向邮件服务器请求电子邮件，通知邮件服务器将电子邮件发送到用户计算机上并从服务器上删除该邮件（或者不删除），询问新邮件是否到达。IMAP（交互式邮件访问协议）是一种新的电子邮件协议，可以实现与 POP 协议一样的功能，同时还有很多附加功能，如只下载选中的邮件而不是全部邮件，查看邮件标题再决定是否下载全部邮件内容等。

3.1.3 互联网的接入技术

2013 年是中国宽带建设实现跨越性发展的一年，工信部正式启动"宽带中国 2013 专项行动"，发布《关于实施宽带中国 2013 专项行动的意见》。随后，国务院印发《"宽带中国"战略及实施方案》，提出宽带网络成为新时期我国经济社会发展的战略性公共基础设施，并提出了具体的发展目标与发展时间表。宽带建设工作的持续深入开展，不仅能够带动网民互联网应用的发展，且对企业的互联网应用也具有极大的推动作用。一方面，宽带基础建设对互联网在优化产业结构、提高企业运营效率方面具有促进作用。《"宽带中国"战略及实施方案的通知》中具体提出要不断拓展和深化宽带在生产经营中的应用，加快企业宽带联网和基于网络的流程再造与业务创新，利用信息技术改造提升传统产业，实现网络化、智能化、集约化、绿色化发展，促进产业优化升级。另一方面，以宽带基础建设带动高新技术产业不断发展，具体提出要不断创新宽带应用模式，培育新市场新业态，加快电子商务、现代物流、网络金融等现代服务业发展，壮大云计算、物联网、移动互联网、智能终端等新一代信息技术产业。

2013 年 12 月 4 日，工信部向中国联通、中国电信、中国移动正式发放了第四代移动通信业务牌照，标志着中国电信产业正式进入了 4G 时代。4G 网络将以更快的通信速度、更低的资费及对大数据量传输的承载力，在移动办公（如移动视频会议、移动 OA 系统）、移动电子商务（如移动仓储物流管理、供应链管理、移动客户关系管理）等方面具有广阔的应用前景，将会极大地促进企业移动信息化建设。

3.1.4 移动互联网的技术

物联网：是新一代信息技术的重要组成部分。其英文名称是"The Internet of things"。由此，顾名思义，"物联网就是物物相连的互联网"。这有两层意思：第一，物联网的核心和基础仍然是互联网，是在互联网基础上的延伸和扩展的网络；第二，其用户端延伸和扩展到了任何物品与物品之间，进行信息交换和通信。因此，物联网的定义是通过射频识别（RFID）、红外感应器、全球定位系统、激光扫描器等信息传感设备，按约定的协议，把任何物品与互联网相连接，进行信息交换和通信，以实现对物品的智能化识别、定位、跟踪、监控和管理的一种网络。

(1) IPv6

IPv6 是 Internet Protocol Version 6 的缩写，其中 Internet Protocol 译为"互联网协议"。IPv6 是 IETF（互联网工程任务组，Internet Engineering Task Force）设计的用于替代现行版本 IP 协议（IPv4）的下一代 IP 协议。目前 IP 协议的版本号是 4（简称为 IPv4），

它的下一个版本就是 IPv6。

(2) LBS

基于位置的服务（Location Based Service，LBS），它是通过电信移动运营商的无线电通讯网络（如 GSM 网、CDMA 网）或外部定位方式（如 GPS）获取移动终端用户的位置信息（地理坐标，或大地坐标），在 GIS（Geographic Information System，地理信息系统）平台的支持下，为用户提供相应服务的一种增值业务。

(3) HTML5

HTML5 是用于取代 1999 年所制定的 HTML 4.01 和 XHTML 1.0 标准的 HTML 标准版本，现在仍处于发展阶段，但大部分浏览器已经支持某些 HTML5 技术。HTML5 有两大特点：首先，强化了 Web 网页的表现性能。其次，追加了本地数据库等 Web 应用的功能。广义论及 HTML5 时，实际指的是包括 HTML、CSS 和 JavaScript 在内的一套技术组合。它希望能够减少浏览器对于需要插件的丰富性网络应用服务（plug-in-based rich internet application，RIA），如 Adobe Flash、Microsoft Silverlight，与 Oracle JavaFX 的需求，并且提供更多能有效增强网络应用的标准集。

(4) NFC

NFC 是 Near Field Communication 缩写，即近距离无线通讯技术。由飞利浦公司和索尼公司共同开发的 NFC 是一种非接触式识别和互联技术，可以在移动设备、消费类电子产品、PC 和智能控件工具间进行近距离无线通信。NFC 提供了一种简单、触控式的解决方案，可以让消费者简单直观地交换信息、访问内容与服务。

(5) LTE

LTE（Long Term Evolution，长期演进）项目是 3G 的演进，始于 2004 年 3GPP 的多伦多会议。LTE 并非人们普遍误解的 4G 技术，而是 3G 与 4G 技术之间的一个过渡，是 3.9G 的全球标准，它改进并增强了 3G 的空中接入技术，采用 OFDM 和 MIMO 作为其无线网络演进的唯一标准。在 20MHz 频谱带宽下能够提供下行 326Mbit/s 与上行 86Mbit/s 的峰值速率。改善了小区边缘用户的性能，提高小区容量和降低系统延迟。

(6) lightweight radio

lightweight radio 是由阿尔卡特朗讯等公司推出的一种新的无线系统，该系统采用单一的、体积更小、功能更强大的多频、多标准（2G、3G、LTE）的有源天线矩阵设备来代替传统基站，使得移动网络部署更灵活、成本更低，也更加环保。

3.2 旅游电子商务的网络数据库技术

旅游电子商务的服务功能概括为四类。①旅游信息的汇集、传播、检索和导航。这些内容一般都涉及景点、饭店、交通旅游线路等方面的介绍，旅游常识，旅游注意事项，旅游新闻，货币兑换，旅游目的地，天气，环境，人文等信息以及旅游观感等。②旅游产品（服务）的价格公示。网站提供旅游及其相关产品（服务）的各种折扣、优惠，航空、饭店、游船、汽车租赁服务的价格公示等。③个性化的定制服务。从网上订车票、预订酒店、查阅电子地图到完全依靠网站的指导在陌生环境中观光、购物。这种以自定行程、自助价格为主要特征的网络旅游在不久的将来会成为人们旅游的主导方式。提供个性化定制服务（特别是在线预订）已成为旅游必备的功能。旅游者足不出户，在家中就可通过旅游电子商务系统查询到欲往城市的相关旅游信息，并根据自己的需要预订酒店、旅游线路和往返机票，不仅方便快捷，而且价格优惠。④其他功能。如广告征订、网上交互、导游服务、客户服务、投资服务和在线招聘。

3.2.1 网络数据库结构

网络数据库的结构也属于 B/S（Browser/Server）结构的一种，即基于三层的浏览器/服务器模式。一个典型的网络数据库应用系统，有一个 Web 浏览器作为用户界面、一个数据库服务器作为信息存储和采集的平台和一个连接两者的 Web 服务器（该服务器运行网络应用服务程序）。网络数据库应用架构如图 3-2 所示。

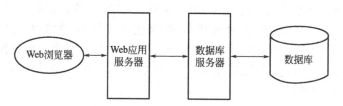

图 3-2 网络数据库应用架构

目前，商品化的数据库管理系统以关系型数据库为主导产品，技术比较成熟。面向对象的数据库管理系统虽然技术先进，数据库易于开发、维护，但尚未有成熟的产品。国际国内的主导关系型数据库管理系统有 Oracle、Sybase、INFORMIX 和 INGRES。这些产品都支持多平台，如 UNIX、VMS、Windows，但支持的程度不一样。IBM 的 DB2 也是成熟的关系型数据库，但是 DB2 是内嵌于 IBM 的 AS/400 系列机中，只支持 OS/400 操作系统。

（1）MySQL

MySQL 是最受欢迎的开源 SQL 数据库管理系统，它由 MySQL AB 开发、发布和支持。MySQL AB 是一家基于 MySQL 开发人员的商业公司，它是一家使用了一种成功的商业模式来结合开源价值和方法论的第二代开源公司。MySQL 是 MySQL AB 的注册商标。

MySQL 是一个快速的、多线程、多用户和健壮的 SQL 数据库服务器。MySQL 服务器支持关键任务、重负载生产系统的使用，也可以将它嵌入到一个大配置（mass-deployed）的软件中去。

与其他数据库管理系统相比，MySQL 具有以下优势：①MySQL 是一个关系数据库管理系统；②MySQL 是开源的；③MySQL 服务器是一个快速的、可靠的和易于使用的数据库服务器；④MySQL 服务器工作在客户/服务器或嵌入系统中；⑤有大量的 MySQL 软件可以使用。

（2）SQL Server

SQL Server 是由微软开发的数据库管理系统，是 Web 上最流行的用于存储数据的数据库，它已广泛用于电子商务、银行、保险、电力等与数据库有关的行业。

目前最新版本是 SQL Server 2005，它只能在 Windows 上运行，操作系统的系统稳定性对数据库十分重要。并行实施和共存模型并不成熟，很难处理日益增多的用户数和数据卷，伸缩性有限。

SQL Server 提供了众多的 Web 和电子商务功能，如对 XML 和 Internet 标准的丰富支持，通过 Web 对数据进行轻松安全的访问，具有强大的、灵活的、基于 Web 的和安全的应用程序管理等。而且，由于其易操作性及其友好的操作界面，深受广大用户的喜爱。

（3）Oracle

Oracle（甲骨文）成立于 1977 年，最初是一家专门开发数据库的公司。Oracle 在数据库领域一直处于领先地位。1984 年，首先将关系数据库转到了桌面计算机上。然后，

Oracle5 率先推出了分布式数据库、客户/服务器结构等崭新的概念。Oracle6 首创锁定模式以及对称多处理计算机的支持……最新的 Oracle8 主要增加了对象技术,成为关系—对象数据库系统。目前,Oracle 产品覆盖了大、中、小型机等几十种机型,Oracle 数据库成为世界上使用最广泛的关系数据系统之一。

Oracle 数据库产品具有以下优良特性。①兼容性,Oracle 产品采用标准 SQL,并经过美国国家标准技术所(NIST)测试,与 IBM SQL/DS、DB2、INGRES、IDMS/R 等兼容。②可移植性,Oracle 的产品可运行于很宽范围的硬件与操作系统平台上;可以安装在 70 种以上不同的大、中、小型机上;可在 VMS、DOS、UNIX、Windows 等多种操作系统下工作。③可联结性,Oracle 能与多种通讯网络相连,支持各种协议(TCP/IP、DECnet、LU6.2 等)。④高生产率,Oracle 产品提供了多种开发工具,能极大地方便用户进行进一步的开发。⑤开放性,Oracle 良好的兼容性、可移植性、可连接性和高生产率使 Oracle RDBMS 具有良好的开放性。

(4) Sybase

1984 年,Mark B. Hiffman 和 Robert Epstern 创建了 Sybase 公司,并在 1987 年推出了 Sybase 数据库产品。Sybase 主要有三种版本:一是 UNIX 操作系统下运行的版本;二是 Novell Netware 环境下运行的版本;三是 Windows NT 环境下运行的版本。对 UNIX 操作系统,目前应用最广泛的是 SYBASE 10 及 SYABSE 11 for SCO UNIX。

Sybase 数据库的特点:①它是基于客户/服务器体系结构的数据库;②它是真正开放的数据库;③它是一种高性能的数据库。

(5) DB2

DB2 是内嵌于 IBM 的 AS/400 系统上的数据库管理系统,直接由硬件支持。它支持标准的 SQL 语言,具有与异种数据库相连的 GATEWAY;因此它具有速度快、可靠性好的优点。但是,只有硬件平台选择了 IBM 的 AS/400,才能选择使用 DB2 数据库管理系统。

DB2 能在所有主流平台上运行(包括 Windows),最适于海量数据。

DB2 在企业级的应用最为广泛,在全球的 500 家最大的企业中,几乎 85% 以上都用 DB2 数据库服务器。

3.2.2 网络数据库的特点

网络数据库是重要的电子资源,与印刷型文献及光盘、磁盘等电子出版物相比,网络版数据库有着独特的优势。

(1) 数据量大、增长迅速、更新速度快

在国外,数据库生产已形成规模,走向产业化和商业化,这就使得网络数据库的整体发展呈现出以下两个特点。一是数据库规模大、数据量多,增长迅速。二是数据更新速度快、周期短。

(2) 数据的存储

网络数据库采用字表多维处理、变长存储以及面向对象等技术,使数据库应用转变为全面基于互联网的应用。这些技术方便了不同类型的数据存储,同时满足实时响应的要求。

(3) 数据类型

网络数据库采用字表多维处理方式,支持结构化数据和非结构化的多媒体数据类型,使用户业务处理中的各种类型数据可以存储在同一个数据库中,使执行业务处理的时间缩短。

(4) 支持新的编程技术

网络数据库支持新的编程技术,如 ActiveX、XML 等,将网络技术和数据库技术结合在一起，加快了对网络数据库的操作。同时，还支持能够快速开发复杂的事务处理系统应用程序，大大简化了系统开发和管理的难度。

3.2.3 数据库系统的选择

数据库系统的选择和应用直接体现旅游电子商务系统数据存储的效率和服务质量，因此，应根据旅游电子商务网站的规模、功能、应用环境、资金等因素，为网站选择合适的数据库系统。网络数据库所选择的数据库系统主要以关系型数据库为主，关系数据库是目前功能完善、运行可靠的数据库系统，目前大多数商业应用都依赖此类系统。现在比较流行的关系型数据库是 IBM 公司的 DB2 系列、Sybase 公司的 Adaptive Server 系列、微软公司的 SQL Server 系列和 Oracle 公司的 Oracle Server 系列。选择数据库时，应考虑以下原则。

（1）易用性

旅游电子商务系统因其具有跨行业的特点，需要对多个行业部门的数据进行调用，并进行处理，按照用户需求进行信息的重新组织和显示，所以需要考虑多个行业部门信息数据库之间简单高效的对接，方便数据的传输，遵循统一的数据传输标准，即考虑数据库的易用性。易用性是指数据库管理系统的管理语法应符合通用的 SQL 标准，要便于系统的维护、开发和移植；要有面向用户的简易开发工具；要有计算机辅助软件工程工具（CASE）来帮助开发者根据软件工程的方法，提供各开发阶段的维护、编码，便于复杂软件的开发和维护；要有非过程语言的设计方法，用户不需要编写复杂的过程性代码，易学、易用、易维护；还要有对多媒体数据类型的支持。

（2）分布性

旅游电子商务系统需要多方参与并交互才能完成旅游活动，其中涉及多种旅游信息的交换。这些旅游信息是旅游资源、旅游活动和旅游经济现象等客观事物的反映，包括旅游目的地、旅游企业信息、旅游产品信息、旅游者信息、旅游供求信息五大类。这些信息在物理位置上通常是分散存储的，选择数据库存储这些数据时，应考虑数据库对于分布性数据处理的能力。分布性指数据库管理系统应对分布式应用进行支持，因为大多数电子商务系统都属于多用户参与的分布式应用系统，包括数据透明和网络透明。数据透明指用户在应用中不需要指出数据在网络什么节点上，数据库管理系统可以自动搜索网络，提取数据；网络透明指用户在应用中无须指出网络所使用的协议，管理系统将自动转换数据包以适应通信协议。

（3）并发性

对于分布式应用，数据库管理系统面临多任务分布环境，可能存在多个用户在同一时刻对同一数据进行读或者写的操作，为了保证数据的一致性，需要由数据库管理系统并发控制来完成以上的同时操作。能够控制的并发数越多，数据库的性能越高。例如电子客票系统，对于同一航班的座位数是固定的，每成功完成一张电子机票的预订，剩余座位数会减少 1 个，但同时会有很多客户订购机票，客户数量可能在某一时间点上会超过座位数，因此对于客户的请求，数据库系统应能公平处理这类数据业务。

（4）数据完整性

旅游电子商务系统需要多种不同行业部门的数据库作为支撑，同时旅游信息的种类多种多样，用户会在不同的时间登录网站进行业务的处理，不同的业务需要调用的数据库不一样，对数据库的读写操作也不相同。保证用户业务过程中所涉及的数据库中的数据一致性，是数据库完整性的要求。数据完整性指对数据的正确性和一致性的保护，包括实体完整性、参照完整性、复杂的事务规则等。

(5) 可移植性

旅游电子商务系统是一个动态的系统,不是一次性或在短时间内就能建成,随着旅游业务的发展,可能会超过最初系统设计的容量和性能,这就需要对原有系统进行扩展,关键是需要对数据库进行升级,软件升级必然带来硬件性能的升级。将原来的旧数据库系统移植到新的数据库系统中,即数据库的可移植性。可移植性指垂直扩展和水平扩展能力。垂直扩展要求新数据库系统能够支持低版本的数据库,数据库客户机服务器支持集中式管理模式,保证用户以前的投资和系统可用;水平扩展要求满足数据库硬件上的扩展,支持从单 CPU 模式转换成多 CPU 并行模式等。

(6) 安全性

在旅游电子商务系统中,需要对五大类旅游信息进行处理,而这些信息的安全性关系到业务能否被处理成功以及旅游企业经营风险和旅游者消费风险的大小。如何能够以最小的成本控制住各参与方数据处理过程中的风险,是数据库安全性的要求。安全性指数据安全保密的程度,包括账户管理、用户权限管理、网络安全控制、数据约束等。

(7) 容错性

数据库系统包括硬件和软件两部分,旅游电子商务系统在运行过程中,不可避免地会出现硬件或软件方面的故障。硬件故障主要依靠硬件的冗余来降低故障率,软件故障主要考虑数据的恢复能力。选择数据库系统时,应考虑这两个方面的容错性。容错性指在异常情况下系统对数据的容错处理能力。

3.2.4 网络数据库备份

网络数据库因需要全天候地提供用户实时的数据访问可能会出现系统故障,同时有可能遭到网络黑客的攻击,其中存放的电子商务信息可能涉及企业的商业机密,所以需要对数据库中存放的各类旅游业务信息进行定期的备份,以便在出现故障和攻击后能够快速恢复受损数据,保证电子商务系统能够可靠持续地提供服务,从而提高电子商务系统的可靠性和安全性。数据备份方式主要有完全备份、事务日志备份、差异备份和文件备份。

(1) 完全备份

这是常用的方式,它可以备份整个数据库,包含用户表、系统表、索引、视图和存储过程等所有数据库对象。但是需要花费更多的时间和空间,所以,一般一周做一次完全备份即可。

(2) 事务日志备份

事务日志是一个单独的文件,它记录数据库的改变,备份的时候只需要复制自上一次备份以来对数据库所做的改变,所以只需要很短的时间。为了使数据库具有可靠性,推荐每小时甚至更短时间进行事务日志备份。

(3) 差异备份

差异备份也称增量备份,它是只备份数据库的一部分的一种方法,它不使用事务日志。相反,它使用整个数据库的一种新映像。它比最初的完全备份小,因为它只包含自上一次完全备份以来所改变的数据库。它的优点是存储和恢复速度快,推荐每天做一次差异备份。

(4) 文件备份

数据库可以由硬盘上的许多文件构成。如果这个数据库非常大,并且一天也不能将它备份完,那么可以使用文件备份每天备份数据库的一部分。由于一般情况下数据库不会大到必须使用多个文件存储,所以这种备份不是很常用。

3.2.5 网络数据库在旅游电子商务中的应用

乐旅旅游网站系统[1]是一套面向中小型旅游企业一体化管理旅游系统，在稳定性、代码优化、运行效率、负载能力、安全等级、功能可操控性和权限严密性等方面都居国内外同类产品领先地位。该网站帮助中小型旅游企业实现管理功能，应用了新一代的 B/S 结构，集酒店、机票、线路、景区、会员等多种功能于一体，它以浏览器进行软件界面的导航式操作，快速完成日常管理中的会员、订单等操作，并结合准确、高效的统计和业务分析功能，通过交互式的数据中心与一目了然的统计，使企业决策者最关心的往来订单、会员状况等能够即点即现。

该旅游网站系统由前台旅游信息服务系统和后台旅游业务管理系统组成，通过网络数据库实现前后台系统的信息共享和信息的动态更新，使得前、后台的信息可以实现无缝对接。其前台信息服务功能有会员注册、酒店餐饮信息发布、旅游线路信息发布、景区旅游信息发布、汽车租赁预订、航空机票预订、旅游新闻发布等。乐旅网网站前台信息服务系统界面如图 3-3 所示。

图 3-3　乐旅网网站前台信息服务系统界面

---

[1] 乐旅旅游网站演示系统：http://www.lelvw.com/lv/。

该网站后台管理系统主要由系统配置、用户管理、新闻管理、酒店管理、机票管理、线路管理、租车管理、景点管理等功能组成,如图3-4所示。

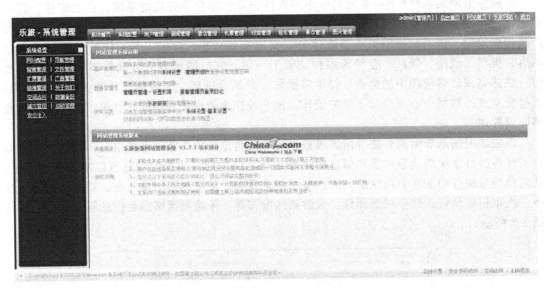

图3-4 乐旅网网站后台管理系统界面

该网站的数据库包含30个表格,对网站所涉及的各个栏目的信息内容及配置进行存储,其数据库的部分表格及表格字段的组成如图3-5所示。

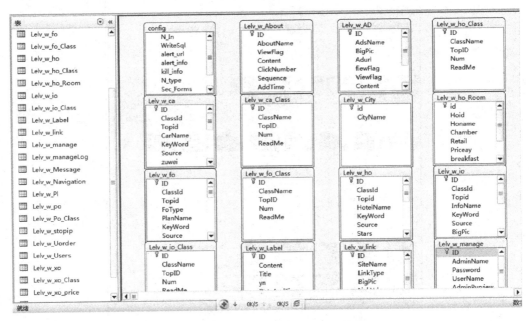

图3-5 数据库的部分表格及表格字段的组成

例如,表格lelv_w_xo主要用于存储旅游线路信息,表格lelv_w_xo_price主要用于旅游线路报价信息的存储。后台管理人员可以通过线路管理功能对以上表格记录进行修改、添加和删除。旅游线路记录在数据库中的存储视图如图3-6所示,旅游线路记录在后台管理系统中的编辑视图如图3-7所示。

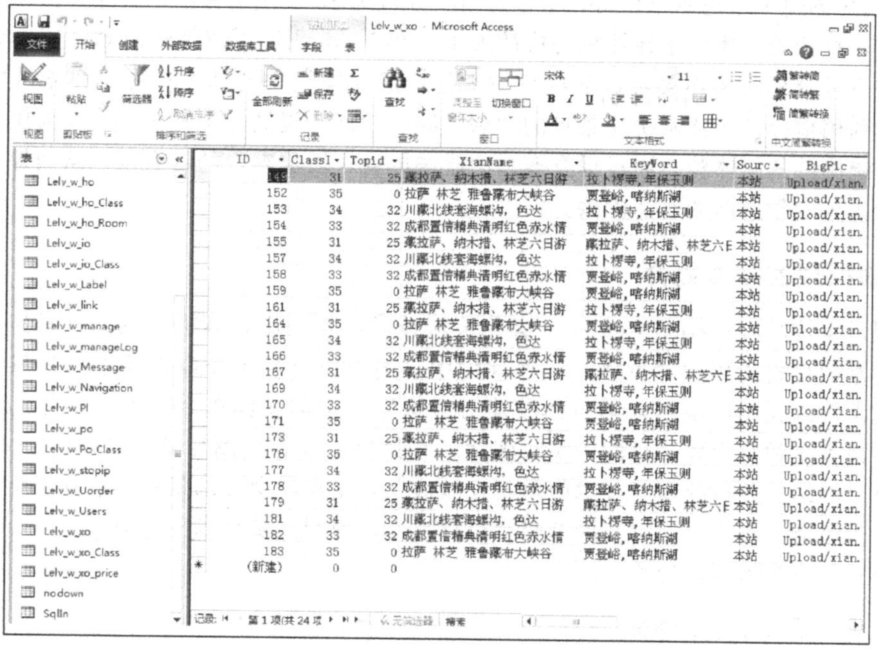

图 3-6 旅游线路记录在数据库中的存储视图

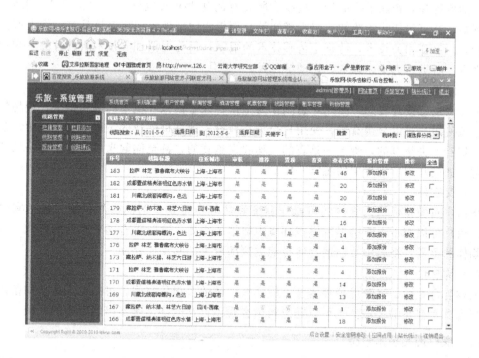

图 3-7 旅游线路记录在后台管理系统中的编辑视图

3.3 旅游电子商务的虚拟现实技术

虚拟与现实是两个意思相反的词,把这两个词放在一起,似乎没有意义,但是科学技术的发展却赋予了它新的含义。对虚拟现实并没有明确的定义,按最早提出虚拟现实概念的美国 VPL 公司创建人拉尼尔（Jaron Lanier）在 20 世纪 80 年代初提出的说法，虚拟现实又称假想现实，意味着"用电子计算机合成的人工世界"。由此可以清楚地看到，这个领域与计算机有着不可分离的密切关系，而信息技术是合成虚拟现实的基本前提。在旅游电子商务中，主要利用虚拟现实技术实现景点的"画中游"功能、提供 VR 娱乐产品，为旅游者提供不同于传统旅游的新体验，通过提升客户的旅游体验，增加客户的满意度，从而提高客户价值，为旅游企业创造新的经济价值。

3.3.1 虚拟现实技术简介

虚拟现实技术（Virtual Reality）又称灵境技术，是利用计算机生成一种模拟环境，并通过多种专用设备使用户"投入"到该环境中，实现用户与该环境直接进行自然交互的技术。该技术可以让用户使用人的自然技能对虚拟世界中的物体进行考察或操作，同时提供视、听、摸等多种直观而又自然的实时感知。它集成了计算机图形学、多媒体、人工智能、多传感器、网络、并行处理等技术的最新发展成果，使实时交互的景观展示和三维景观的实时漫游成为可能。作为一门崭新的综合性信息技术，虚拟现实技术已经应用于当今的旅游行业，并将对其产生深远的影响。

3.3.1.1 虚拟现实技术的特征

（1）多感知性

所谓多感知是指除了一般计算机技术所具有的视觉和听觉感知、力觉感知、触觉感知、运动感知，甚至包括味觉感知、嗅觉感知等。理想的虚拟现实技术应该具有一切人所具有的感知功能。由于相关技术，特别是传感技术的限制，目前虚拟现实技术所具有的感知功能仅限于视觉、听觉、力觉、触觉、运动等几种。

（2）浸没感

又称临场感或存在感，指用户感到作为主角存在于模拟环境中的真实程度。理想的模拟环境应该使用户难以分辨真假，使用户全身心地投入计算机创建的三维虚拟环境中，该环境中的一切看上去是真的，听上去是真的，动起来是真的，甚至闻起来、尝起来等一切感觉都是真的，如同在现实世界中的感觉一样。

（3）交互性

指用户对模拟环境内物体的可操作程度和从环境得到反馈的自然程度（包括实时性）。例如，用户可以用手去直接抓取模拟环境中虚拟的物体，这时手有握着东西的感觉，并可以感觉物体的重量，视野中被抓的物体也能立刻随着手的移动而移动。

（4）构想性

又称为自主性，强调虚拟现实技术应具有广阔的可想象空间，可拓宽人类认知范围，不仅可再现真实存在的环境，也可以随意构想客观不存在的甚至是不可能发生的环境。

3.3.1.2 虚拟现实技术分类

虚拟现实技术根据对现实世界的仿真程度和用户参与程度不同，主要分为桌面虚拟现实、投入的虚拟现实、增强现实性的虚拟现实和分布式虚拟现实。

（1）桌面虚拟现实

利用个人计算机和低级工作站进行仿真，计算机的屏幕用来作为用户观察虚拟境界的一个窗口，各种外部设备一般用来驾驭虚拟境界，并且有助于操纵在虚拟情景中的各种物体。它要求参与者使用输入设备，如鼠标、追踪球等，坐在监视器前，通过计算机屏幕观察 360 度范围内的虚拟境界，并操纵其中的物体，很多旅游网站都采用此法来仿真景点环境。

（2）投入的虚拟现实

高级虚拟现实系统提供完全投入的功能，使用户有一种置身于虚拟境界之中的感觉。它利用头盔式显示器或其他设备，把参与者的视觉、听觉和其他感觉封闭起来，并提供一个新的、虚拟的感觉空间，并利用位置跟踪器、数据手套、其他手控输入设备及声音等使得参与者产生一种身在虚拟环境中、并能全心投入和沉浸其中的感觉。常见的沉浸式系统有基于头盔式显示器的系统、投影式虚拟现实系统、远程存在系统。

（3）增强现实性的虚拟现实

增强现实性的虚拟现实不仅是利用虚拟现实技术来模拟现实世界、仿真现实世界，而且要利用它来增强参与者对真实环境的感受，也就是增强现实中无法感知或不方便感知感受。这种类型虚拟现实典型的实例是战机飞行员的平视显示器，它可以将仪表读数和武器瞄准数据投射到安装在飞行员面前的穿透式屏幕上，它可以使飞行员不必低头读座舱中仪表的数据，从而可集中精力盯着敌人的飞机和导航偏差。

（4）分布式虚拟现实

如果多个用户通过计算机网络连接在一起，同时参加一个虚拟空间，共同体验虚拟经历，虚拟现实则提升到一个更高的境界。

3.3.2 虚拟现实的关键技术

虚拟现实是多种技术的综合，其关键技术包括以下五个方面：环境建模技术、立体声合成和立体显示技术、触觉反馈技术、交互技术、系统集成技术。

（1）环境建模技术

这是指虚拟环境的建模，目的是获取实际三维环境的三维数据，并根据应用的需要，利用获取的三维数据建立相应的虚拟环境模型，生成类似于真实环境的计算机影像。

（2）立体声合成和立体显示技术

立体声合成是在虚拟现实系统中消除声音的方向与用户头部运动的相关性，保证在任何位置听到的声音是一致的；立体显示技术是在复杂的场景中实时生成立体图形。

（3）触觉反馈技术

在虚拟现实系统中，让用户能够直接操作虚拟物体并感觉到虚拟物体的反作用力，从而产生身临其境的感觉。

（4）交互技术

虚拟现实中的人机交互是利用数字头盔、数字手套等复杂的传感器设备，利用三维交互技术与语音识别、语音输入技术等实现。

（5）系统集成技术

由于虚拟现实系统中包括大量的感知信息和模型，因此系统的集成技术包括信息同步技术、模型标定技术、数据转换技术、识别和合成技术等。

3.3.3 虚拟现实关键设备

虚拟现实技术具有超越现实的虚拟性，虚拟现实系统的核心设备仍然是计算机，因它的一个主要功能是生成虚拟境界的图形，故又称为图形工作站。图像显示设备是用于产生立体视觉效果的关键外设，目前常见的产品包括光阀眼镜、三维投影仪和头盔显示器等，其中高档的头盔显示器在屏蔽现实世界的同时,提供高分辨率、大视场角的虚拟场景,并带有立体声耳机,可以使人产生强烈的浸没感。其他外设主要用于实现与虚拟现实的交互功能,包括数据手套、三维鼠标、运动跟踪器、力反馈装置、语音识别与合成系统等。

3.3.4 虚拟现实技术在旅游业的应用

虚拟现实的最大优势在于把一个不在身边存在的场景空间展示在观众面前,让观众不用去现场就能体验到现场的氛围与环境,结合友好的人机交互界面,观众可以根据自己的意愿进行互动式的观看浏览。正是因为虚拟现实的这一强大优势,使得它在远程教育、科学计算可视化、建筑、电子商务、交互式娱乐、艺术等领域都有着极其广泛的应用前景,而作为全球经济中发展势头最强劲、规模最大的产业之一的旅游业,也正是虚拟现实技术大放异彩的重要领域。以全景客为例,简单介绍虚拟现实技术在旅游业中的应用。

(1)全景客简介

全景客虚拟旅游网(全景客)成立于2009年,是中国领先的智慧旅游解决方案供应商,中国最大的虚拟旅游电子商务平台,拥有海内外400多个城市,10000多个景区高清720度三维全景,独创全景虚拟拍照,一键微博分享等功能,提供景点大全,目的地指南等旅游信息,全景线路、云全景等垂直旅游服务。

全景客率先提出720度三位全景的概念,利用新颖的三维全景技术,以实景、三维、立体、高清的效果,全视角展现旅游目的地、景区的风光以及周边商业信息,相比普通的360度全景,720度全景可以实现上、下、左、右的全方位操作,可以展现天、地、前、后、左、右的全部景色,带给用户身临其境般感受。

截至目前,全景客已经拥有海内外400多个城市,10000多个景区高清720度三维全景。拥有吉林朱雀山国家森林公园,湖北清江画廊,湖北武当等多个精品3D实景虚拟漫游景区。

2013年1月27日13点14分,全景客虚拟旅游网全新改版上线。新版全景客以"宣扬旅游文化、共建美丽中国"为宗旨,推出虚拟旅游,全景目的地,全景社区等三款重量级产品,为有钱没时间,没钱有时间,没钱没时间等三类热爱旅游、爱摄影的用户,提供一站式服务。

(2)全景客

注册成为全景客网站用户,将自己拍摄的全景照片上传,并写下旅行心得与体验,就可以和不同地区、不同国家的广大旅游、摄影爱好者共享全景漫游图片带来的独特乐趣。这里将您去过的地方、想去的地方和暂时去不了的地方进行虚拟全景漫游,说不定还会找到与你同行的或接待您的朋友。具体网址使用见图3-8。

(3)"全景游"系列手机客户端

全景客网站已推出[全景游北京]、[全景游香港]、[全景游深圳]、[全景游四川]、[全景游海南]、[全景游天津]、[全景游井冈山]、[全景游广州]、[全景游山西]、[全景游西藏]高清晰720度三维全景旅游应用。以三维立体形式将旅游目的地名胜古迹、文化民俗、吃喝玩乐及周边信息在手机上呈现,并提供虚拟漫游体验、语音解说、地图及定位导航功能,是名副其实的掌上旅游"小秘书",苹果、安卓手机登录各大应用商店,即可免费下载。虚拟旅游3D实景见图3-9。

图 3-8　全景客界面 http://www.quanjingke.com/

图 3-9　虚拟旅游 3D 实景

3.4　旅游电子商务的 GIS、GPS 技术

基于 Internet/Intranet 的 WebGIS 是 GIs 技术发展的新趋势。webGIs 可以简单定义为在 Web 上的 GIS。考虑到虚拟旅游的需求,以基于 web GIS 结构实现电子地图库的动态服务,由应用服务器完成电子地图与空间景观的空间关联,由 Web 服务器应答 Client 端的请求。

3.4.1　GIS 简介

地理信息系统(Geographic Information System,GIS)是以地理空间数据为基础,按照地理特征的关联,将多方面的数据以不同层次联系起来,构成现实世界模型,并在此基础上采用模型分析方法,提供多种动态的地理信息,为辅助决策而建立起来的计算机技术系统。GIS 具有其他信息管理系统所不可比拟的优点,其最大的特点就是具备对空间数据的管理功能,具体包括如下几个方面。

① 共同管理空间数据和属性数据:GIS 不仅具有管理属性数据的功能,还能采集、管理、分析和输出多种地理空间信息,并且将属性数据集成到空间数据之上,不仅直观而且可实现两者互相查询。这是 GIS 最显著的特点之一。

② 具备强大的空间分析能力:由于空间数据和属性数据的集成以及地理空间模型方法的应用,使 GIS 具备空间分析、多要素综合分析和动态预测等功能,能够满足地理研究和辅助决策。

③ 具有丰富的信息:GIS 数据库中不仅包含丰富的地理信息,还包含与地理信息有关的其它信息,如人口分布、环境污染、区域经济情况、交通情况等。

3.4.2 GPS 简介

GPS 又称为全球定位系统(Global Positioning System,GPS),是美国从 20 世纪 70 年代开始研制,于 1994 年全面建成,具有海、陆、空全方位实时三维导航与定位能力的新一代卫星导航与定位系统。GPS 是由空间星座、地面控制和用户设备等三部分构成的。GPS 测量技术能够快速、高效、准确地提供点、线、面要素的精确三维坐标以及其他相关信息,具有全天候、高精度、自动化、高效益等显著特点,广泛应用于军事、民用交通(船舶、飞机、汽车等)导航、大地测量、摄影测量、野外考察探险、土地利用调查、精确农业以及日常生活(人员跟踪、休闲娱乐)等不同领域。现在 GPS 与现代通信技术相结合,使得测定地球表面三维坐标的方法从静态发展到动态,从数据后处理发展到实时的定位与导航,极大地扩展了它的应用广度和深度。载波相位差分法 GPS 技术可以极大提高相对定位精度,在小范围内可以达到厘米级精度。此外,由于 GPS 测量技术对测点间地通视和几何图形等方面的要求比常规测量方法更加灵活、方便,已完全可以用来施测各种等级的控制网。GPS 全站仪的发展在地形和土地测量以及各种工程、变形、地表沉陷监测中已经得到广泛应用,在精度、效率、成本等方面显示出巨大的优越性。

3.4.3 GIS、GPS 在旅游电子商务的应用

随着互联网技术的迅速发展,自助游、休闲游、商务游的不断出现,传统旅游观念正在经受挑战和改变,旅游行业的".com 时代"已经到来。传统旅行社一旦具备了网上服务能力,优势就显现出来。在这样的机遇下,开发基于 GIS(地理信息系统)的旅游信息系统就有很大的必要性和广阔的应用前景。利用 MapControl,ToolbarControl,TocControl 等控件嵌入到".net"环境中,利用采集的数据(包括文本、视频、音频数据等),进行数据整理和格式转换,引入可量化旅游因子,通过 Engine 开发,形成一套完整的旅游信息系统。为了便于管理和应用开发,整个系统被划分成若干个子系统,与此相对应,数据也被划分成若干子库,按照"纵向分层,横向分幅"的方式组织。纵向分层指按数据的性质分类,性质相同或相近的归并一起,形成一个数据层。横向分幅是指按数据空间分布将数据划分为规则或不规则的块。分层时为了考虑数据更新的问题,将变更频繁的数据分离出来,各层数据的数据量尽可能平衡,尽量减少冗余数据;属性数据的描述严格按国家有关规范、用户的习惯设置使用要求确定;数据按地图分幅单位处理。基础空间数据的分层包括:点(旅游点、旅游设施等)、线(交通路线、旅游路线等)、面(景区规划区、行政区、保护区、生态类型区

等)。点、线、面各自有其唯一的 ID 标识号,与属性数据库中相应的 ID 对应,可以通过 ID 将空间数据与属性数据相关联。属性数据与基础空间数据层关系复杂,大多是一对多。因此,空间数据与属性数据不是用固定形式生成一个综合的数据库,而是通过程序来控制,为了实现某模块的某个功能临时通过 ID 编码将空间数据与属性数据连接在一起,该功能完成后就立即释放,这将节约大量的磁盘空间,而且运行速度可以大大加快。属性数据之间通过关键字段进行关联,从而使整个数据库形成一个有机的整体。系统中的属性信息按类采用分级编码,配以顺序编码保存在各自的数据库中对于地图可以通过扫描数字化的方法,二次加工,按图层存储。图片、图像扫描或转换,以单个文件形式存储。通过采用 GPS,扫描仪等设备进行数据库的输入工作。数据库的内容包括旅游资源、服务设施(涉外机关、旅行社团、旅馆、交通、邮电、医疗、娱乐场所、商场等)、气候特点等各方面的图形数据、图像数据、属性数据、多媒体数据、文字资料、图片资料等。其功能包括数据资料的采集、存储、处理、查询、检索、更新及输出等。

随着 GIS 与 RS、GPS、三维技术、网络技术的结合发展,以及专家系统、人工智能等现代技术方法的引入,GIS 将会更加成熟实用,对旅游业的发展也会起到巨大的促进作用。在旅游领域采用 GIS 技术,是旅游业发展的需要。通过对旅游地理信息系统的研究,有助于改变目前其应用范围不广、应用层次较浅的状况。旅游业的发展不仅需要自身的信息交流与管理,也需要融入全社会的经济信息与技术发展中。随着 GIS 与 RS、GPS、三维技术、网络技术的结合发展,以及专家系统、人工智能等现代技术方法的引入,GIS 将会更加成熟、实用,对旅游业的发展也会起到巨大的促进作用。国际互联网正以传统媒体无法比拟的优越性在社会、经济、文化、生活等方面发挥着深刻的影响。GIS 和 Internet 联姻的 Internet GIS 正逐渐成为 GIS 领域的一个研究热点。Internet GIS 是利用因特网及完善和扩充传统 GIS 功能的一门新技术。它可使人们在一个极其广阔的范围对各种数据实现多向查询及进行在线分析。将它和 GIS 结合起来,发展网上 GIS,在旅游地理信息的发布、共享和传输等方面具有广阔的发展前景。

3.5 旅游电子商务的网络金融技术

3.5.1 网络金融

所谓网络金融,又称电子金融(e-finance),是指基于金融电子化建设成果在国际互联网上实现的金融活动,包括网络金融机构、网络金融交易、网络金融市场和网络金融监管等方面。从狭义上讲是指在国际互联网(Internet)上开展的金融业务,包括网络银行、网络证券、网络保险等金融服务及相关内容;从广义上讲,网络金融就是以网络技术为支撑,在全球范围内的所有金融活动的总称,它不仅包括狭义的内容,还包括网络金融安全、网络金融监管等诸多方面。它不同于传统的以物理形态存在的金融活动,是存在于电子空间中的金融活动,其存在形态是虚拟化的,运行方式是网络化的。它是信息技术特别是互联网技术飞速发展的产物,是适应电子商务(e-commerce)发展需要而产生的网络时代的金融运行模式。

在央行划定的互联网金融范围中,互联网支付、基金销售、P2P 网络借贷、网络小额贷款、众筹融资和金融机构的创新性互联网平台都属于其行列,尤其以融合了互联网、小额信贷等创新技术和金融运作模式的 P2P 金融更是创新的网络金融产品,它借助一个安全可靠的平台,让有钱要投资的人能直接找到需要钱想贷款的人,平台在提供相关的条件审核、安全监管和管理费用后，促成双方的合作，实现三方共赢，互惠互利。目前搜狐投资的搜易贷、中国平安投资的陆金所等均属于此类产品平台，根据央行发布的《中国金融稳定报告2014》，中国的互联网金融已进入新的发展阶段。

3.5.2 网络金融技术与电子支付

目前应用的技术主要有防火墙技术、物理隔离技术、入侵检测技术、安全扫描技术以及各种加密认证技术和安全协议。

① 防火墙技术，在内部网和外部网之间的界面上构造一个保护层，并强制所有的连接都必须经过此保护层，由其进行检查和连接。防火墙可以进行报文过滤、应用代理、内容检查、身份鉴别、加密通信、访问控制、日志分析与流量统计功能。

② 物理隔离、入侵检测及安全扫描技术，物理隔离技术是防止外部黑客攻击的有效手段。入侵检测系统是对传统安全产品的合理补充，帮助系统对付网络攻击，提高了信息安全基础结构的完整性，被认为是防火墙之后的第二道安全闸门，在不影响网络性能的情况下能对网络进行检测，从而提供对内部攻击、外部攻击和误操作的实时保护。安全扫描技术与防火墙、入侵检测系统相互配合，能够有效提高网络的安全性。

③ 密码体制及加密认证机制，当今社会上密码体制在电子商务活动中的应用也越来越完善。基于数学的密码理论与技术（包括公钥密码、分组密码、序列密码、认证码、数字签名、Hash函数、身份识别、密钥管理、PKI技术等）是电子商务安全应用技术的主流。当前最为人们所关注的实用技术是PKI技术。它可以支持多种形式的数字认证，例如数字加密、数字签名、不可否认、密钥管理以及交叉认证等，是由公开密钥密码技术、数字证书、认证机构和关于公开密钥的安全策略等基本部分所共同组成的有机系统。

④ SSL和SET协议标准，SSL协议采用公开密钥技术，其目标是保证两个应用程序之间的保密性和可靠性，可在服务器和客户机端同时实现支持。SSL协议运行的基点是商家对客户信息保密的承诺。随着电子商务参与的厂商迅速增加，对厂商的认证问题越来越突出，SSL协议的缺点便完全暴露出来。SET安全电子交易规范主要是为了解决用户、商家和银行之间通过信用卡支付的交易而设计的，以保证支付信息的机密、支付过程的完整、商户及持卡人的合法身份以及可操作性。SET解决了客户资料的安全性问题，解决了网上交易存在的客户与银行之间、客户与商家之间、商家与银行之间的多方认证问题；保障了网上交易的实时性问题等，这些都是SSL所无法解决的，SET协议是目前进行电子金融与商务活动的最佳协议标准。

3.5.3 网络金融支付方式

(1) 电子支付

电子支付是指单位、个人直接或授权他人通过电子终端发出支付指令，实现货币支付与资金转移的行为。电子支付的类型按照电子支付指令发起方式分为网上支付、电话支付、移动支付、销售点终端交易、自动柜员机交易和其他电子支付。简单来说电子支付是指电子交易的当事人，包括消费者、厂商和金融机构，使用安全电子支付手段，通过网络进行的货币支付或资金流转。电子支付是电子商务系统的重要组成部分。从技术角度上看，电子支付包括"在线支付"和"离线支付"两种方式。信用卡、借记卡、网上银行支付等支付方式由于需要实时与银行通信，所以被称为"在线支付"；而手机支付、校园中广泛使用的一卡通以及公交卡等，因为采用预存款方式，并不需要与银行账号相连，因此称为"离线支付"。我们在旅游电子商务中应用的往往是在线支付方式。

(2) 基于 SSL 协议的信用卡支付

信用卡最早诞生于 1915 年的美国，它是银行或其他财务机构签发给资信状况良好人士的一种特制卡片，是一种特制的信用凭证，它具有现金的作用，是现金的替代品。我国 1985 年由中国银行发行了大陆的第一张信用卡，到目前为止，据统计，我国已有 27 亿张银行卡，持卡人超过 7 亿人。银行卡支付已经成为我国主要的电子支付方式。该模式主要是利用 SSL 协议的安全通信与控制机制，通过 SSL 协议实现信用卡信息、支付金额等信息即时、安全可靠地在线传输，最终通过 Internet 完成交易支付和资金的划拨。

(3) 基于 SET 协议的信用卡支付

在 Internet 上基于 SET 协议的信用卡支付涉及多个参与方，包括持卡客户、商家、支付网关、收单银行、发卡银行和 CA 认证中心。持卡用户、商家和支付网关通过 Internet 进行交易通信，支付网关通过网络专线与收单银行之间传递交易信息，收单银行与发卡银行通过银行后台专用网络传递支付信息。该模式的安全核心为 CA 认证中心，它通过 Internet 向持卡客户、商家、支付网关发放数字证书并负责身份认证。可以看出，该模式涉及的参与方较 SSL 多，并且需要进行身份认证，系统开销大，流程复杂，支付速度较 SSL 慢，但比较安全。

(4) 电子支票支付

电子支票（Electronic Check）是将纸制支票变为带有数字签名的电子报文，或利用其他数字电文代替传统支票的全部信息所得到的电子数据。电子支票具有与传统支票相同的支付功能，只是其表现形式不同而已。

(5) 网络银行（Internet Bank）

网络银行是指银行利用网络技术，通过 Internet 或其他公用信息网，将客户的计算机终端连接至银行网站，实现将银行金融服务直接送到客户办公室或家中和手中的金融服务系统。按照其服务对象可以大致分为个人网络银行和企业网络银行，并通过互联网实现银行 3A 金融服务。

(6) 第三方支付

第三方支付是具备一定实力和信誉保障的独立机构，采用与各大银行签约的方式，提供与银行支付结算系统接口的交易支持平台的网络支付模式。在第三方支付模式中，买方选购商品后，使用第三方平台提供的账户进行货款支付，并由第三方通知卖家货款到账、要求发货；买方收到货物，并检验商品进行确认后，就可以通知第三方付款给卖家，第三方再将款项转至卖家账户上。第三方支付公司通过与银行的商业合作，以银行的支付结算功能为基础，向政府、企业、事业单位和个人提供中立的、公正的面向其用户的个性化支付结算与增值服务。

(7) 移动银行（Mobile Banking Service）

移动银行也称为手机银行，是利用移动通信网络及终端办理相关银行业务的简称。作为一种结合了货币电子化与移动通信的崭新服务，移动银行业务不仅可以使人们在任何时间、任何地点处理多种金融业务，而且极大地丰富了银行服务的内涵，使银行能以便利、高效而又较为安全的方式为客户提供传统和创新的服务，而移动终端所独具的贴身特性，使之成为继 ATM、互联网、POS 之后银行开展业务的强有力工具，越来越受到国际银行业者的关注。目前，我国移动银行业务在经过先期预热后，逐渐进入了成长期，如何突破业务现有发展瓶颈，增强客户的认知度和使用率成为移动银行业务产业链各方关注的焦点。

3.5.4 网络金融支付在旅游电子商务的应用

2006年10月26日电子客票全面推行后,旅游消费者的消费方式和消费观念开始微妙转变,促使旅游电子商务企业也开始积极考虑应对方案。在旅游电子商务中,电子支付的需求是不断扩大的。随着电子客票的推行,越来越多的旅客会从"电话订票,送票付款"的传统方式,过渡到"网上支付,实时出票"的全数字化方式。在酒店预订方面,尽管旅游者大多在前台付款,而在旅游高峰期,多数酒店都要求旅游者有信用卡担保或付预订金,由此产生了电子支付的需求。与此同时,全国广泛推行的"交通一卡通"以及某些旅游景点推出的基于信息化技术的卡式门票或者数字门票,以及电子支付方式的多样化,也对旅游电子商务活动中对电子支付的需求产生了一定的推动作用。

目前,我国较大的旅游电子商务网站携程和E龙,目前,只接受信用卡支付或担保。时下,网站用户使用电子支付的比例不高。不久前E龙进行的一次调查显示,没有在线支付经历的会员达到74%,其中35%拒绝尝试这种新的支付手段。而占绝大多数的中小型旅游电子商务企业,往往不提供电子支付方式。除此之外,在支付额度方面,机票、旅游产品涉及的金额普遍较高。

以上海春秋国际旅行社(春秋旅游网)为例进行分析。春秋旅游网的盈利模式是由网站、春秋国旅总社及各网点、上游的旅游企业(各地分社及合作旅行社、航空票务代理商、目的地酒店)和网民市场共同构成。其目标市场主要为观光和度假游客。由于春秋国旅具有强大的资源,线路预订成为了网站的主营业务。春秋旅游网提供的产品,顾客可以选择网上支付,也可以选择网上浏览、电话确定、离线交易的办法,同时还可以到春秋旅游的各分社进行购买。但就目前的经营状况而言,电话确定与离线交易仍然是消费者的主要选择。

3.6 旅游电子商务物联网技术

物联网是继计算机、互联网与移动通信网之后的世界信息产业第三次浪潮。物联网概念的问世,打破了之前的传统思维。过去的思路一直是将物理基础设施和IT基础设施分开:一方面是机场、公路、建筑物,而另一方面是数据中心、个人计算机、宽带等。在物联网时代,钢筋混凝土、电缆将与芯片、宽带整合为统一的基础设施,在此意义上,基础设施更像是一块新的地球工地,世界的运转就在它上面进行,其中包括经济管理、生产运行、社会管理乃至个人生活。

3.6.1 物联网定义及技术

3.6.1.1 物联网定义

1999年,美国麻省理工学院Auto-ID中心最早提出物联网概念,将其定义为:把所有的物品通过射频识别(RFID)和条码等信息传感设备与互联网连接起来,实现智能化识别和管理功能的网络。实质上,等于RFID技术和互联网的结合应用。

2005年,国际电信联盟(ITU)发布了《ITU互联网报告2005:物联网》,正式提出了物联网内涵:通过RFID、传感器、全球定位系统和激光扫描器等信息传感设备,使得"物"具备自动标识、智能感知能力,实现物理世界与虚拟的数字世界的互联;通过"物"的智能接口实现了信息网络的无缝结合,进行信息交换与通信,从而达到智能化识别、定位、跟踪、监控和管理的目的;最终实现任何时刻、任何地点、任何物体之间的互联,成为无所不在的网络并进行无所不在的计算。

欧盟关于物联网的定义：物联网是未来互联网的一部分，是基于标准和交互通信协议，具有自配置能力的动态全球网络设施；在物联网内，物理和虚拟的"物件"具有身份、物理属性、拟人化、使用智能接口，并且可以无缝地综合到信息网络中。

在 2010 年我国的政府工作报告所附的注释中，对物联网有如下的说明：是指通过信息传感设备，按照约定的协议，把任何物品与互联网连接起来，进行信息交换和通信，以实现智能化识别、定位、跟踪、监控和管理的一种网络。这有两层意思：第一，物联网的核心和基础仍然是互联网，是在互联网基础上的延伸和扩展的网络；第二，其用户端延伸和扩展到了任何物品与物品之间，进行信息交换和通信。

3.6.1.2 物联网关键技术

2005 年，国际电信联盟（ITU）发表了一份关于物联网的报告❶，报告中对于物联网提出了四大关键技术：标识事物的 RFID、感知事物的传感网络技术（Sensor Technologies）、思考事物的智能技术（Smart Technologies）、微缩事物的纳米技术（Nanotechnology）。

（1）射频识别技术

RFID（Radio Frequency Identification，射频识别）是一种非接触式的自动识别技术，它通过射频信号自动识别目标对象并获取相关数据，识别过程无须人工干预，可工作于各种恶劣环境。RFID 技术可识别高速运动物体并可同时识别多个标签，操作快捷方便。RFID 技术与互联网、通信等技术相结合，可实现全球范围内物品跟踪与信息共享。

RFID 主要由电子标签、阅读器和天线三大部分组成。电子标签进入磁场后，接收阅读器发出的射频信号，凭借感应电流所获得的能量发送出存储在芯片中的产品信息，或者主动发送某一频率的信号，阅读器读取信息并解码后，送至中央信息系统进行有关数据处理。

目前，RFID 的技术标准主要由 ISO 和 IEC 制定。可供射频卡使用的几种射频技术标准有 ISO/IEC10536、ISO/IEC14443、ISO/IEC15693 和 ISO/IEC18000，应用最多的是 ISO/IEC14443 和 ISO/IEC15693。

（2）传感网络技术

A 传感器与传感器网络

传感器是机器感知物质世界的"感觉器官"，可以感知热、力、光、电、声、位移等信号，为网络系统的传输、分析、处理和反馈提供最原始的信息。随着科学技术的不断发展，传统传感器正逐步实现微型化、智能化、信息化、网络化，正经历着一个从传统传感器（Dumb Sensor）到智能传感器（Smart Sensor），再到嵌入式 Web 传感器（Embedded Web Sensor）的内涵不断丰富的发展过程。

传感器网络是由大量部署在作用区域内、具有无线通信与计算能力的微小传感器节点，通过自组织方式构成的能根据环境自主完成指定任务的分布式智能化网络系统。传感网络的节点间距离很短，一般采用多跳（Multi-hop）的无线通信方式进行通信。传感器网络可以在独立的环境下运行，也可以通过网关连接到 Internet，使用户可以远程访问。传感器网络体系结构如图 3-10 所示。

在传感器网络中，节点通过各种方式大量部署在被感知对象内部或者附近。这些节点通过自组织方式构成无线网络，以协作的方式感知、采集和处理网络覆盖区域中特定的信息，可以实现对任意地点信息在任意时间的采集，处理和分析。

---

❶ 可参考 ITU 报告《ITU Internet Report 2005：Internet of Things》。

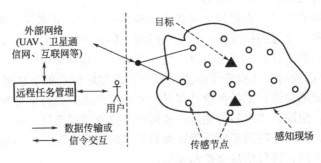

图 3-10 传感器网络体系结构

B 传感器网络与物联网

通过感知识别技术，让物品"开口说话、发布信息"，是融合物理世界和信息世界的重要一环，是物联网区别于其他网络的最独特的部分。物联网的"触手"是位于感知识别层的大量信息生成设备，包括 RFID、传感器网络、定位系统等。传感器网络所感知的数据是物联网海量信息的重要来源之一。

（3）智能技术

智能技术是为了有效地达到某种预期的目的，利用知识而所采用的各种方法和手段。通过在物体中植入智能系统，可以使得物体具备一定的智能性，能够主动或被动地实现与用户的沟通，这是物联网的关键技术之一。智能技术主要包括人工智能技术、先进的人机交互技术与系统、智能控制技术与系统和智能信号处理。

3.6.2 物联网应用体系架构

目前，物联网还没有一个广泛认同的体系结构，最具代表性的物联网架构是欧美支持的 EPCglobal 物联网体系架构和日本的 Ubiquitous ID（UID）物联网系统。EPCglobal❶ 和 UID 中心（Ubiquitous ID Center❷）都是为推进 RFID 标准化而建立的国际标准化组织。我国也积极参与了上述物联网体系，并正在积极制定符合我国发展情况的物联网标准和架构。下面介绍 EPCglobal 物联网体系架构。

EPCglobal 是由美国统一代码协会（UCC）和国际物品编码协会（EAN）于 2003 年 9 月共同成立的非营利性组织，其前身是 1999 年 10 月 1 日在美国麻省理工学院成立的非营利性组织 Auto-ID 中心。Auto-ID 中心以创建物联网（Internet of Things）为使命，与众多成员企业❸共同制订一个统一的开放技术标准。

3.6.2.1 EPC 物联网架构

① EPC 系统结构：EPC 系统是一个非常先进的、综合性的复杂系统，其最终目标是为每一单品建立全球的、开放的标识标准。它由全球产品电子代码（EPC）的编码体系、射频识别系统及信息网络系统三个部分组成。EPC 系统构成如表 3-1 所示。

---

❶ EPCglobal 组织网站：http://www.epcglobal.org.cn，可获得更多 EPCglobal 标准信息。

❷ UID Center 组织网站：http://www.uidcenter.org，可获得更多 UID 标准信息。

❸ EPCglobal 将系统成员大体分为两类：终端成员和系统服务商。终端成员包括制造商、零售商、批发商、运输企业和政府组织。系统服务商是指那些给终端用户提供供应链物流服务的组织机构，包括软件和硬件厂商，系统集成商和培训机构等。

表 3-1 EPC 系统构成

系统构成	名称	注释
EPC 编码体系	EPC 代码	用来标识目标的特定代码
EPC 射频识别系统	EPC 标签	贴在物品之上或者内嵌在物品之中
	读写器	识读 EPC 标签
EPC 信息网络系统	EPC 中间件	EPC 系统的软件支持系统
	对象名称解析服务（Object Naming Service，ONS）	
	EPC 信息服务（EPC IS）	

② EPC 编码体系：EPC 编码体系是新一代的与 GTIN 兼容的编码标准，它是全球统一标识系统的延伸和拓展，是全球统一标识系统的重要组成部分，是 EPC 系统的核心与关键。EPC 代码是由标头、厂商识别代码、对象分类代码、序列号等数据字段组成的一组数字。EPC 编码结构如表 3-2 所示。

表 3-2 EPC 编码结构

项目	标头	厂商识别代码	对象分类代码	序列号
EPC-96	8	28	24	36

③ EPC 射频识别系统：EPC 射频识别系统是实现 EPC 代码自动采集的功能模块，主要由射频标签和射频读写器组成。射频标签是产品电子代码（EPC）的物理载体，附着于可跟踪的物品上，可全球流通并对其进行识别和读写。射频读写器与信息系统相连，是读取标签中的 EPC 代码并将其输入网络信息系统的设备。EPC 系统射频标签与射频读写器之间利用无线感应方式进行信息交换，具有非接触识别、可以识别快速移动物品、可同时识别多个物品等特点。EPC 射频识别系统为数据采集最大限度地降低了人工干预，实现了完全自动化，是物联网形成的重要组成部分。

④ EPC 信息网络系统：EPC 信息网络系统由本地网络和全球互联网组成，是实现信息管理、信息流通的功能模块。EPC 信息网络系统是在全球互联网的基础上，通过 EPC 中间件、对象名称解析服务（ONS）和 EPC 信息服务（EPC IS）来实现全球"实物互联"。

3.6.2.2 UID 物联网系统架构

日本在电子标签方面的发展，始于 20 世纪 80 年代中期的实时嵌入式系统 TRON，T-Engine 是其中核心的体系架构。在 T-Engine 论坛领导下，UID 中心设立在东京大学，于 2003 年 3 月成立，并得到日本政府经产省和总务省以及大企业的支持，目前包括微软、索尼、三菱、日立、日电、东芝、夏普、富士通、NTT、DoCoMo、KDDI、J-Phone、伊藤忠、大日本印刷、凸版印刷、理光等重量级企业。UID 中心建立的目的是建立和普及自动识别"物品"所需的基础技术，最终实现"计算无处不在"的理想环境。

（1）UID 物联网体系建立的目的

普适计算（Pervasive Computing 或 Ubiquitous Computing，也称泛在计算）是一种支持更好的生活方式的技术，该技术为生活空间中的不同实体（例如，墙壁、家具、地板，以及家用电子电器）提供计算能力，并且能够在这些实体上装备自动控制，从而使它们能够相互交换信息和协同操作。普适计算室内环境如图 3-11 所示。

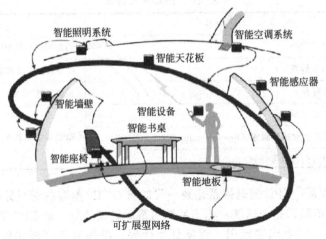

图 3-11 普适计算室内环境

此外,这项技术提供的计算能力支持更好的生活方式不仅在室内,而且还有室外对象,包括电线杆和招牌等设施,这些设施安装上自动控制器,能够进行相互信息交换和协同操作。普适计算室外环境如图 3-12 所示。

图 3-12 普适计算室外环境

为了实现这种无处不在的计算环境,重要的是要识别现实世界的环境,这就是所谓的环境认知。为了实现环境认知,必须识别现实世界中的各种对象、地点和概念,但是事前不可能列举所有在现实世界中的环境。

因此,由固定长度的整数作为唯一标识符,用来确定现实世界中的对象、空间和概念。同时提供一个框架,该框架能够将现实世界和它的环境映射成为一种可接收的数字化信息,这些信息展示了这些用唯一标识符确定的对象、空间和概念之间的联系。被标识的对象称为实体,标识实体的唯一标识符称为 UCODE(泛在编码)。总之,UCODE 模型是一种将现实世界环境表示为数字化信息的描述性模型。该模型将 UCODE 分配给单独的实体,并且使用 UCODE 之间的关系将现实世界和它的环境映射成为一种可以接收的数字化信息。UID 架构是一个为了实现 UCODE 模型而存在的系统体系结构。

UID 架构是一个通用的平台,该平台可以获得一个设备的状态并且控制设备,并通过使用 UCODE 标识提供信息和服务,这些标识作为触发器来确定现实世界中的实体。UID 是一种连接用实体表示的现实世界和用网络设备、信息服务表示的虚拟世界之间的基础设施。

(2) UID 体系架构的基本原则

① 标识一个实体。用 UCODE 标识现实世界中一个单独的实体，并且唯一标识。

② 假定网络环境。只将 UCODE 标识分配给不同的实体，已经分配 UCODE 标识的实体之间的信息通常存储在网络中的服务器上。通过分离来自信息管理中的实体标识，可以实现特定对象最新信息和相关对象信息的获取。

③ 提供一种安全机制。一个安全的广域分布式系统，能够确实考虑用户隐私的保护，它可以通过 eTRON 架构作为安全基础设施来建立。

④ 提供一个开放的平台。公开发布 UID 架构规范，使更多的企业可以应用此规范来构建无处不在的计算。

(3) UID 体系的基础技术

① UCODE 标签：存储泛在识别码的媒介。

② Ubiquitous Communicator（泛在通信器，简称 UC）：泛在通信器是用户终端设备，能够读取 UCODE 标签，向用户提供基于 UCODE 标签的各种服务。

③ UCODE 相关数据库（UCODE Relation Database）：该数据库管理着 UCODE 标签所标识的实体对象的相关信息，数据库可以工作在分布式环境中。

④ UCODE 信息服务（UCODE Information Server）：UCODE 信息服务管理着 UC 显示的信息以及提供给 UC 的所有数据服务。

基于 UID 架构的信息存取机制如图 3-13 所示。

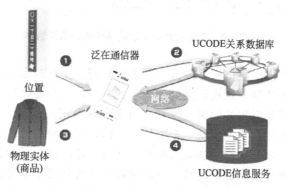

图 3-13 基于 UID 架构的信息存取机制

3.6.3 物联网情景感知技术及应用

3.6.3.1 情景感知定义

情景（Context）是被用来标识一个实体状态的所有信息。实体可以是一个人、一个地点或者用户与应用之间相关的对象，包括用户和应用本身（DEY，2000 年）。情景的概念，强调了以计算机为中心的计算模式正在向以用户为中心转变，应以人为本，以人为中心。对情景进行划分，可以划分为计算情景（Computing Context）、用户情景（User Context）、物理情景（Physical Context）、时间情景（Time Context）、社会情景（Social Context）。情景感知定义为：无论是用桌面计算机还是移动设备，普适计算环境中使用情景的所有应用。情景感知是获取情景信息并对其进行信息处理的操作。情景感知可以分为直接的显式感知和内部的蕴含感知，前者有位置信息、时间信息和设备环境信息等，后者有用户的特点、知识层次、行为习惯和喜好等。

例如,在旅游方面,应用了情景感知技术的导游助手可以根据游客的位置进行景点推荐、路线导游;在购物方面,可以根据顾客的位置进行商品推荐等。随着传感器技术的不断发展,传感器的种类不断丰富,获得的情景信息也随之丰富起来,情景感知处理的信息不再局限于用户的位置。

3.6.3.2 情景感知系统结构

在现有研究中,有两种常见的情景感知系统结构:直接访问传感器和基于中间件技术。对于物联网来说,随着规模的扩大及应用的增多,采用直接访问传感器的结构会造成感知系统的复杂化,限制了系统的灵活性及可扩展性。由于物联网使用的传感器数量巨大且种类繁多,同时传感器自身故障及网络传输问题导致信息空缺及噪声数据,多传感器协同感知不可避免会出现大量冗余和不确定信息,而基于中间件技术的情景感知系统结构,不能完全处理信息冗余和不确定性的问题。将以上两种架构结合起来,提出如图 3-14 所示的适合物联网环境的情景感知系统结构。

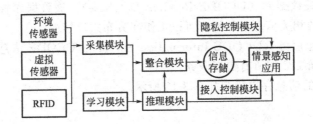

图 3-14 适合物联网环境的情景感知系统结构

采集模块,用来驱动底层传感器进行信息采集,同时实现对底层传感器的管理;整合模块,对采集模块获得的情景信息进行预处理,包括去冗余和冲突处理等;推理模块,由采集模块得到的数据集挖掘出隐藏的知识,推理出应用可理解的高层情景信息,识别当前情景,并由此决定提供什么服务;学习模块,根据用户反馈,优化推理模块和整合模块;接入控制模块,用于传感器、应用及用户等的接入控制;此外,还应该包括存储情景信息和注册信息的数据库,物联网中情景信息的瞬时性、关联性特征等使得情景信息存储管理有其固有的特点,如情景信息的时效性;隐私控制模块,必须给予使用者定义隐私策略的机会,根据定义的规则控制数据是否发送以及发送到哪里,做到合理的隐私保护。

3.6.3.3 情景感知处理流程

情景感知是利用环境中的情景信息辅助决策优化的一种计算模式,需要解决的问题主要是信息采集、信息建模和信息处理。

(1) 情景信息的采集

情景信息的获取可以分为用户主动输入和通过传感器采集等方式。情景感知的目标是通过普适的计算资源在用户较少参与或者根本不需要用户参与的情况下实现对用户的服务推荐。因此,情景感知系统需要用户个性化信息,如生活习惯、日程表等,来辅助系统做出正确的决策。此外,系统还需要通过部署在环境中的传感器和其他设备自动获取其他情景信息。

(2) 情景信息建模

物联网的特性之一是海量设备,不同的传感器采集到的信息不同,如位置、时间或者光强等，表示方式也千差万别。为了达到语义互操作的目的，需要对这些多源异构信息进行有效的表示、传输和存储。因此，需要为这些数据进行统一形式的描述，或者称为定义标准的数据格式及协议，以方便计算机处理情景信息。

（3）情景信息处理技术

物联网环境下信息采集为多传感器协同感知，需要解决的主要问题是信息的预处理。信息预处理面临的问题是数据关联，即建立某一传感器测量数据与其他传感器测量数据的关系，以确定它们是否是关于同一个目标的测量的处理过程。选择的结果不仅可以减少信息处理的计算量，还可以提高信息处理的精确度。因此，得到传感器的底层信息还需要将其转化为应用可理解的高层信息。发现隐藏的知识涉及数据挖掘技术，即通过存储预处理后的传感器数据得到有关物联网环境信息的海量数据，从中可以挖掘出有用的知识，能够处理不确定信息。

3.7 旅游电子商务的移动网络技术

3.7.1 移动网络技术

移动通信（Mobile communication）是移动体之间的通信，或移动体与固定体之间的通信。移动体可以是人，也可以是汽车、火车、轮船、收音机等在移动状态中的物体。移动通信系统由空间系统和地面系统两部分组成。其中，地面系统包括：①卫星移动无线电台和天线；②关口站、基站。

移动通信系统从 20 世纪 80 年代诞生以来，到 2020 年将大体经过 5 代的发展历程，而且到 2010 年，将从第 3 代过渡到第 4 代（4G）。到 4G，除蜂窝电话系统外，宽带无线接入系统、毫米波 LAN、智能传输系统（ITS）和同温层平台（HAPS）系统将投入使用。未来几代移动通信系统最明显的趋势是要求高数据速率、高机动性和无缝隙漫游。实现这些要求在技术上将面临更大的挑战。此外，系统性能（如蜂窝规模和传输速率）在很大程度上将取决于频率的高低。考虑到这些技术问题，有的系统将侧重提供高数据速率，有的系统将侧重增强机动性或扩大覆盖范围。

从用户角度看，可以使用的接入技术包括：蜂窝移动无线系统，如 3G；无绳系统，如 DECT；近距离通信系统，如蓝牙和 DECT 数据系统；无线局域网（WLAN）系统；固定无线接入或无线本地环系统；卫星系统；广播系统，如 DAB 和 DVB-T；ADSL 和 Cable Modem。移动通信的特点如下。

① 移动性。就是要保持物体在移动状态中的通信，因而它必须是无线通信，或无线通信与有线通信的结合。

② 电波传播条件复杂。因移动体可能在各种环境中运动，电磁波在传播时会产生反射、折射、绕射、多普勒效应等现象，产生多径干扰、信号传播延迟和展宽等效应。

③ 噪声和干扰严重。在城市环境中的汽车噪声、各种工业噪声，移动用户之间的互调干扰、邻道干扰、同频干扰等。

④ 系统和网络结构复杂。它是一个多用户通信系统和网络，必须使用户之间互不干扰，能协调一致地工作。此外，移动通信系统还应与市话网、卫星通信网、数据网等互连，整个网络结构是很复杂的。

⑤ 要求频带利用率高、设备性能好。

3.7.2 移动网络安全技术

移动商务可以实现在任何时间、任何地点以任何方式从事商务活动,在给人们带来交易方便的同时,也带来了很多安全隐患,移动技术的永远在线意味着永远恐慌。对于移动商务来说,与安全相关的问题有很多,但主要有以下四个方面:移动设备的物理安全、通信公司的安全、交易过程的安全、交易后的安全。解决以上问题的主要技术手段有 PKI 技术和无线传输层安全技术。

(1) 公共密钥基础设施 PKI

利用 PKI 可以有效地解决交易过程中的数据机密性、完整性、身份真实性认证和交易不可否认性,能够对交易过程留下足够的交易凭证,从而保证交易的事后可审查性。PKI 是有线电子商务中常用的安全技术,可以保障交易的安全性,但它也不是万能的,它仅能解决部分安全问题。

PKI 是一种遵循既定标准的密钥管理平台,它能够为所有网络应用提供加密和数字签名等密码服务及必需的密钥和证书管理体系。简单来说,PKI 就是利用公钥理论和技术建立的提供安全服务的基础设施。完整的 PKI 系统必须具有权威认证机构(CA)、数字证书库、密钥备份及恢复系统、证书作废系统、应用接口(API)等基本构成部分,构建 PKI 也将围绕着这五大系统来着手构建。PKI 技术是信息安全的核心,除此以外,PKI 还需要制定安全策略和相关法律来共同支撑 PKI 的运行,因为技术不能解决所有安全问题。PKI 的基础技术包括加密、数字签名、数据完整性机制、数字信封、双重数字签名等。PKI 最基础的技术是公开密钥加密技术,该技术主要的关键是对公钥和私钥信息的管理。对公钥信息进行集中管理和保护,目前常采用数字证书来进行。

(2) 无线传输层安全技术

使用 PKI 技术,要求设备拥有较强的计算能力,而由于移动设备本身的局限,为了节约空间和电源消耗,要使用有线网络的标准 PKI 证书是不现实的。因此,人们提出了无线传输层安全(Wireless Transport Layer Security,WTLS)的概念。同时,为了解决移动设备显示空间小的问题,采用无线应用协议(WAP❶),WTLS 嵌入在 WAP 协议中。但 WAP 协议在使用中,给无线设备的应用带来了一系列的安全问题。有线设备和无线设备,因其处理速度和存储容量的差异,使得两者对于密钥的生成、保存以及认证都存在差别。移动设备不能直接与 SSL 协议直接协作,在互联网中利用 SSL 协议传输的数据,必须通过 PKI 网关实现转换,翻译为 WTLS 协议,才能识别和处理。

由于传统有线网络中应用的 PKI 系统无法完全移植到无线网络上,所以无线 PKI 系统结构应在有线 PKI 系统的基础上进行修改后形成。无线 PKI 组件包括 RA(Registration Authority,注册机构)、CA(Certification Authority,认证机构)、EA(End Entity Application,最终申请者)、存放证书的目录、PKI 端口。无线 PKI 体系结构如图 3-15 所示。

传统的 PKI 系统基于 ASN.1 标准 12 处理请求,对移动设备来说,这些标准算法的计算量太大,因此无线 PKI 使用 WML 和 WML 脚本符号函数进行计算。在传统 PKI 领域,人们认为 1024 位的密码就足够安全了,在同样的安全性能下,无线 PKI 利用 ECC 技术 13 的 163 位密码就可以实现,降低了加解密的计算量。同时,无线 PKI 证书只选取了 X.509

---

❶ WAP 技术可以将 Internet 的大量信息及各种各样的业务引入移动电话、PALM 等无线终端之中,无论用户在何地、何时,只要需要信息,就可以打开 WAP 手机,查找网上信息或者网上资源。具体详情可以参考 WAP 论坛官方网站:www.openmobileall-iance.org。

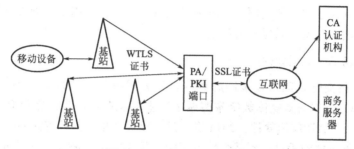

图 3-15　无线 PKI 体系结构

标准证书的一部分内容,并缩短了证书字段长度,从而有效节约移动设备存储容量。

(3) WAP 与 SIM 工具箱

GSM 网络利用 SIM STK 来支持通信服务、人机接口控制、菜单管理、应用程序空间和附件管理等功能。通过 STK 卡可以使用户使用通信公司提供的个性化菜单。目前,不同通信公司的 SIM 卡之间还没有较强的交互能力,但 STK 具有处理公用密钥的能力。

WAP1.2 定义了一种支持 WAP 识别模块(WIM)的方法,利用 WIM 可以对移动用户进行身份验证,与 WTLS 相结合,可以提供较强的身份验证功能。WIM 是一种具有抗破坏能力的计算机芯片,可以嵌入到 WAP 设备或智能卡中,许多移动设备都设有 WIM 卡插槽。WIM 卡可以存储一些关键的信息,如初始化网络连接和进行安全身份验证的私钥和公钥等信息。WIM 的应用取决于 WAP 功能移动设备的市场应用广度,虽然目前 STK 非常流行,但由于 WAP 提供了跨越不同类型网络的标准,基于 WAP 技术的 WIM 将会得到越来越多的应用。

3.7.3　移动网络技术在旅游电子商务的应用

3.7.3.1　云南智慧旅游云端系统

云南智慧旅游云端系统集智慧旅游云端查询平台、智慧旅游壹旅图平台、云南旅游微信公共服务平台为一体,能全方位、多终端为游客提供最便捷的旅游服务,这也意味着,今后,游客到云南旅游将拥有自己的专属电子导游,能随时随地轻松获取旅游信息。系统上线后,省内各大旅游景区、火车站、机场等游客集中区及四星以上宾馆及品牌购物店,将设置 300 台智慧旅游云端查询终端机。这台终端机操作起来非常简单,就像使用智能手机一样,只需点击触摸屏上的"必体验"、"品美食"、"伴手礼"、"玩什么"、"怎么走"等选项,就能容易地查到景区地图、线路攻略、初识印象、景点解说、特色推荐等信息,还能获得酒店客房、餐饮、娱乐等资讯。找不到终端机也不用担心,只要有手机,就能通过智慧旅游壹旅图平台,获得一个专属自己的随身电子导游。"壹旅图探索系列—背着手机玩云南"是为云南量身打造的首张壹旅图,其内容涵盖"了解云南 16 个州市"、"TOP 24 最美景区"、"带你走进云南 26 个民族"、"6 条线路玩转云南"、"行走云南必知秘籍"等十大板块。游客只需用手机扫描二维码,就能免费下载"壹旅游"客户端,之后对包含云南 23 个景点的"壹旅图"图标进行识别,就能获得关于这个景点的所有旅游信息,不仅有手绘地图"导航",还有文字和图片的描述,更有视频和音频对景点的介绍,通过"壹旅游"APP 还可在线使用和免费下载景区 APP。还可以微信关注"云南旅游"。游客购买景区门票将获赠一张"壹旅游随身导"微卡。根据微卡提示,微信关注"云南旅游"后,游客就能通过微信平台进入拥有"随身导"、"玩转云南"、"活动资讯"等栏目的智能平台。点击"随身导",就有景区列表、景区搜索、景区地图以及我周边的景区等项目栏弹出。根据景点列表选择发送任一微信代码，戴上耳机就能享受专属导游的解说。

3.7.3.2 智慧旅游 AR 应用软件

2013 年国际旅交会期间，盛策同辉数字科技公司举行的"智慧旅游 AR（Augmented Reality 增强实现）运用与新媒体数字旅游展示"主题发布会，为游客引介了一位能说各种外语的电子导游——AR 应用软件。2014 春节后，市民就能通过网络进行下载使用。游客只要将 AR 应用软件下载到手机，到某个地方旅游，只要拿手机镜头对着酒店、景点、景区等一扫描就能出现更多同类型的旅游信息供你选择。比如你想找一间价位适中的酒店，你要做的只是把手机镜头对着一家酒店，软件就会自动搜索周边同类型的更多酒店信息，提供给你选择，并且这些信息还会实时更新，十分方便。不仅如此，AR 应用软件还有翻译和文化历史重现两大功能。AR 应用软件的翻译功能，让旅游者无须再担心到国外旅游语言不通的问题。只要对着手机说中文，软件就能将这句中文翻译成不同国家的语言。如果游客到大理三塔寺旅游，只要将手机镜头对着三塔，手机屏幕上就会出现三塔 100 年前的样子，重现其历史文化。发布会上，围绕"智慧旅游"主题，线上，盛策同辉数字科技公司结合移动互联网创新技术，推出了智慧旅游 AR 应用软件；在线下，则针对于旅游景区、城市文化推广等方面发布了新媒体产品，新颖的体验形式，从综合标准化解决方案到定制解决方案，可将丰富的城市旅游资源、风景美图、商家信息、导航地图等内容生动的呈现于游客眼前，并服务于游客，便于景区管理。具体界面见图 3-16。

图 3-16 智慧旅游 AR 应用软件

3.7.3.3 移动客户关系管理

CRM 已经成为移动应用中最热门、增长速度最快的一个市场,许多已经认识到 CRM 的重要商业价值的企业正在寻求把无线技术应用于他们的客户管理。例如,Aberdeen 公司自 1998 年以来在 CRM 方面的投资已超过 300 亿美元;Siebel 等公司利用关键的 CRM 使得经济业绩成倍增长,获得了巨大的成功。由于所有的企业都想留住老客户,吸引新客户,因此,现代的商业模式越来越强调以客户为中心,并围绕客户来改进公司的商业模式。

由于移动客户关系管理(Mobile Customer Relationship Management,MCRM)具有极其重要的商业价值,也逐渐受到企业的关注和应用。MCRM 的商业模式就是客户利用 PDA 等无线移动设备通过无线网络访问公司敏感的产品、金融数据。利用 MCRM,销售人员有了更强的移动性,显然这将增强销售的优势,增加客户满意度,但同时也带来了一定的安全问题。避免出现 MCRM 应用中的安全问题的安全策略主要有三个方面。

① CRM 数据属于公司所有,对销售人员和客户访问数据的权限应该进行明确划分,限定访问数据方式,在销售人员和客户离开公司,应对其对应访问权限进行撤销,明确客户对于数据的保护职责。

② 采用安全的同步技术和工具实现公司统一的数据同步工作,不允许整个公司网络的数据同步。

③ 实行有效的开机保护标准,如开机身份验证、有限次的密码尝试,开机不会泄露用户个人信息等。

手机可以采用移动商务应用,如客户关怀、客户关系管理以及基于信息、广告、交易、支付的一个无线接入点。对 MCRM 应用来说,移动设备已经成为客户和公司进行全天候接触的一个重要接触点,由于移动设备的私有性,可以根据移动设备对用户的身份进行验证和确认。在旅游业,MCRM 已经得到很多公司的重视。例如,移动商务应用可以帮助消费者选择一条旅游线路。从 CRM 的角度看,移动商务之所以能够在旅游业得到广泛应用,就是因为很多旅游公司能够在旅游者结束旅游之后,继续与旅游者保持联系,只有那些能够实时发送游客现场观光体验的旅游公司才能吸引游客,使游客得到最大程度的满足。旅游行业的 MCRM 价值链如表 3-3 所示。

表 3-3 旅游行业的 MCRM 价值链

	旅游管理							
	旅游前	去机场	到达出发机场	在飞机上	到达目的机场	返回原出发地	旅游后	下一次旅游前
移动商务应用	市场开拓、客户预订、旅游日程安排、销售	把游客及行李运往机场、运输车辆、火车、出租车	检票、候机、安全检查、护照管理、游客购物、退税服务、登机	安全和建议、食物和饮料、娱乐休息、购物服务、通信档案	行李丢失、行李跟踪、运送游客、购物	把游客送到家或办公室或旅店	考核程序、保持与游客的联系、收集客户反馈的信息	下一次旅行,为下一步的市场开拓提供指导
用户界面	手持掌上型或袖珍型个人计算机	移动设备	机场休息厅(移动设备)	带靠背的显示屏	机场休息厅(移动设备)	移动设备	手持设备	手持设备

3.7.3.4 微信在旅游电子商务应用研究

传统的旅游电子商务主要通过旅游网站，为广大旅游者提供旅行资讯的查询，景点路线的介绍等服务，营销效率低下，服务相对单一。而新型的微信旅游服务则是在微信等微平台基础上，除了提供产品及服务之外，更加注重旅游服务的体验和效果反馈。O2O营销模式的成功应用，使得旅游者可以在线上下订单，然后通过线下去切身体验服务，其中最典型的应用即团购，旅行社团购业务往往利用其较低的价格优势，拓展市场空间、赢得游客认可。而O2O的最大优势在于线下产品和服务的进一步延伸，实现精准化营销。

随着人们消费水平的提高、生活水平的改善，单一的线上预订线下消费体验的这种旅行模式，已不能适应当下人们对旅游的需求。旅行应用 APP 的开发与应用，正是为了迎合这种发展趋势，即能够随时随地获取相关的旅行资讯，景点介绍等服务，从而最大程度地保持游客对该应用及旅行社的用户粘性和忠诚度。而微信公众平台，则是传统旅游移动应用的进一步升级和创新，用户无需下载相关应用即可完成各种服务的体验，在客户推广及营销方面具有较强的优势。现有的微信旅游公众平台应用主要包含资讯服务、语音解说、导航、预订、分享等方面。

本章案例

艺龙旅行网电子商务技术的应用

艺龙旅行网是中国领先的在线旅行服务提供商之一，通过网站、24 小时预订热线以及手机艺龙网三大平台，为消费者提供酒店、机票和度假等全方位的旅行产品预订服务。艺龙旅行网通过提供强大的地图搜索、酒店 360 度全景、国内外热点目的地指南和用户真实点评等在线服务，使用户可以在获取广泛信息的基础上做出最佳的旅行决定。

(1) 背景

1999 年 5 月艺龙于美国德拉华州成立，定位为城市生活资讯网站。

2000 年 4 月艺龙并购中国居领先地位的商务旅游服务公司百德勤及其电子商务网站，开始进军旅游服务行业。

2001 年 5 月艺龙完成了一千万美金的融资并从其母公司回购艺龙在中国大陆的全部业务，正式转型为在线旅行服务公司。

2004 年 7 月艺龙通过向 Expedia 出售 30％股权的方式而与其结成战略合作伙伴。

2004 年 10 月艺龙在美国纳斯达克上市。

2004 年 12 月 Expedia 宣布行使认股权证，将其在艺龙的股权增加到 52％。

2005 年 1 月 21 日 15：01，中国国际航空公司第一张 BSP 电子客票在艺龙诞生。

2005 年 4 月艺龙与雅虎、搜狐再次缔结战略联盟，为其用户提供全方位的在线旅行服务。

2005 年 6 月艺龙宣布计划收购国内领先的酒店分销公司新浪财富之旅，并与新浪签署 3 年战略合作协议。

2007 年 10 月，崔广福先生就任艺龙旅行网首席执行官。

2008 年 1 月，艺龙全面推行 7×24 小时服务，成为国内首家能够提供 24 小时服务的在线旅行服务公司。

2008年5月，艺龙推出代表中国在线旅游行业发展趋势的4G商业模式。

2008年6月，重建保护区，艺龙献上"国宝级爱心"。

2008年7月，艺龙跻身全国内部审计先进单位行列。艺龙作为北京市唯一一家非国有大中型企业荣获此殊荣，开辟了在线旅游行业的先河。

2008年8月，艺龙联手洛杉矶旅游局启动美国摄影大赛。

2008年9月，艺龙旅行网联手支付宝力做业内在线支付功能强者。

2008年9月，谷歌助力艺龙旅行网推动酒店预订进入"超便捷"时代。

2008年10月，艺龙荣获中国联络中心"奥斯卡"奖——"中国最佳联络中心"奖，艺龙成为在线旅行行业唯一获奖企业。

2008年11月艺龙成功推出酒店点评频道。

2009年5月艺龙荣获2009中国最佳呼叫中心奖项。该奖项由中国信息化推进联盟客户关系管理专业委员会和CCCS客户联络中心标准委员会共同评出。

2010年2月艺龙推出度假产品。

2010年4月艺龙推出古镇客栈酒店预订。

2010年5月艺龙推出手机艺龙网，提供手机预订服务。

(2) 市场定位

它将自身定位于更宽泛的城市生活网站，致力服务于中国主要城市中具有高消费能力的消费者与企业，并在这一市场内以全面的旅游中介和完善、高质量的服务实现差异化战略，领先于竞争对手，建立自身的竞争优势。对于合作模式，无论大中型星级酒店还是小型家庭旅馆或客栈，艺龙都愿意与之合作，并且提供了多种合作模式，让酒店操作更方便，费用更节省。可见艺龙旅行网的市场定位是很广的。

(3) 产品与服务

艺龙旅行网是通过网站、预订热线以及手机三大平台，向注册会员提供包括酒店预订、机票预订、度假预订、商旅管理、特惠商户以及旅游资讯在内的全方位旅行服务。用户还可以在网上获取广泛信息，做出最佳的旅行决定。定位可能不同，但你追我赶的竞争使得大家提供信息的方式、搜集信息的方式、联系合约商家和用户等都很相像。网站营销都是主要通过广告链接、搜索引擎注册、传统媒体广告及电子邮件。

艺龙一直致力于创新理念，开创出很多特色服务。如：针对年轻旅游群体，推出了差异化的"古镇十客栈"、青年旅社等旅游产品；与国际酒店集团洲际酒店成功实现全面的系统直连，业界首例；机票产品在国内率先推出7×24小时服务。艺龙发现商机及时，并不像携程网，当然携程网相对也更加注重优化升级自己原有的服务。艺龙旅行网是走差异化道路的，虽然它的人气相对低，但是它的定位让更多人认识到，其具有发展潜力。

(4) 支付方式和物流服务

餐厅、酒店预订是免费的，提交订单之后自动发送到客户手机，客户只要到酒店前台说出自己在艺龙网的预订信息，就可以按网上的价格在实地付款，安全方便。而飞机票购买，可以用直接出票、占座先不出票两种出票方式，信用卡、网上银行（中国建设银行、中国工商银行、中国农业银行、交通银行）、支付宝、财付通四种支付方式。包括保险，保险可以买多份，当然机票也可以买多份。送票方式有三种：出示身份证即可免票、到机场取票、5日内送票上门。

本章小结

本章主要对旅游电子商务中所用到的互联网技术、数据库技术、多媒体技术、虚拟现实技术、电子支付技术、物联网技术以及移动商务技术进行了简要介绍,并对以上技术在旅游活动中的应用进行了分析,在此基础上阐述了信息技术在旅游电子商务活动中所创造的经济价值。以上内容的介绍,仅仅是对应用于现代旅游业中大量信息技术的一瞥,主要关注了旅游电子商务中信息流、资金流、物流、客户体验、商务安全等方面的技术内容,使我们能够从技术原理、功能和应用三个角度去审视一项技术所能创造的经济价值,这对于旅游企业的管理者在开展旅游电子商务计划时,具有非常重要的现实意义。

复习思考题

1. 简述互联网接入方式有哪些。
2. 简述网络数据库的选择原则及其主要的数据备份方式。
3. 简述虚拟现实的含义及其特征。
4. GIS、GPS 的含义及其特征。
5. 简述多媒体技术的含义及其主要组成技术。
6. 简述基于 SSL 协议的信用卡支付流程。
7. 简述基于网络金融的电子支付方式。
8. 简述物联网概念及其关键技术。
9. 简述物联网情景感知技术及应用。
10. 简述移动商务的概念及其主要应用。

讨论题

1. 互联网具有哪些商业价值?并举例说明。
2. 一家小型旅行社想要接入互联网,如何选择接入方式?考虑的因素主要有哪些?
3. 选择两款主流的数据库软件,比较这两款数据库产品的优势和劣势,并给出比较结果。
4. 与基于 SET 协议的信用卡支付方式相比,为什么基于 SSL 协议的信用卡支付方式更受到用户的欢迎?请分析。
5. 物联网两大体系 EPC 和 UID 有何不同?
6. 移动网络技术在未来如何应用于旅游行业?请阐述你的设想。

网络实践题

1. 访问全景客有限公司网站(网址:http://www.quanjingke.com/),同时访问石林风景区景点漫游(网址:http://www.quanjingke.com/dest/scenic_shilinfengjingqu),描述虚拟现实技术给你带来的旅游新体验。

2. 访问淘宝网（www.taobao.com），参加淘宝新手学堂（http：//www.taobao.com/help/buy_step1_01.html? spm=1.1000386.220662.10.KwWAJ4），模拟网上购物，操作信用卡支付流程和第三方支付流程，比较两者的区别。

3. 利用自己的手机，分别通过 GPRS 和 WLAN 方式连接进入互联网，并访问百度网站（http：//map.baidu.com/）；和同学利用手机蓝牙功能构建蓝牙网络，相互交换电话名片。

4. 访问百度网站，下载百度手机地图（http：//wuxian.baidu.com/map/），安装地图软件到自己的手机上，操作百度地图定位自己目前的位置，找到离自己最近的旅游景点，规划从当前位置到达购物商店的行车路线。

旅游电子商务网站建设与管理

学前导读

旅游电子商务网站的建设与管理直接关系到旅游电子商务是否能够顺利实施,旅游电子商务要通过旅游电子商务网站来落实,建立用户与旅游商的沟通平台。本章主要介绍了如何对旅游电子商务进行规划,旅游电子商务的设计与开发原则。同时,为了保证旅游电子商务的正常运转,介绍了电子商务网站的测试维护。

学习目标

- 了解旅游电子商务网站
- 掌握旅游电子商务的规划
- 理解旅游电子商务的设计与开发
- 掌握旅游电子商务网站的测试与维护

4.1 旅游电子商务网站概述

网站是互联网的表现平台，而制作这个平台的过程就是网站建设。网站建设是应用各种网络设计技术，为企事业单位、维护人员和个人在国际互联网上建立自己的站点并发布信息。当前，绝大多数旅游网站建设的目的是为旅游企业对外设立一个开放的窗口，将旅行社可以提供的旅游线路、旅游报价、旅游咨询等所有需要对外传播的信息全面展示在世界面前，以期得到外界的反馈和咨询，同时赢得更广泛的客户资源。也有的企业除了提供信息展示、查询，还开展了网络订购业务，提供相对丰富的功能。旅游企业涉足电子商务，一定希望通过建立电子商务网站展示自身形象、发布产品信息、把握市场动态，为企业提供新平台、新天地，进而可以通过电子商务开拓新的市场，以较少的投入获得极大的收益和利润。这就需要明确旅游电子商务网站建设的目标、要求和期望，根据企业的需要对网站进行规划和设计。

旅游电子商务网站是指利用先进的计算机网络及通信技术和电子商务的基础环境，整合旅游企业的内部和外部的资源，扩大旅游信息的传播和推广，实现旅游产品的在线发布和销售，为旅游者与旅游企业之间提供一个知识共享，增进交流与交互平台的网络化运营模式。

4.1.1 旅游电子商务网站的特性及交易类型

旅游电子商务网站特征：首先，产品和价格信息最受关注，居民出游前最希望获取的信息主要是旅游核心产品及价格信息，包括旅游目的地与旅游线路、景区、住宿与交通价格的信息，包括食住行游购娱等旅游关联产业的信息和服务质量情况；其次，游客的散客化趋势进一步明晰，居民出游前希望通过参加旅行社或自己组织团队的形式较多，通过单位组织出游的比例相对较低；第三，互联网已成为当前绝大部分居民出游前了解相关信息的最主要渠道，亲朋好友对旅游目的地的评价也是居民出游的重要信息渠道。

4.1.1.1 旅游电子商务网站的特性

旅游电子商务网站的特性：①聚合性；②有形性（网络多媒体给旅游产品提供另外身临其境的展示机会，使无形的旅游产品慢慢变得有形起来）；③服务性；④便捷性；⑤优惠性；⑥个性化。

旅游电子商务网站市场效用：①开拓出新的网上市场流通渠道；②创造出新的产品销售平台与方法；③降低了旅游企业的各种经营成本；④扩大了规模经济性与范围经济性。

随着电子商务的发展，已经有越来越多的传统电子商务网站开辟了旅游这一功能，例如淘宝就有旅游同业者特约商家，而旅游类电子商务网站也逐步向多元化发展，已经不再是单一的订购门票和旅游线路，旅游类网站逐渐开始走向出行一站式服务的路线。相信不久的将来，旅游类电子商务网站将为人们的出行、住宿、旅游等提供一系列完善且实惠的服务。

旅游电子商务按照不同的标准，有多种分类方法。这里介绍按照旅游电子商务的交易类型和按照实现旅游电子商务使用的终端类型两种标准的分类。

4.1.1.2 交易形式类型

（1）B2B 交易形式

在旅游电子商务中，B2B 交易形式主要包括以下四种情况。

① 旅游企业之间的产品代理，如旅行社代订机票与饭店客房，旅游代理商代售旅游批发商组织的旅游线路产品。

② 组团社之间相互拼团，也就是当两家或多家组团旅行社经营同一条旅游线路，并且出团时间相近，而每家旅行社只拉到为数较少的客人。这时，旅行社征得游客同意后可将客源合并，交给其中一家旅行社操作，以实现规模运作的成本降低。

③ 旅游地接社批量订购当地旅游饭店客房、景区门票。

④ 客源地组团社与目的地地接社之间的委托、支付关系等。

旅游业是一个由众多子行业构成、需要各子行业协调配合的综合性产业，食、宿、行、游、购、娱各类旅游企业之间存在复杂的代理、交易、合作关系，旅游B2B电子商务有很大的发展空间。

旅游企业间的电子商务又分为两种形式。

一是非特定企业间的电子商务，它是在开放的网络中对每笔交易寻找最佳的合作伙伴。一些专业旅游网站的同业交易平台就提供了各类旅游企业之间查询、报价、询价直至交易的虚拟市场空间。

二是特定企业之间的电子商务，它是在过去一直有交易关系或者今后一定要继续进行交易的旅游企业之间，为了共同经济利益，共同进行设计、开发或全面进行市场和存量管理的信息网络，企业与交易伙伴间建立信息数据共享、信息交换和单证传输。如航空公司的计算机预订系统（CRS）就是一个旅游业内的机票分销系统，它连接航空公司与机票代理商（如航空售票处、旅行社、旅游饭店等）。机票代理商的服务器与航空公司的服务器是在线实时连接在一起的，当机票的优惠和折扣信息有变化时会实时地反映到代理商的数据库中。机票代理商每售出一张机票，航空维护人员数据库中的机票存量就会发生变化。B2B电子商务的实现大大提高了旅游企业间的信息共享和对接运作效率，提高了整个旅游业的运作效率。

(2) B2E 交易模式

B2E（Business to Enterprise）中的E，指旅游企业与之有频繁业务联系，或为之提供商务旅行管理服务的非旅游类企业、机构、机关。大型企业经常需要处理大量的公务出差、会议展览、奖励旅游事务。他们常会选择和专业的旅行社合作，由旅行社提供专业的商务旅行预算和旅行方案咨询，开展商务旅行全程代理，从而节省时间和财务的成本。另一些企业则与特定机票代理商、旅游饭店保持比较固定的业务关系，由此享受优惠价格。

旅游B2E电子商务较先进的解决方案是企业商务旅行管理系统（Travel Management System，TMS）。它是一种安装在企业客户端的具有网络功能的应用软件系统，通过网络与旅行社电子商务系统相连。在客户端，企业差旅负责人可将企业特殊的出差政策、出差时间和目的地、结算方式、服务要求等输入TMS，系统将这些要求传送到旅行社，旅行社通过电脑自动匹配或人工操作为企业客户设计最优的出差行程方案，并为企业预定机票及酒店，并将预定结果反馈给企业客户。通过TMS与旅行社建立长期业务关系的企业客户能享受到旅行社提供的便利服务和众多优惠，节省差旅成本。同时，TMS还提供统计报表功能。用户企业的管理人员可以通过系统实时获得出差人员全面详细的出差费用报告，并可进行相应的财务分析，从而有效的控制成本，加强管理。

(3) B2C 交易模式

B2C旅游电子商务交易模式，也就是电子旅游零售。交易时，旅游散客先通过网络获取旅游目的地信息，然后在网上自主设计旅游活动日程表，预定旅游饭店客房、车船机票等，或报名参加旅行团。对旅游业这样一个旅客地域高度分散的行业来说，旅游B2C电子商务方便旅游者远程搜寻、预定旅游产品，克服距离带来的信息不对称。通过旅游电子商务网站订房、订票，是当今世界应用最为广泛的电子商务形式之一。另外，旅游B2C电子商务还包括旅游企业对旅游者拍卖旅游产品，由旅游电子商务网站提供中介服务等。

（4）C2B 交易模式

C2B 交易模式是由旅游者提出需求，然后由企业通过竞争满足旅游者的需求，或者是由旅游者通过网络接成群体与旅游企业讨价还价。

旅游 C2B 电子商务主要通过电子中间商（专业旅游网站、门户网站旅游频道）进行。这类电子中间商提供一个虚拟开放的网上中介市场，提供一个信息交互的平台。上网的旅游者可以直接发布需求信息，旅游企业查询后双方通过交流自愿达成交易。

旅游 C2B 电子商务主要有两种形式。第一种形式是反向拍卖，是竞价拍卖的反向过程。由旅游者提供一个价格范围，求购某一旅游服务产品，由旅游企业出价，出价可以是公开的或是隐蔽的，旅游者将选择认为质价合适的旅游产品成交。这种形式，对于旅游企业来说吸引力不是很大，因为单个旅游者预订量较小。第二种形式是网上成团，即旅游者提出他设计的旅游线路，并在网上发布，吸引其他相同兴趣的旅游者。通过网络信息平台，愿意按同一条线路出行的旅游者汇聚到一定数量，这时，他们再请旅行社安排行程，或直接预定饭店客房等旅游产品，可增加与旅游企业议价和得到优惠的能力。

旅游 C2B 电子商务利用了信息技术带来的信息沟通面广和成本低廉的特点，特别是网上成团的运作模式，使传统条件下难以兼得的个性旅游需求满足与规模化组团降低成本有了很好的结合点。旅游 C2B 电子商务是一种需求方主导型的交易模式，它体现了旅游者在市场交易中的主体地位，对帮助旅游企业更加准确和及时地了解客户的需求，对实现旅游业向产品丰富和个性满足的方向发展起到了促进作用。

4.1.1.3 信息终端类型

旅游电子商务的网络信息系统中必须具备一些有交互功能的信息终端，同时接受用户向电子商务体系反馈的信息。按信息终端形式划分的旅游电子商务包括网站电子商务（W-Commerce）、语音电子商务（V-Commerce）、移动电子商务（Mobile-Commerce）和多媒体电子商务（Multimedia-Commerce）。

（1）网站电子商务

用户通过与网络相连的个人电脑访问网站实现电子商务，是目前最通用的一种形式。Internet 是一个全球性媒体。我国旅游网站的建设最早可以追溯到 1996 年。经过几年的摸索和积累，国内已经有相当一批具有一定资讯服务实力的旅游网站，这些网站可以提供比较全面的、涉及旅游中食、住、行、游、购、娱等方面的网上资讯服务。按照不同的侧重点可以分为以下六种类型。

① 由旅游产品（服务）的直接供应商所建。如北京昆仑饭店、上海青年会宾馆、上海龙柏饭店等所建的网站就属于此类型。

② 由旅游中介服务提供商所建，又叫做在线预订服务代理商所建。大致又可分为两类，一类由传统的旅行社所建，如云南丽江南方之旅、休闲中华分别由丽江南方旅行社有限责任维护人员和广东省口岸旅行社推出；另一类是综合性旅游网站，如携程旅行网、中国旅游资讯网等，它们一般有风险投资背景，将以其良好的个性服务和强大的交互功能抢占网上旅游市场份额。

③ 地方性旅游网站。如金陵旅游专线、广西华光旅游网等，它们以本地风光或本地旅游商务为主要内容。

④ 政府背景类网站。如航空信息中心下属的以机票预订为主要服务内容的信天游网站，它依托于 GDS（Global Distribution System）。

⑤ 旅游信息网站。它们为消费者提供大量丰富的、专业性旅游信息资源，有时也提供

少量的旅游预订中介服务。如中华旅游报价、网上旅游等。

⑥ 在 ICP 门户网站中，几乎所有的网站都不同程度地涉及了旅游内容，如新浪网生活空间的旅游频道、搜狐和网易的旅游栏目、中华网的旅游网站等，显示出网上旅游的巨大生命力和市场空间。

从服务功能看，旅游网站的服务功能可以概括为以下三类。

① 游信息的汇集、传播、检索和导航。这些信息内容一般都涉及景点、饭店、交通旅游线路等方面的介绍；旅游常识、旅游注意事项、旅游新闻、货币兑换、旅游目的地天气、环境、人文等信息以及旅游观感等；

② 旅游产品（服务）的在线销售。网站提供旅游及其相关的产品（服务）的各种优惠、折扣，航空、饭店、游船、汽车租赁服务的检索和预定等。

③ 个性化定制服务。从网上订车票、预订酒店、查阅电子地图到完全依靠网站的指导在陌生的环境中观光、购物。这种以自订行程、自助价格为主要特征的网络旅游在不久的将来会成为国人旅游的主导方式。那么能否提供个性化定制服务已成为旅游网站，特别是在线预定服务网站必备的功能。

(2) 语音电子商务

所谓的语音电子商务，是指人们可以利用声音识别和语音合成软件，通过任何固定或移动电话来获取信息和进行交易。这种方式速度快，而且还能使电话用户享受 Internet 的低廉费用服务。对于旅游企业或服务网站而言，语音电子商务将使电话中心实现自动化，降低成本，改善客户服务。

语音商务的一种模式是由企业建立单一的应用程序和数据库，用以作为现有的交互式语音应答系统的延伸，这种应用程序和数据库可以通过网站传送至浏览器，传送到采用无线应用协议（WAP）的小屏幕装置，也可以利用声音识别及合成技术，由语音来传送。语音商务的另一种模式是利用 Voice XML 进行网上冲浪。Voice XML 是一种新的把网页转变成语音的技术协议，该协议目前正由美国电话电报、IBM、朗讯公司进行构思。专家断言："虽然语音技术尚未完全准备好，但它将是下一次革命的内容。"

(3) 移动电子商务

移动电子商务，是指利用移动通信网和 Internet 的有机结合来进行的一种电子商务活动。网站电子商务以个人电脑为主要界面，是"有线的电子商务"；而移动电子商务，则是通过手机、PDA（个人数字助理）这些可以装在口袋里的终端来完成商务活动的，其功能将集金融交易、安全服务、购物、招投标、拍卖、娱乐和信息等多种服务功能于一体。随着移动通信、数据通信和 Internet 技术的发展，三者的融合也越来越紧密。旅游者是流动的，移动电子商务在旅游业中将会有广泛的应用。

(4) 多媒体电子商务

多媒体电子商务一般由网络中心、呼叫处理中心、营运中心和多媒体终端组成，它将遍布全城的多媒体终端通过高速数据通道与网络信息中心和呼叫处理中心相接，通过具备声音、图像、文字功能的电子触摸屏计算机、票据打印机、POS 机、电话机以及网络通信模块等，向范围广泛的用户群提供动态、24 小时不间断的多种商业和公众信息，可以通过 POS 机实现基于现有金融网络的电子交易，可以提供交易后票据打印工作，还可以接自动售货机、大型广告显示屏等。

为旅游服务的多媒体电子商务，一般在火车站、飞机场、饭店大厅、大型商场（购物中心）重要的景区景点、旅游咨询中心等场所配置多媒体触摸屏电脑系统，根据不同场合咨询对象的需求来组织和定制应用系统。它以多媒体的信息方式，通过采用图像与声音等简单而人性化的界面，生动地向旅游者提供范围广泛的旅游公共信息和商业信息，包括城市旅游景区介绍、旅游设施和服务查询、电子地图、交通查询、天气预报等。有些多媒体电子商务终端还具有出售机票、车票、门票的功能，旅游者可通过信用卡、储值卡、IC 卡、借记卡等进行支付，得到打印输出的票据。

4.1.2 旅游电子商务网站建设的基本问题

在旅游电子商务网站的建设中，必须考虑并明确几个基本的问题，包括网站建设的目的、网站的功能定位以及网站策划、域名选择等一般性问题。

（1）旅游电子商务网站建设的目的

旅游电子商务网站应该结合旅游企业的营运目的，并真正能为该网站的使用者服务。一般来说，建设网站大致需要达到以下四个目的。

① 树立企业形象。通过网站，宣传企业的文化理念，介绍企业的产品和服务所具有特点和市场定位，提供行业发展最新信息等。让浏览者了解企业的规模、结构、产品、理念、经营宗旨、经营目标、远景规划、发展趋势，通过文字资料、图片等资料使企业更真实、更具有说服力地展现在客户面前。尽可能让客户对企业有更全面、更细致的了解。增强企业的竞争力和知名度，最大限度地展示企业的形象，以便加强企业的行业影响力。

② 增强客户服务。企业通过企业网站，一方面，建立统一的客户资料发送和接收系统，增强客户资料的安全性、稳定性、及时性，维护客户的利益；另一方面，以快捷、方便的方式提供企业及其产品的信息和客户所需的服务，提高服务质量。同时，运用先进的传播扩展手段，拉近了企业与客户的距离，增强了与客户的关系。

③ 实现网络营销。好的旅游电子商务网站不仅可以宣传企业的形象，还能够帮助企业实现网络营销。网站可以缩短旅游企业推出新产品和打开新市场的周期，最大限度地满足客户需求，以达到开拓市场、增加盈利的目的。旅游企业将自己的产品信息及经销商信息发布在网站上，客户根据情况可申请加入该企业的销售网，也可直接通过网站预订系统向企业预订；企业收到预订信息后对其进行确认，然后为客户提供资料。

④ 建立信息数据库。信息数据库对内主要是旅游产品信息，旅游企业将销售的旅游产品在网站进行宣传介绍，并按照旅游产品结构进行分类，以利于客户查阅购买，进行对信息的保存、搜索、查看、再利用等；对外主要是客户信息，用于收集和管理客户的相关信息，便于对客户的推荐和跟进，让客户尽可能多地了解企业性质和业务特征，以促进企业的营销活动。

（2）网站建设的一般性问题

① 网站的策划。一个实用、有价值的网站应该具有一定的功能，是网络技术与企业的实际情况相结合的产物。网站的建设过程，实际上是企业的营销过程，因此需要专业的策划。网站设计者要了解企业的各种需求，包括了解企业的市场状况、竞争状态、营销渠道、方式及方法等，与互联网技术相结合，把适合网上操作的过程移到网上进行。因此，企业网站的建设需要一个完整的策划，它包括市场分析、可行性分析、目标群体分析、网站的主要栏目设置、网站的主要功能、网站的整体结构等。

② 网站空间的选择。网站建设需要有自己的空间，即选择合适的服务器。空间的大小是由企业的规模、网站的功能来决定的。一般来讲，实力雄厚的大型旅游企业，出于自身庞大的数据库和安全的考虑，首选独立架设服务器；中型企业可选择服务器托管服务，节省管理、维护服务器的成本；小型企业可与人共同分享虚拟主机，即空间租赁。

③ 域名的选择。选择一个与企业名称和形象相符的域名，是企业进行网络营销的前提。

由于域名具有唯一性，一旦注册成功，其他任何机构都无法注册相同的域名。因此，域名是企业重要的网络商标，在网络营销中起到企业标志的作用。在选择域名时，要考虑到域名与企业的名称、标志相统一。好的域名首先应具有简洁性，避免过长的字符导致记忆的困难。此外，域名还应该考虑到互联网的国际性，兼顾国际用户。一个好的域名，决定了企业网络品牌形象能否成功树立。

(3) 旅游电子商务网站功能定位

① 地区性：成为中国旅游门户性网站。

② 权威性：通过与各行业协会的合作，成为行业权威性网站。

③ 范围：集成新闻发布管理、网站内容管理、酒店预订管理、旅游线路系统线路管理、会议预订管理、机票预订、留言簿管理、广告发布管理、自助友情链接、天气预报、注册（代理）会员、旅游论坛、订单管理等多套系统。

④ 风格：根据定位的主题，网站风格或大众化，或特殊性。由于主题的特殊性，网站设计风格应结合网民的浏览习惯，功能上以大众化方式进行操作，页面设计上应当在具备大众化的同时，加以特色设计，让网站与一般网站不同，刺激网民的感官。

4.1.3 旅游电子商务网站建设的设计要素

网站建设的风格和结构直接影响网站使用者的感受，进而关系网站今后的用户数量和网站的推广。因此，在进行网站设计的时候，要注意相关要素的设计和安排。

4.1.3.1 基本要素的设计

(1) 美观大方且兼具合理性、系统性、逻辑性的网页

首先应充分考虑网页的美观度；其次可运用多媒体技术，在网页中加入 Flash、3D 片头动画、三维实景演示及 MP3、AVI 等音视频播放下载，加强旅游信息展示的直观性。此外，应处理好首页打开速度与网页美观度之间的矛盾，如可将图片以较小尺寸在首页上显示，通过点击放大浏览原图。

(2) 网页结构设计必须注重科学性

在首页上设置网站信息的总目录，尽可能将主题内容放在首页，减少游客点击进入下层网页查阅的次数。首页上的内容应定期更换，以提供最新最快的旅游资讯，更换的内容可放入下层网页。

在开放的网络中，国内旅游电子商务网站所面对的也是全球旅游市场，来自世界各地的游客都可能成为旅游电子商务网站的浏览者和客户。目前，我国大多数旅游电子商务网站只有中文简体一种语言版本，无法满足全球不同地域游客的需要，应根据我国现有的主要国际客源市场，增设其他语言的网页版本，如中文繁体、英文、日文、韩文、法文、德文等，以满足不同语种和区域游客的需要。此外，还可根据需要，单独开设面向不同国家、不同民族的外语板块，有针对性地提供相关信息。

(3) 设置各种类型的交互性栏目

互动设施的建设也是旅游网站必不可少的。有实力的大型旅游电子商务网站，可以提供完整的社区服务，如语音聊天室、BBS 论坛、留言板、个人免费邮箱、用户意见调查表等。中小型旅游电子商务网站若不能建设完整社区，也应选择一些功能（如 BBS 论坛）进行设置。旅游电子商务网站的论坛可以根据旅游业的特点，在论坛中分设旅游法律法规、旅游交通、旅游餐饮、旅游商品、景区景点、旅游住宿、旅游常识、游记等各类主题板块，让游客在相应讨论区发表意见或咨询相关问题，吸引游客踊跃参与讨论。

(4) 设置旅游网站的管理系统、安全防护系统及其他设施

由于旅游信息尤其是旅游商务信息变动较快，旅游网站内容的更新也应是较为频繁的，因此应设置可利用浏览器进行网站管理的管理系统。由于目前网络操作系统和不少应用软件存在一些漏洞和不够完善之处，而旅游管理业务尤其是旅游电子商务对网络的依赖程度越来越高，网站数据的稳定、安全和在线交易中客户资料的保密都要求网络管理者高度重视网络安全与防护。为尽量完善旅游网站的功能，还应该在网站中安插一些辅助设施，如网站全文检索、网站地图等。此外，为使网站的独家旅游信息或图片、音视频等资料不被别人盗用，网站版权的说明也是不能忽略的。

4.1.3.2 不同类型旅游网站的特殊构建要素

(1) 专业旅游网站的设计要素

对于专业旅游网站，提供交通、食宿及旅游产品等的查询、预订是最主要的功能。目前，专业旅游网站大多能提供机票及酒店宾馆的查询预订服务。在网站的客房预订中加入客房的最新销售情况和促销折扣情况，预订功能会更加完善。火车票和出租车的预订是当前专业旅游网站预订功能中的薄弱环节。专业旅游网站若能与铁路运输部门联合，开通火车票的网上预订服务，可以给游客提供更加优质、方便的服务。同时，自驾旅游的预订服务、出租车的预订服务必然会受游客欢迎。此外，提供酒店、机票、出租车、门票等的组合预订服务以及门票或导游的预订服务也是目前专业旅游网站设计不足的地方。

鉴于网上用户中包含不同层次收入者，因此专业旅游网站提供的产品服务应该是多层次、全方位的。商务旅游近年来在我国发展较快，但针对商务旅游的特别服务在专业旅游网站中却极其少见，开辟商务旅游的专项服务也是值得专业旅游网站考虑的重要问题。

(2) 政府旅游网站的设计要素

政府旅游网站应侧重于充分提供政策性服务信息，包括并不限于：旅游法律法规，旅游政策文件；旅游业规划、计划；旅游外事信息；旅游新闻及政府的相关通知公告；旅游审计、监察；旅游科学研究；年度旅游统计数据以及旅游黄金周数据统计；旅游行业相关信息；涉及食、住、行、游、娱、购的相关旅游企业信息。

(3) 旅游目的地网站的设计要素

旅游目的地网站应将旅游目的地的详细信息提供给游客，同时进行旅游目的地旅游促销，因此以下 12 个构成要素是必不可少的。

① 在网站的首页，应设置能简明而生动地反映目的地形象或文化内涵的网站标志。
② 对旅游目的地的简要文字描述。
③ 旅游目的地的地理、地形、气候及着衣等注意事项的说明。
④ 旅游目的地的照片、图像。
⑤ 网站地图或内部链接的列表。
⑥ 旅游目的地浏览日程的安排建议。
⑦ 旅游目的地文化风俗及当地重大活动的介绍。
⑧ 根据目的地的主要境外客源市场提供不同语言版本。
⑨ 可供联系的电子邮件地址。
⑩ 网站的访问人数统计。
⑪ 网站最后更新日期。
⑫ 在线调查或在线注册的功能。

还有一些功能也是不容忽视的，如根据一年四季旅游目的地景观的变化及淡旺季的交

替,对旅游目的地网站发布的信息进行调整的功能;设置自动安排旅游行程的智能数据库,使游客只需填入出发地、目的地、旅游天数和费用等信息,就自动生成旅游行程安排表;利用计算机网络通信、多媒体数据库、虚拟现实技术、地理信息系统等现代信息化技术,开发设计旅游景区虚拟漫游展示系统,全方位、多层次地展示和介绍旅游目的地的自然和人文景观,以满足游客远程网上虚拟旅游的要求。此外,还应提供以旅游目的地为背景和内容的精美图片、壁纸、精品游记的电子书、Flash、屏保、视频等的免费下载服务。

4.2 旅游电子商务网站的规划

4.2.1 旅游电子商务网站的需求分析

旅游电子商务网站的需求分析可以分为三个阶段:第一阶段是系统调查阶段;第二阶段是网站的功能描述阶段;第三个阶段是评审阶段。

(1) 系统调查阶段

系统调查由一些有经验的网站开发人员来完成,主要调查旅游企业的概况、旅游网站的目标、旅游网站的风格要求、企业人员的素质、现行旅游信息管理系统的设备和软件系统使用情况、新网站开发具有的条件及存在的问题。

(2) 网站的功能描述阶段

系统调查结束后,结合本企业的特点和系统调查的结果,确定旅游电子商务网站的功能。首先确定构建旅游电子商务网站的类型,如构建基本型旅游电子商务网站或专业旅游电子商务网站。选型确定后,再分析具体的网站应具有的功能。以基本型旅游电子商务网站为例,旅游电子商务网站需要具备旅游企业的宣传、旅游产品的介绍、在线旅游产品订购、网络客户服务、用户的注册登录、用户信息统计、合作伙伴之间链接等功能。得到主要网站功能后,再将功能逐步细化,形成最终的网站功能清单。

(3) 评审阶段

将前两个阶段得到的结果写成文档交由专家或主要负责人进行审核,对前面工作的正确性、完整性和清晰性进行评价。需求分析是系统设计的第一步,也是最重要的一步。在做需求分析时不要怕耽误时间,一定要深入、细致,多次研究、反复探讨以明确要设计的旅游电子商务网站的真实要求。在需求分析完成以后,分析整理形成最终的需求分析报告,指导后面的旅游电子商务网站的设计和开发工作。

根据规划的结果首先要对旅游电子商务网站进行定位,确定旅游电子商务网站的类型,并就其可行性进行分析。

4.2.2 旅游电子商务网站的定位及可行性分析

网站定位就是在目标客户的心目中为旅游企业和旅游产品及服务创建特色,赋予一定的形象,以满足和适应客户一定的需求与偏好。成功的定位往往奠定了成功的基础。网络的出现虽然拉近了游客和旅游企业的距离,为双方提供了一个媒介。但是,旅游企业在提供具体的旅游产品、服务以及营销之前,首先要对旅游产品在市场上处于何种位置、市场中竞争对手的状况、产品的市场份额,以及目标客户的心理进行全面的了解和分析,掌握市场动向,做到知己知彼、百战不殆。网站定位分析的内容主要包括以下三个方面。

4.2.2.1 确定目标客户群

网络中有众多用户,但是不可能每一个人都成为旅游企业的消费者,旅游电子商务网站也不可能达到使每一个在线旅游用户满意。在这样的情况下，需要确定企业最有价值的客户群，设定他们为网站的目标客户群，了解他们的需求，规划与设计符合目标客户群的专业旅游电子商务网站，为他们提供所需的旅游产品或服务，满足他们兴趣与爱好，吸引他们对网站的注意力。

对网上目标客户进行分析，不仅要找到其表面的、内在的、具有可塑性的各种需求，而且要挖掘出客户在需求信息方面的各种要求，如信息来源、信息数量、信息内容、信息记录和表达形式、信息浏览和检索习惯、信息链接的层次、信息结构与功能、信息传递与反馈等。在网络中，点击率就能决定企业利润，对目标客户的定位准确就会直接决定网站的使用率和使用者满意度，进而增加点击率，提高企业利润。

4.2.2.2 竞争对手的调查与分析

在进行企业定位时还需掌握竞争对手的相关情况，这是进行旅游电子商务网站规划设计不可缺少的内容。竞争对手的旅游产品和经营管理方式、营销策略都会对企业经营管理、旅游产品和服务造成直接的影响。特别是在网络上，先入为主是非常重要的规律。

(1) 首先要确认网上的竞争对手

在现实生活中，行业和行业之间的界限是很明显的，并且往往存在行业准入门槛，要想实现跨行业经营是十分困难的。但是在网络中却不同，除了现实中的竞争对手在网络中可能继续成为竞争对手，其他行业的企业也可以成为竞争对手。因为在网络中，行业的界限越来越模糊，而且在网络中行业的准入门槛也几乎不存在，这就导致很多旅游企业可以经营多种类型的产品。由此，在如此复杂和模糊的情况下，如何寻找真正的竞争对手十分重要。

寻找网上竞争对手的方法主要有三种：一是直接将原来竞争对手的企业名称或主导产品名称作为主要域名进行模糊查找；二是利用搜索引擎从分类或关键词入手进行查找；三是利用行业协会网站的链接进行查找。

(2) 了解竞争对手旅游电子商务的战略和所开展的主要网上业务

通过进入竞争对手的网站浏览网站信息，通过网络查找竞争对手的资料，并通过行业网站了解竞争对手的相关信息，将收集的信息进行整理分析，确定其旅游电子商务网站的定位、旅游电子商务活动策略及企业主要开展的网上业务。

(3) 了解竞争对手网站的设计构架与运行效果

通过查看对手的用户数量统计、网站的更新速度、网站的设计风格和业务流程分析、网站硬件的升级速度等方面的信息，确定竞争对手的旅游电子商务网站的运行效果，并以此为借鉴，设计建设自己的旅游电子商务网站。

4.2.2.3 网站的可行性分析

在实现网站的设计之前，还需要对规划的网站进行可行性分析。可行性是指在当前组织内外部条件下，信息系统的研制工作是否已经具备必要的资源及其他条件。网站实施的可行性分析包括技术可行性分析、经济可行性分析和人力资源可行性分析三大部分。

(1) 技术可行性分析

对于旅游电子商务网站来说，其构建和运行需要多种计算机技术的支撑与配合，包括通信技术、数据存储技术、产品识别技术等。

① WWW 技术。这是超媒体文档传输体系，主要应用在互联网上，用于信息发布、信息浏览、查询和信息处理。WWW 技术的存在实现了无差异文档传输，方便了网络中的信息交互和电子化交易，现在的大多数网站都采用 WWW 技术进行文档的传输和管理。网站也配置了 WWW 服务器。

② 条形码及射频技术。这两种技术主要用于商品的识别和判定，也可以作为用户身份识别的手段。这两类技术对于电子商务物流是非常重要的，也可以实现网络用户对在线购买旅游产品实时跟踪的要求。

③ 电子邮件与 OICQ 技术。这是现在最流行的普通消费者、企业员工及合作伙伴之间的沟通方式，通过视频、语音输入可实现长距离的面对面交流。对大型传输文档可以通过附件的方式发送给对方，使销售和协作更加快捷方便。

④ 数据仓库和数据挖掘技术。在旅游电子商务中，数据仓库和数据挖掘技术主要用于各种大量繁杂数据信息的存储与分析，并提高数据处理的效率，降低企业信息成本；协助旅游企业发现旅游交易中存在的问题，寻找未展现出的未来竞争机会，为企业旅游战略决策提供服务。

⑤ 动态网页技术。在企业旅游网站中，动态网页技术是必不可少的，企业旅游产品的宣传、对旅游者的服务、网上预订、旅游目的地促销等方面都离不开动态网页的制作。而且，动态网页还能吸引网民的注意力，创造更多的销售机会。

上述是实现网站的常用技术类型。在对每一类技术进行选择时，还应考虑到和原有技术的衔接问题。旅游网站的建设是旅游业实现信息化改造的一部分，当网站建设成功后，会替代原有企业信息系统的一部分。因此，在设计上要注意新旧系统的衔接，特别是原有技术衔接。如果技术之间的兼容性好，就可以减少系统更新过程中的混乱和操作者的不适应。反之，就可能会造成恶劣的结果。此外，对于技术的选择还要有利于旅游网站功能的实现，在网站的设计编写时，技术人员往往根据自己熟悉的技术对网站进行操作，采用的技术可能不适合旅游网站最终实现的功能，这时要及时阻止设计人员的行为，采用适合旅游网站功能的技术。

(2) 经济可行性分析

经济可行性分析主要是对旅游网站开发的资金投入和网站将会获得的效益进行分析。现在建设网站方式有很多种，如自己投资进行建设、租用硬件提供商的服务器建设、由服务商进行建设并管理等。不同的建造方式，价格差距很大，效果也会有明显的不同。旅游企业应根据自己的实际情况、拟达到的目标综合考虑网站的投资及回报的问题。

在这里，以旅游企业出资建造自己的电子商务网站为例进行分析。企业对网站的投资主要包括硬件设备和软件系统的购买成本，开发成本，培训成本，网站投入使用后的管理成本、维护成本，网站技术和设备的升级成本等几个部分。企业网站建成以后，可以提高信息处理的速度，降低管理成本，降低库存数量，加大企业之间的合作，提高客户的服务水平。从达到的目标看，对得到的收益多数是不能直接用货币进行衡量的，因此，在收益和投资方面要进行正确的分析。

一个功能完备的旅游电子商务网站投资较大，特别是后期的系统维护、网站更新、宣传成本都需要一定的资金支持，而且在网站带来企业管理水平的提高、对客户服务水平的提高等方面也不是马上就都见效的，需要一定的时间周期，对此，在投资过程中也应充分考虑。但是，不能因此就判断长时期看不到回报是比较正常的事情。如果旅游电子商务网站的规划方案没有明确的盈利时间表，或投资回报的周期太长，这样的方案也是不成功的。

(3) 人力资源可行性分析

旅游电子商务网站创建需要技术人员，投入使用后需要网站的维护和管理人员，网站的内容更新需要信息提供人员，而日常的网站使用也需要使用者有一定的知识和技能。创建人员可以由专业企业的人员担任，日常管理和维护人员也可以专门聘用，但是网站的内容更新则需要旅游企业信息部门的人员处理；网站的使用者主要是企业员工，如果员工的素质不足以从事日常工作的话，那么再好的商务网站也只是一个装饰品，根本起不到应有的作用。因此，在进行网站规划时要对企业的人力资源进行调查，并使企业管理模式与网络管理相适应，这样才能发挥网站的真正效用。网站规模不同，需要的组成人员也不同，大的网站可能有几十人，小的网站可能只有一个人。一个大型网站的技术人员构成如图 4-1 所示。

网站建设和维护人员构成
- 页面设计师
- 网络维护工程师
- 数据库管理工程师
- 网站编辑
- 网络程序员
- 项目开发工程师
- 系统管理工程师
- 应用管理工程师
- 网络协调工程师
- 录入员

图 4-1　旅游网站建设和维护人员构成图

网站建设需要多种技术人才，除上述人员外，传统媒体（报纸、广播、电视）工作人员和各方面的管理人员也是网站需要的人才。

完成可行性分析后，要形成可行性分析报告，用以指导网站的建设及后续工作。当决策层决定投资建设旅游电子商务网站以后，网站的实施工作正式开始。一方面，需要组织硬件设备的建设、软件系统的操作；另一方面，还需要进行网络资源的准备。网站最终要放在网络上，成为互联网的一部分，因此，需要注册域名，找到合适的互联网服务提供商（ISP）。

4.2.3　域名及 ISP 选择

在旅游电子商务网站的建设过程中，要注意域名及 ISP 的选择。旅游企业域名是旅游电子商务网站的一个重要标志，取一个好的域名，能为企业赢得更多的客户，获得更多的经济利益。一个合适的 ISP，能够为网站今后的日常使用和长久发展提供良好的基础保障。

（1）域名的选择

旅游企业的市场定位是起域名的依据。若市场定位面向国内，则采用汉语拼音或组合数字的方式较为适宜。英文域名适合国外市场，但是国内市场可能会受到影响。两者如何权衡，要看经营者的决策。当然，也可以注册两个或多个域名，一个面对国内，另一个面对国外，这样可以同时兼顾。

在给旅游企业选择域名时需要注意以下几点。

① 域名应尽可能与企业的名字完全一致。

② 域名应该朗朗上口且让人过目不忘。尽量能让人们看到域名就能够想到企业。

③ 域名不要太长，避免写错或者记错，否则，这对企业网站的访问量是十分不利的。

④ 域名中不要出现怪字符，这些字符也不利于记忆和使用。

一个好的域名应该经过多次的论证，不要随心所欲。域名将对旅游网站的成功与否产生深远的影响。

（2）ISP 选择

ISP 的成功选择会给企业旅游电子商务网站的日常使用和长久发展奠定坚实的基础。域名注册成功之后，下一步要选择一个合适的 ISP。ISP 是互联网服务提供商的简称，是指专门从事互联网接入服务、相关技术支持及咨询服务的维护人员或企业,是众多企业和个人用户进入互联网空间的驿站和桥梁。ISP 服务商通过自己拥有的服务器和专门的线路 24h 不间断地与互联网连接。当企业需要进入互联网时,只要先通过网络设备与 ISP 端的服务器连接好,然后就可以与世界各地连接在互联网上的计算机进行数据交换。

由于规模和实力的不同,各个 ISP 提供的服务也是有区别的。目前在国内,提供增值服务的 ISP 也可以分为以接入为主的 IAP(接入服务提供商)和以信息资源服务为主的 ICP(信息服务提供商)两大类。

企业的旅游电子商务网站必须通过 ISP 接入网络,而且需要通过 ISP 完成网站的诸多功能。选择一个好的 ISP 会直接决定旅游电子商务网站的成功与否。在选择时需要考虑以下几个问题。

① 提供完善的系统化服务。

② 能够直接或间接提供强大而稳定的电信上网服务。硬件线路的通畅是网站实现的现实基础,在选择 ISP 时要考虑其硬件接口。如果不能提供良好的硬件通路,那么不能选用这样的 ISP。

③ 具备权威机构授权的域名代理机构,如 CNNIC 授权的 ISP,能够提供在网上 24h 为企业注册网上商标——域名,并形成多年的延续性服务。

④ 能够根据企业的需要,量身打造网上维护人员,提供虚拟主机服务,提供性能价格比合理的网站空间、网站电子信箱服务、域名自动指向等一体化服务,并提供多项免费服务和网页制作等。

⑤ 能够为企业提供网上商务的后台支持解决方案。好的 ISP 在软件系统的设计、维护和技术支持方面的实力应非常雄厚,其应该具有强大的专业技术人员队伍,能够对旅游电子商务网站进行日常的维护和管理,并能进行技术升级和网站的可扩展性操作。

⑥ 能够为企业提供有效且超值的网站宣传服务台。企业在选择 ISP 时,还应注意它在同业内的声望和地位。一个好的 ISP 可以给企业提供网上营销,并与强大的搜索引擎和知名网站相连,拥有庞大的网民群体。这样,对于企业的宣传是非常重要的。

4.3 旅游电子商务网站的设计与开发

在网络中,信息的处理过程与采用的技术有很大关系。只有采用适当的技术,才能实现企业电子商务网站的目标。本节就数据库技术、视频技术、电子邮件技术等网站必备的技术进行简单的介绍。

4.3.1 Web 数据库技术

强大的旅游电子商务网站,由以下多个系统构成:企业信息管理系统,包括旅游信息的汇集、传播、检索和导航;旅游产品信息管理系统和在线服务系统,包括网站提供旅游产品(服务)及相关产品(服务)的各种优惠、折扣,航空、饭店、游船、汽车租赁服务的检索和预订等;营销管理系统,包括从网上预订车票、预订酒店、查阅电子地图,到完全依靠网站的指导在陌生的环境中观光、购物。另外,它还包括定制支付系统、客户管理系统、合同管理系统以及网站管理系统几个模块。每一个模块都要有大量的信息进行交互,数据库是旅游电子商务网站非常重要的一个组成部分。传统的层次数据库、网状数据库、关系数据库已经不能适应网络市场的需求。

4.3.2 视频信息服务平台开发

互联网本身就是一个巨大的多媒体数据库,包含了丰富的视频信息,它们给网络增添了色彩,也给人们提供了更多的信息。在旅游电子商务网站中,适量的视频信息有利于用户了解网站内容。视频信息使网站的可看性更高,内容介绍更加全面。然而,互联网上传统的视频需要先完成所有的内容传输、处理后才能够使用,因此,采用这些信息使网站的浏览速度、下载速度都非常慢,反而影响了用户对网站的访问。对于旅游电子商务网站来说,需要利用新的技术构建新的视频信息服务平台。

4.3.2.1 流媒体及其特点

(1) 流媒体

20世纪90年代,在互联网中开始利用流媒体技术处理视频信息。流媒体包含两种含义:广义上是指使音频和视频形成稳定、连续的传输流和回放流的一系列技术、方法和协议的总称,通常称为流媒体系统;狭义上是指与传统的下载—回放(Download-Playback)方式相对的一种媒体格式,能从互联网上获取连续的多媒体流,用户可以边接收边播放,延时大大缩短的一种技术。

流媒体是一种可以使音频、视频和其他多媒体在互联网上以实时、无须下载等待的方式进行播放的技术。流媒体传输方式是将动画、视音频等多媒体文件经过特殊的压缩方式分成一个个压缩包,由视频服务器向用户计算机连续、实时地传送,用户需经过几秒或几十秒的启动延时后,在用户计算机上对压缩的流媒体文件进行解压,就可以播放和观看,流媒体文件的剩余部分将在后台的服务器内继续下载。

(2) 流媒体的特点

流媒体传输方式的特点是启动延时缩短,对系统缓存容量的需求低,并且已经形成了世界统一的通信传输标准协议。

流媒体的优点有以下几个方面。

① 与文本相比,流媒体允许交互使用,使用户可以学会以最佳的方式展示信息。研究表明,学习同一个课题,用户每秒从一个精心制作的流媒体中吸收的信息量要比阅读文字大很多。

② 全球性和通用性。流媒体具有全球性通用视频标准,不需要和广播、电视一样从PAL向NTSC转换,流媒体接收器可以实现全球漫游。

③ 点播收看。流媒体能够在白天或夜晚任何时间提供以往制作的节目,因而可以实现用户的点播收看。

④ 交互性。在创作较好的流媒体中,观众可以通过快进、超文本链接等功能设置来进一步搜索信息,用户掌握着叙述顺序、速度以及信息的详细度等。

⑤ 立即可测量的反应。通过反向信道载体传送的流媒体内容,可以立即对每个用户的流点击进行分析,不仅用户可以许可广告商推销产品,广告商也可立即了解广告的投资回报。

4.3.2.2 视频信息服务平台的构建

旅游企业利用流媒体技术构建视频信息服务平台可以节省空间,加快浏览速度,实现实时点播等,这些都有利于旅游企业的宣传和服务。

视频信息服务平台的构建对于企业来说,需要专业的技术人员进行管理维护,同时,对网站的服务器处理速度和容量也提出了要求。在构建视频信息服务平台时,还需要注意以下几个方面的问题。

① 视频信息的服务适合于保留时间相对较长的信息，对于时时交互的内容，不需要进行视频信息服务。

② 视频信息平台应该包括以下功能模块：企业的宣传模块、产品的宣传模块和客户售后服务模块。

③ 在展示视频信息的同时，还应该用文字信息进行解释性描述，这样可以更清晰地介绍所要展示的内容。同时，对于那些不支持视频浏览器的用户来说，也可以通过别的渠道了解相关内容。

④ 视频在网站中的比例不宜太多，否则，不仅容易使人忽略网站的其他功能，还会直接降低网站的浏览速度。

虽然视频信息服务平台对于旅游电子商务网站是必要的组成部分，但是也要根据企业和网站的实际情况量力而行。

4.3.3 Web-mail 信息服务平台

传统的电子邮件为用户提供基础服务，在使用过程中，其缺点日益显现，已经不能满足企业网站的需求。Web-mail 信息服务平台应运而生，由于其便于操作，能够节约成本而被企业广泛使用。

4.3.3.1 传统电子邮件系统的局限性

电子邮件系统对于一个企业来说是非常重要的。通过邮件系统，企业内部可以进行公文流转、协同。企业利用邮件系统完成下发日常管理文件、提交报表、安排生产计划等工作，还可以与用户进行交流，如售前咨询（将新产品的宣传材料发给消费者）、售中服务（在销售的过程中指导销售活动的进行，帮助消费者了解产品和资金支付体系等）、售后服务（在销售完成后可以定期对消费者进行追踪服务、给产品升级等）。电子邮件系统也是一种非常好的企业营销渠道，如新产品的市场调研、宣传，企业的活动通知，产品定价宣传等。当然，用户也可以通过 E-mail 直接完成订货服务。E-mail 是互联网提供的基础性服务。然而，传统电子邮件在使用过程中的缺点也日益暴露出来。

首先，传统电子邮件系统采用普通邮件系统（如 Sendmail），该系统不能支持大容量用户，对于企业网站来说，多个部门要同时收发电子邮件，传统电子邮件系统不能满足要求。其次，普通邮件系统不具有高可用性，存在多处单点故障的可能性，无法提供一年 365 天、一天 24 小时的不间断服务；普通邮件系统的可管理性差，不能提供基于浏览器的管理方式，用户收取邮件必须从服务器上下载。这样做会增加受病毒侵害的概率，也降低了收发邮件的速度。现在，大多数企业多采用 Web-mail 信息服务平台收发邮件。

4.3.3.2 Web-mail 信息服务平台的特点

(1) 节约企业成本

Web-mail 信息服务平台的维护、管理、升级可以由 ISP 服务提供商负责，为企业节约了大量管理费用，减少了维护服务人员。

(2) 提供邮件系统方案

ISP 服务提供商可以为企业提供更好的信息服务平台解决方案，更加专业化、标准化。

(3) 便于操作

Web-mail 信息服务平台的操作简便，用户界面良好，适合没有专业基础的普通员工使用，可以进行大范围的推广，并减少了专业人员的管理。

4.3.3.3 Web-mail 技术

Web-mail 是指基于 Web 的信息服务平台，Web-mail 不需要进行 SMTP（邮件接收服务器）、POP3（邮件发送服务器）、IMAP 服务器的设置，即使是以前没有接触过 E-mail 的用户，也可以通过访问 Web 的方式得到和使用完整的邮件服务，Web-mail 给用户构造了一个相对独立的空间。Web-mail 信息服务的典型结构如图 4-2 所示。从图 4-2 中可以看出，Web-mail 是以普通的邮件服务器作为后台，利用 SMTP、IMAP 等标准的协议接口与之通信，而通过 Web 服务器向用户提供一套在普通浏览器中使用的邮件操作界面。它的界面直观、友好，免除了用户使用 E-mail 时需要配置客户软件的不便，深受大多数用户的青睐。Web-mail 给用户构造了一个相对独立的空间。

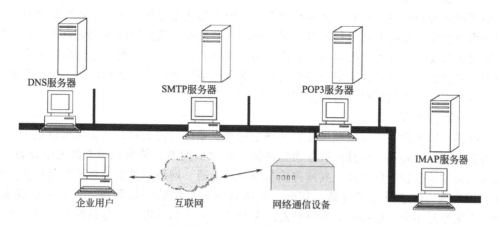

图 4-2 Web-mail 信息服务平台

Web-mail 技术是 Web 技术与电子邮件技术的结合，并且可以利用高级语言设计出个性化的邮件服务体系。

利用 Web-mail 的设置，可以解决企业特别是中、小企业的电子邮件的保密性的问题。

Web-mail 信息服务平台包括三大部分。

① 邮件系统的收发功能模块。它是基本的处理模块，具有邮件的接收与发送，邮件分类，邮件的删除、复制和移动这些基本功能。

② 用户需求信息收发模块。这个模块可以实现信息定制接收。由于用户不同，需求也会不相同。利用这个模块可以根据用户的需求进行定制。

③ 用户邮件信息管理模块。实现邮件用户信息管理，包括用户的账号、密码和特殊设定信息。

4.3.4 组建 ISP 信息服务平台

旅游电子商务网站建成以后，网站就会成为企业最重要的信息交流平面。旅游电子商务网站不仅是旅游企业进行销售、客户关系管理、物流信息交互的窗口，也是旅游企业收集外部信息、掌握市场动态、了解国家政府相关政策的通道。因此，应该在电子商务网站上组建 ISP 信息服务平台。ISP 信息服务平台应该包括以下几个模块。

（1）全文信息检索体系

旅游电子商务网站中的检索系统主要是对网站内提供的信息进行检索。用户可以在查询条件编辑框中输入关键字或词语进行信息检索。

完整的信息检索功能还应包括模糊检索、特殊条件检索、数据分类等，通过不同方式，可以对已存在的数据从不同的角度进行查询，这对企业商务数据开发利用是有好处的。

(2) 信息发布系统

信息发布系统采用 B/S 与 C/S 两种模式相结合，对旅游的各种发布信息进行管理。旅游企业每天都会根据实际情况更新一些信息，如旅游动态、旅游新闻、行业管理动态、产品在线信息等。这些内容的更新频率比较高，同时，它们也是旅游企业的重要日常管理信息。利用信息发布系统对经常更新的内容进行管理，将它们输入到数据库中，控制对它们的访问级别、发布时间、审查机制等。这样，就可以有效地管理这些信息，即有利于客户了解，又可以节省大量的人力和物力。

(3) 专家库的建立

对于普通用户来说，具有专业旅游知识人士的推荐比企业的广告"轰炸"更有意义。在网络中设立在线专家咨询系统帮助客户解决旅游产品选择、旅游纠纷等问题，不仅可以获得更多网络人气支持，还可以把更多的旅游产品介绍给消费者，是一件一举两得的事情。企业的专家库需要经常更新，并应请一些知名的专家在网络中进行现场咨询，由工作人员对现场内容进行实时记录，然后存储到数据库中。

(4) 网络信息服务系统

好的客户服务就是在用户利用任何一种方式与企业进行沟通时，企业都可以给用户以满意的答复。呼叫中心利用计算机服务器把电话、邮件、网络、传真机等多种通信设备互联，利用人工和计算机智能回复系统共同完成与用户的沟通。网络信息服务系统是其重要的组成部分，当然也是信息服务平台的一部分，包括计算机网络的呼叫服务、E-mail 咨询服务、在线咨询服务等多个功能模块。网络信息服务系统建立专门的客户服务数据库，以用户咨询的问题作为搜索条件对数据进行检索，并予以及时的答复。

(5) 安全验证系统

由于网站的内容对企业是非常重要的，因此，需要保证网站的信息安全。信息服务平台是企业与消费者交流的重要"场所"，所以要设立安全验证系统减少恶意用户对网站的破坏。

① 建立用户登录系统进行登录延迟处理。通过延迟处理可以防止恶意尝试平台用户密码（字典式猜测密码方式攻击），在用户登录时进行登录延迟、暂时禁止用户等操作。如果用户在登录过程中连续登录失败，则在下次登录前，系统自动延时若干秒。若连续几回登录失败，则暂时禁止该用户登录。如果超过一定的数量限制，就永久禁止该用户的使用。

② 在与消费者沟通的会话管理中采用安全设计。要求消费者验证登录信息，数据库内的数据信息不要存放在客户端，保证服务平台用户客户端不会泄露信息。

③ 限制非授权用户对信息服务平台的访问。通过设定 WWW 系统页面的有效期，保证非授权用户无法在服务平台客户端通过缓存来访问已经访问过的页面。

④ SSL 管理[1]。使用 SSL 可以对通信（包括 E-mail）内容进行高强度的加密，以防止黑客监听用户的通信内容或盗窃用户密码。当已经注册的用户进入页面后，在信息传输时采用 SSL 管理，可以保证数据在传输时的安全性。

(6) 信息服务管理系统

信息服务管理系统是对信息服务平台的日常管理和维护功能的集成，包括后台数据库系

---

[1] SSL 是 Security Socket Layer 的缩写，技术上称为安全套接字，可以简称为加密通信协议。

统的更新、统一的日志监测系统、信息传输管理、用户信息管理等。

① 后台数据库的更新是网站日常管理的重要工作。网站在使用的过程中会有新数据不断出现，对旧数据的清理和对新数据的插入是数据库的维护工作，还要保证数据的真实可用，这是信息服务平台的重要管理功能。

② 日志监测系统对每天企业网站的所有操作进行统一的记录。通过查询日志监测系统可以对网站每天的运行情况、用户的登录情况、用户在网络中的活动情况进行统计。统计数据可以使管理者更加清楚地了解网站的运转情况和使用情况，以便进一步管理和改进。

③ 信息传输管理是对网站的出入信息检查和统计。这便于企业的管理者了解网站信息的使用情况、员工的工作情况、消费者对网站提供信息的满意程度，还可以对有问题的信息进行监控，减少网站遭受攻击的可能性，降低内部员工泄露企业重要信息的发生率，保证企业商务网站的安全。

④ 用户信息管理主要对注册、登录用户的个人信息进行管理。具体包括账号、密码、个人用户信息、用户统计等内容。对于用户信息的管理既保证了网站的安全，还能保证用户在网站上得到个性化的服务。

信息服务管理系统为信息服务平台的正常使用创造了条件。对于一个企业来说，组建信息服务平台管理系统对于提高企业影响、保护网站安全、更好地为客户服务是非常重要的。

4.4 旅游电子商务网站的建设

网站是企业电子商务应用的重要组成部分，是企业的网络门户。网站是企业提供产品及服务信息的窗口，也是开展电子商务的基础设施和信息活动平台。应该将企业电子商务网站打造成企业对外宣传和进行信息共享与交流的窗口，应建立与拓展企业与企业、企业与客户相互联系的新型渠道，创建为企业增加利润来源的商务活动应用平台。

4.4.1 旅游网站设计的基本内容

网站是企业的网络门户，是开展电子商务的阵地，是向消费者提供产品与服务信息的窗口，网站建设如同企业的品牌建设一样重要。网站设计是关键，主要包括以下内容。

(1) 明确建站目标，了解用户需求

电子商务网站需要实现的一个目标是增加贸易机会，促进贸易效率，提高经济效益，使企业获得长期竞争优势。在企业网站建设之初，必须明确建站目标，了解设立网站的实际需求，根据需要量身定制企业网站；掌握消费者对企业网站的期望与需求，综合分析市场的状况、同业竞争对手的情况，切实可行地制定网站实施细则。

(2) 确定网站总体设计方案，主题鲜明

在明确建站目标以后，开始着手网站的创意构思，也就是制定网站的总体设计方案。总体设计方案是对网站的整体风格和特色的定位，也是对网站规划的组织结构调整。网站的用户来自多个层面，既有机构，也有消费者个人。网站要有满足用户的个性化与定制化需求的柔性能力。企业网站的页面应简单明了、画面优美，只有这样，才能办出主题明确、特色鲜明的商业网站。网站主页的基本成分主要包括首页抬头、企业信息、联系信息、版权信息等。

在网站页面的链接过程中，应注意利用网站已有的信息，如客户手册、公共关系文档、技术手册等，通过页面内容的链接，可以轻而易举地将这些信息扩散到企业 Web 站点的其他地方。

(3) 网站的版式设计

网页设计是一种视觉表现艺术，讲究文字内容和图片内容的编排和布局，应充分利用和借鉴平面设计的创作方法。版式设计主要通过文字图形的空间组合，展现一种和谐与美。为了使视觉效果表现最佳，应注意整体布局的合理性，使网页浏览者有视觉快感体验。

(4) 网页的色彩设计

色彩是艺术表现的要素，网页设计中的色彩搭配要以和谐、均衡、重点突出为原则。将不同的色彩按照一定的原则进行组合，通过渐近、羽化和拼接等手法实现色彩组合搭配，形成一幅幅美轮美奂的网页。通常，应根据网站页面的总体风格定出一两种页面主色调。如果有企业形象识别系统（CIS），应该按照 CIS 的颜色识别系统要求运用色彩。

(5) 网页形式与内容的统一

网页的设计要保持内容和形式的统一，注意将含义丰富的内容和多样化的表现形式有机地结合，组成统一的页面结构。语言描述的形式必须符合页面内容的具体要求。要善于运用对比与调和、对称与平衡、节奏与韵律、留白等表现手法与技巧，综合运用空间、文字、图片相互关联的页面表现手法，以达到页面整体表现效果的均衡，产生一种错落有致的和谐美。

(6) 三维空间与虚拟现实的运用

网上的三维空间是一个假想的视觉空间，这种空间关系需借助动静变化、图像的比例关系等空间表现要素产生一种视觉效果。页面中的图片、文字位置前后叠加，或者页面位置变化所产生的视觉效果带来的空间感各不相同。随着网页制作方法的推陈出新，人们不再满足于利用 HTML 语言编制的二维 Web 页面的单一表达方式，通过 VRML 虚拟现实建模语言构造三维空间的视觉效果的页面受到人们的普遍欢迎。

(7) 多媒体功能的利用

网页的内容可用二维动画、Flash 等多种形式加以表现，唯一需要注意的是，浏览用户由于其自身网络带宽的限制，不能使多媒体网页的效果得到充分的体现。这就需要网站设计者在设计制作网页时，使系统能够实时检测用户的使用带宽，应设计适合用户宽带流量的页面形式。例如，新浪网站的新闻主页既提供多媒体网页，也提供纯文字网页，选择哪种页面形式浏览由访问者根据网速情况自行决定。

(8) 网站测试和改进

网站测试事实上是模拟网络用户访问已经建好的网站，并通过使用网站提供的各种功能与服务测试网站是否达到设计要求的过程。网站测试有三种：单元测试、系统测试和验收测试。通过网站测试，可以发现网站存在的问题和不足，并针对问题提出改进意见。网站测试不仅要有实施人员参加，还要邀请网站企业、消费者和系统开发人员等不同类型的用户参与到这个环节并提出宝贵意见。

(9) 内容更新与沟通

企业网站建好以后，面临的问题就是运营。一个网站能否成功地运作，既要看它的整体规划的意图能否实现，又要关注它能否不断更新内容。为了树立企业的网络品牌，必须重视网上的形象宣传，应该设立一些内容配合这个整体目标的实现。例如提供"用户园地"、"自动应答系统"（FAQ）、"在线技术咨询"等直接面对最终用户的服务，做到有问必答、有求必应。同时，企业也可以将网络作为获取市场需求的第一手资料的新途径，用户利用电子邮件、BBS、论坛等新型商务沟通工具，就像在传统方式下用电话、传真沟通一样方便，而且可以做到无人值守、自动应答与回复，这个网络信息更新与沟通的形式是实现客户营销战略的主要手段。

(10) 恰当地运用新技术

网页制作的技术日新月异，企业网站要以商务应用为本，网站表现和技术应用都是以实现这个目标为宗旨。不应当将网站演变成网页制作技术的展示窗口和新技术应用的试验田。应该时刻牢记，网站所用的一切技术都应该是先进成熟的，以满足客户服务需要为宗旨。方便客户快速地获取商务信息并实现商务逻辑应用是第一位的。

4.4.2 网页设计与制作方法

4.4.2.1 网页设计制作思路

网页设计制作是一个设计与实现的过程。网页成功与否，重点在于网页的构思与创意，当全新的创意与丰富的内容有机结合时，网页便焕发出勃勃生机。网页设计制作一般需要以下几个步骤。

(1) 网页的选题

在网页制作之前，首先要确定网页的内容以及网页表现的目的。

(2) 网页的组织结构

在网页表现主题确定以后，接着就要进行网页的组织结构设计。网页的组织结构设计也就是网站的总体结构设计，是直接关系到网站能否成功的关键步骤。在设计过程中要着眼全局，对内容了如指掌，做到布局安排合理、胸有成竹。

(3) 资料的收集与整理

网页经过初步构思以后，需要不断地充实和丰富表现内容。构成网页的基本元素有三个，即文字内容、图片影像和超链接。互联网能够在较短的时间内风靡世界的一个主要原因是，丰富的信息、内容配上多媒体表现形式。由此可知，吸引人的是内容，而多媒体仅是表现形式。因此，网页核心是内容的组织与安排，其次才是在内容的基础上进行外观设计。要注重对资料的收集与整理，对收集到的资料去粗取精、去伪存真。

(4) 编程脚本语言的选择

一个网站的建立离不开网页编程脚本语言的选择，目前能够用来设计网站的编程语言主要有 HTML、ASP、JSP、PHP 等，也可以使用网页制作工具（FrontPage、Dreamweaver等）来设计网站。

4.4.2.2 网页设计布局类型

网页设计的布局大致可分为"同"、"匡"、"回"、"川"、"吕"等多种字型，另外拐角型、标题正文型、左右对称型、上下框架型、综合框架型、封面型、Flash 型、变化型等都是常用的布局类型。

①"同"字型网页结构。从整体布局上来看，该网页的格式像一个大的"同"字（如图 4-3 所示）。网页具有以下特点：页面的顶部为主导航条（主菜单），页面的左右两侧分别列出二级栏目或热点问题链接。采用这种页面版式时，需要注意页面色彩的整体搭配与协调。

②"匡"字型网页结构。"匡"字型网页结构和"同"字型网页结构有些相似，其实就是将"同"字型网页结构布局逆时针旋转 90 度，或者将"同"字型网页结构布局中右侧的布局内容取消所得到的一种结构布局。这种布局结构克服了"同"字型网页结构中色彩难以搭配的缺陷，所列的信息量基本相同，如图 4-4 所示。

③"回"字型网页结构。所谓"回"字型网页结构，就是以"同"或"匡"字型网页结

图 4-3 "同"字型网页结构

图 4-4 "匡"字型网页结构

构为基础,在其页面的底部或右部添加了一个内容区块(如广告或链接等),使之形成一个较封闭的区间。这样设计的目的是能更充分地利用有限的页面空间,更大限度地增加主页面中的信息量;方便客户的访问,人为地缩短标题和正文之间的链接;使需要访问的信息比较直观。但是这种版式显得较拥挤、四面封闭,如图 4-5 所示。

④ "川"字型网页结构。如图 4-6 所示,这种页面的结构布局比较特殊,将整个页面大致分成三列,主页的内容分布在这三列中。其优点是可以增加首页显示的内容;不足是当页面太长时,色彩不易协调。

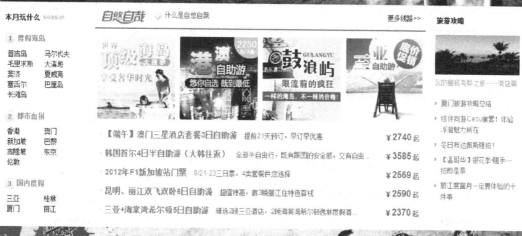

图4-5 "回"字型网页结构

图4-6 "川"字型网页结构

⑤ "吕"字型网页结构。"吕"字型网页结构来源于上述几种结构，主要是将页面从上到下分成几个单独的模块。其实，这种结构布局也包含前几种布局风格，如图4-7所示。

⑥ 左右对称型网页结构。这类布局采用等分屏幕的办法，是一种较为简单的网页结构布局，一般来说，页面的左半部多设置栏目导航，右半部则列出多篇重要的文章的概要或头条新闻的详细内容。这有利于访问者直接浏览。这种结构布局较灵活、简洁，多用于动态链接，一般用框架来构建，如图4-8所示。其不足是网页中所展示的信息量少，不太适合较大

型网站。

图 4-7 "吕"字型网页结构

图 4-8 左右对称型网页结构

⑦ 自由格式型网页结构。自由格式型网页结构的风格较为随意，完成后的网页如同一张精美的图片或一则极具创意的广告，设计较为自由（如图 4-9 所示），多用于时尚类网站。这类网站的优点是风格鲜明、节奏明快。缺点是下载速度较慢，文字的信息量少，链接的周期长。

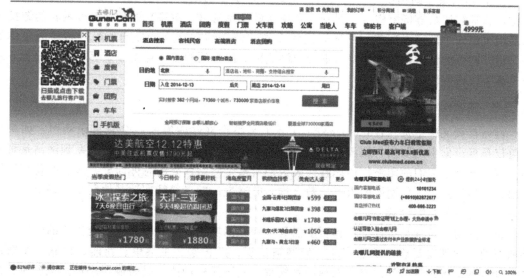

图 4-9　自由格式型网页结构

4.4.3　网站界面与功能设计

4.4.3.1　网站的栏目与板块设计

网站的栏目实际上是网站的大纲索引，应该明确无误地展现网站的主题。在规划网站栏目时，要对网站内容仔细斟酌、合理安排。如果网站内容比较多而且繁杂，还需要设立板块对内容进行分类索引。板块的概念比栏目大，每个板块都有自己的栏目设置。比如新浪、网易等大型门户站点，都建有新闻、体育、财经、娱乐、教育等多个板块，每个板块上面都有各自的主栏目。设计网站栏目与板块时，应注意以下问题。

① 目标紧扣主题。通常的做法是将主题按一定的方式进行分类，并将分类好的结果设计成网站的主栏目，主栏目个数在总栏目中要占绝对优势。这样处理以后，网站表现出专业化水平，主题突出，能够给人留下深刻印象。

② 设立网站最近更新栏目和导航栏目。最好在网站的首页上设置"最近更新"内容，如果首页没有安排版面放置最近更新的内容信息，就有必要设立一个"最近更新"的栏目来安排这些内容。当首页内容过于庞大，链节的层次较多时，如果没有站内的搜索引擎，容易使用户迷失在网页信息中。因此，建议设置类似于"网站导航"的栏目，帮助初访者快速找到他们想要找的内容。

③ 设定双向交流栏目。企业网站的栏目不宜太多，但一定要有一些基本的栏目，比如论坛、留言簿、邮件列表等，可以让访问者在浏览完信息以后留下他们的意见和建议。

4.4.3.2　网站的目录结构与链接结构设计

① 网站的目录结构设计。对于一个网站的目录结构好坏，访问者也许感觉不到什么，但对于网站的运营维护技术人员来说意义重大。就站点信息上传维护来说，一个好的目录结构的网站信息上传效率就高，差的目录结构的信息上传效率就低。在设计目录结构时，层次不宜太多，最多不超过三层。因为如果文件目录层次太多，则维护管理起来难度较大，导致网站效率降低。建议不要使用中文名称，也不要将目录的名称起得过长，中文目录名可能给网址的正确显示造成不必要的麻烦。另外需要注意的是，要尽量使用有明确含义的名称。

② 网站的链接结构设计。网站的链接结构是指在网站页面之间建立的交互链接的拓扑结构，通常有树状链接结构（一对一）和星状链接结构（一对多）两种。设计网页的链接结构是网页制作中的重要环节，具体采用什么样的链接结构会直接影响到版面布局的整体效果。设计网页的链接结构不仅要考虑用户浏览网页的方便程度，还要注重客户个性化服务和提供相关性内容的服务。

4.4.3.3 旅途网站首页设计

网站首页又称主页（Homepage），实际上是整个网站内容的一个总目录索引。如果主页仅仅是目录索引的罗列，就没有体现出首页的重要地位，首页设计直接关系到网站是否成功。网站首页给人们的印象往往能够代表人们对整个网站效果的总体印象。成功的首页能够吸引访客的注意力，使网站的人气指数大增，并激发访问者继续阅读其他网页的兴趣。

(1) 首页的功能设计

首页的功能设计是指规划在首页上需要体现的内容和功能，即首页功能模块的确定。几乎所有的网站都需要确定功能模块，如网站标识、广告条、主菜单、新闻、搜索、友情链接、计数器、版权信息等。究竟选择哪些模块，实现哪些功能，是否需要添加其他模块，都是首页功能设计应该考虑的内容。

(2) 首页的版面设计

在首页功能模块确定以后，接着要开始规划首页的版面内容。如同搭积木一样，每个功能模块视同一块积木，将一块块积木按照设计要求组合起来，就搭成了一座漂亮的房子。在搭房子的过程中，需要设计人员具有丰富的创造力和想象力。版面设计的主要方法是，先将心目中构思的首页草图画出来，再绘出效果图，然后选择一种网页制作工具软件，按照草图和效果图设计要求逐步实现草图的设计思想，并不断修正调整直至满足要求。

(3) 对技术细节的处理

在技术细节的处理上，需要注意以下内容。

① 布局。以最适合浏览的方式，将图片和文字排放在页面的不同位置。

② 草案。新建的页面就像一张白纸，没有任何表格、框架和约定俗成的规范。设计者可以尽可能地发挥自己的想象力，将脑海中的"景象"描绘在页面上，进行创意构思。此时，不必追究页面显示内容的细腻工整以及考虑过多的细节功能的实现，而是以一个粗略的线条勾画出创意的轮廓即可。首页草案尽可能多绘制几张以备选用，等最终选定一个草案作为定稿时，继续以此为脚本进行再创作。

③ 粗略布局。在草案形成的基础上，开始确定各项内容及功能的摆放位置，使功能模块内容在页面上安排合理。粗略布局时，必须遵循重点突出、协调平衡的原则，需要将站点的标志、主菜单等最重要的模块放在首页最突出的位置，然后考虑其他模块的位置摆放。

④ 定案。将粗略布局精细化、具体化，并经美工绘制成效果图。在版面布局过程中，需要遵循一些设计原则，使设计的效果达到理想的状态。

4.5 旅游电子商务网站的测试和维护

4.5.1 旅游电子商务网站测试重点

在整个旅游电子商务网站的建设过程中，有一个必经的程序或者说是贯穿网站整个开发过程的一个工作，那就是网站测试。许多做网站的企业都会聘用一到两名工作人员，专门负责这项工作。网站测试的主要工作就是，积极地配合开发人员，不断地去使用新开发出来的每一项功能或者服务，并就使用的结果做出一个详细的报告，主要反映其中存在有哪些问题需要改进，还可以说出自己的看法等。

网站测试是一个非常重要的工作，只有在对网站不断的测试的前提下，开发人员才能够及时地改正其中的不足，才能够保证后续工作的正常进行，避免问题的累积。如果问题在最后才被发现，那么修改将会是一项大工程。

做网站测试的工作人员一般是从以下几点入手。

（1）功能测试

每个网站的每一个分类，每一个活动板块都是有其固定的作用。比如"艺龙网"电子商务平台的主页右上方有个用户登录，它的功能就是提供给用户一个登录的窗口。每个注册用户只要点击这个"用户登录"，就可以打开登录界面，输入账号成功登录。所以功能测试非常的重要，直接影响到用户对网站服务的使用。

（2）页面测试

相对来说，页面测试较为简单易懂，基本上就是打开每个可以打开的链接，看看能否正常的显示，目的是防止有打不开的页面存在。如果存在打不开的页面，不仅影响网站的声誉，同时也会降低网站的排名。

（3）用户体验性测试

每个网站的建设最终的目的都是为用户提供服务。用户体验性测试就是要求测试员把自己当成一个客户，一个浏览者，从这个角度来浏览整个网站。因为用户群有共性也有特性，用户们对网站有共同的要求比如打开速度，页面排版等，但也有各自的特殊要求，比如很在意图片是否整齐，文章排版是否规范，网站是否安排合理，用户能否快速地找到自己想要的信息等。总之，网站测试的工作人员一定要考虑的全面。

（4）其他测试

比如网站打开的速度，这一点可以说是绝大部分客户衡量一个网站好坏的主要标准之一，用户非常不愿意花费大量的时间等待网站打开内容和信息。网站的颜色设置，字体的大小，板块的划分等都是需要在测试过程中留意，并且给出合理的建议。

4.5.2　旅游电子商务网站测试流程

为了保证旅游电子商务网站的正常运行，在前一节已经论证了电子商务网站测试的重要性，为了规范旅游电子商务网站的测试流程，在一般情况下，应当采取流程方式来对网站进行相应的测试，保证网站的正常运行。通常可以按图4-10所示步骤来进行。

（1）项目立项

项目立项阶段是用户与项目经理针对项目进行敲定，确定项目双方的职能及相关责任。在此过程中测试人员很多时候都不会参与进来，其实测试经理或组长是可以以参与者的身份参与进来，了解项目的相关事宜。

（2）需求分析阶段

需求分析阶段测试人员对业务关系进行了解，分析需求点。很多测试人员的测试工作都是从这一阶段开始。需求分析评审对项目需求分析的结果进行评审，评审团根据维护人员人员分配来定，一般包含用户、项目经理、开发人员、测试人员等，不要低于5人。

（3）测试计划阶段

在测试计划阶段，测试组长就要根据《用户需求手册》或《测试需求分析书》开始编写《测试计划》，其中包括人员，软件硬件资源，测试点，集成顺序，进度安排和风险识别等内容。

评审团根据维护人员人员分配来定，一般应包含项目经理、测试人员等，不要低于5人。

（4）测试设计阶段

此阶段要对测试工作提出测试方案，测试方案一般由对需求很熟的高资深的测试工程师设计，测试方案要求根据《需求分析》和《测试计划》上的每个需求点设计出包括需求点简介，测试思路和详细测试方法三部分的方案。《测试方案》编写完成后也需要进行评审，评审人员不要低于5人。

（5）测试方案阶段

此阶段对测试进行详细设计，主要针对测试用例和规程的设计。测试用例是根据《测试方案》来编写的，通过测试方案阶段，测试人员对整个系统需求有了详细的理解。这时开始编写用例才能保证用例的可执行和对需求的覆盖。测试用例需要包括测试项，用例级别，预置条件，操作步骤和预期结果。其中操作步骤和预期结果需要编写详细和明确。测试用例应该覆盖测试方案，而测试方案又覆盖了

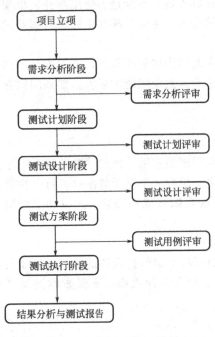

图4-10 旅游电子商务网站测试流程

测试需求点，这样才能保证客户需求不遗漏。同样，测试用例也需要评审。评审人员最好不要低于5人。

（6）测试执行阶段

执行测试用例，对执行结果进行合理管理，及时提交有质量的Bug。

（7）结果分析与测试报告

测试人员应该针对测试结果分析相应的结果产生原因，并提交相应的测试报告。

4.5.3 旅游电子商务网站测试大纲

旅游电子商务网站根据规范性进行测试后，规范了其流程顺序，但是还应当根据相应的模块、功能进行相应的测试。我们从旅游电子商务网站的测试内容进行分析和讨论，从流程和内容方面进行更为合理、更为科学的规范来考虑相应的测试大纲。旅游电子商务网站测试大纲如下所示。

测试范围如下。

4.5.3.1 功能测试

（1）基本功能模块测试

① 分析各个功能模块：根据《用户需求说明手册》和《需求分析说明书》，分析各个功能模块。

② 功能模块的测试：针对各个功能模块进行相关功能的测试。

（2）WEB功能测试

① 链接测试：主要测试网站的链接是否正常，其中包括测试链接页面的正确性、页面是否存在、是否存在孤立页面。

常用测试工具有Xenu（测试链接的正确性的工具）。

② 表单测试：主要测试表单的正确性和规范性，是否适合常用表单的使用习惯。

主要测试方法为：边界值测试、等价类测试，以及异常类测试。

③ Cookies 测试：测试的内容可包括 Cookies 是否起作用，是否按预定的时间进行保存，刷新对 Cookies 有什么影响等。

④ 设计语言测试：测试 WEB 设计语言使用的版本是否规范、是否统一，使用的脚本语言是否规范、统一。

一般采用的时代码查看法。

⑤ 数据库测试

一般测试数据的一致性错误和输出错误。数据一致性错误主要是由于用户提交的表单信息不正确而造成的，而输出错误主要是由于网络速度或程序设计问题等引起的，针对这两种情况，可分别进行测试。再就是数据的安全性测试，一般采用 SQL 注入的方法。

4.5.3.2 性能测试

网站的性能测试对于网站的运行而言异常重要，网站的性能测试主要从三个方面进行：连接速度测试、负载测试和压力测试。

① 连接速度测试：测试网站的链接速度，响应用户的反应时间。

② 负载测试：负载测试指的是进行一些边界数据的测试，测量网站系统在某一负载级别上的性能，以保证网站系统在需求范围内能正常工作。负载级别是某个时刻同时访问 Web 系统的用户数量。常用自动化测试工具：LoadRunner。

③ 压力测试：压力测试倾向应该是致使整个系统崩溃测试出系统能承受的最大压力而不会发生系统崩溃的现象。同时也是测试系统的限制和故障恢复能力，也就是测试网站系统会不会崩溃，在什么情况下会崩溃。常用自动化测试工具：LoadRunner。

4.5.3.3 可用性测试

可用性/易用性方面的测试一般采用手工测试的方法进行评判。

① 导航测试：测试网站的导航能力是否良好，比如页面结构、导航、菜单、连接等是否良好。常采用手工对网页进行浏览、根据一般用户的浏览习惯来进行评判。一般此过程让最终用户参与这种测试，效果将更加明显。

② 图形测试：图形测试是网页美观测试的一部分，一般测试图形是否有明确的用途、是否与页面风格一致，还有图片的大小与格式的测试。常采用手工测试。

③ 内容测试：内容测试用来检验网站系统提供信息的正确性、准确性和相关性。如文字标题是否与文字内容符合，是否存在不需要的文字。常采用界面浏览的方式。

④ 整体界面测试：测试整个网站系统的页面结构设计是否符合用户需求规范，是否给用户的一个整体感。一般常采用界面浏览的方式，最好是有最终用户的参与。

4.5.3.4 安全性测试

① 登录：现在的网站系统基本采用先注册，后登陆的方式。因此，必须测试有效和无效的用户名和密码，要注意到是否大小写敏感，可以试多少次的限制，是否可以不登陆而直接浏览某个页面等。

② 缓冲区溢出：溢出攻击是通过溢出来控制计算机的指令序列，让计算机执行自己的恶意代码，是利用缓冲区溢出漏洞所进行的攻击行动。缓冲区溢出是一种非常普遍、非常危险的漏洞。

③ 日志文件：为了保证网站系统的安全性，日志文件是至关重要的。需要测试相关信

息是否写进了日志文件、是否可追踪。

④ 安全漏洞：服务器端的脚本常常构成安全漏洞，这些漏洞又常常被黑客利用。所以，还要测试没有经过授权，是否能在服务器端放置和编辑脚本的问题。

⑤ 跨站式脚本攻击（XSS）：跨站脚本攻击是指攻击者编写恶意脚本利用网站漏洞从用户那里恶意盗取信息。

4.5.3.5 配置和兼容性测试

① 平台测试：采用不同的操作系统平台对网站进行测试。

② 浏览器测试：使用不同的浏览器对网站进行浏览测试，查看网站在不同浏览器中的兼容性问题。

③ 分辨率测试：对屏幕的分辨率进行调节来查看网站在不同分辨率下的显示效果，比如，分辨率低时界面文字显示太大，而分辨率高时又有些文字显示时太小。

4.5.4 旅游电子商务网站的维护

① 纠错性维护：软件在运行中出现故障时，需要进行纠错性维护。这里所讲的故障一般是由于遇到了输入数据的某种以前从未碰到过的组合，或者由于该软件和硬件或其它系统软件有不正确的界面而引起的，这一定要改正过来。否则，会使企业无法正常营运。这种维护也被称为"正确性维护"。

② 适应性维护：为使软件产品能够在新的环境下仍能继续使用而进行的维护。比如操作系统版本的变更或计算机更替引起的转换是常见的适应性维护任务。另外一个情况就是"数据环境"的变动，如数据库和数据存储介质的变动，新的数据存取方法的添加等，也都需要进行适应性维护。

③ 完善性维护：为改善性能、可维护性或其它软件属性而进行的维护。比如根据用户的业务发展或其它工作的需要而增加一些在"软件需求规范书"中没有规定的功能或性能特征。除此以外，完善性维护还包括处理效率的改进以及程序的优化等。

④ 预防性维护：是指为了减少或避免以后可能需要的前三类维护而对软件配置所进行的工作。做好数据库的备份，对于磁带经常检查，防止意外事故的发生。

⑤ 解决突发事件：对于软件和硬件运行，可能会出现突发事件，我们将对突发事件进行维护，起用备份方案，将损失减少到最少。旅游旺季（黄金周）值班处理旅游电子商务是一个非常重要的营运系统，制度性地在黄金周派专业维护人员值班，保障软件的正常运行。并在黄金周到来前两天，将值班人员名单书面通知。

⑥ 软件的升级：电子商务是一个业务系统，它的业务随着实际业务的变化而发生变化。当实际业务发生变化时，需要即时更改软件，以适应新的业务。

⑦ 软件维护记录：包括维护软件的名称、单位名称、申请日期、维护理由、审批人、维护人员姓名、实际完成日期、维护全部时间、维护的模块名称，以及涉及的输入数据、有关模块、计算公式、源程序等。对于这些内容需要记录在案，对版本的控制，代码的维护将进行完善的管理。

⑧ 季度性预防性维护：预防性维护是指每隔一定的时间，维护人员对客户的主机系统进行全面检测，确认设备运行状态，检查系统错误日志，排除潜在隐患，以确保业务系统能正常稳定地运行。维护人员将根据客户的业务特点，定期指派专门的服务工程师，对MA范围内的所有软硬件设备、系统环境进行规范化的预防性维护，消除产生故障的薄弱环节，以提高小型机系统的可靠性和稳定性，使客户的生产系统更趋于稳定、安全、合理和高效，

保障稳定运。

⑨ 建立运行日志档案：建立运行日志档案流程见图 4-11。

⑩ 紧急服务：当客户报告设备工作异常时，维护人员立即响应，并在最短时间内赶到

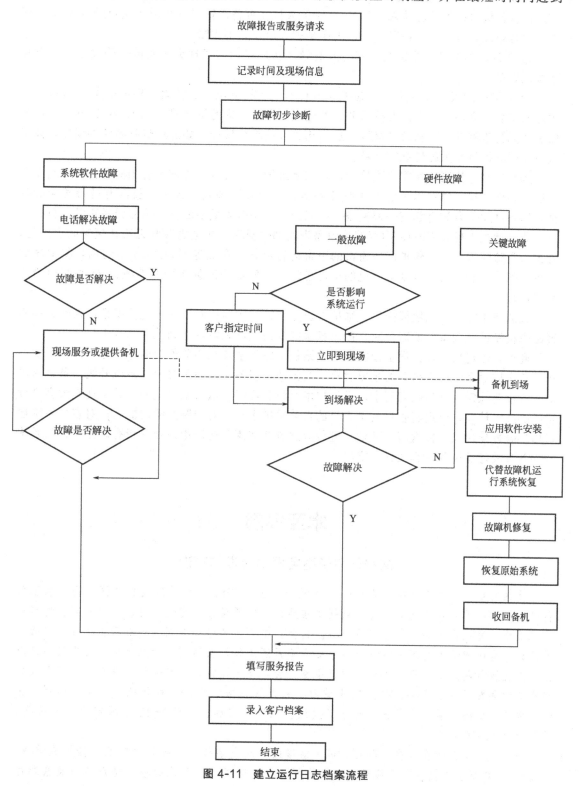

图 4-11　建立运行日志档案流程

现场进行故障诊断与分析并加以解决。客户如需要机器除尘处理，维护人员可到客户现场进行机器的除尘处理（每年一次）。在到达现场后8小时内解决故障，或恢复系统正常运行。如故障在12小时内不能恢复，并且此故障已影响系统正常运行情况下，维护人员将立即向客户提供备机（此种情况从未发生过）。维护人员在有备份情况下必须24小时赶到现场，必须在远程处理好备份机的情况下，以确保维护人员业务不中断。

⑪ 备件库的准备：维护人员有广大的景区客户群和与代理商亲密的合作关系，可以相互调用设备。

⑫ 故障排除服务及方法：在维护人员技术人员接到电话、传真、E-mail等任何形式的故障通知后，立即提供电话支持服务，并通过对方工程师的情况描述和Error Report，迅速做出故障初步判断。根据故障级别，通知相关人员赶往现场。如能初步判断硬件损坏，技术人员将同时携带相关配件赶往现场。

到现场经过检测确实需要更换配件，如果维护人员技术人员携带有相应的备件，则立即予以无条件更换，争取尽可能不影响业务运行；如果维护人员技术人员没有携带相应的备件，但备件库中存放有相应的调换备件，保证在6小时内更换配件，恢复设备正常运行。

若小型机出现如CPU、内存等价值昂贵的部件损坏，或主机系统无法在短时间内恢复，维护人员除驻现场全力保护好备份机的正常运行以外，在最迟不超过24小时内，将损坏的昂贵的部件给予替换，恢复生产机的正常运行。其他维护设备在最迟不超过24小时内给予恢复运行。

如故障排除牵涉到数据恢复，维护人员会在第一次巡检时了解系统数据量，判断数据通过磁带机做系统全备份所需时间，提出日常的备份建议和恢复计划。

此外，还包括：硬件设备预防性检查维护，保障系统和相关外设的稳定运行；在系统升级、黄金周对系统要求较高的重要时段，提供值班服务，以满足客户在系统升级、黄金周等对系统设备稳定运行的较高要求；进行技术交流和反馈，填写维护记录，并定期提供客户设备维护技术档案，以提高客户技术人员的日常维护水平和对问题的解决能力；对客户系统运行提供合理化建议；根据用户环境，进行应急方案演练，协助用户建立所有硬件及相关系统软件各种故障的恢复流程及紧急措施。

本章案例

携程网电子商务网站建设与管理

携程网是中国领先的在线旅行服务公司，创立于1999年，总部设在中国上海。携程旅行网向超过一千余万注册会员提供包括酒店预订、机票预订、度假预订、商旅管理、特惠商户以及旅游资讯在内的全方位旅行服务。目前，携程旅行网拥有国内外五千余家会员酒店可供预订，是中国领先的酒店预订服务中心，每月酒店预订量达到五十余万间。在机票预订方面，携程旅行网是中国领先的机票预订服务平台，覆盖国内外所有航线，并在四十五个大中城市提供免费送机票服务，每月出票量四十余万张。携程旅行网目前已在北京、广州、深圳、成都、杭州、厦门、青岛、南京、武汉、沈阳、南通、三亚等12个城市设立分公司，员工超过10000人。

作为中国领先的在线旅行服务公司，携程旅行网成功整合了高科技产业与传统旅游业，向超过4000万会员提供集酒店预订、机票预订、度假预订、商旅管理、特惠商户及旅游资讯在内的全方位旅行服务，被誉为互联网和传统旅游无缝结合的典范。凭借稳定的业务发展和优异的盈利能力，携程旅行网于2003年12月在美国纳斯达克成功上市。携程旅行网的度假超市提供近千条度假线路，覆盖海内外众多目的地，并且提供从北京、上海、广州、深圳、杭州、成都六地出发，是中国领先的度假旅行服务网络，每月为万余人次提供度假服务。携程旅行网的VIP会员还可在全国主要商旅城市的近三千家特惠商户享受低至六折的消费优惠。携程旅行网除了在自身网站上提供丰富的旅游资讯外，还委托出版了旅游丛书《携程走中国》，并委托发行旅游月刊杂志《携程自由行》。携程目前占据中国在线旅游50%以上市场份额，是绝对的市场领导者。目前主要竞争对手有：目前已被全球第一大在线旅行公司Expedia控股的e龙；以及分别背靠大型国有控股旅游集团，拥有雄厚的资金保障和丰富的旅游资源的遨游网和芒果网。但三大竞争对手目前尚不具备足够的与携程正面对抗的实力。

本章小结

　　旅游电子商务网站是旅游企业开展商务活动的基础平台，是旅游电子商务系统的重要组成部分。旅游电子商务网站的建设是一个比较复杂的过程，并不仅仅是制作若干网页，将网站发布到Web服务器那么简单。实际上，网站建设包括需求分析调查、总体结构设计、系统开发选择、域名和ISP商的选择等多方面的内容。一个好的旅游网站要充分反映旅游业的特点，满足消费者需求，可以实现旅游信息传输、用户管理、物流信息传输、销售信息处理、网络售后服务等多重功能。本章从旅游网站的设计理念开始，对旅游网站开发中涉及的问题进行分析和讲解，以帮助读者建立完整的旅游网站开发思路。

复习思考题

1. 旅游电子商务网站的特点及交易类型有哪些？
2. 旅游电子商务网站建设中存在的基本问题有哪些？
3. 旅游电子商务网站的设计要素是哪些？
4. 旅游电子商务网站规划包含哪些内容？
5. 旅游电子商务网站的Web数据库技术是哪些？
6. 旅游电子商务网站建设的基本内容有哪些？
7. 选择域名时应注意什么问题？
8. 电子商务网站的页面结构有哪些类型？为什么要强调网站的设计风格？
9. 旅游电子商务的测试重点是什么？
10. 旅游电子商务网站的维护要注意什么问题？

讨论题

1. 旅游电子商务网站建设中，最重要的环节和内容是什么？
2. 旅游电子商务网站与其他网站相比，在内容、功能和设计上具有哪些特点？

3. 旅游电子商务网站的规划是，域名及 ISP 选择与传统的电子商务网站有什么区别？

4. 旅游业的电子商务发展会不会完全取代传统的旅游业？如果不会，你认为在当前电子商务快速发展的环境下，传统的旅游企业应当如何发展？

5. 你认为一个好的旅游电子商务网站应当具备哪些功能？

6. 在旅游电子商务网站的维护中，你认为哪些是重点维护的？

网络实践题

1. 携程网电子商务解决了什么问题，有什么优势？

2. 查找 10 个我国知名的旅游网站，比较它们的设计风格，分析它们各属于哪种网站结构。

3. 试为一家旅游电子商务网站制定营销策略。

4. 选择全景客旅游网站，体验网站功能，思考该网站有哪些地方是可以改进的，并为其做改进方案。

旅游电子商务体系

学前导读

由于旅游电子商务相关要素十分复杂，将这些相互关联的要素纳入一个系统中来讨论，更能突出旅游电子商务中各方的构成关系。本章着眼于旅游电子商务的多方关联性和复杂性，对旅游电子商务体系的内涵进行阐述，提出了对旅游电子商务体系的认识框架，并分析了旅游电子商务体系的构成、特点、功能、盈利模式以及交易模式。

学习目标

- 了解旅游电子商务体系
- 掌握旅游电子商务体系的构成
- 了解旅游电子商务体系的功能与特点
- 理解旅游电子商务的交易模式
- 掌握旅游电子商务网络支付与网络银行
- 掌握旅游电子商务体系的安全

5.1 旅游电子商务体系

5.1.1 旅游电子商务体系的内涵

旅游电子商务体系的骨架和基础——网络信息系统；旅游电子商务的技术支持者——电子商务服务商；旅游电子商务的应用主体——旅游目的地营销机构、旅游企业和旅游者；旅游电子商务的推进者、规范者——旅游信息化组织；一些其他的重要支持要素，如电子支付体系、物流服务和旅游电子商务规范及安全体系。

旅游业作为一个复杂的、内外关联度高的庞大产业，有其特殊的产业内部分工、协作方式、价值链和产品形态。各类旅游企业、旅游营销机构和旅游者都可成为旅游电子商务的参与者。

市场活动有两个有机组成部分：一是进行信息沟通，二是进行市场交易。旅游电子商务的信息沟通是通过数字化的信息沟通渠道实现的，一个首要条件是参与各方必须拥有相应的信息技术工具，能够接入网络信息系统。通过旅游电子商务实现交易，交易双方在空间上是分离的。为保证交易的顺利进行，必须提供相应的支付结算手段和物流配送手段（虽然后者在旅游业中需求很少）。物流配送可依赖传统物流渠道。支付结算既可以利用传统手段，也可以利用先进的网上支付手段。此外，为保证旅游企业、旅游机构和旅游者能够畅通地利用数字化沟通渠道，使信息技术走进旅游业、服务于旅游业，需要有专业技术服务提供者，即电子商务服务商的参与。

图 5-1 显示了一个完整的旅游电子商务体系，它是在网络信息系统的基础上，由旅游机构（旅游目的地营销机构和旅游企业）、使用互联网的旅游者或潜在旅游者、旅游信息化组织、电子商务服务商和提供物流和支付服务的机构共同组成的信息化旅游市场运作系统，并受到一些外部环境的影响，包括旅游产业经济环境、技术环境、社会环境和法律法规环境等几个方面。

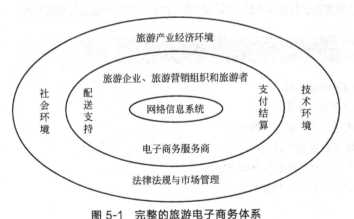

图 5-1 完整的旅游电子商务体系

5.1.2 旅游电子商务体系与旅游业

从旅游业务角度来看，信息网络系统广泛地实现旅游业各子行业间及旅游企业与旅游者之间的信息交流，它们之间复杂的合作与交易关系可以通过网络手段来实现。旅游电子商务的应用机构包括旅游服务企业（旅游饭店、旅游车船公司、从事接待服务的旅行社）、旅游中间商（旅游批发商、旅游代理商、订房中心）、旅游营销机构等。专业的旅游电子商务网站应运而生，提供极其丰富的旅游信息，地区、全国以至世界范围内的旅游产品预订，并提供交流社区，凭借信息优势，成为网络时代新兴的旅游代理商。多方参与、多层次、网状沟通的旅游电子商务体系（如图5-2所示）开始形成，广泛地影响着旅游业沟通与协作的方式。

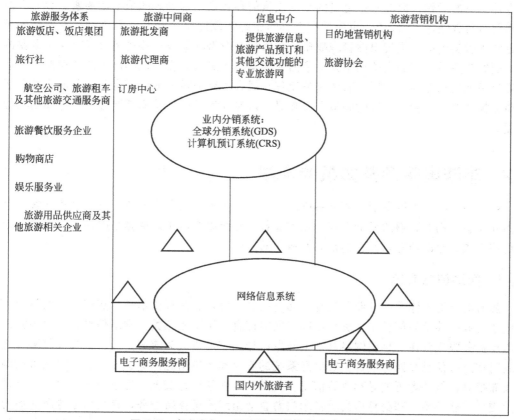

图 5-2 多方参与、网状沟通的旅游电子商务体系

业内分销系统是针对旅游批发商和旅游代理商之间的业务往来而设计的电子交易系统，改变了传统的"电话+传真"分销模式，做到实时的电子交易。航空公司的计算机预订系统、饭店集团的中央预订系统和全球分销系统在旅游运行中发挥着重要的作用。计算机预订系统（Computerized Reservation System，CRS），是指用于整个旅游活动（包括机票、饭店等预订在内）的预订网络，是一种开放的、面向多个供应商及客户的专业预订系统。计算机预订系统从其起源上主要可分为专门的中介系统和依托航空公司的系统。中央预订系统（Central Reservation System，CRS）主要是指酒店集团所采用的、由集团成员共用的预订网路，它使酒店集团利用中央资料库管理旗下酒店的房源、房价、促销等信息，并通过同其他各旅游分销系统连接，使成员酒店能在全球范围实现即时预订。随着CRS不断地发展壮大，形成了全球分销系统。全球分销系统（Global Distribution System，GDS）是近年来获得迅速发展的新型电子商务营销网络，是为代理人提供航空和旅游产品分销服务的计算机技术及网络服务系统相结合的系统总称。全球分销系统通常是以国际性航空公司为龙头，与连锁饭店、度假村、汽车租赁公司、铁路公司、旅游公司等旅游相关企业形成联盟共同建设的，提供航班订位、订房、旅游预订等综合服务的分销与信息服务系统。

电子商务是一种机制，一种动态性的发展机制，因此，需要不断地维护、促进和更新，才能使这种机制富有成效。内部控制要素包括商务模式优化、从业人员素质、客户关系管理与业务流程再造四个要素。首先，旅游电子商务存在着多种运营模式，而与企业运营环境最适合的模式只有一种，因此，旅游企业应最大程度地缩短现行商务模式与理想商务模式之间的距离，才能最大化的发挥商务模式的作用。其次，旅游电子商务的实施在很大程度上得益于专业人员的运作，因此，一定量的专业人员的存在是内部管理的根本性要素。专业人员不仅需要具备较高的IT能力，也应具有丰富的旅游管理经验。再次，客户关系管理是旅游企业近年来所实施的一项突出性管理战略，对旅游企业潜在竞争优势的培育具有至关重要的影响，而客户关系管理的实施离不开电子商务的支持。最后，在一定的电子商务模型下，业务流程仍呈现出动态性的特征。有些业务流程是适合于商务模式的，而有些业务流程是不适合于商务模式的，或者在一段时间适合而在另一段时间不适合，从而需要旅游企业谨慎地加以匹配。

5.2 旅游电子商务体系的构成

在上一节中，旅游电子商务体系概念的提出，了解到旅游电子商务是一个相互参与且各方相互关联、相互影响的复杂系统。在本节着重介绍旅游电子商务体系的构成，更清楚地阐述这些组成部分的功能以及它们是如何运作的。

5.2.1 网络信息系统

旅游电子商务体系的骨架和基础是网络信息系统，它是提供信息、实现交易的平台。旅游电子商务中涉及的信息流、资金流都和网络信息系统紧密相关。网络信息系统由旅游机构和电子商务服务商在计算机网络基础上开发设计，它可以成为旅游企业、机构及旅游者之间跨越时空进行信息交换的平台。在信息系统的安全和控制措施的保证下，旅游机构可在网站上发布信息，旅游者可搜寻和查看信息。交易双方能便捷地交流，通过网络支付系统可进行网上支付。旅游预订和交易信息可指示旅游企业组织旅游接待服务，最后保证旅游业务的顺利实现。网络信息系统的主要作用是提供一个通畅、安全和可控制的信息交换平台，它是旅游电子商务体系的骨架和基础。

旅游电子商务所依托的网络信息系统可分为互联网（Internet）、内部网（Intranet）、电子交换数据（简称EDI）与增值网（Value Added Network，VAN）、移动网络四种。

(1) 互联网（Internet）

互联网，按照美国Internet协会的定义，是一种"组织松散、国际合作的互联网络"。通过Internet，人们可以很容易地与另一联网地区进行联系，而且成本费用较低，可称为"信息超导体"。互联网的应用自20世纪90年代以来在世界各国发展很快。其全球化，得益于自身的开放性、共享性、协作性和费用低廉性等特点。在Internet上，任何人都是信息的创造者，也是消费者，网络的运作是相互协调决定的，可以自由连接和退网；信息流动不受限制，网络上的资源基本上是免费共享的。

基于Internet的信息系统，可以实现很多非常有用的功能，为旅游业务的开展提供便利。下面是基于互联网的一些网络应用服务信息系统。

① E-mail（电子邮件）。利用它可以收发电子邮件。现在许多电子单证（如电子合同）是通过电子邮件系统实现传输的。

② Mailing Lists（邮件列表）。它可以自动批量发送电子邮件，许多旅游企业通过邮件

列表发送旅游信息、产品信息和促销活动信息,是主动营销和客户管理维护的重要手段。

③ Newsgroups(新闻组)。查找、收发信息和有关某一固定主题词的新闻,许多企业通过新闻组进行宣传促销和获取市场情报。

④ World Wide Web(环球网)。能自动查询各类互联网资源,图形化浏览器的使用进一步提高了使用效率。旅游企业可以通过 WWW 建立网站,展示多媒体信息,发布供求信息,处理客户订单并提供旅游咨询服务,这是互联网信息系统中最重要的部分。

⑤ Chat(聊天)。能实时地与其他用户交谈,效果不受距离的影响,可用于业务洽谈。

⑥ BBS(公告栏)。用于与兴趣、爱好趋同的人进行交流,类似一块布告栏,任何人都可以就自己感兴趣的问题发表自己的观点,也可了解别人的观点。旅游者常用 BBS 征求结伴旅游,讨论旅游方式。旅行社也可以通过这个手段吸引参团者。

上述互联网上具有不同功能的应用系统构成了支持信息交换和资源共享的完整的 Internet 信息系统。

由于互联网有便捷、开放的信息处理和沟通优势,当它与旅游业结合时,能为旅游机构提供巨大的商业机会。互联网作为信息平台,是一个与传统媒体相并列的新媒体,它能 7 天 24 小时提供容量无限且层次更深的旅游信息,信息提供成本不随空间距离而增加,支持图片、声音、影像等多媒体表现的特性是传递旅游信息最理想的选择。互联网作为商业平台,为旅游商务活动跨空间的开展提供了支持,并为旅游企业的经营管理提供了一个全新的数字化信息系统平台。

(2)内部网(Intranet)

Intranet 是在 Internet 基础上发展起来的企业内部网,又称内联网。它是在原有的局域网上附加一些特定的软件,将局域网与互联网连接起来,从而形成企业内部的虚拟网络。内部网与互联网的最主要区别是,内部网中的信息受到企业防火墙安全网点的保护,它只允许授权者介入内部 Web 网点,外部人员只有在许可条件下(如拥有访问密码,通过指定的 IP 等)才可进入企业内部网。Intranet 能让旅游企业分布在各地的分支机构及企业内部各部门共享企业内部网站,使企业各级管理人员获取自己所需的信息。现在内部网在大型旅行社、饭店集团中被广泛使用,有效降低了通信成本,并推进了企业内部的无纸化办公。

(3)电子数据交换(EDI)与增值网(VAN)

EDI 电子商务,就是按照商定的协议,将商业文件标准化和格式化,并通过计算机网络,在商务伙伴的计算机网络系统之间进行数据交换和自动处理。

EDI 主要应用于旅游企业之间的商务活动。相对于传统的分销付款方式,EDI 节约了时间和费用;相对于互联网,EDI 较好地解决了安全保障问题。这是因为使用者均有较可靠的信用保证,并有严格的登记手续和准入制度,此外,还有多级权限的安全防范措施,能使包括付款在内的全部交易过程计算机化。

但是,EDI 必须租用 EDI 网络上的专线,即通过购买增值网(Value Added Network,VAN)服务才能实现,费用较高。同时 EDI 需要专门的操作人员,需要业务伙伴同时使用 EDI,这也使 EDI 的企业应用受到一定制约。

EDI 是最早的旅游电子商务方式。早期由于计算机价格昂贵,网络速度慢,许多应用程序须自行开发,只有航空公司和大型饭店集团才有能力使用 EDI。由于成本的原因,EDI 至今在旅游业中仍未广泛普及。近年来,随着计算机降价、互联网的迅速普及,基于互联网、使用可扩展标记语言(XML)的 EDI,又称开放的 EDI 正逐步取代传统的 EDI。

(4)移动网络

移动网络,基于浏览器的 Web 服务,如万维网,WAP 和 I-MODE(日本)使用移动设备,如手机,掌上电脑或其他便携式工具连接到公共网络,不需要台式计算机。现代移动终端拥有极为强大的处理能力、内存、固化存储介质以及像计算机一样的操作系统,是一个完整的超小型计算机系统,可以完成复杂的处理任务。移动终端拥有非常丰富的通信方式,即可以通过GSM、CDMA、WCDMA、EDGE、3G等无线运营网进行通信,也可以通过无线局域网、蓝牙和红外进行通信。

5.2.2 电子商务服务商

旅游电子商务系统作为信息技术服务与旅游业的结合体系,需要有一大批专业化分工者进行相互协作,为旅游企业、旅游机构和旅游者在网络信息系统上进行商务活动提供支持。电子商务服务商便起着这种作用。根据服务内容和层次的不同,可以将电子商务服务商分为两大类:一类是系统支持服务商,即为旅游电子商务系统提供系统支持服务,为旅游电子商务参与方的网上商务活动提供技术和物质基础;另一类是专业的旅游行业电子商务平台运营商,它建设、运营旅游电子商务平台,为旅游企业、机构及旅游者之间提供沟通渠道、交易平台和相关服务。

(1) 系统支持服务商

对于系统支持服务商,根据技术和应用层次的不同可分为三类。第一类是接入服务商(Internet Access Provider,IAP),它主要提供互联网通信和线路租借服务,如我国电信企业中国电信、中国联通提供的线路租借服务。第二类是互联网服务提供商(Internet Service Provider,ISP),它主要为旅游企业建立电子商务系统提供全面支持。一般旅游机构和旅游者上网时只通过ISP接入Internet,由ISP向IAP租借线路。第三类是应用服务系统提供商(Application Service Provider,ASP),它主要为旅游企业、旅游营销机构建设电子商务系统时提供系统解决方案。这些服务一般都是由信息技术(IT)公司提供的,如IBM公司曾为一些大型旅游企业提供过电子商务解决方案。有的IT企业不但提供电子商务系统解决方案,还为企业提供电子商务系统租借服务,企业只需要租赁使用,无须创建自己的电子商务系统。旅游者主要通过ISP上网连接到Internet,获取信息并订购旅游产品。对于旅游企业或旅游营销机构,根据自身的资金和条件,如果需要大规模发展的,可以通过ISP直接连接到Internet;对于小规模的应用,则可通过租赁ASP电子商务服务系统来连接到Internet。

(2) 专业的旅游电子商务平台运营商

专业的旅游电子商务平台运营商起着中间商的作用。它不直接参与网上旅游商务活动。一方面,它为旅游电子商务活动的实现提供信息系统支持和配套的资源管理服务,是旅游企业、旅游营销机构和旅游者之间信息沟通的技术基础;另一方面,它为网上旅游交易提供商务平台,是旅游市场主体间进行交易的商务活动基础。

旅游企业成为网站的会员后,便可以成为网上市场的一员,发布供求信息并开展商务活动,网站则收取服务费和佣金。旅游电子商务平台运营商为旅游企业提供的商务服务形式有三种。一是面向旅游者的网上商厦,它出租一些空间给旅游企业,帮助旅游企业制作介绍其产品和服务的页面,并负责客户管理、预订管理和支付管理等。典型的例子是旅游者可以在专业旅游网站上预订机票和酒店。二是提供旅游企业间合作与交易的同业交易平台,它通过收集和整理旅游企业的供求信息,为供求双方提供一个开放的、自由的交易平台,并提供供求信息发布和管理服务。例如,饭店可对不同的旅行社报价,旅行社通过其注册权限登录后,可以查看报价,或对旅游饭店进行询价。旅行社间可以相互拼团,组团社和地接社间可议价并洽谈合作。三是提供旅游产品拍卖中介服务,如美国的著名旅游网站Bid4vacations.com,它针对美国的旅游饭店和游船旅游客舱普遍存在空房的现象,组织旅游企业将这些闲置资源公布到网上，组织旅游者之间竞价的拍卖服务，有效地均衡了旅游市场供求，从而成为一种有生命力的网上交易服务形式。另外，由于旅游电子商务平台能吸引众多有目的的访问者，它还能为各类旅游机构提供发布新闻和宣传促销信息，是一种有效的媒体。

专业旅游电子商务平台的特点是规模大、知名度高、访问量大，有巨大的用户群。它像一个虚拟的旅游交易市场，收集并整理旅游市场信息，提供虚拟的交易场所，为参与旅游商务活动的各个方面提供信息通畅的市场环境，降低交易成本，提高商务活动效率。由于专业旅游电子商务平台功能复杂，建设和运营的技术含量高，它通常由专业IT公司建设。它的另一优势在于旅游企业通过加盟专业的电子商务平台，可轻松地实现电子商务，而无须自行建设网站。在我国，携程网（ctrip.com）、中国假日旅游网（chinaholiday.com）等旅游电子商务平台的交易量已有一定规模。携程网拥有国内领先的酒店预订服务中心，为会员提供即时预订服务，合作酒店超过32000家，遍布全球138个国家和地区的5900余个城市，有2000余家酒店保留房。

5.2.3 旅游目的地营销机构、旅游企业和旅游者

现代旅游商务活动的主要参与者包括旅游目的地营销机构、旅游企业和旅游者。旅游目的地营销机构，是目的地旅游形象的整体宣传者和旅游企业营销活动的统筹者。旅游企业，包括旅游服务提供商和旅游中间商，生产、组织和销售旅游产品，开展跨地区、跨国度的旅游经营活动。旅游者，购买旅游产品并到目的地进行旅游活动，是旅游产品的最终消费者。在信息技术发展的今天，电子商务能为旅游目的地营销机构、旅游企业和旅游者的各种商务活动提供支持，它们是旅游电子商务的应用主体。

5.2.3.1 旅游目的地营销机构（DMO）

随着旅游目的地竞争的加剧，营销被摆在重要的议事日程之上。在许多国家，旅游目的地营销机构从国家旅游行政管理机构中独立出来，由专门组织负责。负责目的地旅游促销事务的组织是旅游目的地营销机构（Destination Marketing Organization，DMO）。这些组织一般都是依据法律成立的法定机构或非营利性组织，公私合营较为普遍，如加拿大旅游委员会、日本国家旅游组织、西班牙旅游促进会等。对于另一些国家和地区，目的地营销职能与管理职能等并列，由政府旅游管理部门统一承担。这时候，政府旅游管理部门的市场司就相当于旅游目的地营销机构。

旅游者之所以来到旅游目的地旅游，是被旅游目的地的形象所吸引。旅游目的地的形象由旅游资源、旅游环境、旅游项目与服务等多因素综合构成，目的地需要策划、塑造、传播积极的、富有吸引力的旅游目的地形象。着眼于此，通常旅游目的地营销机构承担的职能如下。

① 包装和旅行开发：增加新型旅游项目增加度假地的数量、提高已有产品容量，使这些项目保持在最优数量和容量水平。

② 促销：确保旅游目的地产品与服务最大限度地为目标客户（包括异地代理商和旅游者）所了解。旅游企业的分散促销行为不易形成"合力"，目的地营销机构应该进行促销统筹，集结、整合这些分散的促销之力，使目的地旅游企业在目的地品牌之下开展有统一规划的营销活动。

③ 形象设计和提升作用：策划、塑造、传播旅游目的地形象，保持和提升旅游目的地的良好形象，形成目的地品牌。

④ 拓展分销渠道：使目的地服务与产品的代理分销渠道更为通畅便利，刺激代理商增加销售额。

⑤ 增加或强化旅游目的地旅游信息供应。旅游目的地营销机构是信息网络和旅游电子商务技术的重要应用者。发达国家的旅游目的地营销机构不断紧跟信息技术发展的步伐。20世纪70年代，部分旅游目的地营销机构已率先应用信息技术；20世纪80年代，信息技术主要被目的地营销机构应用于处理复杂的旅游产品数据、制作出版物等方面；20世纪90年代，旅游目的地营销机构开始应用更复杂的硬件设施和软件系统，特别是20世纪90年代中期以来，多功能的旅游目的地信息系统（Digital Information System，DIS）和旅游目的地营销系统（DMS）已在越来越多的国家和地区被采用。旅游目的地信息系统主要通过网站向旅游者提供全面的旅游目的地信息，包括旅游资源、旅游设施、旅游节事活动、气象、交通、旅游企业、旅游产品及价格等，是旅游目的地宣传的有效手段。旅游目的地营销系统则提供从资讯服务到交流预订的更加完备的功能，比 DIS 更具商务特性。它是政府主导、企业参与的旅游电子营销的一种较为成熟的模式，将在有关章节中对其做更详细的介绍。旅游目的地信息系统和旅游目的地营销系统是旅游电子商务体系的重要组成部分。

5.2.3.2 旅游企业

旅游企业是旅游市场的主体。由于旅游产品本身的特点，和网络信息手段商业应用的倍速增长趋势，电子商务为旅游企业提供了非常有吸引力的全新市场空间。旅游企业网上业务是非常重要且比较复杂的工作。这是因为：一方面，旅游企业作为旅游商务活动的一方，只有上网才能进行网上商务活动；另一方面，旅游企业作为市场主体，必须为其他参与交易方提供服务和支持，如提供产品信息查询服务、支付结算服务、相关递送服务等。图 5-3 是一个旅游企业电子商务系统结构图。电子商务系统由基于 Intranet（企业内部网）的旅游企业管理信息系统、电子商务站点和企业经营管理组织组成。

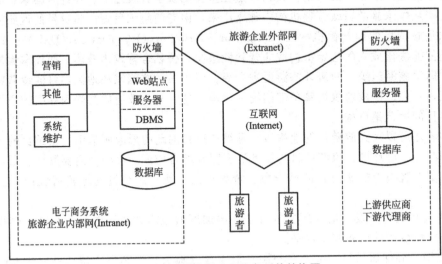

图 5-3　旅游企业电子商务系统结构图

（1）旅游企业网络系统

当今时代是信息时代，跨越时空的信息交流与传播需要通过一定的媒介来实现，计算机网络恰好充当了信息时代的"公路"。计算机网络是通过一定的媒体（如电线、光缆等）将单个计算机按照一定的拓扑结构连接起来，在网络管理软件的统一协调管理下，实现资源共享的网络系统。根据网络的覆盖范围,一般可分为局域网和广域网。由于不同计算机,其硬件不一样,为方便联网和信息共享,需要将互联网的联网技术应用到局域网中组建企业内部网(Intranet),它的组网方式和 Internet 一样,但使用范围局限在企业内部。为方便旅游企业同业务紧密的合作伙伴进行信息资源共享、保证交易安全,在 Internet 上通过防火墙来防止不相关人员或非法人员进入网络系统,只有那些经过授权的人员才可以进入网络,一般将这种网络称为企业外部网(Extranet)。如果企业的信息可以对外界公开,那么企业可以直接连接到 Internet 上,实现信息资源最大限度的开放与共享。

旅游企业在组建电子商务系统时,应该考虑采用不同的策略通过网络与其商务对象进行联系。一般来说,旅游企业可将商务活动对象分为三个层次并采取相应对策:对于特别重要的合作机构,如旅行社分布在不同地方的营业网点,可允许它们进入企业的内部网系统直接访问有关信息;对于与企业业务相关合作企业,企业与它们共同建设 Extranet,实现企业之间的信息共享;对普通的旅游者和一般合作企业,则可以直接连接到 Internet。由于 Internet 技术的开放、自由的特性,在 Internet 上进行交易容易受到外来的攻击,因此旅游企业在建设电子商务系统时必须考虑到经营目标的需要,以及保障企业电子商务的安全。否则,就会影响企业电子商务系统的正常运转,甚至导致经营活动的风险。

(2) 旅游企业管理信息系统

企业管理信息系统是功能完整的电子商务系统的重要组成部分,它的基础是企业内部信息化。企业管理信息系统是一个有机整体,在企业中收集、处理、存储和传输信息,以支持企业进行决策和控制。企业管理信息系统最基本的系统软件是数据库管理系统 DBMS (Database Management System),它负责收集、整理和存储与旅游企业经营相关的一切数据资料。

从不同的角度,可对信息系统进行不同的分类。根据功能差异,可将信息系统划分为营销、内部流程管理、财务和人力资源等信息系统。要使各职能部门的信息系统能更有效地运转,必须实现每个职能部门的信息化。例如,要使网络营销信息系统能有效运转,营销部门的信息化是最基础的要求。一般来说,为旅游企业营销部门服务的旅游营销管理信息系统的主要功能包括客户关系管理、预订管理、往来账款管理、产品信息管理、销售人员管理,以及有关市场信息的收集和处理。

(3) 电子商务站点

电子商务站点是指企业基于 Intranet 建设的具有营销功能、能连接到 Internet 上的 WWW 站点。电子商务站点起着承上启下的作用。一方面,它可以直接连接到 Internet,旅游企业的同业合作伙伴和旅游者可以直接通过网站了解旅游企业信息,并通过网站与企业进行沟通、开展交易。另一方面,它将市场信息同企业内部管理信息系统连接在一起,将市场需求信息传送到企业管理信息系统,使企业能根据市场变化组织经营管理活动。它还可以将企业有关经营管理信息在网站上进行公布,使企业业务相关者和旅游者更好地了解旅游企业。

旅游企业电子商务是由上述三个有机部分组成的,企业内部网络系统是沟通企业内部信息传输的媒介,企业管理信息系统是信息加工处理的工具,电子商务站点是企业拓展网上市场的窗口。因此,旅游企业的信息化是一个复杂的系统工程。

当然,现阶段许多旅游企业对电子商务的实施还远未达到上述水平。一些旅游企业只建设了电子商务站点,而未实现外部电子商务与内部管理系统的衔接,有些旅游企业网站上只提供旅游信息,而无法实现预订和交易。但总的来说,信息技术与旅游行业的结合已为旅游饭店、旅游交通、旅行社、旅游景区景点等企业提供了比较完善的信息化解决方案,并正在推广普及。

5.2.3.3 旅游消费者

潜在的旅游消费者在产生旅游需求以后，首先要了解旅游的种种信息，之后才会有购买行为。对于旅游目的地，旅游者要了解其旅游资源特色、文化与风俗、节日与重大活动、基础设施和旅游服务水平；对于旅游组合产品，旅游者要了解组合产品的内容、旅游活动方式、旅游交通条件、旅游活动范围等，同时，还要了解旅游产品的特色、与其他旅游产品的区别，经过比较分析后，才会做出购买决策。

信息手段在旅游业中的运用为旅游者提供了更充分的信息服务并让旅游者享受查询、预订、咨询及服务等多方面的便利，节省了大量的时间和高额的费用。它也使旅游者从过去信息比较封闭和稀缺的状态进入信息完备而丰富的状态，了解更多的旅游景区景点和旅游产品，增加了选择性，最大限度地满足了消费者的需求。

① 旅行前：信息服务提供旅游目的地信息、与旅游相关的公共信息（包括天气、航班、列车、公交、其他交通信息、汇率等）、旅游企业信息（如餐厅、酒店、旅行社等）、旅游产品信息；提供旅游者与旅游企业之间的交流渠道，旅游者可通过电子邮件、聊天窗、留言板等与旅游企业进行交流，进行旅游咨询，得到关于旅行安排的建议；提供旅游产品预订，旅游者可通过电子商务平台预订旅游产品，确认订单，进行网上支付即可。

② 旅行中：游客可了解目的地各种情况，查询旅游服务设施，还可以做下一站的行程安排。在旅行过程中，游客需要了解飞机检票、离港起飞的时间以及始发和终点港口的情况。旅游过程的每一个环节都可能导致旅游行程被中断或改变，如由于天气原因而导致飞机延误或取消，由于治理原因而导致行李被误递、交通事故，以及旅游者主动改变行程等。旅游移动电子商务提供商能够帮助用户既节约时间又节省费用地处理在旅途中的突发事件。旅游者在旅游活动过程中还需要各种与当前所处地理位置直接相关的服务内容，如安全救援服务、交通和导航服务、移动导游服务、移动广告服务、基于位置的信息查询服务等。另外，旅游者在旅游活动过程中，可能产生一些事先未设想到的消费欲望，如更改旅游线路、增加旅游景点、获得额外的信息和服务等。传统的旅游电子商务无法解决这些费用的支付问题，游客可能不得不放弃，造成游客的意见或遗憾。而移动电子商务能随时随地完成支付过程，使得旅游活动更加完美。

③ 旅行后：旅游电子商务网站提供了信息交流和反馈的渠道，游客可通过电子商务网站进行投诉、提出建议、填写调查问卷等。旅游企业可将过去接待的旅游者信息纳入客户关系数据库中，定期向其传递符合其偏好的旅游促销信息。

旅游者（潜在旅游者）对电子商务的应用包括获取信息和旅游预订，国外通常把使用旅游电子商务的旅游者分为浏览者和预订者（Looker and Booker）。通常，浏览者是应用网络手段获取旅游信息的人，而预订者通过网络购买旅游产品。但浏览者可能不通过网上途径预订，或不立即购买旅游产品。通过对浏览者和预订者增长情况统计资料的掌握，可以了解旅游者对电子商务的使用和认同程度。

5.2.4 旅游信息化组织

信息化的优势在于互联。开展电子商务不是单个旅游企业的事。如果个别旅游企业建设了完备的电子商务系统，而其业务合作伙伴还没有实现信息化，旅游者对网络的应用也还比较陌生，那么这些企业的电子商务活动依然是难以开展的。只有信息化工作得到了旅游业各方面的参与，才能发挥出作用并得到效益。实施电子商务的旅游企业越多，利用电子商务手段的旅游者越多，旅游业务的信息网络化才能大规模实现，真正起到提高效率、降低成本、加强市场沟通的作用。

5.2.4.1 旅游信息化组织的职能

旅游业的运行涉及旅游目的地营销机构、旅行社、航空公司、酒店、主题公园、景点、汽车租赁、火车、游轮公司、文娱场所、旅游购物中心、展览业等各种旅游、文化、信息传播等多种机构和环节。这些机构分布在不同的地域，规模大小不一，对信息化的认识和应用程度不同，对电子商务的使用参差不齐。旅游电子商务在行业内的普及，需要专业的、广泛服务于行业的引导者、服务者、推动者、规范者。这些工作通常由政府旅游管理部门和旅游信息化方面的专业性机构来完成，在这里我们将其统称为旅游信息化组织。它们的职能如下。

① 推动旅游营销机构和旅游企业更好地在旅游电子商务体系中定位自己，从先进的高新通信技术中获益。包括举办各类交流研讨会，开展教育和培训，介绍旅游电子商务的发展现状、应用技术、实践动态和实施效果；制作与旅游电子商务有关的出版物、专业期刊报纸和信息网站；致力于加强旅游业和专业信息技术公司之间的交流与合作，促进开发适合旅游业特点的电子商务解决方案；向旅游业界介绍旅游信息化技术，为旅游企业推荐资质优良的电子商务服务商。

② 推进旅游电子商务标准化。旅游电子商务的开展，要实现不同旅游机构之间的平台互联，进行产品信息和交易信息的传输，并要与国际旅游电子商务系统接口，需要开发并推广一套统一的信息格式标准。旅游电子商务标准化还包括旅游电子商务通行规范的制定和推行。

③ 制定旅游电子商务政策法规。政策法规是繁荣旅游电子商务的法律保证。旅游电子商务作为一种新生事物，需要给予政策法规的保护和扶持，在旅游信息网络建设、旅游信息开发、旅游信息网络上的电子交易等各个方面提供法律和政策的保障。旅游信息化组织可参与制定旅游业信息化发展的全局性和长远性的总体规划，确定其法律地位，以促进旅游信息网络建设和旅游信息开发；制定旅游电子商务活动的有关法规，促进旅游业电子商务的健康发展等。

5.2.4.2 主要的旅游信息化组织

(1) 国际旅游信息标准化组织"开放旅游联盟"

"开放旅游联盟"（Open Travel Alliance，OTA）致力于帮助旅游行业更好地利用互联网。"开放旅游联盟"是一个自筹资金进行运营的非营利性组织。它联合主要的航空公司、旅游饭店、旅游租车公司、娱乐服务企业、旅行社、全球分销系统、电子商务技术提供商和其他相关机构，共同制定并推广适用于全行业的、开放的旅游电子商务标准。例如旅游电子商务网站建设可采用分布式数据库提供多下级机构或多营业点的分布式管理。在这种情况下，应至少满足以下要求之一。

① 各个分点的数据库应能独立运作，并能定时或人工启动复制到其他节点。
② 各个分点的数据库能独立运作，并能在在线时传递修改记录。
③ 各个分点的数据库在在线状态下能独立运作，并能于在线时将修改记录整合至其他节点。
④ 可以自由定义需要复制的信息。这些标准利用 XML（可扩展标记语言）可实现：不同国家和地区、不同旅游企业的电子商务系统之间的互联和信息互通。旅游者和旅游同业可以通过互联的旅游电子商务平台查到更多的旅游产品信息，便于选择。此标准的推广也能使

旅游企业间更好地交换以旅游者行程为中心的信息。

(2) 政府旅游业信息化机构和信息化工程

政府旅游业信息化机构，如我国国家旅游局、地方旅游局的信息中心，负责旅游业信息化的规划、管理、组织和事业发展的职能，在全行业贯彻落实中央关于信息化工作的方针政策，推进旅游业的信息化工作，推进旅游业务处理的电子化、数字化；促进旅游业电子政务和电子商务的发展。在旅游电子商务方面，政府旅游业信息化机构的主要职责如下。

① 制定旅游信息化发展的长期和中短期发展目标和发展规划，指导新型信息化旅游产业的发展，指导各旅游机构在信息化过程中的推进步骤与协调配合，强调旅游业信息化的系统工程性质。

② 加快旅游信息基础设施建设：通过协调电信、广电等网络通信部门，积极推进"三网融合"，实现基础网络资源共享，突破带宽瓶颈。形成覆盖地区广、支持多种接入方式、满足各种网络互联需求的公共城域网。依托公共城域网，建立能满足各种旅游信息业务的多媒体信息服务平台。鼓励各级旅游管理部门、旅游企业以及旅游相关部门都要建立网络链接，鼓励旅游企业在Internet上建立主页或建立独立的网站，推动旅游行业电子化、数字化。

③ 强化旅游信息与网络资源开发：通过政府的支持，建立旅游公共信息基础数据库。通过高性能网络和先进网络服务技术，达到旅游信息优化传输和高效应用，促进信息资源的深度开发、有序流通和充分共享。

④ 构建旅游公众信息与旅游电子商务平台：在建设旅游公共信息基础数据库的同时，加快旅游企业经营时共享数据库建设，完善旅游企业业务信息服务体系。根据信息化经营服务的要求，通过网络平台和商务系统应用重新调整旅游企业之间、企业与旅游者之间的相互关系，实现真正意义上的市场平等。推进旅游企业自觉地参与旅游产业结构的优化调整，推动大、中、小型旅游企业的合理配套分工，形成市场环境下以产品和服务质量为核心的平等竞争，形成旅游产业内相互促进、共同发展的良性循环发展格局。

⑤ 营造良好的旅游信息化发展环境：旅游信息化是一项涉及方方面面的系统工程。政府旅游业信息化机构应成为旅游信息化的组织者，要对旅游信息化的建设过程进行管理和调控，形成一个公平、合理、有序的竞争环境。按照市场运作模式，指导、鼓励、扶持旅游企业、网络企业在旅游信息化建设方面发挥作用。加强旅游信息化方面的宣传力度，建立推进旅游信息化的机制，积极培育和扩大信息消费市场。

⑥ 制定旅游信息化的保障措施，包括政府调控，制定适当的优惠政策和措施，合理调控网络资费标准，倡导企业上网工程，促进旅游电子商务发展；拓宽融资渠道，改善投资环境，鼓励和引导在旅游信息化方面的多渠道融资、多元化投入、多形式运营；制定技术规范，建立健全的信息有序流通、资源开放共享的良性机制，建立旅游信息化实施和监督体系，促进信息交流网络化、信息交互规范化、信息管理制度化；加强应用研究，会同有关部门、旅游信息协会和旅游企业，组织有关专家和实际工作者，不断地对信息技术在旅游业中的应用进行总结和研究；强化法制管理，在信息安全、信息真实性、信息价值、信息使用权及不良信息处理，以及在旅游经营者、中介者、消费者、管理者和社会其他对象之间的权益关系等方面，要健全法规，以法律方式来界定、规范和处理。

旅游信息化工程是国家或地区推进旅游信息化、推进旅游电子商务的集中举措。我国的旅游业信息化工程是由国家旅游局信息中心主导建设的"金旅工程"。"金旅工程"是国家信息化工作在旅游部门的具体体现，也是国家信息网络系统的一个组成部分。"金旅工程"规划建设覆盖"全国—省（自治区、直辖市）—重点旅游城市—旅游景区"四级目的地信息系统,充分反映旅游目的地基本信息和旅游企业、产品信息,做到信息权威、准确、实时、通畅。

在促进电子商务方面,"金旅工程"依照国际旅游电子商务行业标准,提供一个全球范围的电子商务运作平台构建的行业标准,提供对旅游电子商务应用环境与网上安全、支付手段的支撑。一方面,它帮助国内旅游企业建立起自己的旅游电子商务,通过互联网络吸引国外用户进入中国进行旅游消费;另一方面,建立与国际电子旅游行业的数据接口,加速我国旅游产业的现代化发展。全国的旅游企业可以通过加入该系统实现电子商务,并在"金旅工程"的支持下获得面向国际营销的机会,拓展海外市场,全面提高中国旅游企业的国际竞争力,同时也让国外旅游者在入境旅游上享受到电子商务的便利。"金旅工程"系统远期目标部署完成后,预计加入电子商务平台的旅游企业将超过8000家。

5.2.4.3 其他

在国外,也有通过系统规划建设旅游业电子商务平台、带动旅游企业信息化的电子商务工程实践,例如欧洲的旅游业开放网络工程(Open Network for Tourism Project,简称 On Tour Project)。它是由欧洲共同体委员会(Commission of the European Communities,CEC)和其他参与机构共同投资的,其协调委员会由来自欧洲四个国家的六家正式机构和三家协作机构成员共同组成。参与规划和开发建设的机构主要来自旅游管理部门和大型旅游企业。在软件开发和平台建设上,旅游业开放网络工程则集合了著名的软件开发商 German Software、IT 咨询公司 VSS、Bremen 行业技术协会和希腊计算机科学研究院的技术力量。

旅游业开放网络工程的建设,主要目的是增进欧洲共同体各国旅游行业间的信息交流与协作,改善原来那种信息隔离、渠道狭窄的状况。旅游业的竞争力取决于向目标市场提供及时可靠的旅游信息的能力和适应市场变化调整战略的能力。旅游业开放网络工程致力于建设一个功能完备的、开放性的网络平台,使欧洲各国的旅游服务提供商、目的地营销机构、旅游批发商和旅游代理商能通过网络平台进行多渠道网状沟通。欧洲的旅游业开放网络工程如图 5-4 所示。

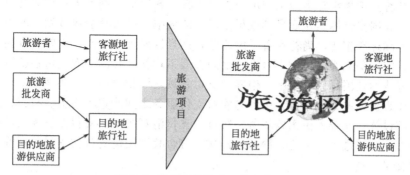

图 5-4 欧洲的旅游业开放网络工程

旅游业开放网络工程的具体目标:利用先进、开放的技术,实现欧洲旅游业的互联互通,增进信息的畅通传播和方便获取,将一对一信息交流转变为多对多信息交流,提高交流效率;建设各类旅游企业参与的电子商务交易平台,提供方便的信息发布、查询、预订、支付功能,提供旅游商务文件的先进传输方式,并保证能更安全地进行旅游电子交易。除此以外,工程还考虑了未来用户数量、功能和技术上的可扩展性。

5.2.5 支付、规范和物流配送体系

网络支付系统是需要银行、旅游企业、旅游者和信息技术企业的共同参与，系统中缺少任何一个环节都无法正常进行。旅游业运行还有跨国家跨地域的特点，需要不同地域电子商务支付系统之间的连通与合作。

5.2.5.1 支付结算体系

网上支付是指电子交易的当事人，包括消费者、厂商和金融机构，通过网络使用安全的电子支付手段进行的货币支付或现金流转。网上支付系统主要包括四个部分。

① 电子钱包（E-Wallet），负责客户端的数据处理，包括处理客户开户信息、货币信息以及购买交易的历史记录。

② 电子通道（E-POS），这里主要指从客户端电子钱包到收款银行网关之间的交易部分，包括商家业务操作处理（负责商家与客户的交流及订购信息的发出）、银行业务操作处理（负责把交易信息直接发给银行）、来往信息保密处理。

③ 电子银行（E-Bank），这里的电子银行不是完整意义上的电子银行，而是在网上交易过程中完成银行业务的银行网关，可以是网上银行、电话银行、手机银行等，主要包括接受转账卡、信用卡、电子现金、微电子支付等支付方式。

④ 认证机构（Certificate Authority），负责对网上旅游企业、旅游者、收款银行和发卡银行进行身份证明，以保证交易的合法性。

支付结算是网上交易完整实现的很重要的一环，关系到购买方的信用、能否按时支付、旅游产品的销售方能否按时回收资金，并促进企业经营良性循环的问题。对于一个完整的网上交易活动，它的支付应该是电子化支付。但由于目前电子商务支付环境和社会认同程度不断变化的原因，网上交易还处于初级阶段，许多旅游企业和旅游者还没有接受网上支付这种方式。支付结算是脱离网络进行的，旅游者事先预订了旅游产品，再与旅游企业面对面支付费用。旅游企业之间的支付则采取月结和银行划账的方式。

近年来，各国的支付业务都经历了重大的变革。新的电子支付工具不断引进并投入使用，而且由于科技的发展，其使用成本持续降低。尽管纸质支票依然是最常使用的支付工具，但企业及客户正越来越多地采用电子支付工具，银行卡、网上支付等非现金零售支付业务发展迅速。我国支付体系建设虽然取得了巨大的成绩，但与社会经济发展的现实需要以及支付领域的国际标准相比，尚存在着一定差距，而且发展还不均衡。主要表现在支付体系本身各个要素，特别是大额支付与零售支付之间发展不均衡。我国大额支付系统设计先进、功能完善，接近或达到国际先进水平，但零售支付领域发展相对滞后，非现金支付工具使用率较低，电子化程度较差；城市支付服务与农村支付服务之间严重不均衡。我国在完善支付系统等金融基础设施，完善人民币跨境贸易结算的支付清算机制、支付监管和人民币跨境支付清算体系等方面还需进一步努力，同时还需建立符合我国国情的现代支付体系管理体制，从体制上完善支付体系。

5.2.5.2 电子商务规范

规范是对重复性事物和概念所做的统一规定，它以科学、技术和经验的综合成果为基础，以促进最大社会效益和获得最佳秩序为目的。电子商务规范是电子商务活动的各种标准、协议、技术范本、政府文件、法律文书等的集合，其中标准最重要。电子商务规范的绝大多数内容是以标准的形式存在的，有时规范指的就是标准，而标准也往往被称为规范，两者在许多场合相互混用，并无明显的差异。

影响电子商务发展的因素是多方面的,其中,有的来自于技术手段的可靠性,有的来自于国家法律的认同程度,有的来自于商务管理的严密程度,还有的来自于电子商务相关规范的完备程度等。在上述诸多因素中,电子商务相关规范的完备程度是影响电子商务发展的最基本的因素之一。电子商务规范为其顺利有序地开展提供了技术上的标准。从某种程度上讲,规范化是推动电子商务社会化发展的关键,其作用表现在以下方面。

(1) 规范是电子商务整体框架的重要组成部分

在我国电子商务发展总体框架中,电子商务的相关规范被列在了整个结构的首位,与政策法规的地位并列,发挥着对框架中其他组成部分(如实施者和监督者、市场和应用、技术产品和产业、人才、基础设施等)的指导与规范作用,成为电子商务得以开展的前提条件。可以说,没有电子商务相关规范,社会化的电子商务根本无法形成与开展。制定电子商务规范、建立健全电子商务规范体系是当前电子商务发展对标准化工作的需求,也是进一步推动我国电子商务发展的具体措施。

(2) 电子商务相关规范的目的是为电子商务提供统一平台

电子商务的建设是一项庞大的系统工程,它不但涉及计算机、通信、信息通信与编码、加密、认证等多种技术手段,还涉及企业、商家、银行、消费者,甚至于海关、法律等众多社会领域。为使构成电子商务系统的各组成部分能够协调一致地工作,确保电子商务健康、协调地发展,基础工作就是规范化,即通过对电子商务各个方面及环节制定、发布和实施各种规范。可以说,电子商务相关规范为建设电子商务提供了一个基础平台,对参与各方起到规范与指导的作用,是实现电子商务社会化发展的根本保证。

(3) 电子商务规范是电子商务的基本安全屏障

电子商务规范为电子商务提供了最基本的安全保护。通过相关安全规范的制定,可以预先对那些对电子商务活动安全可能产生不利影响的潜在因素加以防范,做到未雨绸缪。即将一个事件(如技术)或过程(如管理)中所存在的多种形式,在比较与筛选之后,择优而用,确定最优化和最可靠的形式,以规范方式固定下来。在这个过程中,会将一些不稳定的因素排除在外,并在具体的实施中,有效地避免了其他不稳定性因素的影响,从而保证了事件/过程在实施中的最佳状态。电子商务相关规范同样可以起到安全屏蔽作用,为电子商务活动提供最基本的安全保障。

(4) 电子商务规范关系到国家的安全及经济利益

规范具有主客观两重性。所谓电子商务规范的客观性是指规范的内容在理论上不存在歧视或不平等性,所反映的是具体技术及其指标、性能和要求;主观性则是指规范的制定者(如国家或组织等)由于具有不同的社会背景,从而在制定规范的过程中会或多或少地从本国的利益及安全方面出发,确定规范中具体有关的指标、参数和性能描述等。因此,不同国家、地区间的规范往往成为利益及安全冲突的一种隐蔽性手段。此外,尽管国外现已有十分成熟、相当完整的电子商务解决方案,但是作为应用级的电子商务系统,这些技术或解决方案未必都能适宜在我国应用。有关加密的算法和密钥的长度等关键技术应属于国家机密,不应由外国公司或政府控制;拥有自主版权的国产电子商务安全产品也极其重要。可见,充分发挥电子商务规范的这种防范功能,可以有效地保护我国电子商务发展的利益和安全。

5.2.5.3 物流配送体系

与其他行业不同,旅游电子商务对物流配送的需求相对较少。旅游产品具有异地购买、当地消费的特点,一个旅行社推广旅游线路,无论消费者身在何处,都需要亲临当地进行消费;消费者预订酒店时,可以在地球的另一端,但是只有亲自入住酒店才能完成这次消费。

旅游产品的这种消费特点能够有效地避免电子商务实施过程中商品远距离配送等问题。随着旅游电子商务的纵深发展，旅游商品的展销、运输和仓储等物流配送问题也显得很重要。对于开展旅游电子商务的企业而言，有两种途径管理和控制物流。第一种是利用自己的力量建立自己的物流系统。第二种是通过选择合作伙伴，利用专业的物流公司（快递公司）提供票据递送服务，这是利用社会专业化分工节省资源和提高效率的方式。

建立完善的旅游商品物流体系是我国旅游电子商务发展的关键环节之一。在旅游电子商务环境下，相关旅游企业应建立健全旅游商品物流体系的完整架构，满足服务客户的需要，该物流体系主要包括旅游商品展销系统、旅游商品运输和仓储系统、现代化物流信息系统和递送网络四个子系统。协调好旅游商品的供应链、旅游连锁商业、旅游业虚拟经营与物流管理的关系对旅游商品物流体系的现代化和规模化建设有重要的作用。

总之，旅游电子商务体系是在网络信息系统的基础上由旅游组织（旅游企业与旅游目的地营销机构）、使用互联网的旅游者、旅游信息化组织、电子商务服务商与提供物流和支付服务的机构共同组成的信息化旅游市场运作系统。具体组成如图 5-5。

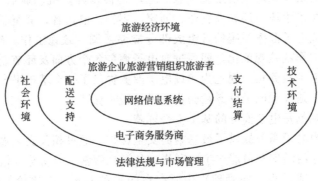

图 5-5　旅游电子商务体系结构图

5.3　旅游电子商务体系的功能与特点

一般来说，商务活动的过程可被解构为信息流、资金流、物流和人员流。电子商务，是商务活动的电子化，是以现代信息网络手段提供信息流、资金流、物流等的电子化解决方案，提高其效益和效率的过程。信息流、资金流和物流是电子商务体系的核心功能。

5.3.1　旅游电子商务体系的信息流功能

旅游是信息依托型产业，信息流在旅游电子商务体系的三种功能中具有特别突出的重要性。我们将从旅游信息资源、旅游电子商务的信息媒介和信息流过程三个方面来探讨旅游电子商务体系的信息流功能，并认识旅游电子商务信息流的特性和重要意义。

5.3.1.1　旅游信息资源

旅游信息是旅游资源、旅游活动和旅游经济现象等客观事物的反映。旅游信息的范围很广，其中，旅游目的地信息、旅游企业信息、旅游产品信息、旅游者信息、旅游供求信息五大类信息，与旅游者的旅游决策和旅游活动，与旅游企业开展经营和旅游目的地营销机构的活动密切相关，它们是旅游电子商务的重要信息资源。

旅游是一个综合性极强的产业，涉及的信息也是极其综合与复杂的。表 5-1、表 5-2 以旅游目的地和旅游企业为例,说明了旅游信息的复杂结构和复杂要素。表 5-3 则是旅游电子商务网站的旅游者信息记录,包括旅游者自己填写的项目和网站自动记录的项目。

表 5-1 旅游目的地信息结构

旅游地概况及地区旅游形象	省市概述,地区旅游形象主题,宣传语和形象标识,视觉形象设计,平面、音频和视频旅游宣传制品
旅游资源	山岳景观、江河、湖泊、溪流泉水、森林、草原草甸、雪山冰川、湿地、大漠戈壁、文物古迹、博物馆、洞穴奇石、摩崖石刻、城建雕塑、度假村区、游乐场所、观光农业、园林、历史文化名城、名人故居、历史遗迹、公园景区、寺庙古刹、纪念建筑、主题公园、人造景观等
地方文化	民俗风情(节日节庆、风俗民情、传说典故)、饮食文化、民间艺术、历史、宗教、地方文艺、名人、旅游文学
旅游企业	食、宿、行、游、购、娱各类旅游企业的黄页信息
旅游产品	旅游服务设施、特色旅游线路、单项旅游产品
旅游交通	交通概况:(就省而言)省际公路铁路网络,航空网状况,旅游区间的通达状况;(就城市而言)机场、火车站位置等 交通信息:列车时刻查询、公交车路线全表、其他交通各地发往该城市的航班
当地旅游须知	气候、季节、出游工具、出游交通注意事项、食宿行娱、健康、急救、出境入境、旅游管理方面的特殊规定、旅游常识咨询问答
旅游新闻、公告	旅游业新闻、旅游节事活动、地方重大活动、会议展览、旅游开发与建设、政府及企业活动、旅游行业动态、旅游管理、旅游政策、特殊新闻、招商引资

表 5-2 旅游企业信息结构(以旅行社为例)

旅行社基本信息	名称及类别	旅行社中文名、旅行社英文名、旅行社类别、旅行社业务范围、旅行社所在地
	标识与标志	旅行社形象标识、旅行社宣传语、旅行社简介、旅行社宣传图片
	企业注册	旅行社注册名称、工商营业执照号码、法人代表、固定资产、开户行、银行账号
	联系方式	旅行社地址、邮政编码、联系人、联系电话、传真、电子信箱、企业网址、预定电话、预订传真
旅游产品信息	旅游线路信息	线路类型、线路销售方式、线路名称、线路广告名称、主题旅游线路类型、出发地、目的地、关键字、行程天数、行程安排、服务等级、相关图片、特别说明/游客须知/注意事项、线路咨询电话、公众价格、同行价、报价币种、出团时间及相关说明
	其他代理产品	客房预订、票务预订
动态事件	企业活动	活动名称、举办时间、活动内容简介、活动安排、备注
	优惠促销	促销产品、优惠价格、优惠时段、优惠宣传文字
宣传与广告	企业新闻和软性宣传	题名、作者、内容、稿件来源、版式设计
	促销广告	广告内容、附注信息、版式设计、广告批号

表 5-3 旅游电子商务网站的旅游者信息记录

信息类别	信息项	信息提取目的
网站注册信息	网站注册使用的用户名、密码、密码遗忘时的提醒	旅游者以注册用户名登录,可以避免在预订过程中重复填写相同的信息,提高预订效率
客户基本信息	姓名、身份证号码、护照/签证信息、年龄、职业、电话、电子邮件、住址等	旅游者概况的描述 市场细分的依据

续表

信息类别	信息项	信息提取目的
旅游偏好	如旅游者最希望何时开始旅游;最想搭乘哪个航空公司的哪个航班,经常飞行的次数;最喜欢租用哪种类型的汽车,最愿意住在什么饭店等	服务器存储了旅游者的偏好信息之后,会自动跟踪,为有这些偏好的旅游者寻找符合条件的产品和服务,旅游机构也可利用信息数据库,更有针对性地进行主动营销
感兴趣的旅游目的地	旅游者最希望了解哪些旅游目的地的资讯	根据选择的目的地,提供当地的天气、人文环境、旅游特色和货币兑换等信息
积累客户的消费量	电子商务系统自动统计游客在网站上的预订量,如客房人数、住宿天数、飞行距离等	可作为积分、促销奖励的依据

　　网络信息技术构建了旅游电子商务体系的骨架,而旅游信息资源则是旅游电子商务体系的灵魂,是旅游业电子商务的主要内容和依据。因此,旅游电子商务的关键之一是强化旅游信息的开发。在旅游电子商务发展的初期,旅游网站纷纷建立,而旅游网站上真正能解决问题的信息却相对较少。中国社会科学院汪向东教授指出:"在我国,从整体上看,信息资源开发落后于网络建设的现象仍很突出,尤其是信息加工处理、数据库及咨询等业务的发展严重滞后,信息资源开发投入不足,开发深度和广度不够。信息业务品种少、相关成本价格高、适用信息资源欠缺是近期大规模开发信息业务市场亟待克服的三大障碍;而信息资源开发所需标准化体系建设、市场培育和相关政策法规体系建立方面的不足,则是信息资源开发的长期性、基础性制约因素。"加强旅游电子商务体系的信息资源开发是一个长期的、多方参与的系统性工作。

　　旅游信息资源的开发,可以从以下几个方面来衡量。

　　(1) 旅游信息的数量

　　旅游电子商务体系的信息应该是"丰富而纵深的",强调信息的全面、详细程度和个性化程度。旅游信息越丰富,越能增进旅游者对旅游目的地的了解,进而发现旅游者所感兴趣的旅游设施和旅游节目。由于旅游行为日趋多样化,客观上也要求供应商提供全方位的、详细的旅游信息,以满足各类旅游者群体对各种不同旅游信息的需要,进而采取相应的旅游行为。旅游企业和旅游主管部门都应尽力满足旅游者对各种旅游信息的要求。旅游主管部门应提供所管辖区域的全方位的旅游信息,包括食宿、风景名胜区、公园、博物馆、艺术画廊、旅游节目以及出入境管理、卫生检查法律条款、公共交通、天气情况等;提供全方位与详细的信息,如公共交通信息方面提供方式、价格、时刻表、目的地等详细信息。旅游企业重点在于提供详细的信息,如客房方面提供设施、价格等详细信息。同时,信息受众广泛而有所区别,要满足旅游者的个性化需求。旅游信息提供必须同时承担更大范围的公众服务和更加细致有别的个性服务,提供不同旅游者群体和旅游同业所需的不同旅游信息。

　　(2) 旅游信息的质量

　　旅游信息还应准确、及时,这是对旅游信息在质量上的要求。旅游设施、旅游节目、旅游交通时刻表、天气状况、出入境管理等旅游信息必须准确,以帮助旅游者确定相应的旅游计划或者完成预订的旅游活动。相反,旅游信息不准确,就可能影响到预订旅游计划的完成,例如无法按时抵达目的地。旅游信息的及时性也就是信息的现实性。旅游业是动态的,旅游产品要素、特征和价格随季节、时间而不断变化。房价、票价、旅游节目等旅游信息具有很强的时效性,容易过时,只有及时准确的信息才有应用价值。

　　(3) 旅游信息的标准化

　　电子商务体系是互联的系统,为方便信息在不同用户间的共享和交互,利于信息的数据库储存和接口传输，需要实现旅游信息的标准化。

5.3.1.2 旅游电子商务的信息流程

旅游电子商务体系需要处理复杂的信息流程，为旅游业中的信息沟通、交易提供服务。其中，不仅包括旅游信息的有序传递，还包括信息的合理组织、再造、提供查询等功能。

旅游电子商务的信息流功能，包括提供旅游业中日常的、开放的信息发布与查询平台，使公共的、可公开的旅游信息能在平台上得到最充分的传播与共享，也包括处理涉及旅游交易的点对点信息沟通。旅游电子商务的信息流可分为基本信息流和交易信息流两大类。

（1）旅游电子商务中的基本信息流

基本信息流是开放的，不涉密的，多对多或一对多的，通常包括：旅游机构（旅游目的地营销机构、旅游企业）在其网站上发布介绍旅游地各种情况的资料，形象宣传以及旅游产品信息，供旅游者查询。旅游机构通过信息中介，即专业的旅游网站发布信息，供旅游者查询。旅游企业之间通过相互访问网站，了解产品和服务，发掘同业合作机遇。旅游者查询旅游信息，向旅游机构网站或信息中介反馈信息，包括登记个人资料、留言、响应市场调查等。旅游机构利用客户信息数据库，主动通过电子邮件等手段向潜在客户发送信息，实现主动营销等。

旅游电子商务中的基本信息流如图 5-6 所示。

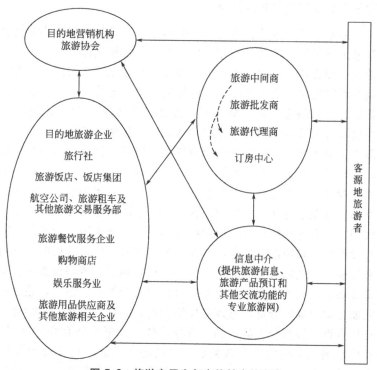

图 5-6　旅游电子商务中的基本信息流

（2）旅游电子商务中的交易信息流

与基本信息流不同，交易信息流是一对一的，封闭的，不作为公开信息发布的。旅游者的旅游产品预订、旅游企业之间的电子交易都是依赖于交易双方之间信息的传递而形成的。旅游电子交易的信息流程如图 5-7 所示。这些信息流程都可以通过旅游电子商务体系提供的功能实现,包括:权限管理和身份识别、电子商务认证、预订及后台管理系统、电子邮件、手机短信确认、网络信息自动转向传真、语音电话、打印设备等。

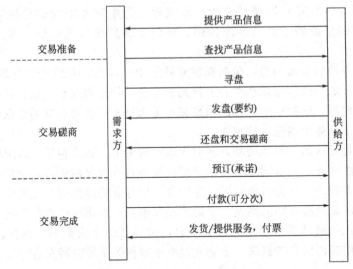

图 5-7 旅游电子交易的信息流程

5.3.1.3 旅游电子商务信息流的功能特点

旅游电子商务体系不仅能容载、传递大量的信息,而且具有智能化的信息处理功能。正因为如此,才使旅游电子商务体系具有非常广泛的应用性和生命力。

首先,旅游电子商务体系的信息流提供了便捷的全球化网络沟通联络方式。它的信息容量大,信息传输在瞬间完成且成本低廉。它能传递文字、图片、声音、视频等不同形式的信息,能通过计算机、移动信息终端、城市多媒体触摸屏等多种方式访问,信息沟通是双向的,非常适合旅游业跨地域运作的特点并适合流动中的旅游者使用。

其次,旅游电子商务体系的信息流包含对信息的智能化提取、组织和再造。由于旅游信息量十分巨大,并且是不断更新的,需要非常好的规划和组织,并且配合先进的计算机软硬件技术,才能实现旅游电子商务体系中信息的有效运营。具体来说,第一,旅游电子商务中信息的输入、存储、表现是有序的。旅游信息数据库采取树型分类结构存储旅游信息,每个信息项都有其时间、关联等属性定义。旅游网站的设计要分析浏览者的信息需求、认知和阅读习惯,以最有效的形式表现旅游信息,并能引导访问者。第二,旅游电子商务体系提供旅游信息的检索和导航,提供旅游服务查询、旅游景点查询、旅游路线查询、旅游企业黄页查询、关键词查询等功能,大大提高了用户获取目标信息的效率。第三,旅游电子商务体系向智能化发展,它能自动记录、分析、整理和反馈信息,如帮助游客进行行程规划并推荐旅游产品;为游客提供咨询,进行公开的产品与服务比较;根据访问者注册时提供的偏好信息,提供内容的个性化定制,定期发送按其偏好制作的电子杂志;自动统计内容访问和产品预订,指导旅游企业的市场策略等。这些功能使旅游信息的挖掘更充分,利用更有效,充分发挥了旅游信息资源在商务活动中的价值。

再次,旅游电子商务的信息流具有可统计性。通过传统的渠道如电视、报纸等传递旅游信息,无法精确监测信息的抵达及利用率。而电子商务网站的流量分析系统,可以对网站流量乃至任意页面的访问流量进行数据分析,分析出最受欢迎的信息栏目,甚至还能监测出访问者的来源地区。旅游电子商务网站的信息流统计分析如表 5-4 所示。

表 5-4 旅游电子商务网站的信息流统计分析

统计分析项目	具体指标
网站流量统计分析	•站点日每小时进出流量统计 站点 24 小时每小时进出流量报告,以柱状图显示,可查询任意一天每小时的小时进出流量报告; •站点周每日进出流量统计 站点一周每天的进出流量报告,以柱状图的形式显示,可查询任意一周每日的进出流量报告; •站点月每日进出流量统计 站点一月每日的进出流量报告,以柱状图的形式显示,可查询任意一个月每日的进出流量报告; •站点年每月进出流量统计 站点一年每月进出流量报告,以柱状图的形式显示,可查询任意一年每月的流量统计报告; •查询分析任意时间范围内的总流量、平均流量、最大流量
网站访问量统计分析	•站点日每小时访问量统计 一日内每小时的访问人数,可查询任意一天每小时的访问量报告; •站点周每日访问量统计 一周内每日访问人数统计,可查询任意一周每日的访问量报告; •站点月每日访问量统计 站点一个月内每日访问量统计,可查询任意一个月每日的访问量报告; •站点年每月访问量统计 站点一年内每个月访问量统计,可查询任意一年每月的访问量报告; •分析任意时间范围内的总访问量、平均访问量、最大访问量
网站页面访问统计	查询站点任一页面访问次数; 查询站点所有页面访问次数
浏览用户统计	访问站点的用户的浏览器统计; 访问站点的用户的操作系统统计; 访客的 IP 来自哪个省份; 各个省份的访问量统计; 最近 40 位访客资料:包括访问的访问时期、时间、IP、操作系统、浏览器、来自何方、访问的 URL
综合分析	分析电子商务网点最受欢迎栏目; 各项统计分析报表,按多项查询条件自动生成

5.3.2 旅游电子商务体系与资金流、物流和旅游流

前面已经介绍过旅游电子商务的支付结算体系和物流体系。在旅游电子商务中,通过信息流、资金流、物流和人员流的有机配合,覆盖完整的旅游业运作过程。

5.3.2.1 旅游商务过程

图 5-8 以旅游者购买旅游产品为例,是一个旅游电子商务过程中信息流、资金流、物流和人员流的完整模型。

一个完整的旅游交易过程包括信息流、资金流、物流和人员流。电子商务不但要解决信息的网上交换,还要解决资金的网上交换(电子支付)。旅游商务中的支付可以采取几种途径,旅游者可以通过网站预付,也可以在接受旅游服务时现场支付,也可以采取部分预付、部分现场支付的方法;旅游企业之间可以采取与交易同步的电子支付,也可以采取传统手段,通过银行转账,按月结算。跨越空间实时完成的电子支付,是解决旅游业中预订失信问题和旅游企业之间的账务拖欠问题的最佳选择,是未来旅游支付的趋势。为保证电子支付的正常进行,必须有提供支付的金融机构参与,参与交易者的身份识别由统一的权威机构——

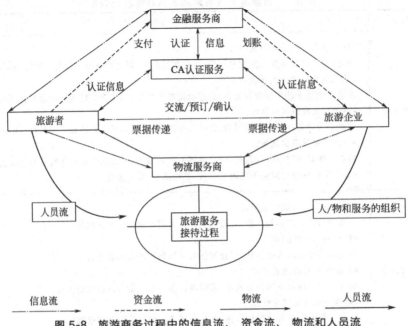

图 5-8 旅游商务过程中的信息流、资金流、物流和人员流

CA 认证中心发放的数字证书实现。旅游商务活动中涉及的一些票据须通过相应的物流体系进行配送，承担物流功能的可以是旅游企业，也可借用专业化、社会化的第三方物流服务商的力量。在旅游消费过程中，旅游者向旅游地流动，形成人员流。需要注意的是，在旅游商务活动过程中，这四种流不是独立存在的，它们的关联性决定了整个旅游商务活动过程。其中，信息流与资金流、物流和人员流密切相关，它反映了资金、人和物在流动前、流动中和流动后的状况，记录整个旅游商务活动的流程。信息流是对资金流、物流和人员流的反映和控制，并且贯穿于开放的互联网电子商务系统、业内分销系统和旅游企业内部管理信息系统之中。例如，一个游客在互联网上预订了旅行社的旅游线路，该游客的个人信息和预订信息会存入旅行社组团业务系统中，他通过信用卡向旅游企业预付，资金和关于预付完成的信息也会传向旅行社。旅行社又将旅游者信息传达给航空公司、饭店及旅游地接社来安排旅游活动，其中伴随着旅行社和旅游服务提供商之间的业务知会和资金支付关系。接下来旅行社将行程信息传递给旅游者，旅游者开始旅游行程。相关的食、宿、行、游等旅游服务企业在预订信息的指导下，做好接待准备并提供旅游服务，服务完成情况也将记录在内部管理系统中，与预订、变更、付款等记录一一对应，完成商务过程的闭环。旅游者的个人信息还可被存入旅游企业的客户数据库，方便今后的营销活动或再次接待。这一系列过程中，旅游电子商务体系发挥着重要的功能，实现旅游业务过程的电子化。

5.3.2.2 物流环节

旅游电子商务的物流主要涉及机票、票据的递送业务。例如我国经营机票业务较早的信天游网站，全国各地设立了 81 家配送商全天 24 小时为 35 个城市的旅客免费提供送票上门，这种物流服务构成了完整旅游电子商务体系功能的一部分。物流在旅游电子商务中的比重并不大，但也存在消费者的分布地区分散，递送批量小，频率高等问题，必然导致效率低、成本高的问题。

替代旅游电子商务物流环节的解决方案是电子票务。所谓电子票务，是指通过网络信息技术手段实现远程售票的电子化，包括票种、余量的即时网上查询、网上预订、网上支付、实时出票、本地打印、网下验票等功能。在旅游业中，最多的应用是电子机票和电子门票等。电子票务的出现，可简化旅游电子商务流程、降低成本，同时为客户提供了方便。

5.4 旅游电子商务网络支付与网络银行

5.4.1 旅游电子商务网络支付

电子支付是指以电子计算机及其网络为手段，将负载有特定信息的电子数据取代传统的支付工具用于资金流转，并具有实时支付效力的一种支付方式。从技术角度上看，电子支付包括"网上支付"和"离线支付"两种方式。网上支付方式包括：信用卡支付方式、电子支票支付方式、电子现金支付方式。而手机支付、一卡通、公交卡等因为采用预存款方式，并不需要与银行账号相连，因此称之为"离线支付"旅游电子商务中应用的大多是网上支付方式。以下是网络支付的方式。

（1）信用卡支付方式

互联网针对消费者商务的交易（B2C 为主）的支付主要通过信用卡来完成。信用卡是银行或金融机构发行的，授权持卡人在指定的商店或场所进行记账消费的信用凭证，是一种特殊的金融商品和金融工具。功能包括：ID 身份功能，证明持卡人身份；结算功能，可用于支付购买商品、享受服务的款项；信息记录功能，将持卡人的属性、对卡的使用情况等各种数据记录在卡中。

（2）电子支票支付方式

电子支票是一种借鉴纸张支票转移支付的优点，利用数字传递将钱款从一个账户转移到另一个账户的电子付款形式。一般通过专用的网络、设备、软件及一整套的用户识别、标准报文、数据验证等规范化协议完成数据传输，从而控制安全性。在交易中，商家要验证支票的签发单位是否存在，支票的单位是否与购货单位一致，还要验证客户的签名。

（3）电子现金支付方式

又称数字现金，是一种以数据形式流通的、通过 Internet 购买商品或服务时使用的货币。即以电子方式存在的现金货币，其实质是代表价值的数字。这是一种储值型的支付工具，使用时与纸币类似，多用于小额支付，可以实现脱机处理。主要有两种形式：币值存储在 IC 卡上；以数据文件存储在计算机的硬盘上。电子现金具有人们手持现金的基本特点，同时又具有电脑网络化的方便性、安全性、秘密性，正逐步成为网上支付的主要手段之一。

（4）第三方支付

就是一些和产品所在国家以及国外各大银行签约、并具备一定实力和信誉保障的第三方独立机构提供的交易支持平台。在通过第三方支付平台的交易中，买方选购商品后，使用第三方平台提供的账户进行货款支付，由第三方通知卖家货款到达、进行发货；买方检验物品后，就可以通知付款给卖家，第三方再将款项转至卖家账户。在中国，第三方支付用得比较多的是"支付宝"支付。

5.4.2 电子支付在旅游电子商务中的应用现状

旅游消费者消费方式的转变促进电子支付的发展。在传统旅游业中，支付方式往往是通过前台支付来完成的，刚刚开始起步的旅游电子商务自然也往往采用这种方式。然而，2006 年 10 月 26 日，电子客票全面推行后，旅游消费者的消费方式和消费观念开始微妙转变，促使旅游电子商务企业也开始积极考虑应对方案。在旅游电子商务中，电子支付的需求是不断扩大的。随着电子客票的推行,越来越多的旅客会从"电话订票,送票付款"的传统方式,过渡到"网上支付,实时出票"的全数字化方式。在酒店预订方面,尽管旅游者大多在前台付款,而在旅游高峰期,多数酒店都要求旅游者有信用卡担保或付预订金,由此产生了电子支付的需求。与此同时,全国广泛推行的"交通一卡通"以及某些旅游景点推出的基于信息化技术的卡式门票或者数字门票,以及电子支付方式的多样化以及迅速普及,也对旅游电子商务活动中对电子支付的需求产生了一定的推动作用。

  旅游电子商务企业大多不提供电子支付方式。目前,我国较大的旅游电子商务网站携程和 e 龙,只接受信用卡支付或担保。究其原因,可能是这些网站定位于较高端的商务旅游者,同时,传统支付方式的替代性较强,对电子支付的依赖程度不大。网站用户使用电子支付的比例不高。e 龙进行的一次调查显示,没有在线支付经历的会员达到 74%,其中 35% 拒绝尝试这种新的支付手段。而占绝大多数的中小型旅游电子商务企业,往往不提供电子支付方式。

  对于大多数人来说,已经完全习惯于面对实物进行挑选商品,一手交钱一手交货的购物方式。人类思维和行为方式的惯性使人们在短时间内不可能适应面对虚拟旅游产品使用虚拟的电子货币、电子机票进行的电子商务模式。因此,不同的营销手段相比,网络营销还需要经历一个被消费者接受的过程。

5.4.3 旅游电子商务网络银行

  完整的旅游电子商务一般包括信息沟通、资金支付及商品配送三个环节,缺少资金支付,商品配送难以完成。因此,网上银行所提供的电子支付手段对旅游电子商务的发展具有关键的作用,直接关系到旅游电子商务的发展前景。1999 年以来,我国银行网上支付业务也有了重大发展,各大国有和商业银行均陆续推出了网上银行服务,实现了网上支付。网上银行和手机银行用户以 25~35 岁的青年人群为主,网银用户占比 55.7%,手机银行用户占比 60.2%。西北、西南等经济欠发达地区手机银行用户占比高于网银用户。2013 年,44.6% 的用户使用过手机银行,较 2012 年增长了 15.7%,用户使用率增速较快。2013 年手机银行用户人均月度访问次数高于网银用户,保持在 15~17 次之间,网银用户人均月度访问次数保持在 6~7 次之间。网络购物、转账汇款是网上银行和手机银行用户最常使用的两种功能,网上银行网络购物用户占比为 34.5%,转账汇款用户占比为 23.1%,手机银行转账汇款用户占比 27.5%,网络购物用户占比为 23.4%。

  旅游电子商务的发展一方面要求商家和消费者的开户银行提供资金支付支持,有效地实现支付手段的电子化和网络化;另一方面,电子商务的发展也给银行带来了机遇,电子商务技术为突破银行传统的业务模式、拓展和延伸银行的服务提供论了有力的武器。它以优质、快捷、全面的服务为人们展现了利用网络银行完成在旅游电子商务的相关应用。

  旅游电子商务流程有以下的几个步骤(如图 5-10 所示)。

  ① 客户在进行在线支付之前,要在自己的计算机里安装一个电子钱包,再到 CA 认证中心申请一个证书,用于在交易的时候和商家、银行做身份证明。做好了这些准备工作以后,客户便可以进行在线支付了。

  ② 客户通过浏览器连接到网络商店,在网上浏览商品、购物并选择电子钱包中的借记卡进行网上支付。此时,计算机上会出现一个窗口来确认商店,实际上这就是证书在起验证作用,表明这家商店是一家经过认证的真实的商店,这些信息则来自 CA 和支付网关。

  ③ 客户的订货信息通过 Internet 传递给商户,而支付信息(卡号、密码、金额)加密后通过 Internet 上传网络银行,经银行确认后,给客户和商户答复(批准或拒绝此笔交易)。

④ 银行同时从客户账户中扣除货款，然后把钱划到商户的账户里。

⑤ 商户得到银行肯定答复后，向客户供货。这样就实现了一次完整、保密、安全的网上交易过程。

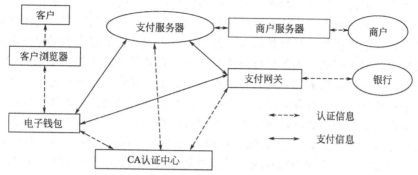

图 5-9　旅游电子商务网络银行支付流程

5.5　旅游电子商务安全体系

5.5.1　旅游电子商务网络访问控制的构建

当旅游电子商务网站接到 Internet 上时，一般是通过路由器连接起来的，在没有防护措施前整个服务器对于外部是完全透明的。攻击者可以通过各类扫描及踩点工具对系统或网站进行扫描和远程探测，搜索被探测网络的安全态势剖析图，根据其安全弱点、端口和一切可利用环节发起攻击。为了保证电子商务网络的安全，最有效的措施就是在企业网和外部网之间建立网络访问控制。

① 防火墙的建立：在建立访问控制过程中，防火墙作为第一道安全防线，起着非常重要的作用。防火墙是一种综合技术，涉及计算机网络技术、密码技术、安全技术、软件技术等多方面。它通常是一种软件和硬件的组合体，用于加强网络间的访问控制。通过部署防火墙，可以使电子商务网络受攻击的可能性降低到最小限度，可以限定被授权的外部主机可以访问内部网络的有限 IP 地址，保证外部网络只能访问内部网络中的必要资源，与业务无关的操作将被拒绝。由于外部网络对内部网络的所有访问都要经过防火墙，所以防火墙可以监视外部网络对内部网络的访问活动，并记录详细的日志信息，通过分析可以得出可疑的攻击行为。同时防火墙可以进行地址转换工作，使外部网络用户不能看到内部网络的结构，使外部攻击者失去目标。同时可以通过防火墙建立隔离区（DMZ）区域，将电子商务网站服务器放置在 DMZ 中，企业内部用户访问园区内的服务也必须通过防火墙来进行访问，提供更深一层的防御。

② 用户认证和虚拟专用网（VPN）技术：互联网上的信息传递是利用公众网络来进行传递的，无法掌握信息在网络传送过程中是否遭遇到别人的拦截，也无法确认是否有人利用数据或身份传递一些参数，所以企业和交易人的身份认证就显得极为重要，通过建立认证和审核机制可以确认接收到信息的真伪，监视和记录对电子网络的访问。而对于企业内部网或扩展的访问，可以部署 VPN 保证访问的安全性，VPN 技术是通过一个公用网络建立一个临时并安全的连接，是一条穿过混乱的公用网络中临时存在的稳定和安全的隧道。

VPN 的建立可以满足企业内部网的扩展，通过它可以帮助远程用户、企业分支机构、商业伙伴及供应商的内部网络间建立可信的安全连接，VPN通过加密和建立专有隧道保证数据传输的安全性，非信任区域不通过VPN认证，无法访问电子商务网站。

③ 入侵防御技术（IPS）：利用防火墙技术可以为内外网之间提供安全的网络保护，降低了网络安全风险。但是，仅仅使用防火墙、网络安全还是不够。入侵防御系统是安全技术的核心，是防火墙的重要补充。它能有效地结合其他网络安全产品的性能，对网络安全进行全方位地保护，具有主动性和实时性的特点。使用入侵防御系统可以做到对网络边界点的数据进行实时的检测，对访问服务器的数据流进行检测，有效的发现拒绝服务攻击（DDOS）等各种攻击行为，防止入侵者的破坏。同时可以查找非法用户和合法用户的越权操作，对用户的非正常活动进行统计分析，发现入侵行为的规律，实时的对检测到的入侵行为进行报警和阻断。入侵防御系统是一种安装在网络及主机中部署的集感应、分析和响应的实时装置。能够对网络中的信息进行快速分析或在主机上对用户行为进行审计分析，通过集中控制台来管理、监测。它通过实时侦听网络数据流，寻找网络违规模式和未授权的网络访问行为，根据系统安全策略做出反应，包括实时报警、事件登录或执行用户自定义的安全策略，提供实时的入侵检测记录证据用于跟踪和恢复、断开网络连接等。入侵防御系统能够对付来自内外网络的攻击，缩短发现入侵的时间。主动地去了解入侵者的行为及目的，及早发现来自外部、内部和主机的可疑信息或攻击信号，在系统受到危害前发出警告，并将警告信息记录下来并做出一定的响应。通过使用检测和响应过程可以实现数据资料和系统的保护。

5.5.2 旅游电子商务网站系统安全的构建

旅游电子商务应用的防护：由于攻击手段的日益成熟和改进，即使做了周密的程序安全设计，电子商务网站也无法保证没有安全漏洞，如何保障在新的攻击方式下电子商务网站的安全性，是企业需要面对的重要问题。建立一套自防御的网站防护体系可以最大程度的对电子商务网站进行防范和保护。

自防御的网站防护体系通过建立一种事先、事中、事后的防范机制，不仅可以防范大量的恶意攻击，也能够增加应用的自我防范和修复能力。事先机制需要有一个准确、快速的扫描机制，通过建立自我学习的专家知识库，及时发现电子商务网站应用中的新的各种漏洞、木马、间谍等信息，以便能够及时进行完善和修复；事中机制可以对已经产生的攻击和破坏进行自主的防护和恢复，从而避免攻击带来的严重后果；事后机制可以通过跟踪攻击日志，在安全事件发生前后，通过对用户上网端口、时间、访问地的记录，全面提供用户上网的追溯能力，从而为后期的安全审计分析提供第一手的资料。日志记录、地址簿等功能是一个非常良好的追溯手段，在出现问题时可以根据记录迅速查找源头，防止事态进一步扩大，并快速的确认问题，找到问题源，解决问题。

对于整个安全防护体系来讲，安全审计是非常重要的一环。安全审计是保证系统安全审查能力的重要技术支持因素，主要是对网络系统中发生的所有网络事件进行审查，并分析出哪些事件是正常事件，哪些是安全事件。在安全事件中根据威胁程度的不同再进行细分，并提供解决建议，最后生成一个审计报表提供给网络安全管理员。这需要管理员利用网络中的防火墙、IPS以及用户认证系统记录的日志进行分析、比对。

操作系统的防护：服务器作为网络结构中的一个重要组成部分，其安装的操作系统、应用系统的缺陷也是需要引起注意的部分。服务器采用的操作系统平台大部分是LNIUX、WINDOWS SEVER，这些系统平台早已被发现存在大量的安全隐患，若没有针对这些隐患作相应的处理，会带来许多安全问题。除了及时进行系统升级外，还需要从其他方面进行处理，例如关闭不需要的端口、严格控制账号、设置虚拟主机、调整目录和文件的用户访问权限等。定期检查，根据情况进行相应的调整。考虑到病毒在网络中存储、传播、感染的方式各异且途径多种多样，需要构建可靠的防病毒系统进行全方位、多层次的防毒系统配置。

数据灾备保护：在系统运行过程中，由于硬件、软件在发生断电、火灾等各种意外事故，甚至在洪水、地震等严重自然灾害发生时，系统面临着被毁坏的风险，需要考虑数据的灾难恢复问题。通过部署网络存储系统，重要数据可以放置在网络存储上，通过备份软件将数据备份到磁带设备，一旦系统崩溃，其数据可以完整的保留，这样可以在系统硬件和应用受到破坏后及时有效的恢复数据，对于电子商务中非常重要的数据，可以实施异地容灾的方式给予最可靠的保护。

5.5.3 旅游电子商务安全体系的基本协议

旅游电子商务的运行个平台是国际互联网。国际互联网是一个开放性的网络，企业连入互联网开展电子商务的门槛很低，正因如此，电子商务才能得到如此蓬勃的发展。但也同样因为开放性，互联网的安全性相对比较脆弱，网络中充斥着各种风险，威胁着电子商务交易信息，尤其是电子支付信息的安全。如何保证网络中传递的这些敏感信息的安全，是决定电子商务能否普及的一个重要因素。近年来，国际上一些企业和组织相继开发出一系列的网络安全协议，其中电子商务中应用最为广泛的是 SSL 协议和 SET 协议。

SSL 协议：SSL(Secure Sockets Layer)协议又称安全套接层协议，是由网景公司推出的一种安全通信协议，它能够对网络中传输的数据提供较强的保护。SSL 是对计算机之间整个会话过程进行加密的协议。在 SSL 中，采用了公开密钥和私有密钥两种加密方法：在建立连接过程中采用公开密钥，在会话过程中使用私有密钥。SSL 协议已成为事实上的工业标准，独立于应用层，可加载任何高层应用协议，适合为各类 C/S 模式产品提供安全传输服务。

SET 协议：SET(Secure Electronic Transaction)协议又称安全电子交易协议，是由 VISA 和 MasterCard 两大信用卡公司联合推出的。SET 主要是为了解决用户、商家和银行之间通过信用卡支付的交易而设计的，以保证支付信息的机密、支付过程的完整、商户及持卡人的合法身份以及可操作性。SET 支付系统主要由持卡人、商家、发卡银行、收单银行、支付网关、认证中心六个部分组成。SET 中的核心技术主要有公开密钥加密、数字签名、数字摘要、数字信封、数字证书等。

5.5.4 旅游电子商务网络安全管理

旅游电子商务网络安全问题归根结底还是属于人的问题，在确定了网络安全技术方案后，必须通过规范的管理来实施安全工作，将安全组织、安全策略和安全技术有机地结合起来，最终实现安全工作的目标。

① 整体考虑，统一规划。安全管理要从整体考虑，大处着手，各个部分相互协调，因为其中最薄弱的部分往往会给整体网络带来致命的问题。

② 以防为主，防治结合。电子商务安全应考虑到各种可能出现的问题而采取相应措施，从根源上防止问题出现，如若出现问题，再进行针对性解决。

③ 集中管理，重点防护。统一设计安全总体架构，建立规范、有序的安管理流程，集中管理各系统的安全问题，避免安全"孤岛"的出现。

④ 三分设备，七分管理。管理是网络安全的核心，技术是安全管理的保证。没有切实可行的安全保障体系和制度，电子商务的安全就变成空谈。除了建立起一套严格的安全管理制度外，还必须培养一支具有安全管理意识的管理队伍。

⑤ 建立中小型旅游企业信用体系。旅游产品往往不能够直观地通过互联网展示，因此旅游电子商务企业的信用问题就开始凸显出来。因此，完善旅游电子商务企业信用发布查询系统，建立中小企业基本信用制度，建立中小企业信用担保体系等，通过构建旅游电子商务市场信用，促进网络支付发展。

⑥ 加强旅游电子商务企业网络支付的安全建设，推动网上支付在旅游业的有效发展与普及，必须从增强"信用保障"入手。一方面，政府应制订旅游电子商务网上支付的相关法律规范；另一方面，企业需要面向市场积极探索各种信用保障机制与措施。下面主要从企业方面进行阐述。首先，旅游企业应积极与知名度、信誉度较高的银行合作，普及信用、电子现金、电子支票等电子支付方式。保证游客所使用的电子支付工具必须由其账户所在的银行发行，游客到与旅行社有业务关系的银行去使用现金购买货币卡，当游客进行网上支付时可以向旅行社和银行同时发通知，将资金从银行的账户上转移到旅行社的账户上。其次，旅游企业的网站应安装防火墙，防止"黑客"攻击，保障网民的隐私权和财产安全，促进网上支付的实施。

本章案例

Agoda 酒店预订系统[1]

Agoda（www.agoda.com）是全球成长最快速的在线订房平台之一，提供 38 种语言选择界面带给您数以万计的酒店订房选择。Agoda 是由两家资深的在线旅游公司于 2005 年一同创立，接着在 2007 年被全球最大在线订房领导品牌 Priceline 集团所并购。Priceline 集团（Nasdaq：PCLN）是一家在美国纳斯达克公开上市的公司，并且是标准普尔 500 指数（S&P 500）的成员之一。

Agoda.com 目前聘有超过 1300 名的旅游专业人才，团队成员来自于全球 20 多个国家。在新加坡、曼谷、吉隆坡、东京、雪梨、香港以及布达佩斯亦设有营运办事处，且另外设有代表服务于亚洲、非洲、中东、欧洲以及美国等国家的各大城市。专任的市场营运经理会负责与该地区的 Agoda.com 酒店伙伴维持紧密的合作关系，致力于开创更多低价优惠与促销方案提供于 Agoda.com 让消费者有最佳的订房选择。同时提供消费者订贵退差价的低价保证制度来确保持续保有竞争优势。

酒店范围主要集中在中国、日本、韩国、东南亚以及澳大利亚。网站创始人 Michael Kenny 90 年代初从美国移居泰国，并在普吉岛建立公司，开始了网站的发展。Agoda 是一家亚洲领先的在线酒店预订服务公司，致力于提供全球最低的酒店折扣价格。Agoda 在亚太地区拥有惊人的成就，为旅客提供 9,000 家以上的酒店资源。作为国际知名网络订房公司的一部分，全球网络预订系统拥有在全球超过 105,000 家以上的酒店资源。Agoda 网站提供 30 种语言，在过去的 10 年中已为超过一百万的旅客提供服务，并和他们分享成千上万的酒店住宿经历及点评。

---

❶ 资料来源：

http://www.agoda.com/zh-cnhttp://www.agoda.com/zh-cn/? type = 1&site _ id = 1426663&url = http://www.agoda.com/zh-cn/&utm _ source = baidu&utm _ medium = cpc&utm _ content = Brand-test1&utm _ campaign = Agoda-Broad _ Brand&utm _ term=agoda％20e8％ae％a2％e6％88％bf&utm _ account=5680154&tag=5526b292-e514-46ff-90e3-d308babca664&cklg=1.

Agoda 遍布全球的数百名业务人员，结合各地区区域特色，用一流的专业知识，为商务和休闲游客提供最佳的网络在线酒店选择和预订价格。此外，加入 Agoda 回馈项目的会员，可以在每一次订房时节省更多开支。Agoda 于 2004 年正式推出回馈项目，旅客在第一次预订时即可自动获得回馈积分。回馈积分可以在网站上的数千家酒店兑换使用，让旅客可以在特定品牌忠诚项目中，及旅游旺季期间都可享受到最佳的优惠价格。

　　获奖无数的 Agoda.com 能带给您快速、简便的在线订房体验，采用世界级先进科技让数以万计的酒店合作伙伴能立即回复订房确认。除了提供广泛且多样的住宿与房型选择，Agoda.com 的每一份住宿评鉴都是由顾客于结束旅程后递交，百分之百真实可靠。当然也设有完善的顾客服务系统，全天候 24 小时以多国语言提供最快速即时的客服支援。

　　Agoda（雅高达）全球知名酒店预订网，品牌可信赖！Agoda 以热诚且负责任的态度，为全世界旅客办理超过 16 万家酒店、宾馆、度假村的客房预订业务，回馈积分，这次赚下次花，为您节省 75％！查空房，即时订，手机应用很方便。真实酒店点评，国际信用卡支付，24 小时全天候客户服务。

　　Agoda 一直以来，以安全，热诚且负责任的服务态度，为全世界各国无数名旅客办理全球 170,700 家酒店，宾馆，度假村的实时最优惠价格酒店空房查询及客房预订业务。

　　融合先进的技术和人性化的服务是 Agoda 的独特之处。工作人员亲自与酒店直接谈判，以确保提供最优惠的价格，然后运用最先进的技术直接把这些优惠价格的酒店提供给客户。公司 24 小时全年无休的多语种客户服务人员，能快速有效地协助客户遇到的任何问题。

　　数以千计的旅游营运商和网站选择 Agoda 作为合作伙伴，为他们的客户提供酒店预订服务，这是因为 Agoda 总是提供最可靠，最有效和即时的服务。基于以上原因，Agoda 在 2008 年荣获 TravelMole 网络奖亚洲"最佳住宿"网站奖。

本章小结

　　旅游电子商务的涉及面十分广阔，功能十分复杂，将旅游电子商务看成一个包含所有旅游相关内容在内的系统，就能够突出旅游电子商务中多方的构成关系，理解各方特点，掌握旅游电子商务体系的内容。旅游电子商务体系在旅游营销机构、旅游企业和旅游者之间搭建了网状沟通平台。在旅游电子商务的每一个节点之间，旅游电子商务体系发挥着信息流、资金流、物流等服务功能，通过增加便利性和效率为它们带来利益。本章从内涵、构成、特点、功能、盈利模式和交易模式等方面阐述了旅游电子商务体系，由此形成对旅游电子商务体系的一个认识性框架。

复习思考题

1. 怎样理解旅游电子商务体系？
2. 简述旅游电子商务体系的特点。
3. 简述旅游电子商务体系的功能。
4. 试述旅游电子商务的盈利模式。
5. 试述旅游电子商务的几种交易模式。
6. 举例说明旅游电子商务的盈利模式。

7. 旅游电子商务的网络支付常见的有哪些?
8. 旅游电子商务的网络银行使用情况是怎样的?
9. 旅游电子商务的安全体系如何构建系统安全?
10. 旅游电子商务网络安全如何管理?

讨论题

1. 举例说明电子商务与旅游活动的关系。
2. 举例说明旅游电子商务与旅游业的关系。
3. 举例说明专业的旅游电子商务平台运营商能提供什么样的专业服务。
4. 讨论旅游电子商务交易模式的优劣?
5. 列举构建旅游电子商务安全的方法。
6. 怎样理解电子商务规范的作用?

网络实践题

1. 说出你认为预订系统做得很成功的酒店,并说明理由。
2. 浏览一份杂志中的艺龙网广告,记录艺龙网被提及的次数、背景及比例。
3. 在两个网站注册,查看你是否收到邮件。确认这些站点与你建立联系的方式。
4. 登录去哪儿网站,观察该网站使用了多少种方法来使与客户的沟通个性化。

旅游移动电子商务

学前导读

随着移动通讯技术的发展和人们对旅游需求的扩大,旅游移动电子商务的发展受到了越来越多的关注。学术界对旅游移动电子商务发展过程中出现的问题进行了研究,商业界对如何利用旅游移动电子商务进行盈利进行了探讨,消费者对如何运用旅游移动电子商务到底进行了摸索。

那么,究竟什么是旅游移动电子商务?同传统的旅游电子商务相比有何区别?旅游移动电子商务交易有哪些过程?旅游移动电子商务的支付过程有哪些安全问题?

本章根据上述问题进行展开,旨在初步介绍旅游移动电子商务,为学术界、商业界以及旅游消费者提供一些基本的常识和思考。

学习目标

- 了解旅游移动电子商务的概念、特点、商业模式、组成等,并能对传统旅游和旅游移动电子商务的特点、优势进行比较
- 识别旅游移动电子商务的主要服务模式,掌握旅游移动电子商务的交易流程
- 能够识别旅游移动电子商务过程中的移动支付的安全问题,掌握防范措施,针对安全问题的改进方法提出自己的看法
- 能根据本章的学习进行旅游移动电子商务的实际应用

导入案例

陈先生是广州某高校教授，从去年开始，他计划每年利用暑假的一个月时间游玩欧美国家中一个国家，在70岁以前至少玩遍20个国家。2014年的暑假，他去了加拿大，通过携程、Elong、Booking等网站，他预定了机票和酒店，通过对rentalcars.com、信诺全球租车等网站的比较和选择，他预先租下了自驾游的汽车。旅游的总体路线是，从北京飞东京然后在温哥华落地，然后驾车前往温哥华岛一天多，后途经Whisler、Kamloops到Jasper，再从Jasper开到Banff，之后去卡尔加里，最终再经过Golden、Kelowna返回温哥华，这段总体行程一共2300公里左右，加上中途的各种反复，比如好看的地方去了两次、在市区来回穿梭等，一共行驶了3300公里，历时10多天。期间，他利用随身携带的移动设备完成了餐饮的预定和支付、查询/预定房间、搜索景点与路线、NFC支付等相关事宜，同时，在旅游过程，他还利用移动设备与家人、朋友以及学生进行了有效沟通，如组织学生视频会议、在线分享旅游图片和经验等。

谈起这次旅游，陈先生表示：在前些年，进行这样的跨国旅游，需要提前考虑行程、餐饮以及风土人情等很多问题，前期需要大量的精力去查询，在如今，得益于移动通讯技术和设备的发展，有了移动设备在手，很多事情在旅游途中可以通过移动设备进行解决，并且效果很好，大大地节约了时间和精力，还带来了不同的体验。此后，他还将进行更多的旅游体验。

6.1 旅游移动电子商务概况

旅游移动电子商务是移动电子商务与旅游的融合，与传统的旅游电子商务有一定区别，本节首先介绍了移动电子商务与旅游的融合，随后，介绍了国内外旅游移动电子商务的研究内容，并对旅游移动电子商务的国内外发展进行了总结，最后，对传统旅游电子商务和旅游移动电子商务进行了比较。

6.1.1 移动电子商务与旅游的融合

移动电子商务发展迅速为移动电子商务与旅游的融合提供了融合的可能，旅游市场本身的特点是其融合的基础，两者的融合也带来了越来越多的好处。

6.1.1.1 移动电子商务发展迅速是融合的前提

随着通信技术的进步，人们不再满足于利用台式电脑上网获取资讯和进行商务活动，越来越多的人通过移动设备进行上网、移动办公、移动聊天等活动。而全球卫星通信、3G网络技术、无线网络(Wifi)以及4G等无线通信技术的发展，也为移动商务提供了强大的技术支持，移动电子商务(Mobile Electronic Commerce)应运而生。所谓移动电子商务，指以手机、笔记本电脑、平板电脑等移动通信设备为载体，依托移动通讯技术，随时随地完成购物、支付、交易等应用业务，是一种新型的电子商务模式。

移动电子商务的服务内容多种多样，人们耳熟能详的有短信咨询、彩信下载、手机支付、移动定位服务、商务服务、移动广告服务、办公服务、娱乐消费等。因移动电子商务的方便易用，已在全球范围内得到广泛应用，在日本、韩国和欧洲发达国家都取得了良好效益，目前，在我国的发展也较为迅速。随着我国移动通讯设备用户规模的扩张，4G通讯技术的到来，移动便携设备的更新换代等，移动电子商务展示出了广阔的发展前景。

6.1.1.2 旅游市场的特点是融合的基础

移动电子商务作为电子商务发展的新模式,与物流、金融、旅游等领域快速结合并迅速发展,旅游业是众多行业中比较有代表性的一个。进入 21 世纪,旅游业的发展在经济发展中的地位越来越重,旅游信息化在行业中的地位也日益突出,我国旅游市场的发展呈现出以下特点。

① 大众化。随着人民生活水平的提高,交通条件的改善等,旅游不再专属于高收入人群,旅游消费主体日益大众化。

② 多元化。旅游者不再满足于传统的团队旅游,更多的人选择自助出游,以自由、个性化、随意的方式开展旅游,旅游形式更加变得多种多样。

③ 信息化。旅游业是综合性很强的行业,是典型的信息依赖型产业,自助旅游的盛行,散客旅游的增多,旅游者对信息服务质量的要求也越来越高,旅游信息能否提供及时全面的服务直接影响着旅游者的出游质量和旅游满意度。

基于我国旅游市场的三大特点,移动电子商务与旅游的融合从设想变成了现实,为实现旅游信息化的重要手段发挥着越来越重要的作用。此外,旅游业还具有信息密集型和信息依托型的特性,旅游产品生产和旅游消费在一定程度上存在的时空差异,也决定了旅游业与移动电子商务之间相互依赖,相互促进的关系。

6.1.1.3 移动电子商务与旅游融合的作用

世界各地的移动旅游电子商务迅速发展,越来越多的移动运营商利用移动互联网与旅游服务业各部门开展合作,他们通过不同的平台提供服务,他们的合作范围包括旅游目的地,在线旅游公司(如 Expedia)、航空公司(如芬兰航空)及酒店(如泰国 Amari 酒店)等各大旅游服务领域。更多的游客愿意接受这种方便快捷又个性化的服务。事实证明,移动电子商务有别于以往传统的电子商务,它能让旅游者在旅行途中随时随地进行旅游商务活动,并帮助他们识别当地的有用资讯和有益产品,获取当地的促销、优惠活动信息。同样地,它能帮助旅游服务机构瞄准目标人群,为这些人群提供专门化的服务。

从旅游市场的运行、旅游产品的质量、游客和提供者来看,移动电子商务与旅游融合的作用主要体现在以下几方面。

① 降低了旅游市场的交易成本,提高了交易效率。移动电子商务减少了旅游市场流通的中间环节,促使游客和旅游产品提供者的沟通和交易更加便捷,降低了其交易成本,而且,以移动网络进行的旅游产品推广,实现了声音、图像和文字的同步传输,提高了其交易效率。此外,移动电子商务还增加了旅游市场的交易机会,利用移动互联网,旅游产品的提供者对于旅游产品的营销可以全天候进行而不增加额外费用,旅游产品推广的边界得以扩展。

② 增加了旅游产业的市场机会。网络营销可以吸引一部分新游客,也可以吸引那些传统营销产品无法满足个性化需求的顾客。顾客可以根据自身需要和旅游产品提供者进行沟通,增加了旅游业的市场机会。

③ 使旅游产品的个性化提供变为规模生产。为了最大限度地降低成本,传统旅游服务以推广规范化旅游产品为主,移动电子商务利用信息整合功能,通过移动电子商务平台,游客可以结合自身需求对各种旅游产品进行随意组合,如此,需求一致的众多零散游客对于旅游产品提供者来说便是团队游客,本来个性化的散客旅游服务,反而成为一种团队的个性旅游服务产品。

④ 为游客提供了更好的服务,为旅游企业带来了更大的盈利空间。与传统旅游电子商

务相比，移动旅游电子商务更方便、快捷（详见 8.2.3），无论是旅游的质量还是游客处理商务工作的能力都得到了极大的提高，游客享受到了更好的服务，对于旅游产品的提供者——旅游企业而言，旅游移动电子商务的发展降低了经营的成本，增大了其盈利的空间，当然，在旅游移动电子商务行业竞争激烈的背景下，其面临的挑战也更大。

移动电子商务的发展推动了旅游业的发展，为旅游业的发展提供了新的机遇。然而，移动电子商务与旅游业的融合同样带来了一系列问题，例如电子支付的安全、知识产权保护、旅游服务质量等问题。这些问题的出现是暂时的，同时也为旅游移动电子商务指明更广阔的发展空间。

6.1.2 国内外旅游移动电子商务的主要研究内容

旅游移动电子商务的发展具有重要意义和广阔前景，旅游信息技术的研究开始于 20 世纪 70 年代末，旅游电子商务的研究迅速兴起于 90 年代，国内外学术界早在十多年前便开始了对旅游移动电子商务的探讨，国内外学术界的研究主要集中在哪些方面呢？本节进行了简要介绍。

（1）国外研究现状

从国外的研究来看，主要可以分为四方面。

第一，概念探讨。Margaret Bruc、Varshney 以及 Dimitrios Buhalisa 等先后对旅游业的主要科技发展、移动电子商务的概念、信息技术与旅游结合的发展进行了研究。

第二，基于位置服务的研究。基于位置的服务（LBS），以 Berge、Anilika Hinzel & Agn'es Voisar、Jong-Woo Kim 和 Shuchih Ernest Chang 的研究为代表。

第三，移动电子商务与旅游景区的研究。如 Jirm-Shing Cheng 等学者研究了旅游过程中的旅游移动地图和导航服务，以 Android 手机为例建立了一个无线应用平台，该平台集成了 GPS、多媒体、谷歌地图等功能，并且结合了旅游地方特色和文化，研究者认为通过此平台能够大力推动旅游业的发展。

第四，旅游移动电子商务与消费者行为的研究。近来有一些文献集中于游客态度方面的研究，而关于旅游移动电子商务与游客接受度的研究成为热点。这些研究基本都是根据学者戴维斯（Davis）1989 年提出的技术接受模型（TAM）开展，模型包括了感知有用性、感知易用性等变量。

（2）国内研究现状

从国内的研究来看，主要分为三个方面。

第一，概念探讨。对于旅游移动电子商务的概念、模式进行了界定，其描述各有不同，代表性的观念有刘亚军、刘四青和彭小敏的观念，刘亚军认为旅游移动电子商务是指旅游者通过手机、平板电脑等移动终端与互联网有机结合进行的电子商务活动，包括信息服务、订票服务、位置服务等功能。刘四青（2008）认为旅游移动电子商务是指游客利用移动终端设备，通过无线有线结合网络，采用某种支付手段来完成和移动旅游服务提供者的交易活动。彭小敏提出旅游移动电子商务活动是互联网和移动通信网彼此结合，手机、笔记本电脑等工具通过它们所进行的旅游电子商务活动。

第二，移动电子商务在旅游的应用以及对旅游的影响。以何佳、刘四青为代表的学者主要进行了这方面的研究，主要从理论上阐述了移动电子商务对于旅游业的积极影响。

第三，研究旅游移动电子商务过程中顾客隐私权的保护。进行该研究的大多是从法律的角度出发，分析顾客在旅游移动电子商务过程中所受到的侵权行为，并从法律的角度给出了建议，以肖俊鹏的研究为代表。

总体来说，同国外的研究相比，我国的研究还显得不足：首先，很多研究都是遵循国外研究的思路进行，缺少原创性；其次，国内已有的研究主要停留在理论概念的讨论，不够深入，更是缺乏实证数据的支持。

综合已有的国内外研究，本文认为旅游移动电子商务是游客利用手机、平板等移动终端设备，通过无线网络技术进行相应的电子商务活动，是一种移动网络时代的旅游电子商务。

6.1.3 旅游移动电子商务的国内外发展

旅游移动电子商务的国外发展主要以日本、韩国和美国为先导，国内的发展稍显滞后，在 2002 年左右才开始发展。

（1）旅游移动电子商务的国外发展

旅游移动电子商务的应用，国外已取得很大成果，以日本和韩国为例，日本的"Imode"手机服务最为出名，它是日本最大的移动通信公司——日本电报电话公司 1999 年 2 月推出的无线互联网服务，由于其内容新鲜、使用方便、更新快，推出之后便大受欢迎。"Imode"也与旅游业的结合，开发出很多实用的功能，强大到几乎囊括了旅游六大要素——"食住行游购娱"，如表 6-1 所示。韩国的发展也借鉴了日本的经验，其特色之一就是移动支付较为成功，三大移动运营商都牢牢控制着移动支付产业链。另外一个特色是二维码技术应用广泛，手机拍下二维码便可浏览信息，下载优惠券甚至提供定位服务。欧洲地区的旅游移动电子商务也在快速发展，各国都有自己的特点。芬兰作为世界上手机普及率最高的国家之一，其移动商务服务也在迅速普及。目前，国外主要开发了一些移动旅游导航系统为旅游者服务。这些系统功能繁多，主要有景点信息服务、门票预订、道路交通服务、位置服务等。近年来，对移动旅游服务系统的研究主要集中在为用户提供个性化的服务信息。

表 6-1 日本 Imode 手机服务分类

旅游要素	业务范围
食	美食情报攻略，图文推荐餐厅
住	旅馆、酒店预订
行	实时路况，地图查询，停车场信息
游	旅游景点行程规划，票务订购，交通工具信息查询
购	优惠券下载，折扣信息查询
娱	娱乐杂志，电影电视时间表，电影、文艺活动订票

（2）旅游移动电子商务的国内发展

我国较早较普遍的旅游信息服务主要是中国移动 2000 年左右推出的 12580，和中国电信 2002 年左右推出的 114 语音信息查询服务，比如查询机票、酒店、景点、餐馆等信息，但它不是专门性的旅游移动服务，功能也比较局限。我国目前一些地区也将移动旅游服务作为开发重点，基本上都是移动运营商与当地旅游局共同开发。浙江、云南、苏州、厦门等地都推出了"旅游移动通"业务。2007 年，苏州移动推出"旅游通"平台，可以全方位、多手段地为游客提供苏州本地旅游服务。2008 年，厦门旅游局启动与厦门移动合作建设的"移动旅游通"项目，借助短信、彩信、语音、手机网站、互联网等多种信息传播手段，为游客提供旅游信息化服务。2011 年 8 月，云南香格里拉的旅游移动综合信息平台建设项目启动，它是国家移动电子商务试点示范项目。该平台能让游客充分享受旅游前、旅游中、旅游后的全面信息化服务。这些平台的建设为其他景区的发展提供了借鉴。

6.1.4 传统旅游电子商务与旅游移动电子商务的比较

移动电子商务凭借其特有的移动支付和基于特定位置服务的优越性，大大拓宽了传统电子商务的服务范畴。旅游移动电子商务则凭借随时随地的个性化、实时化的贴心服务，解决了旅游产品生产与消费需求的时间和空间差异性，显示出了独到的优势。

传统旅游电子商务与旅游移动电子商务既有区别又有联系，表 6-2 列出了传统旅游电子商务和旅游移动电子商务的主要区别。

（1）旅游需求者的角度

从旅游需求者的角度来看，主要的区别有：

① 终端。传统旅游电子商务的终端以个人电脑为主，而旅游移动电子商务的终端以智能手机、平板等为主，终端的移动性不同。

② 地理位置。运用各种 APP 软件，旅游移动电子商务对旅游者的地理位置可以实时跟踪，既方便在旅行中寻找景点，也大大提高了安全性，传统旅游电子商务在这方面做得不够。

（2）旅游需求者和旅游提供者的沟通角度

从旅游需求者和旅游提供者的沟通来看，主要的区别有：

① 交流方式。在传统旅游电子商务中，旅游需求者和提供者的交流基本以"一对一"为主，而旅游移动电子商务可轻松实施多方、多平台的交流。

② 支付方式。传统旅游电子商务在支付方式上主要以信用卡为主，而旅游移动电子商务可通过支付宝、微信、网上银行等多种方式进行。

（3）旅游移动电子商务的服务角度

从旅游移动电子商务的服务上来看，主要的区别有：

① 服务传递。传统旅游电子商务服务主要依靠贴吧、论坛等互联网方式进行传播，而旅游移动电子商务服务的传递方式更加多样，通过微信、QQ 等社交平台，轻松实现了在移动旅游需求者之间的传递。

② 服务方式。在传统旅游电子商务中，以旅游提供者对旅游需求者提供的直接服务为主，而在旅游移动电子商务中，这种方式已经退居其次，更普遍的是移动旅游需求者通过移动终端的自助服务。

③ 服务范围。在传统旅游电子商务中，对旅游者提供的服务主要是在旅游前和旅游后，而对旅游过程中的众多细节问题比较欠缺，移动旅游电子商务有效弥补了这一点。

（4）市场效率的角度

从市场效率的角度来看，主要的区别有：

① 交换关系。传统旅游电子商务旅游提供者占据了控制权，对旅游产品的定价起到了绝对的作用，而旅游移动电子商务，这种关系发生了转变，即旅游提供者必须考虑旅游需求者的各种需求和要求，控制力量转向了旅游需求者。

② 商业成本。在传统旅游电子商务中，商业成本包括了搜索成本、推广成本以及交易成本等，而在旅游移动电子商务中，各种商业成本有所减少，极大地提高了员工的工作积极性。

表 6-2 传统旅游电子商务和旅游移动电子商务的区别

比较项目	传统旅游电子商务	旅游移动电子商务
终端移动性	位置固定	可移动
地理身份	弱	可定位
沟通方式	一对一	多方对话
支付服务	以信用卡为主	多种支付平台

续表

比较项目	传统旅游电子商务	旅游移动电子商务
交换关系	卖方控制	客户主导,买方控制
服务传递	互联网上的旅游需求者	移动旅游需求者
服务方式	公司完全服务	客户自主服务
服务范围	主要是旅游前和旅游后的服务	可处理各种紧急情况
商业成本	减少搜索、推广、交易成本	提高了移动员工效率

6.2 旅游移动电子商务的特点与优势

6.2.1 旅游移动电子商务中的旅游需求

旅游需求是旅游市场的基础,不仅促进了旅游产品的开发,也促进了旅游服务的信息化发展。根据经济学的需求理论,需求是指消费者既有购买的欲望又有购买能力的有效需求。旅游市场的需求则包括旅游者主体和旅游资源、旅游服务等客体。与其他商品相比,旅游需求有以下几个特点。

（1）整体性

旅游者选择旅游产品和旅游服务,是将旅游目的地的食住行游购娱等各个方面综合起来考虑,他们的需求具有多面性和整体性。因此,旅游景区产品和服务的各个环节都会影响到旅游者的整体感知和整体满意度。

（2）敏感性

旅游者对于旅游地的环境变化反应敏感,不仅在出行之前会充分考虑目的地情况,在旅行途中,身处陌生环境,安全和保障也成为他们重点关注的因素。并且对于景区新闻、天气变化等实时资讯有一定要求。

（3）差异性

作为旅游消费主体,旅游者的消费需求存在的差异性主要表现为他们会根据闲暇时间的多少、愿意支付费用的多少进行选择消费。并且,旅游者所选择的旅游产品和服务因性别、年龄、职业、收入水平、消费习惯、个人偏好等因素的不同而不完全相同。从而,要求旅游景区为不同的消费主体提供个性化的服务。

旅游需求的特点对移动电子商务运用于旅游业提出了要求,同时也是检验移动电子商务在旅游业中是否适合的标准。

6.2.2 移动电子商务与旅游的协同优势

由于网络具有开放性、交流及时便捷、内容丰富等特性是传统媒体所不具备的,促使了传统旅游业迅速融入电子商务,改变了旅游业的管理经营和运营模式。与其他有形产业相比,旅游业特点鲜明,它的产品具有无形性、不可储藏和可重复使用,在旅游产品交易过程中,顾客购买的是无形的旅游服务,随着服务的完成,整个交易过程也告一段落。因此,旅游业对电子商务具有天然的适应性,旅游业需要电子商务来推动行业变革,而电子商务则借旅游业释放其巨大的潜能,移动电子商务与旅游的协同优势具体表现为以下几点。

（1）吸引力大

无论移动电子商务创造的市场规模还是用户群体,都给旅游业以巨大的吸引力,旅游业需要争取大规模的用户群体,需要分享其中巨大的经济利益。

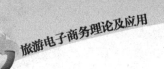

(2) 个性化程度高

移动电子商务满足了游客个性化旅游的需要，现在的旅游者要求在旅游前自由组合旅游线路，旅途中的信息沟通及时，旅游后能便捷地反馈旅游感受，并且希望旅游产品的交易能突破时空限制，而移动电子商务恰恰满足了游客的这些需求。

(3) 推广难度小

移动电子商务满足了旅游企业推广的需要。传统的旅游产品推销，不但浪费人力、财力，而且效率低下。电子商务时代的旅游产品宣传虽然便捷高效、成本低，但目标群体的针对性不强。移动电子商务弥补了这一缺憾，通过移动终端，旅游企业可以把旅游产品有针对性地传播出去，既可以吸引新顾客，又能够满足老顾客定制个性化旅游产品的需求。

旅游企业实行电子商务已是大势所趋，每年大量的入境游旅客成为各企业竞相追逐的对象，而那些率先利用最先进的移动电子商务的企业，总能获得更多游客的青睐。正如电子商务刚一出现便与旅游业结合一样，旅游业仍然是移动电子商务理想的应用领域。

6.2.3 旅游移动电子商务的特点

虽然移动电子商务与旅游业的融合是适宜的，但旅游移动电子商务是一种新兴的电子商务交易形式，不能将其简单的界定为电子商务在旅游行业的延伸和扩展，旅游移动电子商务是电子商务发展到一定阶段所表现出的高级形态，具备电子商务基本特征的同时，旅游移动电子商务还具有一些独特优点。

(1) 随时随地性

传统线上旅游商务要求旅游者必须在固定的地点（比如家中或者其他接入有线网络的地方）完成相关交易活动，而旅游移动电子商务使用的设备是可以随身携带的迷你设备，所以游客可以随时随地进行浏览旅游信息，甚至购买旅游产品。

(2) 方便灵活性

由于移动通信网络的特点，借助手机、个人数字助理及缩小版商务笔记本等移动终端工具，旅游者可以根据需求灵活选择浏览方式及付费方式，享受游前、游中、游后的快捷信息查询、网上预订、网上支付等便利服务，服务没有地理位置和时间的限制，尤其是遇到紧急情况，这种方便灵活性更为突出，旅游移动电子商务的这种灵活便捷性也反过来使用户更加忠诚于旅游移动电子商务这一模式。

(3) 定位精确性

依托于移动终端 GPS 功能，旅游移动电子商务可以提供与位置相关的交易服务，移动电子商务终端的 GPS 不仅可以识别终端位置，还可以根据位置信息提供个性化服务，诸如旅游景点的移动广告就利用了 GPS 定位这一特征。

(4) 服务个性化

同传统旅游电子商务定位于一台计算机的使用者不同，旅游移动电子商务将用户和商家紧密联系起来，不受计算机或连接线的限制，促使旅游移动电子商务走向了个性化，旅游移动电子商务可以提供依据用户身份、位置、个性化特征等相配套的定制性服务，旅游产品服务需求者完全可以根据需求控制服务方式。

(5) 沟通及时性

旅游产品的提供者（主要是旅游企业）和游客间的沟通主要是通过移动网络平台，而随着 3G 和 4G 移动通讯技术的发展和移动终端设备的应用，这种沟通越来越及时，越来越全面。这种沟通在解决游客的问题、提高旅游公司的服务质量、进而提高游客满意度方面具有重大作用。

(6) 发展普遍性

从互联网和移动互联网的用户数量来看，旅游移动电子商务的工具——移动终端用户数量大，发展势头猛，和传统旅游电子商务相比，普遍化程度高。

旅游移动电子商务的上述特点为旅游产品的提供者（主要是旅游企业）带来了更大的盈利空间和发展机遇，为游客提供了更全面、更高质量的服务，同时，借助于移动平台的互动和反馈，旅游企业与游客间产生了良性循环，利于整个旅游移动电子商务产业的进一步发展。

6.2.4 旅游移动电子商务的主要优势

由于旅游移动电子商务所依托的移动互联网终端所具有的多功能性、用户群体广泛性等特点，移动电子商务的开展可以使用户的旅游习惯得到更深层次的挖掘和细节化的体现，所以，旅游产品提供企业可以利用积累的数据挖掘其客户的行为特征，从而提供更有针对性的服务。同时，由于移动电子商务可以利用移动互联终端的信号来判定其具体位置，从而，旅游产品的提供者可以根据客户的位置实施特定的销售和营销活动。结合旅游移动电子商务的诸多特点，旅游移动电子商务的应用优势主要有以下几方面。

（1）旅游前——营销目标精准化和营销内容丰富化

由于移动电子商务的应用，旅游产品提供者可以借助移动互联网平台实现对游客的一对一营销，通过挖掘客户的消费模式，满足游客需求的同时，游客间的"口碑"营销便会发挥作用，因而旅游移动电子商务网站可以提高自身的品牌知名度，反过来，又借助这种移动网络营销技术影响其既有的和潜在的客户群体，产生良性循环。同时，由于移动互联网终端处理能力的提高，旅游产品的提供者可以制作更加丰富的营销方案，通过移动网络的互动，将旅游产品立体化、生动化地展现在游客的眼前，提升游客的购买意愿。

（2）旅游中——信息实时化及支付便捷化

移动电子商务的移动便携特点，可以使游客随时随地地利用移动设备查询旅游信息和购买旅游产品的增值服务。移动互联网的技术升级大大扩展了移动支付的可能，同时由于无线网络终端绑定了个人信息，在旅游产品交易的支付手段上具有安全性相对较高的特点，旅游产品的提供者还可利用支付便捷性和安全性，以移动电子互联终端为中介实现支付功能，进而使得在线旅游客户可以在旅游途中进行快捷的消费服务结算，特别是在银行终端体系较不发达的地区，移动电子商务客户可以直接借由移动电子终端进行付款，在旅游过程中提高了游客的满意度。

（3）旅游后——客户维持个性化

传统的旅游电子商务实践中，旅游产品提供者难以对其客户进行进一步的反馈获取及宣传营销，许多企业往往通过对既定客户的 email 宣传作为仅有的后续宣传和客户维持手段，而这种粗放式的营销方法往往容易引发客户的反感，造成一定的客户流失。而旅游移动电子商务作为一种支持个性化消费的电子商务途径，在旅游消费的应用中具有客户消费习惯易识别、用户跟进宣传易实现的优势。由于移动电子商务的使用者往往不拒绝高精度的附加服务信息，因而旅游产品提供商可以采用经用户许可的定制化宣传服务来定期依照客户的定制要求来向其发送精简的广告，从而保证自身优势产品向潜在的回头客的传达，从而提高自身的营销效果，吸引既有客户，从而减少客户流失。

6.3 旅游移动电子商务商业模式

6.3.1 旅游移动电子商务商业模式的定义

旅游移动电子商务的运行和发展需要遵循一定的商业模式，什么是旅游移动电子商务商业模式？移动电子商务技术的演进过程是怎么样的？旅游移动电子商务有哪些商业模式？本节将对这些问题进行讨论。

(1) 商业模式

商业模式是一种包含了一系列要素及其关系的概念性工具，用以阐明某个特定实体的商业逻辑。它描述了公司所能为客户提供的价值以及公司的内部结构、合作伙伴网络和关系资本等用以实现（创造、营销和交付）这一价值并产生可持续、可盈利性收入的要素。

(2) 旅游移动电子商务商业模式

旅游移动电子商务商业模式主要指旅游移动电子商务参与者（包括产品提供商、硬件提供商、软件提供商、金融服务提供商、移动数据服务商、游客、物流提供商、平台提供商等）在进行旅游移动电子商务过程盈利的模式。旅游移动电子商务主要参与者及其关系如图 6-1 所示。

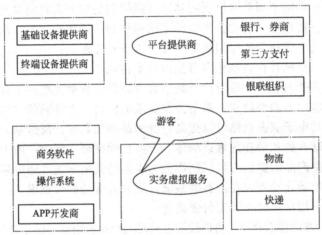

图 6-1 旅游移动电子商务主要参与者及其关系

6.3.2 移动电子商务技术的演进

旅游移动电子商务商业模式离不开移动电子商务技术，移动电子商务的演进经历了哪几个阶段，以及各有什么特点，这是需要在介绍旅游移动电子商业模式之前需要弄懂的问题。

(1) 移动电子商务技术发展的主要特点

目前，随着通信技术、互联网技术的发展，移动电子商务技术已经发展到了第四代，每一代都有自己的鲜明的特点，具体特点见表 6-3。

表 6-3 移动电子商务技术发展的主要特点

移动电子商务	特点
第一代	以短信为基础的访问技术,存在着很多缺陷,最严重的是实效性较差,查询请求不能得到立即回答
第二代	基于 WAP 技术,通过手机浏览器的方式来访问 WAP 网站,来实现信息的查询,主要缺陷是 WAP 网页的交互性较差
第三代	融入了无线移动通信、移动互联网、智能终端、数据同步、VPN、身份认证等多种移动通信和信息处理的技术,以专网和无线通信技术为依托,提高了系统的安全性和交互性
第四代	融合了光带接入和分布网络,实现了三维图像的高质量传输,集多种无线技术和无线 Lan 系统为一体。满足了移动用户高速率、大容量的业务需求,同时克服了高速数据在无线信道下的多径衰落和多径干扰等众多优势,为移动电子商务的发展提供了更加可靠的机制保障

(2) 移动电子商务类别细分

根据对移动电子商务关键环节的分析，按终端类型、交易平台、应用网络和交易项目，将其细分如表 6-4 所示。

表 6-4 移动电子商务类别细分

移动电子商务	终端类型	上网本、IPAD、手机、智能电视、智能眼镜等智能终端设备
	应用网络	2G、3G、4G、WAP、Wi-Fi
	交易平台	B2B、B2C、C2C
	购买商品或服务	金融交易、虚拟物品购买、银行转账、实物购买、酒店预订、旅行预订、市政缴费等

6.3.3 旅游移动电子商业模式的类别细分

移动电子商务的产业链各参与方均可以主导产生不同的商业模式，也可由多方共同合作主导形成交叉关联复杂的商业模式，其主要商业模式有：互联网企业为核心的商业模式、移动运营商为核心的商业模式、平台集成商为核心的商业模式、金融机构为核心的商业模式等。以下对主要的商业模式进行介绍。

6.3.3.1 终端制造商为核心的商业模式

这里的终端设备提供商主导主要指的是提供"设备＋服务"商业模式企业。提供软硬件综合解决方案，以苹果公司最具代表性。这些制造商凭借其在个人电脑业务发展多年的经验，有主导旅游移动电子商务商业模式的能力和优势，具备基础服务能力和运营经验。但是，手机终端不仅仅是传统电子商务新开辟的用户入口，商业模式自然也不能进行简单的复制，特别需要注意用户个性化需求和私人定制。本模式主要采取的"设备＋服务"方式，互联网企业的货物渠道、商品仓储物流以及配送等后台服务体系特继续保持，同时智能手机作为其移动电子商务的入口，终端制造商通过多方合作，定制与其特性服务内容相匹配的移动智能终端和特定的移动应用程序。以小型掌上电脑（PDA）为例，小型掌上电脑借助 PDA 通讯工具的旅游移动电子商务是指使用 PDA 设备通过无线或有线下载旅游景区信息，游客在游玩过程中随时可以通过 PDA 相关应用软件来搜索所需信息，并且在无线网络覆盖的地域内，更便捷地享受旅游相关服务。例如，为了宣传优势及旅游产品特色，旅游服务提供商可以将景区详细的相关旅游信息按照游客的要求传送给他们，并基于移动 GPS 服务系统，跟踪提供相关服务，满足游客个性化服务需求，增强旅游满意度。同时，旅游产品服务提供者还应按照旅游者的需求提供查找旅游线路、订餐、租车、订房等基本服务。

（1）主要优势

① 品牌优势明显。终端制造商在传统电子商务领域多年的发展，树立了良好的品牌形象，这对其进入旅游移动电子商务市场具有极大促进作用。一方面，品牌效应使得其在移动电子商务平台易被接受；另一方面，凭借其积累的品牌号召力，更容易开展与旅游移动电子商务上下游产业链各主体的合作，推进旅游移动电子商务的发展。

② 运营能力和管理能力强。终端制造商已搭建了运营完善的服务平台，旅游移动电子商务服务是其 PC 端电子商务平台的手机端入口，它们具有专业化技术和服务团队，广泛的商品渠道和丰富的业务资源、物流、仓储等硬件条件的支持，为其他移动端的发展提供了条件。

③ 移动设备端用户量大。移动端和 PC 端的用户存在一定重叠，PC 端有良好体验的用户，可以随时随地轻松地应用移动电子商务平台进行旅游消费，成为了最原始的客户积累，为旅游移动电子商务的发展奠定了良好的客户基础。

（2）主要劣势

① 设备制造商需要具备足够强的吸引力吸引用户，这种模式提供的商品对于消费者的

消费行为影响有限，很难大规模复制成功。

② 企业可能过分地依赖原有的电子商务模式、品牌优势、客户群体等资源，从而自我满足甚至复制原有的运营模式，缺少移动电子商务的创新动力。

6.3.3.2 移动运营商为核心的商业模式

移动运营商指提供数据服务的移动通信运营商，我国主要有移动、联通和电信三家及 2014 年新发牌照的虚拟运营商。中国移动、中国联通、中国电信三大移动运营商主导着中国市场，三大运营商具有坚实的技术基础和强大的信息网络，三大网络分布于各行各业，涉及到民生的方方面面。正是这三大运营商的高速发展为旅游移动电子商务活动提供了较好的安全无线网络和较成熟的认证支付体系，在此基础上建立的一整套成熟的客服系统、客户资料管理系统为旅游移动电子商务的发展奠定了坚实的基础。借助三大运营商的技术产品，旅游产品服务需求方和提供者可获得基于手机终端的客户资料管理、旅游产品推广等服务。目前，三大运营商都推出了手机信箱业务，手机用户可随时随地使用自己的手机，接收、回复、转发和撰写电子邮件，此外，三大运营商还提供基于位置信息的业务，这些业务涉及支付、信息定位及导航、资料（数据和视频等）应用等诸多方面。

移动运营商为核心的商业模式，主要是移动通信运营商与商业客户或者用户之间建立直接的联系，在商业客户端放置支持非接触交易的 POS 机，在移动用户终端中采用特制的 SIM 卡。移动运营商凭借其在整个产业链信息交汇的核心位置，能控制移动电子商务价值链以及自身终端用户的增值服务、还拥有规模庞大的终端用户群，在开展移动电子商务方面具有先天优势，移动运营商为核心的商业模式的主要特点是"渠道＋平台"。定制手机及内嵌的接入软件为移动电子商务平台的入口建设提供保障。庞大的用户群吸引企业和商家以入驻的方式丰富了移动电子商务平台上的产品线及内容，并为游客提供信誉保障。

(1) 主要优势

① 庞大的用户群和信息通道优势。移动运营商处于产业链的核心位置，规模庞大的用户群使得移动电子商务产业链主体都无法绕开移动运营商这一关键主体独立完成对用户的服务，因此移动运营商在移动电子商务产业的发展中具有得天独厚的优势。

② 通信账户小额支付。移动运营商为每一个终端用户设置了通信账户，话费的划、转完成小额的在线支付，满足了资金流的通畅。

③ 完善的计费体系和强大的资本优势。这些都是其他产业链主体缺乏的独特优势。

(2) 主要劣势

① 缺乏高度专业化的团队。移动运营商作为通信服务提供商，更多的是经营和提供各类服务，无实物类产品，而移动电子商务企业经营的产品绝大多数都是种类繁杂的实际商品或者虚拟商品；缺乏高度专业化的团队和丰富的电子商务运营经验，与其主营业务相去甚远，很难保障平台有效管理和顺畅运营。

② 目标用户范围封闭，缺乏开放性。移动运营商在各自的领域内开展移动电子商务业务，主要是本网内的用户，有很强的封闭性，违背了移动电子商务开放性特点，不利于移动电子商务平台发展。

③ 低利润率导致动力不足。同主营通信领域的利润水平相比，电子商务的平均利润率要低很多，移动运营商过于控制移动电子商务平台的搭建及其产业价值链，难以有足够的动力去开展移动电子商务的必备活动，如自建商品渠道、独立进行仓储和物流配送等。

6.3.3.3 平台集成商为核心的商业模式

平台集成商为核心的旅游移动电子商务商业模式，是由平台集成商自主整合业务客户，建设与维护业务平台，同时接入多个运营商提供业务服务。平台集成商处于移动电子商务产业价值链的上游，专注于对移动互联网的电子商务服务，从而多样性的满足移动电子商务商户，不断创新服务与运营模式，对移动电子商务用户需求和服务特点有较好的理解与把握，在电子商务行业竞争格局中，占据了一定重要位置。

(1) 主要优势

① 为移动电子商务提供全程服务。平台集成商利用其开发团队、研发体系和丰富的客户资源，便于企业或商家为消费者提供更加便捷和个性化的服务方式。

② 准确的市场定位利于创新。平台集成商通过企业管理服务发展，创新电子商务发展理念，改变转移价值观，能够较好地克服传统电商观对移动电商发展的影响和束缚，吸引了大批商家入驻由其搭建的商务平台。以平台集成商为核心的这种发展模式，对于移动电子商务市场用户需求的变化有较好的把握，对其发展新方向更加敏锐。

③ 便于对游客信息进行收集、管理、分析等，使个性化、无条理的信息集成分类，把个性化的服务变为分类规模化的服务，节约了成本。同时在平台上不同企业间便于信息交流，有利于行业的发展和创新。

(2) 主要劣势

① 品牌效应不足，用户拓展难度大。由平台集成商为核心的移动电子商务，薄弱的品牌影响力，较低的游客认可度。目前移动电子商务平台还没有一套较为完善的游客服务和保障体系，用户群体不稳定，订单量低用户拓展面临较大的难度。

② 运营实力薄弱、服务体系不健全。现阶段中国移动电子商务发展应用还主要停留在通过手机终端进行商品咨询及网上购物的需求上。平台集成商为核心的旅游移动电子商务平台，运营团队未完善、服务体系不健全，很难在短期内形成一定规模与互联网为核心移动电子商务相抗衡的商务平台。

6.3.3.4 金融机构为核心的商业模式

金融机构通过开发电子商业务平台、布放 POS 机，直接使用户与金融机构发生联系。该模式主要适用于手机银行业务，如招商银行的手机银行业务。金融机构的主导业务是大额移动支付业务。各大银行或金融机构提出了移动电子商务金融服务平台，为从事电子商务的企业和个人客户提供产品信息发布、在线交易、支付结算、分期付款、融资贷款、资金托管、房地产交易等服务，增强用户和企业商家的粘度和挖掘大数据的价值，并对传统电子商务模式进行了创新。

以金融机构为核心的移动电子商务商业模式，在电商服务方面，提供 B2B 和 B2C 客户操作模式，涵盖商品零售、商品批发、房地产交易等领域。在金融服务方面，为客户提供从支付结算、资金托管、信用担保、融资服务的全方位金融服务。旅游者手持移动终端设备，通过移动网站和移动设备的软件等形式进行旅游信息的查询服务。目前查询服务的主要提供者有地方旅游局、旅游在线零售商、第三方软件开发商等，我们以手机为主，具体分析如下。

① 语音方式。旅游者通过拨打固定的服务号码获得旅游服务，这是比较传统的一种方式。中国联通推出的 116114 和中国移动的 12580 服务很大一部分是基于此种需求，手机用户在旅游地拨打这些服务号码，即可查询当地的酒店、饭店信息。

② 手机网站。第一种，wap 网站。即手机里用安装的浏览器软件（如 IE，Ucweb 等），访问 wap 网站进行信息查询，智能手机和非智能手机都能采用此种形式。当今许多旅游在线零售商网站（例如携程、去哪儿、芒果等旅游专业网站）推出了手机网站，可进行信息查

询和产品预订。第二种，web 网站，即 www 开头的网站。随着 3G 网络的普及，一般的 3G 智能手机采用这种形式直接访问旅游服务网站。

③ 手机短信。短信服务是手机最基本的功能之一，手机短信也能成为旅游企业自我宣传和提供服务的一个重要渠道。作为目前最为成功、应用最为广泛的无线移动通信业务，短信服务在我国具有良好的用户基础。因为短信服务的便捷性和低成本性，它为那些资金、技术力量不是很强的中小旅游服务企业提供了一种较好的发展途径。通过构建手机短信的移动电子旅游平台，完成信息发布和接收，与银行系统相连，通过身份验证进行交易，从而实现与旅游企业的管理信息系统的无缝联接。它的具体功能有：移动信息服务、基于行程的位置导航服务、安全救援关怀服务、移动交通、气候、订餐、住宿等信息管理、移动的客户关系管理及移动的工作流程管理等。由于信用机制不健全，目前大部分短信服务还局限于查询功能。

④ 手机客户端。旅游者通过手机安装的客户端软件，浏览、查询、下载旅游信息。随着智能手机的功能日益强大和便利，这些旅游网站也在手机网站的基础上，研发出适合各种智能手机的客户端软件。这一方式消除了登录网站的繁琐，增强了使用移动互联网服务的安全性和黏度。以苹果公司为例，它的应用商店（App Store）为其用户提供了许多实用的应用程序。截止 2012 年 1 月，应用商店里的旅行分类列表里有 25000 左右个程序。这些应用程序涉及旅游的食、住、行、游、购、娱六大方面，并且每天都有新的程序出现。这些多种多样的应用程序，无异于一个巨大的智囊。有的程序会帮助旅游者快速搜索和预订机票、酒店、租车；有的程序会替旅游者定位陌生城市附近的餐厅、酒吧、商店；有的程序能让旅游者随时随地上传旅游图片，与好友分享游记。这些服务能够伴随旅游者的整个行程，为他们提供智能化的信息体验，提高其旅游满意度。

6.4 旅游移动电子商务的组成

由于移动电子商务具有移动性、终端多样性等特点，它与旅游产品的无形性、不可转移性、不可存储性等特点能够很好结合。在传统的旅游过程中，游客对于旅游产品的个性化需求无法完全满足，而且在景区会临时产生更改线路、订餐、订演出票等要求，以个人电脑为主的电子商务不能做到随时随地服务，因此，移动电子商务的出现，可以解决上述问题。这些服务内容也能与游客的需求进行对接。旅游移动电子商务的主要内容包括移动信息服务、移动支付服务、移动定位服务、移动导游服务、移动营销服务。

6.4.1 移动信息服务

旅游业是基于信息的行业，旅游者是离开了日常熟悉的消费生活而在陌生的异地进行消费。游客在出游前后及旅游途中，不断接受着有关旅游地情况的信息，旅游地的"食住行游购娱"六大因素由旅游信息来体现。一些研究表明，旅游者做出的决策（特别是对于目的地的选择），很大程度上受到所搜寻到的旅游信息的影响。而有效的信息能够减少旅途中的风险和不确定性，同时也降低了成本。传统的旅游，当他们进行消费决策时，能够依靠的有用信息只能通过电视、宣传册、有线网络等获得。虽然互联网已经成为旅游者搜寻旅游信息和相关产品的最有效途径之一。但是旅途中，旅游者对于信息的需求同样重要。

目前，移动电子商务主要提供诸如短信息服务、多媒体信息服务、移动银行业务、移动交易、移动订票、移动购物、移动娱乐、移动无线医疗等信息服务。

(1) 移动交易

具体应用如股票交易，即用户的移动设备可用于接收实时财务新闻和信息，也可确认订单并安全地在线管理股票交易。

(2) 移动订票

具体应用如预定机票、车票和入场券等。如，移动电子商务使用户能在票价优惠或航班取消时立即得到通知。

(3) 移动购物

即用户能够通过移动通信设备进行网上购物。如订购鲜花、礼物、食品或快餐等。

(4) 移动娱乐

用户不仅可以利用移动设备收听音乐，还可以订购、下载特定的曲目，而且可以在网上与朋友们玩交互式游戏，还可以参加快速、安全的博彩等活动。

(5) 移动无线医疗

这种服务是在时间紧迫的情形下，病人家属能够向专业医务人员提供关键的医疗信息。

6.4.2 移动定位服务

移动定位服务，也称作基于位置的服务（Location-based Service，LBS）是指通过移动运营商的无线网络（如 GSM 网、CDMA 网、PHS 网等），获取移动终端用户的位置信息（经纬度坐标数据），并在电子地图平台的支持下为用户提供相应服务的一种移动增值业务。

旅游是一种搜寻、选择、规划旅游目的地的产品和服务的过程，包括相关的景点、住宿、饮食、娱乐活动等服务。而根据游客的实际位置，如何提供专业化个性化的信息就显得尤为重要。移动定位服务它能提供交通导航、位置跟踪查询、移动救援、移动医疗等服务。移动定位在旅游移动电子商务中的具体应用主要包括以下几类。

(1) 移动导游服务

传统旅游电子商务主要采取了导游员或者讲解员的讲解服务，但是，随着外国游客的增多，小语种导游的紧缺，导致很多外国游客由于语言障碍对游览景点的历史文化资料了解甚少。再者，人工导游服务会产生高分贝的噪音，一些景点有降低噪音的要求。而旅游移动电子商务应用最广泛的是电子导游机。一些发达国家的博物馆等室内景点，基本上采用电子导游服务。游客在展馆内自己拿电子导游机听讲解。避免了人为噪声对于展馆的破坏。基于手机等移动设备的移动导游系统是未来电子导游技术发展的主流，一些手机软件也开发出了语音导游服务。

(2) 旅游过程中的人身安全紧急救助

利用移动定位业务，手机的持有者只要按几个按钮，警务中心和急救中心在几秒钟内便可知报警人的位置而可以提供及时的救助。美国已规定 2001 年 10 月之后所有手机必须具有定位报警功能。在我国可应用在人身受到攻击危险时的报警、特殊病人的监护与救助、独生子女位置的监护与救助、生活中遇到各种困难时的求助需求等。

(3) 机动车反劫防盗

与目前其它几种防盗系统相比，移动定位业务所采用的系统具有突出的优点包括：系统体积小，重量轻，可放置机动车任意位置而不易被窃车者发现；不受遮挡的影响，室内室外均可实现定位；与 GPS 定位相比，成本低，若使用手机作为定位终端价格可在千元以下；定位系统的安全运行可完全由有关部门自主监控。

(4) 与位置相关的信息服务

移动定位业务可提供与位置相关的各种信息服务。当用户在陌生地区想知道距离最近的商店、银行、书店、医院时，只需数秒手机显示屏上便可出现所需的位置信息。当用户随时随地想购买自己喜欢的商品时，定位系统与信息数据库结合可引导用户购买。还可和互联网站商合作，为用户提供丰富的信息服务。

(5) 广告

广告商在定位业务中插入广告业务的具体做法是在用户接收定位信息服务显示前增加1~2秒钟广告显示，可达到好于一般纸页广告甚至电视广告的效果。

(6) 友情、娱乐性服务

用户可利用定位系统随时获知朋友的位置、发出问候信息。可和朋友玩基于位置的游戏。

6.4.3 移动支付服务

移动支付就是允许用户使用其移动终端（通常是手机）对所消费的商品或服务进行账务支付的一种服务方式。单位或个人通过移动设备、互联网或者近距离传感直接或间接向银行金融机构发送支付指令产生货币支付与资金转移行为，从而实现移动支付功能。移动支付将终端设备、互联网、应用提供商以及金融机构相融合，为用户提供货币支付、缴费等金融业务。

(1) 移动支付服务发展迅猛

由于手机的普及和金融现代化的发展，我国移动支付市场发展迅猛。智研咨询统计数据显示，截至2014年6月，我国使用网上支付的用户规模达到2.92亿，较2013年底增加3558万人，半年度增长率12.3%。与2013年12月相比，我国手机支付增长迅速，用户规模达到2.05亿，半年度增长率为63.4%，是整体网上支付市场用户规模增长速度的5.2倍，网民手机支付的使用比例由25.1%提升至38.9%。在旅游移动电子商务中，有了移动支付业务之后，支付行为不受时空限制，进入"不刷卡，刷手机"时代。

(2) 移动支付的支付方式

移动支付主要分为近场支付和远程支付两种，所谓近场支付，指的是使用手机射频（NFC）、红外、蓝牙等通道，实现与自动售货机以及POS机的本地通讯。简单来说，就是像刷"羊城通"、"校园卡"一样"刷手机"，实现短距离小额支付。移动近场支付被视为移动支付中最重要，也是最容易实现的一种支付方式。远程支付是指通过发送支付指令（如网银、电话银行、手机支付等）或借助支付工具（如通过邮寄、汇款）进行的支付方式，如掌中付推出的掌中电商，掌中充值，掌中视频等属于远程支付。

6.4.4 移动营销服务

移动营销（Mobile Marketing）指面向移动终端（手机或平板电脑）用户，在移动终端上直接向分众目标受众定向和精确地传递个性化即时信息，通过与消费者的信息互动达到市场营销目标的行为。

移动营销早期称作手机互动营销或无线营销。移动营销是在强大的云端服务支持下，利用移动终端获取云端营销内容，实现把个性化即时信息精确有效地传递给消费者个人，达到"一对一"的互动营销目的。移动营销是互联网营销的一部分，它融合了现代网络经济中的"网络营销"（Online Marketing）和"数据库营销"（Database Marketing）理论，亦为经典市场营销的派生，为各种营销方法中最具潜力的部分，但其理论体系才刚刚开始建立。移动营销的主要传播平台是移动设备，能向游客精确地传播即时信息，并进行信息互动和个性化服务。移动营销服务具有以下优势。

（1）精准传播

由于每部移动设备都对应着一个用户，移动营销可以实现精准的"一对一"个性化营销。

（2）灵活快速，到达率高

移动营销能使旅游企业与游客的互动更为灵活，他们可快速掌握市场动态和游客的需求。移动广告（以短信为例）相比传统的报纸杂志广告更快速、更有针对性，游客更易接受。

（3）快速定位

位置服务是移动商务的主要特色。例如促销活动与定位服务的结合。旅游者可用手机搜索附近的电子优惠券，直接去特定地点消费。

（4）经济性

营销成本相对较低。所传播的数字化信息节省了传统的实物成本和高额广告费用。

（5）互动性

移动营销的互动性更具优势，例如游客短信回复、网络回帖留言可快速用于客户关系的维护，有效地进行售后跟踪调查，还可以利用同游客的互动改善旅游服务过程的不足和缺陷，改进服务质量，提高游客满意度。并且传统的旅游营销活动基本着重于旅游前和旅游中，旅游后的售后服务很少涉及。

6.5 旅游移动电子商务服务与交易过程

6.5.1 旅游移动电子商务服务系统及其组成

旅游移动电子商务服务系统是集购买虚拟充值类商品、购买实物类商品、优惠券、彩票、团购消费券等的平台，系统整合了公司多个部门的多个业务于一个移动终端平台。旅游移动电子商务系统通过提供移动电子商务首页来为各种接入的业务提供入口，用户通过点击首页不同业务的链接而进入不同的业务子系统进行交易，移动电子商务首页为通用和可配置的解析框架，其首页的商品链接可通过模板进行配置。

要说明旅游移动电子商务交易系统的基本工作原理，就必须先说明旅游移动支付系统由哪些部分构成。在旅游移动支付系统的产业链中包含了以下几个主要元素，这些元素的有机合形成了移动支付系统，下面分别介绍。

（1）移动网络运营商

移动网络运营商的主要任务是为旅游移动交易提供沟通渠道，可以说移动网络运营商是连接商家、银行和游客的重要纽带和桥梁，在移动支付业务的发展中起到至关重要的推动性作用。现在，无线网络运营商能提供通话、短信、WAP应用等多种沟通方式，并且能为不同类型的交易需求提供不同层次的支付服务。作为移动支付过程中至关重要的环节和通道提供者，移动网络运营商可以选择独自建设手机支付平台，而不与银行机构合作。在此种情况下，用户手机卡账户将作为支付账户，手机费用余额作为支付费用的资金来源。

（2）金融机构

金融机构，一般情况下就是银行，为用户和商家之间提供非现金的交易支付途径。成为与用户手机号码关联的银行账号的管理者,银行需要为移动安全支付建立一套安全的完整的外部接口,以便用户进行支付和查询等操作,并保证用户支付过程的安全与畅通。与移动网络运营商相比,金融机构不仅具有权限、资金、信用卡以及支票为基础的支付系统,还拥有广泛个人和商家客户等资源,因此银行也可以独立建设移动支付平台。

(3) 第三方手机支付服务商

第三方手机支付服务商可以有效衔接网络运营商和银行机构,在推动手机支付的发展过程中起到了重大作用,在移动运营商和银行机构的整合方面具有先天优势,对整合多方资源协调各方面关系的非常合适,可以给手机支付的普通用户和商家用户提供多种多样的手机支付业务,能够有效吸纳商家和用户注册,并乐意为其的各种应用付费。而第三方支付平台提供商可以通过向移动网络运营商、银行和商家收取设备使用费和技术服务费,并从移动网络运营商、签约商家用户处提取普通用户的使用移动增值业务和进行商品服务交易的佣金而获得盈利。

(4) 用户

对于用户来说,移动支付提供了随时随地,方便快捷丰富多彩的支付方式的选择,从而使移动终端成为一个安全可靠的支付工具,丰富了人们的现代生活。

(5) 商家

对于商家来说,在商场和零售商店布置移动支付系统,在一定程度上减少了支付的中间环节,节约了支付和管理成本,提高了支付效率,增加了支付方式的多样性,获得更高的客户满意度的同时可以扩大销售机会。

6.5.2 旅游移动电子商务交易系统框架和流程

旅游移动电子商务在交易过程需要遵循一定的框架,交易过程也有自身的过程,下文首先介绍了旅游移动电子商务交易的系统框架,随后分别介绍了虚拟商品和实物商品的交易流程。

6.5.2.1 旅游移动电子商务交易系统框架

系统有两类用户端即商家用户端和客户用户端。客户用户端是便携持设备上运行的软件和应用程序,而后台负责处理支付请求和账户业务。在简单的系统框架中有三个部分和移动支付系统连接交互:客户用户、商家用户、金融应用服务器。关于 MPS 应用体系的一般模型如图 6-2 所示。

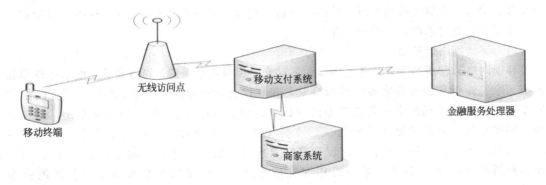

图 6-2 旅游移动电子商务交易系统框架

移动终端交易的流程与互联网平台交易过程相似,如表 6-5 所示。

表 6-5 移动终端交易过程

行　　为	参　与　方
系统初始化	移动终端→商家系统
用户身份及账号鉴定	移动终端→金融应用服务器
请求支付认证	商家→金融应用服务器
支付行为认证	金融应用服务器→商家
订单中商品相关信息内容	商家→移动终端
支付获取	商家→金融应用服务器

6.5.2.2 旅游移动电子商务虚拟商品交易流程

旅游移动电子商务虚拟商品交易的过程主要包括浏览相应信息、发送预定请求、在线支付、预定成功等，主要步骤如下。

① 游客对旅游信息的浏览。在决定旅游目的地之前，游客需要花费一定的时间通过网络了解旅游目的地的交通、食宿、票价等等相关的旅游信息，通过对旅游相关信息的浏览和筛选，游客需综合各个因素并对旅游目的地做出最终选择。

② 发送预定请求。在对旅游目的地做出选择之后，游客需要发送预定请求，一般来说，为了对游客信息的保护，网络运营商需要游客在预定之前进行注册，当然，也有个别网站不需要进行注册。

③ 在线缴纳预付款。发送预定请求后，需要对是否进行在线缴纳预付款进行选择，如

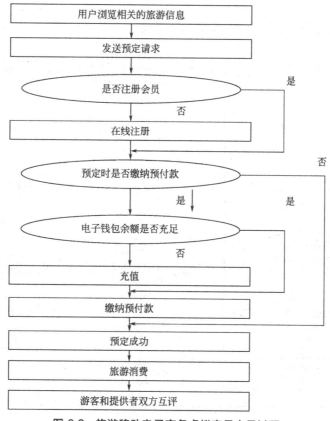

图 6-3 旅游移动电子商务虚拟商品交易过程

不愿意进行在线支付的游客也可以选择在抵达目的地后进行现场的支付。

④ 双方互评。在完成前三步骤之后，游客进行旅游的消费活动，到达旅游目的地进行相关活动并进行旅游产品和服务的消费之后，游客还需要在线对服务和产品进行评价，旅游产品和服务的提供者也有权进行回评。

为方便对整个过程的宏观把握，图 6-3 比较完整的展现了该过程。

6.5.2.3 旅游移动电子商务实物商品交易流程

同旅游移动电子商务虚拟商品交易流程略有不同，旅游移动电子商务实物交易流程主要包括了以下步骤。

① 用户浏览。用户可以不用登录浏览移动电子商务平台查看各种类目的商品详情、卖家详情、商品图片。

② 用户登录。如果需要进行收藏商品、下单购买、商品支付等需要进行登录，否则不需要登陆。

③ 用户查询。收藏商品后，可以在个人收藏夹中进行查询，订购商品则需要一步步选择商品属性、选择收货地址、编写购买附言、选已收藏的商品，其中收藏商品是存储在本地数据库，而查看商品信息、商品下单以及商品支付均是通过接口收发数据，商品数据与订单数据均存储在电子商务主站。

④ 用户支付。用户如果需要下单选择支付方式（在线支付和货到付款），如果是在线支付则使用第三方支付系统进行支付，支付成功则生成订单，支付失败则不生成订单。如果是货到付款则交易成功，生成订单，订单的状态由卖家在主站进行控制。

旅游移动电子商务实物交易流程图如图 6-4 所示。

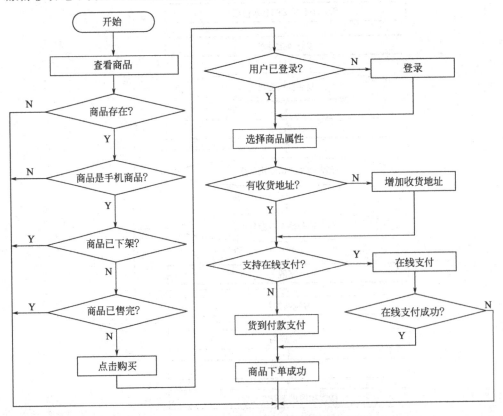

图 6-4　旅游移动电子商务实物商品交易过程

6.6 旅游移动电子商务支付与安全

6.6.1 移动支付的定义及分类

在进行旅游移动电子商务的交易过程中，必然要通过移动支付进行相应的支付与结算，因此，理解并掌握移动支付的定义、种类是必要的。因此，在讨论旅游移动电子商务支付安全之前有必要进行说明。

（1）移动支付的定义

移动支付就是允许用户使用其移动终端（通常是手机）对所消费的商品或服务进行账务支付的一种服务方式。单位或个人通过移动设备、互联网或者近距离传感直接或间接向银行金融机构发送支付指令产生货币支付与资金转移行为，从而实现移动支付功能。移动支付将终端设备、互联网、应用提供商以及金融机构相融合，为用户提供货币支付、缴费等金融业务。

移动支付分为广义和狭义的移动支付。狭义的移动支付是指游客使用手机对产品和服务进行购买并且使用手机进行支付的行为和方式，而广义的移动支付不仅仅局限于手机，还包括 PDA 和笔记本等移动终端。

（2）移动支付的分类

从支付场景来看，手机支付可以分为现场支付和远程支付。手机现场支付是指用户支付的行为在现场发生，游客在购买了商品和服务之后，即可使用手机进行支付和购买，主要利用的技术有 SIMPASS、NFC 和 RFID 射频识别技术，支付过程不需要借助无线网络，现场支付的地点主要有商场和超市等。手机远程支付在使用手机支付通过将支付信息通过移动网络传送到远程的服务器上，才能够购买支付产品，通常需要借助银行卡账户或手机话费账户，我们平时经常听到的"手机钱包"就属于远程支付的一种。移动支付还有很多不同的分类方式：按照交易金额的大小，移动支付可分为大额支付和小额支付；按照移动支付账号设立的不同，分为移动运营商代收费和手机与银行卡绑定收费；按照移动支付清算时间的不同，分为预支付、在线即时支付和离线信用支付三类。

游客在任何时间和地点都可以用移动支付实现即时支付，超越了时间和地点限制，为游客提供了便利的服务。随着我国手机普及率的提高和通信技术的发展，以手机支付作为主要的支付手段将很有可能成为未来的主流。

移动支付是旅游移动商务中的一个环节，目前尚未有文献对旅游电子商务移动支付进行具体描述。根据笔者对旅游电子商务和移动支付定义的理解，以及对移动支付在旅游电子商务中应用的现状调查，综合以上内容，将旅游电子商务移动支付定义为：旅游电子商务移动支付指利用移动设备在旅游电子商务网站（如去哪儿网、携程网等）购买旅游产品（如机票、旅店预订、景点门票等），并且使用移动设备完成支付的过程。

6.6.2 移动支付安全与游客隐私

6.6.2.1 移动支付安全

从软件工程的角度来看，移动支付系统是依托移动终端设备、通信网络和后台处理共同组成的完整的支付软件系统。终端设备用于移动支付的硬件技术体制大致划分为两种主流方案，DI-SIM 和 NFC 方案。移动支付系统按照技术特点来分大致可以分成 4 类：基于 SMS

的系统、基于 WAP 的系统、基于 I-mode 的系统和基于 J2ME 的系统。其中终端设备中移动支付软件部署的位置分布包括 SIM 卡中、手机定制应用软件、手机 OS 之上的应用软件、手机浏览器扩展插件等几种类型。

随着电子商务交易额和参与电子商务交易的消费者急剧增长，电子商务蓬勃发展。但是，由于目前我国没有出台电子商务交易过程中消费者隐私权保护的相关法律，并且消费者保护隐私权意识也较为淡薄，电子商务交易相关主体侵犯消费者隐私权现象屡见不鲜。

游客在进行旅游移动电子商务过程中，大多数游客都会选择移动支付，但其中移动支付的安全问题不得不引起游客的关注，概括来讲，移动支付安全问题来源于三大方面。

① 终端安全。主要威胁包括系统后门/漏洞导致的恶意软件危害、非法访问文件系统等。

② 通信安全。直接连接的钓鱼网站、密码短信拦截、交易确认信息拦截、中间数据被窃取等。

③ 程序自身的安全。程序代码被静态或动态篡改、中间数据被篡改或盗取，特别重要的是程序输入输出接口的安全性——密码输入控件、驱动的安全性保障。

6.6.2.2 游客隐私

隐私权是指游客在移动支付过程中享有的个人信息（IP、姓名、地址、联系方式、职业等）不被非法获悉和公开，个人生活不受外界非法侵扰、个人私事的决定不受非法干涉的一种独立的人格权。旅游移动电子商务交易过程中游客隐私主要包括个人数据信息（IP 地址、姓名、性别、职业、电话号码、QQ 号和 E-Mail 等）、个人网络私事（上网习惯、支付习惯和其他等）和个人网络领域（计算机内存储的信息、个人网络空间等）。

电子商务交易过程中有可能涉及游客隐私的主体主要有：互联网服务提供商、网站服务商、网络即时交易平台、网络销售方、第三方支付平台、物流企业、恶意软件发布者和黑客等。以上主体都有可能成为侵犯电子商务交易过程中游客隐私权的主体，因为他们都或多或少地掌握游客的信息，一旦他们非法利用或是披露，就会侵犯游客的隐私权。侵犯游客隐私的主要行为有以下几类。

① 非法搜集、分析、利用、披露、出售游客个人数据信息。移动旅游电子商务交易过程中游客要完成交易，必须要开通网络获取 IP，访问、点击相关网站、网页，并进行注册支付货款，填写信息等行为。交易过程中游客每一个行为都要涉及个人信息，同时，这些行为也为相关交易主体提供第一手游客信息，现实中就出现非法收集游客信息，并对该信息进行分析利用或不当披露，或是出售游客相关信息以获取经济利益的现象。

② 非法发送垃圾邮件和信息，盗取、监看他人的电子邮件、QQ 和个人网络空间、非法侵入游客的计算机等形式侵犯游客个人网络空间。移动旅游电子商务交易相关主体获取游客电话号码后经常电话推销相关产品或是进行诈骗活动，有的盗取游客电子邮件或 QQ 密码，非法登录、偷看游客 QQ 号、电子邮件和个人网络空间，甚至非法侵入游客计算机盗取数据等行为。这些行为严重侵犯了电子商务交易过程中游客的个人空间。

③ 监听、窥探和跟踪电子商务交易过程中游客，对游客个人网络活动进行侵害。旅游移动电子商务交易相关主体利用相关电子技术对电子商务交易过程中游客进行电子监听、窥探和跟踪，以获取游客的网络信息，然后非法利用或是用作商业用途，这些行为严重地侵害了游客的隐私。

6.6.3 移动支付可能带来的损失及其防范措施

从上一节，可以清楚地了解移动支付所面临的三个方面的安全威胁和游客面临的隐私侵犯风险，移动支付安全问题可能会引起哪些损失，又该如何防范呢？本节将给予解答。

6.6.3.1 移动支付可能带来的损失

旅游企业向移动支付平台传递的旅游产品信息、游客的付费信息以及在移动支付平台上传输的机密信息，有可能在网络传输或储存过程被他人窃取、泄露甚至披露给未授权的人或组织，造成游客信息泄露、财产损失甚至生活受到影响。例如：以诈骗短信、银行卡绑定手机号变更、网购订单失败给用户退款等诈骗手段骗取游客钱财；通过出售/购买用户移动支付信息对用户进行广告骚扰等。移动支付属于无纸化的支付，支付行为难以留下凭证，不便于对支付过程进行记录、分析、管理和追踪，支付过程一旦一方出现问题，另一方不能提供相关法律依据，如果旅游消费过程中发生纠纷，即使进入司法程序，由于缺乏证据，目前我国相关法律法规也不完善，法律诉讼请求难以得到法律的有力支持。

6.6.3.2 防范措施

根据移动设备完成支付的过程，其主要防范措施如下。
① 为移动设备设置开机密码，提供最基础的安全防护；
② 要在正规的软件商店或者官方网站下载网购、网银、支付类 APP；
③ 安装专业的安全软件，针对用户移动支付整体流程提供全方位"环形"防护，有效避免移动支付安全风险；
④ 收到如"电子密码失效"、"银行升级"等短信，要保持警惕，可直接拨打官方客服电话确认；
⑤ 不给移动设备乱装软件，定期删除手机垃圾、清理缓存；
⑥ 不要随便点击安全性不确定的链接，不随便扫二维码；
⑦ 不要使用公共 WiFi 进行手机支付。

6.6.4 移动支付安全问题来源

移动电子商务具备操作便捷、使用灵活等优势，但也存在一些安全问题，既有技术体系方面的问题，也有非技术方面的问题。下面着重从技术上和管理上两个方面具体分析面临的安全问题。

6.6.4.1 移动电子商务在技术上的安全问题

① 无线网络通道的安全问题。移动电子商务给用户游客带来了极大方便，但是无线网络不能像有线网络依靠信道的安全加以保护，开放性的信道隐藏着诸多安全性问题。现在移动终端无线网络主要有两种：3G 网络和 Wi-Fi 网络。相对而言，在公共场合，目前国内运营商提供的 3G 上网安全性相对较高，但 Wi-Fi 的安全性就难以保证。任何人都可以制造一个假的无线热点，当用户的无线设备连接上去时，会被对方通过黑客工具反扫描，如果你的手机连接了该热点，且涉及了用户名密码等数据，对方就会获取你的隐私信息。攻击者就能通过无线媒介窃听通信、非法获取传输信息，达到破坏的目的。如通信内容易窃听、被窃取、移动 IP 网路漫游的威胁、对数据完整保密性的威胁、无线应用协议 WAP 的攻击等。这些都构成了移动电子商务用户的个人隐私、信息安全和人身安全方面的潜在威胁。

② 病毒和黑客攻击造成的安全威胁。智能终端应用软件各种新型病毒日益增多，智能终端、操作系统、移动应用、网络技术的多样性和不成熟以及客户群规模等因素，加重了对移动电子商务交易信息的安全威胁，病毒和黑客存在的安全问题主要表现为，利用不安全插

件、软件来传播非法信息，利用操作系统的漏洞及缺陷，植入木马程序，非法侵入网络，严重影响和干扰了用户行为。

6.6.4.2 移动电子商务的管理安全问题

① 智能终端的安全管理问题。随着移动终端功能的完善、信息存储量的加大，其成为用户个人的信息中心和网络中心，存储了大量的商务数据和个人资料，且其属于便携设备，易丢失或被盗。此外，用户缺少安全使用方法和防范意识，在上网交易过程中操作不规范，无法完成商务数据备份、恢复以及对非法入侵者的追踪。因此，移动终端将会面临存储的大量商业秘密的保密性的安全威胁。主要表现在：移动终端的物理安全、移动终端被攻击和数据破坏、SIM 卡易被复制、账户信息和认证密钥丢失等。

② 平台运营管理漏洞造成的安全威胁。为适应移动电子商务的发展，产业链上各主体企业加快了相应软件平台开发的脚步，众多移动商务平台林立，但功能良莠不齐，用户很难甄别其优劣程度。移动商务平台缺乏统一的监督管理、不能提供统一的服务功能和安全运营，缺乏平台和用户的沟通交流，这些都需在技术安全控制、运营管理中进行整体思考和设计安全措施，在运营过程中进行继续地修改和完善，从而形成一个整合的、增值的移动商务安全运营平台防御战略，使得用户不受安全威胁。

③ 大数据时代的信息安全问题。大数据作为"未来的新石油"，各类机构和个人拥有海量数据，正在广泛挖掘和开采价值，在此种情况下，用户只要使用智能终端，就必须将个人数据所有权转移给服务商，关键是经过多重交易和各类第三方渠道的介入，个人数据的权利边界已经被模糊和消失了。个人的数据信息易被利用数据挖掘和数据分析等种种大数据技术获取，在数据信息市场实现其商业价值，甚至将海量个人信息非法窃取并打包出售给信息中介机构和个人，进而再转手贩卖给销售企业、调查公司、网络犯罪团体等。用户个人信息和数据的安全，面临严重威胁。虽然近年来，我国出台了《关于加强网络信息保护的决定》、《信息安全技术公共及商用服务信息系统个人信息保护指南》等法规，但不容忽视的是，这些法律法规目前操作性不足，并存在规制范围狭窄、公民举证困难、缺乏统一主管机构等短板。此外，现行"谁主张、谁举证"的司法规则在大数据时代提高了权利救济门槛。

6.6.5 移动支付安全问题的解决策略

通过本章前几节的学习，了解了移动支付所面临的风险，也清楚了这些安全问题的来源，本节从技术层面上针对如何解决这些安全问题提出了一些措施。

(1) 加强 CA 认证

CA（Cecate Authority）认证中心，作为一个权威的第三方机构，通过对密钥进行有效的管理，颁发证书证明密钥的有效性，并将公开密钥同移动电子商务的参与群体联系在一起，利用数字证书、PKI、对称加密算法、数字签名、数字信封等加密技术，建立起安全程度极高的加解密和身份认证系统，确保电子交易有效、安全地进行，从而使信息除发送方和接收方外，防止电子商务交易中一些重要数据、文件在传输过程中被窃取篡改、网络欺诈、网络攻击等问题的威胁，保障电子商务的网络支付安全。

(2) 完善 WPKI（即 Wireless Public Key Infrastructure，无线公开密钥）体系

公钥基础结构是由数字证书、证书颁发机构以及核实和验证通过公钥加密方法进行电子交易的每一方的合法性的其他注册颁发机构所构成的系统。WPKI 的基础技术包括加巨密、数字签名、数据完整性机制、数字信封、双重数字签名等。通过 WPKI 体系，移动电子商

务的交易双方,可以共同信任签发其数字证书的认证中心(CA),采用数字证书的应用软件和 CA 信任的机制,促成网络支付的安全。例如,要进行在线交易时,或者是在线支付,如果有相同客户端浏览器中根证书列表中包含了它所信任 CA 的根证书,当浏览器需要验证一个数字证书的合法性的时候,这个浏览器从根证书列表发布数字证书认证中心的根证书,如果认证中心的根证书在浏览器的根证书列表和验证通过承认这个网站,浏览器就有了一个合法的身份显示该网站的网页。

(3)电子支付安全协议

目前,SSL 安全协议和 SET 安全协议已经被广泛地应用在电子商务活动中的安全支付环节。SET 采用公钥机制、信息摘要和认证体系,基于协议之上的应用程序,用于提高应用程序之间数据的安全系数。SSL 中也采用了公钥机制、信息摘要和 MAC 检测,可以提供信息保密性、完整性和一定程度的身份鉴别功能。

(4)建立信息管理监督机构,颁布相关法律法规

对网络中影响移动支付安全的行为进行严格的监管。一方面,明确统筹和监管移动支付产业的主体,目前的局面是某项业务、环节、企业出现安全问题后容易找到借口脱身或者干脆跑路。正是由于这些运营企业受到不同行业主管部门的监管,导致出现问题没有一个可以确保申诉得到回复和问题得到解决的途径,因此,解决安全问题急需明确监管,形成合力。另一方面,产业链各方还需联手共筑防线,目前我国的移动支付产业链涉及银行、银联、电信运营商、第三方支付、芯片厂商等,但还没有形成一个完备的主体产业链,要让这个行业变得可靠,需要建立合作共赢的体系,才能真正解决移动支付安全问题。

(5)社会道德的规范

由于电子商务交易双方不直接面对面的特点,传统的交易过程中经常出现欺诈将对电子商务安全产生消极的影响。因此,电子商务的健康发展取决于建立和完善社会道德规范。目前,信息系统建设刚刚起步,有待进一步改进,同时,需要进一步拓宽信息来源,信用评级进一步的科学分析。

本章案例

张家界旅游信息港、去哪儿、艺龙

张家界旅游信息港,网站始创于 2002 年 6 月,是张家界创建的最早的旅游综合门户型网站之一。网站侧重于张家界、凤凰古城,附带有长沙、韶山、岳阳、衡山等湖南境内的主要景区,提供丰富全面的景点、图片、视频、线路、天气、酒店、交通等目的地旅游咨询,提供散客游、团体游、会议游、自驾游等多种旅游接待服务。浏览者可自主地进行出游征伴侣、景点投票、旅游问答等活动,可自主发表旅游游记,风景图片等,网站的设计注重信息实时性、实效性、全面性。现与谷歌、百度、搜狐及 360 等多家知名网站进行合作,以成为游客了解张家界、旅游张家界的第一站。

"去哪儿"网是亚太及中国领先的在线旅游媒体创立于 2005 年的专业旅游网站,可以为旅行者提供国内外机票、酒店、度假、旅游团购、及旅行信息的深度搜索。

艺龙旅行网(NASDAQ:LONG)是中国领先的在线旅行服务提供商之一,致力于为游客打造专注专业、物超所值、智能便捷的旅行预订平台。通过网站、24 小时预订热线以及手机艺龙网、艺龙 iPhone、Android、iPad 和 WinPhone 移动客户端等平台,为游客提供

酒店、机票及旅行团购产品等预订服务。

晓明是招商银行武汉分行信贷部经理，由于银行工作压力大，他想利用今年年假时间，前往张家界进行游玩，考虑到游玩期间客户有可能会随时联系自己处理相关业务，以及年假的时间仅有9月1日到5日共5天时间，如何做到既达到放松的目的，又不会影响工作，如何利用自己随身携带的手机和平板安排食宿、确定旅游的行程，成了令人头痛的问题。

（资料来源：张家界旅游信息港http://www.cn-zjj.com/）

案例分析题：

1. 请你比较上述三个网站，为晓明安排本次旅游的食宿计划，要求：

① 9月1日出发，9月5日24点之前回到武汉市招商银行；

② 张家界国家森林公园所有景区均要安排时间游玩；

③ 费用最低。

上述各个条件的优先级依次降低，优先满足优先级更高的条件。

2. 游玩期间，9月2~4日，三天时间均须安排1.5小时的办公时间，办公内容包括查阅邮件、视频会议等，需环境安静，网络条件良好，请你对办公所需设备、办公时间及地点进行安排。

本章小结

旅游与移动电子商务的结合是大势所趋，旅游移动电子商务不仅是商界的必争之地，也得到了学术界的重点关注。本章从电子商务、移动电子商务及旅游移动电子商务的概念出发，阐明了旅游移动电子商务的概念，对其与传统旅游进行了比较，随后，介绍了旅游移动电子商务的主要模式，介绍了旅游移动电子商务交易的流程，最后，针对旅游移动电子商务中必不可少的环节——移动支付进行了讨论，对其安全性的改进提出了相关建议。通过本章的学习，有助于了解旅游移动电子商务的内涵、运营模式、组成部分以及出现的相关问题，有利于旅游移动电子商务研究思路的形成。

复习思考题

1. 从电子商务到移动电子商务进而发展为旅游移动电子商务的发展路径是怎样的？请进行简要描述。

2. 同传统旅游相比，旅游移动电子商务有哪些优势？

3. 旅游移动电子商务是如何为游客提供便利的，请举例说明。

4. 旅游移动电子商务的主要模式还有哪些？

5. 请对旅游移动电子商务的组成部分的系统性进行阐述。

6. 在进行旅游移动电子商务的运作中，你认为哪个环节最为重要？为什么？

7. 你认为在进行移动电子支付过程中需要注意哪些问题？

8. 针对电子支付的安全性问题，你有什么改进的建议？

9. 请列举出你身边所发生的网络支付的风险隐患。

10. 选择是否在线支付款项时，你的选择是什么？为什么？

讨论题

1. 我国目前的旅游移动电子商务发展如何？呈现何种趋势？
2. 旅游移动电子商务服务与交易过程是怎么样的？必须是图6-1所示吗？请举例说明。
3. 结合目前主流的在线支付系统（如支付宝），对在线支付的过程进行归纳整理。
4. 从游客的视角，讨论旅游移动电子商务是如何吸引客户的？
5. 旅游移动电子商务的发展与网络技术的进步是正相关的吗？给出理由。
6. 移动电子支付的安全性值得担忧吗？谈谈你的观点。

网络实践题

1. 运用网络查找一家提供旅游移动电子商务业务的网站，对网站的设计做出评价。
2. 如果你两周后将去张家界游玩，请你运用相关设备，设计出一套旅游方案。
3. 运用移动设备，针对某一旅游目的地，进行模拟预定，对操作过程进行评价。
4. 现如需你自行设计一家提供在线预定的网站，设计过程中你应该注意什么？

旅游服务的电子商务

学前导读

随着社会经济不断发展,旅游业带来的经济增长不断提高,互联网的介入使得旅游变得越来越简便。电子商务与旅游业结合是一种必然趋势。电子商务平台的特性,能较好地解决旅游者个体化需求的问题。通过本章的学习,使读者了解电子商务在服务业中的应用,拓展生活的视野。

学习目标

- 掌握餐饮企业电子商务系统的构建;
- 熟悉饭店电子商务的业务及功能;
- 掌握旅行社电子商务的运作模式和系统构建;
- 了解航空、铁路、公路以及水运电子商务的类型与特征;
- 掌握旅游景区电子商务应用模式;
- 了解旅游商品交易中的电子商务应用。

7.1 旅游餐饮电子商务

近年来，随着生活水平和社会发展的变化，旅游消费逐渐呈现出体验化、专属化、网络化发展特征。旅游餐饮作为旅游消费的重要组成部分，也呈现出体验化、特色化、网络化、集聚化发展趋势。

古人有云"民以食为天"，充分说明饮食是人类的生存之本，不论将来人类社会进步到何种地步，"食为天"的地位依然是无法改变的。但是在地位不变的同时，随着社会的不断发展进步，各种新的口味、新的技术、新的产品的诞生，纷纷影响着"食"发生改变，人们愿望从过去的吃饱、到现在的吃好以及吃得健康。

随着我国国民经济的快速发展，居民的收入水平越来越高，餐饮消费需求日益旺盛，营业额一直保持较强的增长势头。我国餐饮业每年增长速度都快于 GDP 增长速度，整个餐饮市场发展态势良好。但竞争激烈，经营者的营销观念比较陈旧，依然只是简单依靠自己的主观来判断消费者的需求，无法适应消费者口味和消费习惯的快速变化。而消费者也只能是在餐饮经营者所提供饭菜，而无法根据自己的喜好去选择。对于餐饮行业内的消息也非常闭塞，缺乏必要的沟通。因此通过拓宽传统的餐饮业经营模式和管理模式，提高企业的竞争力具有很大的意义。

7.1.1 餐饮企业电子商务概述

电子商务悄然进入餐饮行业，它对餐饮行业的影响越来越大，已经有越来越多的消费者喜欢通过电子商务平台向酒店餐饮企业订餐。与餐饮有关的团购知名网站就有：拉手网、美团网、窝窝团、58团购、糯米网等。网购正由一种消费时尚迅速演变成一种消费习惯。

（1）餐饮企业

餐饮公司最早在13世纪的中国杭州发展起来。那时候的餐饮公司名为餐馆，由于当时的杭州是宋朝的文化经济中心，人口逾100万，为旅客而设的茶室及酒馆林立，后来便发展出餐馆，为旅客及本地人服务。当时已有各式各样的餐馆，提供不同菜色。后来在西方，第一间现代模式的餐饮公司（即客人各于不同餐桌坐下、从餐牌选菜、有指定营业时间）是开业于1782年的 Grand Taverne de Londres（尤里卡温泉的餐馆）。1789年法国大革命后，法国饮食业同业公会解散，贵族逃亡，留下大批善于烹调的佣人，加上大批从法国不同省份涌到巴黎的人有膳食需求，于是餐饮公司在巴黎如雨后春笋般开业，渐渐形成了法国人外出用膳的传统，并使得法国烹饪如此受欢迎和高级化。

餐饮企业的特点包括一次性、无形性、差异性和直接性。在不同的地区、不同的文化背景下，不同的人群饮食习惯、口味的不同，因此，世界各地的餐饮公司表现出多样化的特点，具体可分为以下几类：多功能餐饮、风味餐饮、零点餐饮、中式餐厅、西式餐厅、自助餐厅、快餐厅和咖啡厅。

（2）餐饮企业的电子商务

餐饮业是中国的黄金产业，拥有巨大的消费市场，随着人民生活水平和生活方式的转变，对餐饮业的新需求也随时代不断变化。而如今是网络经济时代，许多餐饮企业正逐渐依靠灵敏的电子信息工具，不断提高市场应变能力。在现代企业竞争力不断强调供应链物流管理时，餐饮业这个古老的行业更需要在供应链采购创新上下工夫，从而降低中间成本，而开展电子商务是解决这一问题的好方式。借力电子商务，是餐饮业的趋势。

(3) 移动点餐

随着移动互联网的发展，手机点餐、微信点餐等手机订餐软件已成为其最新的发展趋势。类似"微菜单"和"爱菜单"这样的移动互联网点餐系统，功能已包含了刷码点菜、找吃喝地方、微博、微信、组团聚餐以及商家经营等新型的餐饮软件功能。

移动点餐是基于位置的手机点餐应用，利用智能手机实现移动购物的功能，属于移动电子商务，进入3G时代以后迎来长足的发展。该功能允许用户使用其智能手机点菜客户端方便快捷的获取餐厅信息、预览餐厅菜单、移动点餐、并手机预先付费，达成到餐厅直接用餐的消费目的过程。移动点餐系统的出现正改变着消费者在饮食上的传统消费方式，也正改变着部分餐饮店的经营模式。该系统已涵盖了微博、微信、团购等功能，正成为广大饮食消费者、服务者的交流平台。

7.1.2 餐饮企业电子商务业务及功能

电子商务的发展对餐饮业带来挑战的同时也带来了机遇。对餐饮业来说，利用电子商务所提供的技术及信息平台，提高在网上订餐、物资采购及信息技术的整合等方面的能力，成为了其在竞争中取胜的关键。

7.1.2.1 餐饮企业电子商务的业务

餐饮企业电子商务的业务分为用户管理、客户需求和企业销售需求三个方面。

① 用户管理包括用户注册和注册用户信息管理。

② 客户需求包括提供电子目录，帮助用户搜索、发现需要的商品；进行同类产品比较，帮助用户进行购买决策；为购买产品下订单；撤销和修改订单；能够通过网络付款；对订单的状态进行跟踪等。

③ 企业销售的需求包括检查客户的注册信息、处理客户订单、完成客户选购产品的结算付款、能够进行商品信息发布、能够发布和管理网络广告、库存管理、能够跟踪产品销售情况、能够和物流配送系统建立接口、和银行之间建立接口。

7.1.2.2 电子商务对餐饮企业的作用

电子商务技术的应用，可以降低运营成本，提高服务效率，优化餐厅环境，建立行业联盟，从而提高餐饮企业的竞争力。与传统商业方式相比，电子商务对餐饮企业的作用主要有以下几点。

(1) 扩大市场，便于决策

网络不受时间和空间限制，拥有网络渠道的餐饮企业不仅可以让就餐客户随时随地获得服务、直观地了解餐饮企业的情况，还便利了餐饮服务提供商主动上门洽谈合作业务，有利于扩大市场、提高餐饮企业和顾客的决策效率。

(2) 减少流通环节、降低运营成本

利用电子商务，餐饮企业在选择原料和半成品时极大地增加了选择范围。餐饮服务提供商之间的竞争，让原料和半成品的来源直接免去了中间代理，改善了上游供应链。餐饮业通过电子商务可以降低成本，提高利润。

(3) 了解顾客需求，及时调整决策

电子商务和餐饮业本质上都是服务经济。服务业的显著特点是经营方式灵活，一切以客户为中心。开展餐饮电子商务，能够充分发挥电子商务特点及与其他服务相配套的功能，达到更高的服务价值。通过网站上的留言板、调查问卷和聊天室等调研工具，餐饮企业可以很

方便地了解顾客的消费需求和消费心理，还可以加快顾客信息反馈的速度，及时调整企业经营决策。

（4）扩大宣传、改善企业形象

餐饮企业可以利用网络进行宣传和销售。网民可以直观地通过图片、文字了解企业的特色。利用电子商务来做宣传工作，可以加强宣传、改进促销、树立企业品牌形象。

（5）加强客户与厂商的沟通，提高个性化服务能力

网络渠道是拥有终端设备的餐饮企业向顾客提供一种自助服务。顾客根据自己的要求进行柔性定制，自由组合和搭配，满足个性化需要。厂商能够及时地了解消费者需求，进行有针对性的生产，避免生产上的浪费，既可以节省时间，同时也增加了客户的选择余地。

7.1.3 餐饮企业电子商务的应用

电子商务作为一种先进的商务交易模式，在提升餐饮的产业化程度，调整餐饮的销售模式，降低交易成本，扩大餐饮市场销售范围等方面的有着很大优势。但是，如何在餐饮企业中运用电子商务，主要从以下几个方面着手。

（1）构建企业站点，丰富企业宣传渠道

ⓐ 建设企业站点

21世纪被称为信息化时代，在网上建立自己企业站点已经被认为是一种非常重要的宣传方式，而对于餐饮行业的企业来说更是如此。尤其是对于一些外出旅游的游客来说，来到一个陌生的城市，往往都想尝到一些本地特色的食品，他们往往都是通过网上获得这些信息，所以在网上构建自己企业站点来宣传自己已势在必行。当企业在网上建设自己的站点之后，客户就可以通过电脑或者手持设备通过有线或者无线网络来获取餐饮企业的信息。

ⓑ 建设短信服务平台

目前我国餐饮企业在营销推广方面的移动信息化需求已非常迫切，多数企业希望能够在短期内见到实际推广效果，提升店内人气。因此，让企业从最简单的应用入手，使其感受到移动应用能够为自身带来的实际利益，在体验中接受移动信息化产品是餐饮行业信息化的突破口。建设短信服务平台对于实现餐饮企业的精准营销具有显著效果，在餐饮企业可以通过自己的短信服务平台在特定时间对特定用户群发送特定短信的增值服务。

对于企业来说，建立自己的短信服务平台具有"个性化"的优势，即见效快、应用灵活、针对性强，能精准直达，锁定目标群体，发送时间地点，都可自由定制，精准发送，广告信息投放实效性强。此外，短信服务平台还能创造新型的客户关系管理方式，对企业经营有所帮助，例如，短信现场互动、短信抽奖活动、短信问卷调查、短信投诉建议、客户积分统计、客户来访统计等。

（2）构建客户信息库，加强对客户的管理

对于餐饮行业的企业来说，如果做到既能吸引新客户，又能抓住老客户，这个企业就能够长盛不衰。那么如何才能做到这一点，除了餐饮企业自身要做到饭菜可口，服务周到这些基本的要求之外，还要加强对客户的管理，对客户的关怀。要对客户进行管理需要建立客户信息库，在信息库中为每一位客户建立一张信息表，表中要记录客户的客户代码（唯一标识每位客户）、姓名、生日、联系方式、积分、会员级别、每次用餐时间、用餐餐桌号码以及点菜目录等信息。这些信息会为将来管理客户提供帮助，比如：可以把企业的最新动态如新菜上市、打折信息等，根据信息库中客户所留的电话号码通过短信服务平台发送给客户；或在客户生日、重要节日等特殊日子给客户发送祝福信息等。通过这些措施可以加强对客户的关怀，增加客户的忠诚度。

(3) 引入新型营销理念，激励客户

目前，餐饮行业一般只是停留在发放贵宾卡来吸引客户长期消费，而缺乏引入新型的营销理念，这严重阻碍了餐饮企业的发展速度。餐饮企业在营销时可以引入会员制度和直销理念。会员制度是将在餐饮企业消费的客户按照严格规定分为若干等级，每个等级享受不同的优惠措施。会员制度建立的目的是为了配合直销理念来激励客户。直销理念的基本原理是几何倍增原理，几何倍增原理简单来讲就是1变2，2变4，…，n变2n的一个过程。

几何倍增原理主要包括这几个方面：市场倍增、时间倍增、效益倍增。市场倍增指的是将客户从单纯"消费者"的角色转化为"消费者＋宣传者"的角色，通过客户的宣传，吸引新的客户将"1"变为"1+1"，再依次循环实现客户倍增。时间倍增指的是直销能够倍增时间，但不是增长，而是让时间减少而完成相当的工作量，这是一种逆向倍增。效益倍增是借助于市场倍增而倍增的，对于餐饮企业来说，用餐客户越多，餐位供不应求，那么就可以实现效益倍增。将直销理念、会员制度以及移动商务模式三者融为一体应用于餐饮企业的营销的方法就是通过客户转发短信，为饭店招揽新的客户，实现用餐客户的倍增。具体的操作方法如下：餐饮企业每次向客户发送短信时，在短信内容的前面加入一个唯一标识客户的代码，如果客户将这条具有唯一标识代码的短信发送给他的亲戚好友，亲戚好友通过这条短信来到餐饮企业用餐，并且在用餐后出示这条短信，那么这些用餐的客户可以享受一定的优惠，而转发这条短信的客户可以得到相应的积分，当积分达到某个值时可以成为更高级别的会员，而享受到更多的优惠。这样就可以激励这些用过餐的客户向其他的客户宣传的积极性。也为餐饮企业招揽了更多的客户。

(4) 引进新技术新设备，为客户提供增值服务

ⓐ 无线点菜

对于餐饮企业为了满足客户与自身之间交互信息需要建立网站，而餐饮企业网站不仅可以作为客户了解企业信息的渠道，它还可以使客户能够使用手持设备点菜。餐饮企业可以在其主页下设立名为"在线菜单"的二级页面，客户在点餐时，就可以通过手机等手持设备经过无线网络登陆餐饮企业的主页，在企业主页的在线菜单页面下浏览饭店菜目的具体信息，比如菜的原料、口味、价格以及图片等。这样每位客户都可以通过手机来登陆企业的主页了解菜单的详细信息而没有必要为每位客户都提供一个纸质的菜单，同时客户在访问企业的主页的过程中也可以了解饭店的一些其他的相关信息，可以为客户留下更加深刻的印象。

ⓑ 移动支付

当客户在餐饮企业消费后，可以通过手机等手持设备来进行支付，而无需随身携带现金或信用卡。客户在餐饮企业用完餐后，可以通过手持设备登陆网上银行，通过网上银行将在餐饮企业消费的金额转入餐饮企业的账户，等待餐饮企业确认之后，就完成了此次移动支付。

(5) 加强餐饮行业的移动商务人才培养

没有现代化的经营管理人员，就没有现代化的餐饮业，人才一直是制约餐饮行业发展移动商务的瓶颈。所以要加强这方面人才的培养和引进，在一些专业学校要对相关专业做出调整，让懂信息技术的人懂餐饮，让懂餐饮的人通晓移动商务，让复合型的人才去顺应市场发展的潮流。

7.1.4 餐饮企业电子商务系统构建

餐饮企业电子商务系统主要分为两大功能模块，分别为前台顾客登录、注册、浏览信息（菜单信息、顾客的用户信息）、购物车管理、顾客订单的查询，和后台系统管理员的登录、

餐厅相关人员的登录（餐厅经理、采购人员、厨师、送餐服务员）、商品信息的管理、用户信息的管理、订单的管理、订购的管理、访问统计。

（1）用户登录、注册功能分析

顾客在网站浏览时如需订餐则必须登入系统以确保订单的可靠性，而系统管理员进入后台也必须经过登入程序以防止信息的外泄，企业相关人员在查看相关信息也需要登录系统。对于没有账号的顾客则必须填写详细的用户资料进而注册。所有企业人员需要系统管理员给予分配账号以及相关权限的设置。

（2）顾客浏览信息

用户可通过在产品分类里浏览菜品，同时也可以在搜索窗户输入关键字检索相关菜品进行浏览和选购。

（3）用户订餐功能分析

当用户浏览发现所需的菜品时，用户登录后，通过对购物车的管理来对所需的菜品进行订购。用户先选择菜品放入购物车，可添加多个商品，也可对购物车内的商品进行删除与修改，如用户对选购的菜品满意则需要有结算功能支持其进行以及第三方的支付宝平台支持顾客的结算。假若购物车内所存储的信息量过多，则可清空购物车，同时可以对菜品进行评价。

（4）订单管理

用户可查询已下订单的执行情况，厨师可以在后台查看订单信息，以便进行烹饪，服务员也可以查看订单信息，进行菜品的配送，系统管理员可以对订单的具体资料进行必要的修改，删除作废的订单。

（5）用户管理

用户管理分为三大部分：①用户信息管理，系统管理员对用户信息的修改，删除以及信用度的修改、添加、删除。同时用户也可以通过前台对自己的资料管理包括对用户名称，用户密码，邮箱，地址等信息的查询与修改。②用户积分管理系统管理员可以对用户积分统计、修改、删除、添加等操作。③用户信用管理，系统管理员可以对用户信用等级添加、删除、修改操作。

（6）菜单信息管理

主要为菜品详细描述的管理。菜品详细信息的管理需要实现菜品描述信息的发布、菜品描述信息的编辑，对菜品的描述编辑必须实现图片、资料上传，服务条款的编辑，还需要添加、删除详细信息的功能。

（7）访问浏览统计

对登入网站的浏览数进行统计，对商品购买信息进行统计。

7.2 饭店电子商务

随着劳动力价值的提高，时间价值的升值，越来越多的人不愿将时间浪费在烧菜做饭上。同时，过去凡新建一个企业，就要建一个食堂，以解决职工吃饭问题。目前，大多数新建企业都不建食堂，职工的早餐、午餐只能由单位附近的饭店、餐厅来解决。到餐厅吃饭已成为大众的一种生活需求。然而，炎炎夏日抑或大雨磅礴怎么办呢？在当今电子商务时代下，网上饭店的产生使这类问题迎刃而解。对于网上饭店的构建及相应的概念及内容是我们所应当了解并掌握的。

7.2.1 饭店电子商务概念

饭店，古时叫客栈，国外叫 Hotel，是为客人提供短期住宿、用餐、休息的场所。按照基础建设的不同档次标准，饭店可分为酒店、宾馆、旅馆、招待所、酒店公寓。旅游业有三大支柱，即以饭店为代表的住宿业、交通客运业和导游服务业，饭店的发展可以彰显一个国家旅游业的发展水平。伴随网络经济席卷全球，电子商务渗入到各行各业，"饭店电子商务"应运而生。

7.2.1.1 饭店电子商务的定义

饭店电子商务是指利用各种网络平台和信息管理系统，对饭店各种经营活动进行流程再造，从而实现饭店经营信息化，包括网上发布饭店信息、网上预订、网上顾客评价与交流等。实施饭店电子商务可以降低饭店运营成本，实施高效率的饭店管理。

7.2.1.2 饭店电子商务特点

（1）信息化建设日益完善

我国饭店电子商务已有全面发展的网络环境与现实基础，我国网络基本环境已接近发达国家水平。

我国饭店是最早与国际接轨、开展信息化建设的行业之一。世界最早应用于饭店电子商务的信息管理系统是，1965 年美国假日饭店集团建立的假日电讯网，属于中央预定系统 CRS，可用于饭店集团内部管理旗下饭店的房源、房价、促销等信息，实现即时预订。80 年代初，我国几家由国外集团管理的饭店开始使用 CRS 系统。到 90 年代后期，国内多家著名饭店使用 CRS 系统，2005 年开始出现以天马系统为代表的国产 CRS 系统。我国饭店硬件设施建设已达到国际水平，许多饭店使用计算机网络技术进行内部信息管理和业务操作。饭店产品具有销售无形性特点，特别适合电子商务介入营销。

（2）网上预订成为主要营销方式

我国国民出行方式出现网络化的观念转变，旅游电子商务进入黄金发展时期。在各种网络应用中，旅行预订已成为主流应用之一。截至 2014 年 12 月，在网上预订旅行服务的网民规模高达 2.22 亿，较 2013 年底增长 4096 万人。在网上预订火车票、机票、酒店和旅行程的网民占比分别为 26.6%、13.5%、13% 和 7.6%。由此可见，网上预订已成为我国饭店销售的主要途径之一。

（3）平台建设较少，集成化不高

饭店电子商务通过管理电子化、信息电子化、营销电子化，将饭店业务流程进行优化重组，实现低成本、高效率，扩大市场份额，提升饭店经营能力。国外知名饭店都建有比较完善的国际全球销售系统和内部管理信息系统，目前全球最大的网络预订系统是美国的假日集团、喜来登集团、希尔顿集团、华美达集团和法国的雅高集团、环球集团的自建 CRS 系统，通过网络管理成为饭店集团有效控制客源市场的有力工具。而我国饭店在平台建设方面明显不足，无法实现集成化信息管理。国内饭店自建网站、实现网上预订的比例只有 10% 左右，多数饭店的网站目前只是一个简单的形象展示窗口，由于缺乏技术维护人员，无法定期更新信息，至于进一步的电子商务开发与应用更是难以实现。

7.2.2 饭店电子商务业务及功能

目前我国饭店行业开展电子商务的介入途径主要有三种，即建立自身的"网上饭店"、加盟第三方网络中介平台、加入旅游目的地电子商务系统。

（1）建立自身的"网上饭店"

"网上饭店"包括两部分，即饭店内部网和饭店外联网。客户在饭店里可以享受高速上网服务，饭店建立自身的后台数据库，实现互动式数据查询和客户自助服务。通过"网上饭店"，可以宣传饭店形象和优质服务，通过互动交流，为客户提供个性化服务。通过饭店内部网，将具体业务信息化；通过饭店外联网，将饭店与Internet连接，实现即时处理主要业务和网络营销。"网上饭店"属于B2C的电子商务平台，在建立过程中要注意网络安全、网站备案、网上支付、产品收费等问题，及时更新饭店相关信息，给旅客提供更优质的服务。

（2）加盟第三方网络中介平台

目前国内一些专业电子商务公司组建了功能强大的第三方网络中介平台，如携程旅行网、艺龙网、去啊等。饭店可以注册成为平台会员，实现信息发布、检索、交流与预订等功能，平台向饭店收取相应的服务费和佣金。中介平台也可以利用自己的强大信息资源，通过对顾客消费习惯的整理，提炼出饭店需要的客户信息，从而将其提供给饭店，收取相应的服务费。实现形式有以下三种。

① 提供企业主页。饭店可以在平台上拥有自己的主页，发布客房信息和服务，并实现客户管理、预订管理和支付管理等。

② 提供旅游企业的供求信息。开辟供求信息频道，如旅行社可发布客房需求信息，饭店可发布客房供应信息和报价，从而为饭店与旅行社提供合作交易机会。

③ 对闲置客房资源提供拍卖中介服务。如美国著名的Bid4vacations.com，组织饭店将空房公布到网站上，让访客们进行自由竞价，实现供求之间的互动平衡。

（3）加入旅游目的地电子商务系统

旅游目的地电子商务系统是由政府牵头、企业参与，充分整合各旅游企业的信息资源及资金优势，借助电子网络手段，以树立旅游目的地整体形象为目的的电子商务系统。2001年初，我国启动了旅游业信息化工程"金旅工程"，这是我国第一个旅游目的地电子商务系统。相对于旅游电子商务平台，旅游目的地电子商务系统是政府主导，可信度更高，并会扶持当地中小旅游企业，注重介绍当地旅游业，使饭店有机会结合当地旅游特色宣传自己。

7.2.3 饭店电子商务应用模式

国外饭店电子商务的先进经验是"三分软件七分实施"，强调了饭店借助电子商务平台和信息管理系统，将饭店、客户、员工、供应商和合作伙伴联为一个整体，实行实时、无缝的数据对接，开展在线业务协同运作。这需要ERP、CRM、SCM等各种信息管理系统，需要大量的资金支持。我国饭店如果都自建"网上饭店"，不仅要耗费大量资金，而且容易形成"信息孤岛"，难以实现经济效益。

我国中小饭店开展电子商务的最佳应用模式是：加盟第三方网络中介平台开展网上预订和客户互动服务；加入旅游目的地电子商务系统开展特色服务宣传。这样既可以避开独立建设网上饭店所需的大量资金、技术、人力投入，又可以借助第三方网络中介平台的大量访客优势和旅游目的地电子商务系统的政府权威优势，全面开展网络营销和网上预订服务，真正实现"低成本、高产出"的规模效益。

随着网络经济的持续发展，基于网上预订的饭店电子商务将会继续快速发展，但同时也带来了各种管理上的困难。移动互联网时代正在来临，我国中小饭店如何通过无线网络开展更为广泛的宣传、预订与咨询，在移动互联时代可以将网上饭店与手机上的GPS等定位系统软件相结合，在人们GPS中标注饭店的位置并加以介绍，实现营销目的，在与团购相结合移动网上订购与支付。

7.3 旅行社电子商务

在电子商务环境的背景下,旅游业的发展也变得越来越快,而旅行社与电子商务的结合必然是适应时代的需求。旅行社电子商务对于企业和个体旅游者从成本、便利等方面来说都发挥了重要的作用。旅行社电子商务业务的运作和系统的构建也越来越引起企业管理者的重视。

7.3.1 旅行社电子商务概念

旅行社是涉及酒店、景区、交通部门、文化娱乐等多领域的行业,如何将这些资源以最低成本(最优时间成本和金钱成本)、以最好的方式呈现在消费者面前,需要引入旅行社电子商务。它为企业同消费者、企业同企业、企业内部关系之间建立了良好的电子商务交易系统,为旅行社利用网络实现盈利目标提供基础。

旅行社电子商务 Travel Service Electronic Commerce(简称 TSEC)是指旅行社基于 Internet 所提供的互联网网络技术,使用计算机技术、电子通信技术与本企业的预定、购销网络连通而形成的一种新型的商业交易活动,是旅行社利用网络信息技术开展与旅游相关的一切活动的总和。其中包括有网上传递与接收信息,网上定购、付款、客户服务等网上销售活动,也包括利用因特网开展市场调查分析、财务核算及生产安排等多种商业活动。

7.3.2 旅行社电子商务业务及功能

旅行社电子商务是旅行社利用互联网实现网上交易和宣传的管理方法。旅行社对互联网的应用,必将提升行业的服务效率、整体管理水平,降低旅行社企业的运营成本。

7.3.2.1 旅行社电子商务的业务

旅行社对互联网的使用使得旅游预订更快捷,更方便。旅行社开展电子商务主要体现在以下几个方面。

(1) 网上交易

旅行社电子商务通过实施网上交易,旅游者可以通过互联网预定机票、火车票、酒店等为旅游者带来了更多的便利。

截至 2013 年 12 月,在网上预订过机票、酒店、火车票或旅行行程的网民规模达到 1.81 亿,年增长 6910 万人,增幅 61.9%,使用率提升至 29.3%。2013 年在网上预订火车票、机票、酒店和旅行行程的网民分别占比 24.6%,12.1%,10.2%和 6.3%。火车票网上预订比例上升最快,提升了 10.6 个百分点,成为整体在线旅行预订用户规模增长的主要贡献力量,如图 7-1 所示。

(2) 网上宣传

旅行社借助互联网可以达到宣传和推广的作用。旅行社通过互联网直接或间接与旅游者接触,从企业管理的角度来说,这是旅行社使用媒介进行广告宣传的一种形式,比如旅行社可以制作 3D 软件上传至网络,还可以制作一个精短的景点宣传片传至旅行社的网站上或其他与旅游有关的网站例如火车票,飞机票订购网,在节假日播放,用户只需一键点击就可以预览到旅行社给用户带来的旅游服务体验。

(3) 网络经营

随着互联网经济的不断发展,旅行社网络经营已经成为一种必然的趋势,旅行社采用网

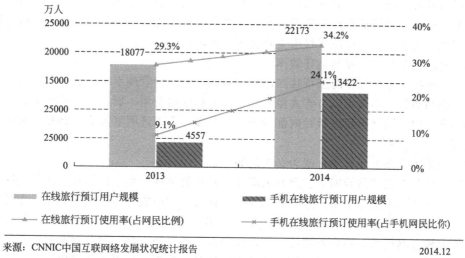

来源：CNNIC中国互联网络发展状况统计报告　　　　　　　　　　　2014.12

图 7-1　2013~2014 年在线旅行预订/手机在线旅行用户规模及使用率

络经营的方式，从事产品的开发、生产、销售和企业的运行、管理。用 Internet 平台进行网络营销，旅行社则作为"后台"，主要从事具体的市场调研、产品研发、接待等环节，由此形成利用旅游网站与旅行社业务互补的旅游经营新格局，并带动传统旅游产业的升级。

7.3.2.2　电子商务对旅行社发展的促进作用及功能

(1) 单一的咨询服务转为多维的信息交流

传统的旅游者只能求助于旅行社所提供的信息对旅游景点进行大致的想象，而旅游电子商务的发展使这个问题得到了很好的解决，旅游商务网站为游客提供越来越多的有关旅游地、旅游交通等方面的信息。旅行社还可根据中间商的地位，主动对买卖双方进行调查研究，逐步形成旅游需求和供给的信息库，有偿向旅游企业进行提供。

(2) 推出更能满足个性化需求的旅游产品

越来越多的消费者想要根据自己的特殊兴趣和爱好，选择有针对性、有主题、有重点的旅游方式，因人而异的时尚旅游产品的出现势在必行。例如新之旅国际有限公司开发推出的"量体裁衣"服务，根据客户要求，结合行程特色，利用新之旅全球 175 个城市的服务网络，为客户"度身订做"，提供有关签证、机票、酒店、接送、导游等一系列配套服务。虽然人们可以通过网络预订客房，预订交通，但个性化的、整套的一条龙服务却只有旅行社才可以提供。

(3) 线上线下有效结合，产生"1+1＞2"的效果

旅行社电子商务的引入打破了旅行社传统的宣传方式，线上线下相结合的方式会给旅行社企业带来"1+1＞2"的宣传效果。旅行社传统的宣传手段主要是发宣传单和做电视、报纸广告，本身就具有单一性，如果接受者没有旅游的想法的时候一般都不会在意，但是如果需要旅游时，又不能及时获得信息，这就给广大消费者带来很多的不便，旅游电子商务成为旅行社和旅游消费者之间进行信息沟通的桥梁，消费者随时随地都可以查询到自己想要的资料，既方便又快捷。

(4) 售后服务延伸，有效吸引顾客

售后服务是赢取回头客的决定性因素，很多旅行者为了保证旅游服务质量一般都会选择常去的旅行社，我国旅行社行业竞争日益激烈，旅行社必须搞好售后服务，才能巩固与扩大

客源。旅行社可利用计算机管理来建立客户档案,并建立信息反馈系统,通过顾客对产品、服务等方面的满意度评价对现有的产品和服务进行自我完善,还可利用网络进行售后跟踪服务,了解他们的新需求,以便于推出更符合客户需求的旅游产品。

(5) 促进运作改革,提高运作效率

电子商务的实施可以提高旅行社内部的业务运作和经营管理水平,旅行社利用互联网进行网上采购和预订,不仅可以节省大量时间、人力和联络费用,而且旅行社还可以建立自己的内部网络,内部网络可使旅行社内部管理信息畅通,管理透明度加大,必然会使管理水平得到提高。

(6) 促进复合型企业转变,成为必然趋势

以前国内是有很多旅游网站,但是大部分的只是简单地介绍了旅游景点的信息和一些旅游路线,真正的实现旅游电子商务的网站很少。目前,中国旅游电子商务的发展主要有三个走向:门户网站的旅游频道;专业旅游网站;华夏、广之旅等传统旅游企业创办的旅行网站。三股力量各具优势,都有发展的空间,但是也有各自的不足,如若对其进行重组,新建立的复合型旅游企业将集中上述三种企业的资源优势,从而产生更大的竞争力。

7.3.3 旅行社电子商务应用模式

旅行社电子商务主要模式包括:旅行社企业间的电子商务(Business to Business)、旅行社对游客的电子商务(Business to Consumer)、游客对旅行社的电子商务(Consumer to Business)和消费者与消费者之间的电子商务(Customer to Customer)。

(1) B2B(Business to Business)模式

企业与企业之间的电子商务(Business to Business)即 B2B。目前 B2B 方式是电子商务应用最多和最受企业重视的形式,企业可以使用 Internet 或其他网络对每笔交易寻找最佳合作伙伴,完成从定购到结算的全部交易行为。

旅行社的 B2B 模式主要是基于第三方平台而实施的旅行社与旅行社之间或其他旅游企业之间的在线交易。如图 7-2 所示。

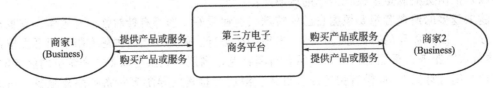

图 7-2 B2B(Business to Business) 模式

商家通过互联网提供旅行社 B2B 在线交易的第三方电子商务平台,为中小旅游企业搭建信息交流和交易的平台。商家彼此之间通过此平台进行商品和服务的提供和购买。第三方电子商务平台的出现改变了以前旅行社和旅行社以及其他旅游企业以电话联系、发传真报价、做报纸和杂志广告、参加旅游交易会等这些传统的交流方式,可以有效地用信息化、网络化来解决旅游业内的产业链上各环节的沟通与合作,同时大大提高了工作效率,有效降低交易成本。

(2) B2C(Business to Customer)模式

企业与消费者之间的电子商务(Business to Customer)即 B2C。这是消费者利用因特网直接参与经济活动的形式,类同于商业电子化的零售商务。如图 7-3 所示。

商家通过电子商务平台发布产品和服务的消息,用户通过预览商家提供的消息再决定是

图 7-3 B2C（Business to Customer）模式

否购买商品和服务。电子商务平台使旅游者能够足不出户就获得网站提供的各种服务，为旅游者远程搜寻、预订旅游产品等提供了极大的方便，有效解决了距离带来的信息不对称问题。对于旅行社来说，B2C 模式意味着取消了中介渠道而直接对最终客户服务。

当前 B2C 模式中主要存在的问题是客户忠诚度普遍不高、在线完成交易率还偏低、网络用户对旅行社网站缺乏信任等，大多旅游者光顾这些网站只是搜索和浏览，而非预订。产生这些问题的原因除了社会的信用机制外，主要归结于旅行社网站构建存在问题，没有很好地达到互动的效果，例如当旅游者访问该网站预订路线时，当在预订流程过程中产生疑惑时，若网站方不能及时有效的与该旅行者沟通，为其排忧解难，很可能就造成该旅游者放弃预订。在旅游者看来安全性在整个预订过程中是最为重要，其次才是低费用。

由于开展电子商务的旅行社较多，竞争比较激烈，这种模式下旅行社如果不能很好营销自己，占据一定的市场范围，就很可能被市场所抛弃。另外，虽然该模式下旅行社直接面向旅游者，降低了旅游者预订的费用，但是没有体现出来作为中介的旅行社，在交易上对上游旅游产品供应商采取电子商务的形式，这样一来，就会出现旅行社从旅游产品供应商处购买的旅游产品价格相对较高的状况。就目前旅行社开展电子商务的状况来看，流于形式的较多，而真正为企业带来收益的甚微。

(3) C2B（Customer to Business）模式

消费者与企业之间的电子商务（Customer to Business）即 C2B。该模式的核心是通过聚合为数庞大的用户形成一个强大的采购集团，以此来改变 B2C 模式中用户一对一出价的弱势地位，使之享受到以大批发商的价格购买单件商品的利益。如图 7-4 所示。

图 7-4 C2B（Customer to Business）模式

旅游电子商务中的 C2B 模式是由旅游者提出需求，然后由企业通过竞争满足旅游者的需求，或者是旅游者通过网络结成群体与旅游企业讨价还价，也就是拼客旅游。其好处是可以分摊成本、共享优惠、享受快乐并可以从中结交朋友。

这种模式主要是通过电子中间商（专业旅游网站、门户网站旅游频道）进行，主要有两种形式。第一是反向拍卖（竞价拍卖的反过程），即旅游者提供希望得到的服务或产品的要求以及可以承受的价格定位，旅行社之间以竞争方式决定最终产品提供商和服务供应商，从而使旅游者以最优的性能价格比实现产品或服务的购买。第二种是网上组团，即旅游者提出他设计的旅游线路，并在网上发布，吸引其他相同兴趣的旅游者从而组成一个旅游团，这样可以增加与旅游企业议价和得到优惠的能力。旅游 C2B 模式是一种需求方占主导地位的交易模式,它体现了旅游者在市场交易中的主体地位,对帮助旅游企业更加准确和及时地了解旅游者的需求、对旅游业向产品丰富和个性满足的方向发展起到促进作用。

由于C2B模式对旅行社来说实施成本较高:一方面旅行社需将传统业务搬到网上这部分就增加了成本;另一方面这种游客点菜,企业竞标接盘的方式,加剧了旅行社行业的竞争,很大程度上压榨了其接盘利润。C2B中的一种模式O2O,旅行社在平台上提供信息,旅游者见到信息后产生需求,之后与旅行社进行联系,这样旅社派遣专职人员为客户在线下提供服务,双方完成交易如线下提供私人订制的旅行。

(4) C2C (Customer to Customer) 模式

消费者与消费者之间的电子商务(Customer to Customer)即C2C,如图7-5所示。旅游者通过网络平台来销售或交换产品,这些产品可以是交通票、旅游纪念品、旅游线路行程、旅游经验也可以是具有产权的实物如酒店、汽车等,可以不受地域、时间限制地向全国各地及世界各地的旅游者进行购售、交换、租赁。例如,有些中青旅的员工在博客或其他网络平台(淘宝网等)上,发布旅游线路、酒店、机票等信息,与上网寻找相关产品的消费者联系后进行交易。

图7-5 C2C(Customer to Customer) 模式

该模式在国内还处于原始或者萌芽状态,当前国内旅游C2C模式主要是以黄山国际假日广场为代表的C2C酒店(Customer To Customer Hotel),将具有独立产权的各间酒店客房分别出售给业主,各业主通过互联网平台实现住宿权自主销售、自由交换的酒店,旨在实现时间换空间、空间换时间,其口号是贴身C2C酒店,交换住遍全世界。从其发展初衷来看,优势是不容置疑的,因为在某种程度上有按需交换的意思,这种模式在理想状态下资源可以自由交换,从而实现最佳资源配置,但是其所倡导的理念在现阶段并未得到全部实现,还有待进一步发展。

7.3.4 旅行社电子商务系统构建

旅行社电子商务系统指在PESTL(政治、经济、社会、技术、法律)环境下,利用互联网进行商务活动的过程中,旅行社、旅游供应商、旅游批发商、游客等组织个体或群体在相互影响、相互作用过程中所构建的一种网络运行系统。从组织结构看,它包括旅行社内部网、旅行社外部网和互联网。

(1) 旅行社内部网 (TS Internet)

旅行社内部网(TS Internet)是基于Internet技术(TCP/IP协议以及相关技术标准)承担旅行社办公系统的运行及内部信息处理的局域网络。它是面向旅游企业内部的信息管理系统,包括人力资源管理系统(HRM)、客户关系管理系统(CRM)以及企业资源计划(ERP)等管理。

(2) 旅行社外部网 (TS Extranet)

旅行社外部网(TS Extranet)是基于接入服务商LAP所提供的服务,面向旅行社合作伙伴或外部协作组织的信息交换系统的计算机网络系统。它与内部网相对,是旅行社与旅游供应商、旅游批发商、旅游零售商及旅游消费者等组织交流的信息平台。正是基于此网络，旅行社才能与外界开展旅游电子业务。

(3) 互联网（Internet）

互联网（Internet）是以 TCP/IP 协议为基础组建的全球最大的国际互联网络，并提供最丰富和先进的信息交流手段。旅行社正是在互联网上发布介绍其旅游产品信息的网页或通过 ISP 设立域名建设旅游网站，并以此寻求合作空间。

上述三者共同组建了旅行社电子商务系统，它们是相互影响、相互作用、不可分割的。内部网是 TSEC 系统运作的基础，只有充分实现旅行社内部工作流程的电子化才能为企业通过外部网、互联网开展电子商务提供首要条件；外联网是 TSEC 系统运作的核心组成部分，是连接旅行社与旅游供应商等合作机构的中间枢纽；互联网是各种旅游信息流汇集地，是 TSEC 系统的重要操作平台，旅行社以自建电子商务站点或创建网页的方式在互联网上寻求合作机会，因此互联网是旅行社的信息窗口，也为企业内部网、外部网的正常运行提供良好的市场信息渠道。

7.4 交通业电子商务

交通业是国民经济运行的命脉，其流动性、高效益的特性体现了对信息化的强烈需求。而电子商务带来的交易方式的变革，使交通运输业向信息化、网络化进一步发展。

7.4.1 交通业电子商务的概念

交通运输业是国民经济运行的命脉，其流动性、高效益的特性体现了对信息化的强烈需求。电子商务带来的交易方式的变革，使交通运输业向信息化、网络化进一步发展。

(1) 交通业电子商务的内涵

ⓐ 交通业电子商务的定义

交通运输业电子商务就是指以互联网为核心的现代信息技术在交通运输经营管理中的应用，达到提高交通运输企业经济效益和经营效率，增强企业的市场适应能力和客户的满意度，进而提升企业竞争力的一系列过程。

ⓑ 交通业电子商务的类别

交通业包括航空业、铁路业、公路业和水路业，相应交通业电子商务包括航空电子商务、铁路电子商务、公路电子商务和水运电子商务。

(2) 旅游交通业电子商务的功能与作用

通过开展电子商务，交通运输业可在因特网上宣传企业、发布信息，使旅客和货主能更加及时和方便地了解企业所开展的运输服务，查询到更多的客货运输信息，同时也能反馈旅客和货主对公司的意见、建议，从而有利于公司及时改善运输服务质量，满足客户个性化、多样化的需求，提高客户满意度。

此外，发展电子商务可以为交通运输企业尤其是中小型交通运输企业收集各种经营和客户信息、拓展新的经营领域提供有利的条件。电子商务全球性、开放性的特点，将对扩大交通运输企业的影响，开拓市场范围，提高竞争力起到积极的作用。

7.4.2 航空电子商务

航空公司通过自身电子商务平台的有效运行，在充分发挥自身品牌和综合服务能力的基础上，增加了高附加值在线航空旅游市场的份额。

(1) 航空电子商务的定义

航空电子商务是指航空运输业务的电子形式的统称，也即是通过计算机网络系统记载、保存和管理旅客、行李或者货物行程及相关资料的电子信息记录。它的基本形式是电子运输凭证的营销管理，包括电子客票，电子行李票和电子货运单等。

(2) 航空电子商务应用价值

对于游客而言，旅游航空通过电子商务能够给游客提供一站式服务便利。通过手机电子登机牌，旅客购买机票完成网上值机后，自己的手机就能接收到一个二维条形码，凭着这个条形码就可以直击到机场过安检、登飞机，再也不用排队办理登机牌，真正体验到从订票到值机、安检、登机的全程无纸化一站式便捷服务。

对于航空公司而言，顾客是上帝，利润是关键，只有紧紧抓住并不断扩大客源才能带来更多的利益。航空公司可以通过搜索引擎、门户网站、社交网站、邮件营销以及 RSS 新闻订制服务吸引用户，并通过对用户的偏好、个性、国别等方面的分析提供个性化的组合产品和服务，如身份识别、手机值机、行李托运等方面的服务。此外，还将进行意见反馈、终身关怀，满意度调查等措施来保有忠诚客户并吸引新客户。

7.4.3 铁路电子商务

铁路货运发展电子商务是促进铁路信息化建发的重要环节。铁路信息化建设是推进和谐铁路建设的一项重要任务；电子商务在方便客户、降低管理成本、规范运输过程管理等方面的优势，将成为铁路货运的发展趋势之一。

7.4.3.1 铁路电子商务分类

铁路运输业电子商务涉及旅客运输、行包运输和货物运输三个部分，针对不同的目标市场和消费需求提供不同的服务。

(1) 客运电子商务

旅客可在网上对旅客列车时刻表、正点率、客票余额、票价、旅行常识等进行查询；还可得到乘车向导服务，即当旅客输入发站和到站后，系统可为旅客提供若干条优化的乘车路线，并统计出各条路线的乘车时间、费用、换乘次数、等待时间及舒适程度等，以辅助旅客决策。

(2) 行包运输电子商务

用户可对行包托运和提取程序、行包运输费用、事故赔偿规定、运输时间等进行查询。

(3) 货物运输电子商务

货主可对车站办理的货运业务、货物的托运和领取程序、货物运输费用、运到期限、包装要求、事故赔偿规定及危险、阔大、鲜活等特殊货物的运输条件进行查询。另外，通过铁路电子商务网站，还可为旅客和货主提供延伸服务，如为货主提供市场供求信息，联系货物包装、集装、仓储、接取送达、装载加固、运输保险、押运等业务。

7.4.3.2 发展铁路电子商务的意义

(1) 有利于降低铁路运输成本

铁路运输过程可以分为货物收集、货物运输和货物送达过程。由于货物所处地理位置分散，除部分可以开行始发终到的直达列车外，其余的为集中运量，只能采取编组方式。在电子商务模式下，可以对运输货物的数量、位置，以及运送、集中受理做出精确预计和安排。因此，铁路部门可以科学合理安排车辆，实现优化装车，大大提高编组直达列车的开行比例，减少解体编组过程的成本消耗。

(2) 有利于增加铁路运输收入

在我国货物运输不均衡的情况下，在运输过程中难以避免空车返回。为加快空车周转，通常都是将空车整列返回，中间不解编。但是，在电子商务环境下，通过及时收集、分析和处理空车返回路径上的货运需求，在不影响排空任务的前提下合理安排装运货物，既可以减少空车走行率，又可以增加铁路运输收入。

(3) 有利于铁路为社会提供便捷服务和对自身服务水平的完善

铁路通过建立电子商务网站和物流平台，不仅可以办理货运业务和电子支付，而且可以发布公告、通知，收集建议与投诉，实现铁路与客户远程直接服务和交互，最大限度地方便货主。同时使铁路能够及时跟进物流企业的发展趋势，有利于提高铁路运输在物流市场上的竞争力。

(4) 有利于完善多式联运的综合运输体系

铁路将通过电子商务平台的建设和完善，实现与公路、民航物流平台的对接，逐步融入社会大物流体系，实现铁路与其他运输方式的有机结合，从而形成多式联运的综合运输体系，更好地降低社会综合物流成本。

实现中国铁路电子商务不仅要克服实现一般意义上电子商务的障碍，而且还要针对中国铁路电子商务的特点进行具体的分析和解决，一般意义上电子商务发展的"瓶颈"问题是物流配送体系的建立，因此，实现中国铁路电子商务主要解决的问题是进一步完善现有的实体物流配送网络、全面提升物流配送体系的水平、整合现有的管理信息系统、加强铁路信息化建设、促进中国铁路电子商务增值服务的建设和建立安全的网上支付体系。

7.4.4 公路及水运电子商务

公路运输是现代运输的主要方式之一，公路货物运输业是经济社会发展的一个基础性和先导性产业，也是构成陆上运输的两个基本运输方式之一。近年来，随着经济全球化进程的加快和市场竞争的日益加剧，它在整个运输领域中占有重要的地位，也发挥着越来越重要的作用。

(1) 公路运输电子商务的应用

将电子商务运用于公路运输也就是将现代信息技术运用于公路运输。具体运用如下：

① 卫星定位技术。卫星定位技术在公路交通行业中具有广泛的应用．如在公路建设中、野外勘察中对路线与重要构造物控制点的定位，在大型桥梁施工、运营监控中对结构变形观测的定位以及在公路运输对车辆的实时定位等。

② 致地圈与coo技术。（COO，Cell of Origin）是GSM网获取位置信息来实现位置服务的主要定位技术。它是基于Cell-ID的定位技术，是美国E911无线定位呼叫的第一阶段采用的技术，也是目前在无线网络中应用最广泛的定位技术。致地圈与coo技术也就是我们说的数字地图，数字地图在发达国家已成为商品，在我国，由于体制与经费问题至今尚未提供能够满足勘察设计精度要求的全国性数字地图软件，但已开发出成套和单项的软件，但在生产中得到应用多为自行开发、自行利用。

③ 公路数据库与技术。公路数据库的发展远远滞后于公路交通福求的发展，GIS（GIS，Geographic Information System）地理信息系统是最适于进行地理空间数据处理的计算机应用系统，而公路具有典型的线性地理特征，适于应用GIS进行形象化管理。

④ ITS技术。（ITS，Intelligent Transport System）智能交通系统是当今公路交通发展的趋势，中国的ITS已经起步，但须结合中国的具体国情解决中国的问题。当前实现互联网收费则是当务之急，其次就是发展车辆导航系统，将路网的交通状况信息实时传递给行驶

中的车辆驾驶员以确保车辆驾驶员选择最优路线。

⑤ 枢纽站信息服务技术。我国已陆续建成 45 个主枢纽站。但所谓"建成"仅指土建设施的完成，而枢纽站的功能设施尚未完善。

⑥ 物流技术。主要是将货源、仓储、分检、配送、运物、结算等环节合为一体，为货主提供全方位的服务，保证货物安全、准点地运到目的地、降低货主的经营成本，为此形成了相应的物流技术，而物流信息技术则成为关键技术除车辆定位外还有货物跟踪与电子商务技术等。

(2) 水运电子商务的应用

在水路运输中物联网技术应用开发较早，尤其在港口信息化领域，很多港口都采用 RFID 技术和 GPS 技术建立智能港口。许多航道航运港口部门已经或正在利用 GIS 技术建立网路型基础信息管理系统，实现港口、航道、水域的信息共享。此外，将 GIS 与 GPS、GSM（移动通信网）有机地结合在一起，实现船舶动态监控，利用 GIS 数据采集手段建立矢量电子地图和水下地形图，系统处理和分析通过 GPS 接收的卫星信号，为船舶入港的正确行使提供必要信息也有较多应用。

7.4.5 旅游业与交通业的整合与实现

据世界旅游组织预测，到 2020 年中国将成为世界第一旅游大国。这意味着中国的旅游业及旅游交通将面临更多的机遇和更大的挑战，因此，完善旅游产业功能、促使旅游交通要素的合理配置与创新发展已迫在眉睫。以下为整合旅游与交通的手段与措施。

(1) 提高旅游目的地的可达性

提高可达性是改善旅游目的地开发条件的重要目标，也是旅游目的地旅游流扩张的前提条件。改善旅游目的地可达性有多种途径，如提高连接旅游客源地与旅游目的地以及旅游中心与景区、景区与景区之间的道路等级、提高运载旅游者的交通工具的速度、开展旅游直达运输以减少旅游中转时间等。

(2) 采取交通引导旅游的发展模式

针对高等级旅游资源富集地，当其旅游业处于快速发展期时，要依据旅游地的长期规划、发展目标、经济状况等，及时采取"交通引导旅游"的发展模式，适当超前发展远程交通，如建设高速公路，开辟航空线路，甚至建设高速铁路等。这样拓展旅游流进入的空间半径，吸引大量的旅游者和旅游企业向高等级旅游资源富集地附近聚集，充分发挥交通对旅游流流动的引导作用。

(3) 提高交通服务质量

我国旅游交通目前的状况是供不应求，但随着各交通企业间竞争的激烈，服务质量将成为交通企业市场制胜的关键。因此，交通部门应以游客为中心，以安全、舒适、快速、便利为目标，加强运输管理，为游客提供优质安全高水平的服务，树立起我国旅游交通行业的良好形象。

(4) 加强各种交通工具的旅游功能衔接

航空、铁路、公路（含高速公路、国道、省道）、水运是旅游者进入旅游目的地的主要交通运输设施，由于旅游者活动的多样性与变化性，导致交通运输工具的不断更迭，所以既要考虑交通运输工具的速度问题，又要考虑各种交通运输工具之间的"无缝"衔接。因此，随着旅游业的崛起，区域综合交通运输体系的建设要考虑旅游的功能，根据旅游流的需求特点与规模，建设专门性的旅游交通运输线路，配置旅游集散中心、游客服务中心、旅游服务区等相应的交通运输衔接设施，架构旅游服务纽带。

(5) 推进交通营运管理的现代化

我国的交通管理在运用现代管理技术方面与先进国家相比，仍存在着明显的差距。在客流量预测、车辆调度控制、统计分析等方面应逐步实现计算机管理；大力推行无线电通讯技术；加快引入旅游交通自动化管理方法，全面与国际接轨。

(6) 优化交通与旅游间的互动

旅游和交通需要协调发展，彼此兼顾。在发展交通业的同时要兼顾景区的发展，而在景区的规划设计上，要留有交通业的发展空间，两者不可偏废。近年来，很多地区交通部门和旅游部门妥善处理好了两者的关系，出现了较好的效果。如山西大同的云冈石窟，前几年，大批运煤货车沿景区通行，极大地影响了景区环境和卫生，非常不利于文物保护，当地政府果断将公路改道，结果两全其美，社会反映良好。

(7) 加强各交通部门间协作

在各级政府的统一领导下，理顺各交通部门之间的关系，改变规划、交通、公交、航空、水运、铁路和交警等各部门条块分割的现状，成立统一的协调机构。全面调动各方面的力量和积极性，建设大交通，从而推进我国旅游交通的进一步发展。

7.5 旅游景区电子商务

7.5.1 旅游景区电子商务概述

快速增长的旅游产业与新兴的互联网产业相结合，产生了一种新型的混合型产业——旅游电子商务。通过先进的网络技术与信息技术手段实现了旅游商务活动各环节的电子化，改进了旅游企业之间、旅游企业与供应商之间、旅游企业与旅游者之间的交流和交易，改进了企业内部流程，增进了知识共享。随着我国旅游业的蓬勃发展以及网络应用的普及，旅客对于旅游景区的需求已经成为了一个重要的目的地。旅游景区电子商务必然成为一个重要的内容。

(1) 旅游景区

对旅游景区概念的界定，国内多依据国家旅游信息中心对旅游景区质量等级的划分与评定，即旅游景区是以旅游及其相关活动为主要功能或主要功能之一的空间或地域，具有参观游览、休闲度假、康乐健身等功能，是具备相应旅游服务设施并提供相应旅游服务的独立管理区。该管理区应有统一的经营管理机构和明确的地域范围，包括风景区、文博院馆、寺庙观堂、旅游度假区、自然保护区、主题公园、森林公园、地质公园、游乐园、动物园、植物园及工业、农业、经贸、科教、军事、体育、文化艺术等多种类型。

(2) 旅游景区电子商务

旅游景区电子商务是通过先进的信息技术，以风景名胜区为中心，整合景区门票，酒店、餐饮、娱乐、交通、观光车，演出表演等各方面相关资源，可为游客提供饮食，住宿，出行，游玩，购物，娱乐等全方位高质量的个性化旅游服务。

7.5.2 旅游景区电子商务的业务与功能

旅游景区电子商务系统主要能实现网上预订、住宿管理、出行管理、餐饮管理、景区POS系统、景区信息板管理、后台管理等业务。人性化的信息查询功能支持用户在任何情况下都可以轻松、迅速的查找最终信息，各景区之间按地理位置、景区特点相似或互补等特点也可以建立外部网络系统，从而实现资源、信息、营销宣传等方面的共享。

① 网上预订。通过景区电子商务系统轻松实现网上销售景区门票和景区内观光车票，购买的门票可以实现网上支付、网上退票，景区还可以制定全年每天的票务销售计划等，有效拓展销售渠道并合理调节全年客源分布。

② 住宿管理。整合景区内外酒店和途经地酒店资源，通过景区电子商务系统轻松实现网上销售的方式，使游客能提前预定行程中的入住酒店，方便游客的同时并能提升景区旅游服务质量。

③ 出行管理。通过景区电子商务系统可以解决旅游社团队的景区内观光包车问题，可以提前预定观光包车，方便旅行社组团，有效调配和控制景区内观光车资源，保证游客的旅游质量。

④ 餐饮管理。通过景区电子商务系统实现游客在与景区签订相关协议的酒店、饭店进行商务订餐。

⑤ 景区POS系统。通过景区电子商务系统整合景区内外商店、商家以及旅游商品店铺等，可高效地进行管理，主要信息项由商品库存、商品交易查询、商家信息管理等。

⑥ 景区信息板管理。在景区电子商务系统公告栏项目中公告景区重要的或需要公告的信息、通告等。

⑦ UJH-EBS（联京华旅游景区电子商务系统）后台管理。后台管理通过对系统管理模块、基础设置模块、旅行社管理模块、销售管理模块、售检票记录管理、网上订票管理、景区商务、财务统计模块和报表模块等重要功能模块的设置来管理整个景区电子商务系统。

进入二十一世纪的旅游产业以前所未有的速度飞快发展着，伴随人民生活水平的不断提高，旅游、休闲、度假已越来越多的成为广大国人和世界友人热衷的消费时尚。我国地大物博、历史悠久，旅游资源极其丰富，先进的管理手段和网络技术应用已经成为一种趋势。

7.5.3 旅游景区电子商务的应用

旅游景区电子商务是旅游电子商务的重要组成部分，是电子商务在旅游景区管理中的应用，其本质是以旅游景区为核心，通过先进的信息技术手段改进旅游景区的内部管理，对外（包括旅游者和其他旅游企业）进行信息交换、网上贸易等电子商务活动。

旅游景区作为旅游市场这个大系统的重要单元，它与整个市场系统必须保持密切的输入、输出关系，并进行大量的资金、服务、信息等的交换。旅游景区电子商务的应用是通过旅游市场这一媒介而起作用的，具体涉及两个方面，即旅游产业市场和旅游（者）消费市场。

7.5.3.1 旅游景区电子商务在旅游产业市场方面的应用

在旅游产业市场方面，旅游景区电子商务可以促进旅游资源整合，实现旅游景区规模效益。旅游景区的开发会催生大量相关的旅游企业，如酒店、旅行社、旅游交通等，这些企业普遍存在着规模小，整体服务质量低、市场竞争无序等问题。

（1）通过开发旅游电子商务，可有效地缓解旅游信息的不对称，增加市场透明度，整合旅游资源，树立旅游服务品牌，实现产业链的整合和优化。

（2）可以降低旅游景区的运营成本，提高市场营销效率。为拓展业务，增进与协作企业间的共同发展，旅游景区必须与各业务相关者保持密切联系，通过景区电子商务系统可以顺畅地进行交流沟通，而且费用低廉，从而有效地降低旅游景区的营销成本。

（3）通过电子商务系统提供的先进平台，旅游景区能够广泛地搜集各类信息，如旅游者需求动向、相关旅游企业情况、旅游市场热点等，同时也可以将自身信息如服务项目、营销活动等及时迅速地传播出去，不但提高了信息传输的通达性，还具有传统媒体不具备的交互性和多媒体性，可以实时传送声音、图像、文字等信息，直接为信息发布方和接收方架设起沟通桥梁，促进了旅游景区市场交易效率的提高。

7.5.3.2　旅游景区电子商务在旅游消费市场方面的应用

旅游景区电子商务可以满足旅游者个性化需求，可以全天候跨地域地为散客旅游者提供旅游景区预览和决策参考信息。旅游者可以通过互联网提供的可视、可查询、可实时更新的信息搜寻自己需要的旅游产品。

旅游景区可以在与潜在旅游者交流沟通的基础上，根据旅游者个人偏好和要求设计旅游产品，提供个性化的旅游方案，使旅游者获得更大程度的满足和被重视的心理好感，为企业赢得更多的利润空间。

另外，旅游景区电子商务的应用将有效地改善诸如旅游者在旅游景区进行旅游活动时，因为跟团旅游，导游服务质量差、旅游者行为受到约束等问题。旅游者可以通过互联网，根据自身需求设计适合自己的路线、逗留时间，减少各种不确定因素，提高旅游活动的自由度，使旅游者充分享受旅游景区的优质服务，获得美好、舒适的旅游体验。

7.5.3.3　旅游景区电子商务模式

（1）旅游景区自建模式

旅游景区自建模式主要是旅游景区依托自身丰富旅游资源，为旅游者提供相关的服务信息，一般具有包括旅游景区文字影像简介、在线地图查阅、电子门票交易、网上虚拟旅游、旅游线路设计等内容。网站设计方面突出当地文化特色和旅游景区特色，主要起到宣传促销的目的，为旅游景区扩大客源、提高知名度、降低业务成本提供最为便捷有效的手段，如中国泰山风景名胜区官方网、青岛崂山旅游景区就属于这种模式。这种模式较适合大型旅游景区，主要由于网站本身的建设和维护成本较高，加上前期网站设计与策划，后期网站推广都需要较多的费用，对于中小型旅游景区来讲难以支付，且众多小规模网站知名度难以提升，影响了发展电子商务的效益。

（2）旅游景区联盟模式

旅游景区联盟模式是指由多个旅游景区共同出资，筹建一个联盟电子商务平台，这一平台仅提供相关旅游景区的服务，逐步发展为提供旅游服务信息、社区、旅游计划、增值服务等多种服务的集多种角色于一身的一站式服务平台。

随着旅游景区联盟发展，影响力不断扩大，不仅吸引了更多的旅游者，而且也吸引了许多旅游景区的加盟，这些旅游景区为了降低分销成本及分享客源，会进一步集中平台直接加盟，随着加盟旅游景区的不断增加，各旅游景区均可从增值服务中获取额外利益，收取广告费用以及向其它相关产业链延伸，此模式起点较高，特别在初期阶段，筹建平台的旅游景区要求要有一定的知名度和经济实力。

（3）区域联合模式

区域联合模式是将一个区域内的旅游景区整合而建立起来的电子商务平台，对它进行统一的宣传管理，主要面向旅游者和旅行社全面开展旅游景区门票、餐饮、酒店、旅游线路等在线预订的电子商务平台，同时也为旅行社和酒店、航空公司等旅游行业客户提供网络宣传、网络销售、网络支付等一系列的业务服务。

7.5.4　旅游目的地营销系统构建

旅游业的竞争就是旅游目的地间的竞争。一个成功的旅游目的地，离不开成功的营销，在全球化的今天，旅游目的地营销迅速驶入整合营销和品牌化的时代。

7.5.4.1 概念

英国的帝弥崔.布哈利（Dr. Dimitrios Buhalis）认为旅游目的地是一个明确的地理区域，这一区域被旅游者公认为一个完整的实体，有旅游规划和营销的政策和法律框架，由统一的机构进行管理的区域。国内学者研究认为，旅游目的地是由吸引物、住宿设施、餐饮设施、娱乐设施、零售店和其他服务设施等核心部分组成，具有丰富的文化财富的地理区域。

旅游目的地营销是指区域性旅游组织通过区分、确定本旅游目的地产品的目标市场，建立本地产品与这些市场间的关联系统，并保持或增加目的地产品所占市场份额的活动。

旅游目的地营销系统（Destination Marketing System，简称 DMS）是由政府主导、企业参与建设的一种旅游信息化应用系统，为整合目的地的所有资源和满足旅游者个性化需求提供解决方案。

旅游目的地电子商务系统是由政府牵头、企业参与，充分整合各旅游企业的信息资源及资金优势，借助电子网络手段，以树立旅游目的地整体形象为目的的电子商务系统。2001年初，我国启动了旅游业信息化工程"金旅工程"，这是我国第一个旅游目的地电子商务系统。相对于旅游电子商务平台，旅游目的地电子商务系统是政府主导，可信度更高，并会扶持当地中小旅游企业，注重介绍当地旅游业，使饭店有机会结合当地旅游特色宣传自己。

7.5.4.2 旅游目的地营销新理念

（1）整合营销

旅游整合营销的理论基础源自于美国西北大学教授舒尔兹等人提出的整合营销传播理论（IMC），其基本含义是"根据目标设计战略，并支配资源以达到目标"，整合营销传播的核心思想强调将市场营销所有相关的一切传播活动一元化。一方面强调把广告、促销、公关、直销、CI、包装、新闻媒体等一切传播活动都涵盖到营销活动的范围之内；另一方面要求企业能够将统一的传播资讯传达给员工、顾客、投资者、普通公众等关系利益人。所以，整合营销传播也被称为 Speak With One Voice（用一个声音说话）即营销传播的一元化策略。整合营销理论是在近几年传入我国成为区域旅游合作的核心内容。长三角"15＋1"旅游区、泛珠三角"9＋2"旅游区、东北旅游区、西北风情旅游联合会等旅游协作区域与组织，都在通过联合宣传、价格联盟、编印区域性 DM 刊物、建立区域性旅游网站等方式，不断推进区域旅游整合营销的进程。江西婺源是整合营销的典型代表，借助"中国最美乡村"展开全面营销工作，整合全县资源进行统一包装，统一推广，执行到位，宣传及时，同时通过"一张照片"将推广铺展开，将婺源打造成了著名的乡村旅游胜地。

（2）机会营销

机会营销是依靠市场面上不规则的变化，以掌握外部机会来创造大规模奇袭成功的一种战略。其意义在于指导企业当适逢可预见的重大变化或机会来临时，不要墨守成规，而是要进一步掌握市场机会，甚至创造机会，开展有利于公司发展的营销活动。营销机会是市场上尚待满足的需求，包括没有被满足的需求和未能得到很好满足的需求。机会营销就是寻找能给企业营销活动带来积极意义且和企业营销目的相一致的各种机会进行营销的活动。旅游目的地要进行机会营销一方面要寻找已存在的营销机会，另一方面要创造新的营销机会。寻找营销机会可以从供需缺口中寻找，可以从市场细分中寻找，可以从竞争对手的弱点中寻找，也可以从旅游目的地的特色中寻找。而创造营销机会在于能对营销环境变化做出敏捷的反应，善于在许多寻常事物中寻找机会，巧于利用各种条件进行营销、开发新产品，满足新需求。

(3) 文化营销

旅游文化营销是指旅游业经营者运用旅游资源通过文化理念的设计创造来提升旅游产品及服务的附加值，在满足和创造旅游消费者对真善美的文化需求中，实现市场交换的一种营销方式。从市场需求角度讲，文化是指其深层结构意识部分，即由价值观念、审美情趣、行为取向等所构成的旅游者的文化心态；从产品角度讲，文化指的是产品的文化内涵与文化特征，是旅游产品的核心属性。旅游文化营销是一种营销战略，它一方面通过对文化需求的把握和顺应来实现旅游者最高层次的文化满足；另一方面，通过对旅游产品文化内涵的挖掘和包装，实现旅游产品价值的最大化。在对旅游者的文化满足与旅游产品的文化价值的双重创造和促进过程中达到高度和谐化的文化体验。

(4) 体验营销

旅游的本质就是一次旅游经历和阅历，就是一次体验。体验营销是一种伴随着体验经济出现的一种新的营销方式，形象地说就是卖感觉，卖体验。旅游体验营销即旅游企业根据游客情感需求的特点，结合旅游产品，服务的属性（卖点），策划有特定氛围的营销活动，让游客参与并获得美好而深刻的体验，满足其情感需求，从而扩大旅游产品和服务销售的一种新型的营销活动方式。与产品营销、服务营销相比，体验营销以向顾客提供有价值的体验为宗旨，力图通过满足顾客的体验需要而达到吸引和保留顾客、获取利润的目的。

体验与旅游有着直接的天然的联系，旅游者花费时间、金钱和精力，想换得的就是一种不同于惯常生活的新鲜体验。那么，旅游者在消费一项旅游服务时，他的主观感受与反应就显得尤为重要，这正是旅游企业实施营销的中心关注点，也是旅游产品的实际魅力所在。体验经济时代的到来，要求旅游企业必须适应营销环境的变化，转变营销观念，树立体验营销理念，这对于提升旅游业的经营质量和经济效益，促进旅游业的更好发展有着重要意义。比如，世界著名的"迪士尼乐园"就是体验营销成功的典范，而现在正在兴起的节事、赛事营销也是体验营销的典型代表。

除了以上几种目的地营销的新理念、新模式，新型的旅游目的地营销理念还有会展营销、网络营销、服务营销、情感营销、竞争合作营销等，不同的旅游目的地只有根据自身的特点选择合适的营销方式或者综合使用多种营销方式，才能在激烈的旅游市场营销中获得成功。

7.6 旅游商品电子商务

旅游商品与一般商品的发展模式不同，旅游商品的发展依赖于系统提升特定旅游经济区对资本、新科技、高智力等资源的吸纳能力和对这些资源进行化应用的能力。

7.6.1 旅游商品交易中的电子商务概述

旅游商品是兼具物质和精神双重属性的商品，只有具备鲜明的民族特征、地方特性、文化特色的商品才能走俏市场，电子商务平台的建立帮助旅游商品生产企业开辟了一条全新的营销推广渠道。

(1) 旅游商品的概念及分类

旅游商品包括旅游前和旅游中所购买的商品，旅游前购买的商品主要包括旅游书籍、户外用品、日用品和土特产等；旅游中购买的商品主要包括日用品、旅游纪念品和免税商品等，上述旅游商品概念中，旅游纪念品是最核心的要素。

根据旅游商品具备的吃、穿、用、赏、交等用途，将旅游商品分为以下类型：旅游农副食品、旅游服饰、旅游日用品、旅游工艺品、旅游社交礼品。

(2) 旅游商品的特点和作用

旅游商品通常具备以下七大特性。①纪念性。开发出的旅游纪念品应当具有浓厚的地方特色或民俗风情，能让旅游者在游览后睹物思景、睹物思人，引起旅游者的美好回忆。②定价合理性。在旅游中，由于旅游者离开了自己习惯的生活环境，对陌生的旅游地会产生怀疑、无助等心理，因而大多数旅游者不会在普通摊点购买价格太昂贵的纪念品，旅游商品定价一定要合理。③文化性。旅游商品尤其是旅游纪念品是地方文化的载体，能够传播旅游地文化、起到很好的景点宣传和推广作用。因此，旅游商品开发应将地方文化视为产品灵魂。④艺术性。旅游商品应具有独特的创意和美感，旅游者对旅游商品的审美要求是美观、新颖和精致，尤其是中高等收入阶层的旅游者会不惜重金买下具有独特审美情趣的旅游商品。⑤实用性。主要指旅游商品的使用和消费功能，旅游者尤其是中低收入阶层的旅游者，在旅游过程中购买旅游商品时主要看重商品的经济实惠、经久耐用特征。⑥便携性。由于旅游者的游动性及邮购旅游商品带来的风险不确定性，大多数旅游者会购买体积、重量、包装等方面均便于携带的旅游商品。⑦礼品性。主要指旅游者在结束一次旅游活动后，总是期望把一份精美的旅游商品带回家馈赠给亲朋好友，以加深与亲朋好友的感情，融洽社会关系。总之，旅游商品应综合考虑上述七个特性来开发和营销，才能得到广大旅游者的青睐。

7.6.2 旅游商品交易中的电子商务应用

旅游电子商务将为旅游企业提供电子商务应用操作平台，在这个平台上轻松完成旅游产品的设计和供应商采购，同时对外进行宣传推广和在线销售报名，还可以进行内部的业务交流与合作，保持旅游业务的高效顺畅的运营。

通过旅游电子商务平台，可以将无形的旅游产品有形化。网络旅游快捷地提供了大量旅游信息和虚拟旅游产品，网络多媒体给旅游产品提供了"身临其境"的展示机会。这种全新的旅游体验，使"足不出户、畅游天下"的梦想成真，培养和壮大了潜在的游客群。借助网络传媒的数据库、丰富多彩的表现形式、合理的广告成本、强大的传播能力、独特的科技形象等，不仅确保了旅游产品的品质，而且避免了复杂冗长的旅游营销宣传资料，克服了人力、物力、财力的巨大浪费，使促销成本急剧下降。

电子商务的介入，对于游客或潜在游客，可以根据自己个人的兴趣调整有关信息，选择个性化鲜明的旅游产品。对于旅游企业，可以获取比以往更多更全面的游客市场信息，调整销售的产品和提供的服务，针对特定游客提供定制的旅游产品，从而促进市场营销和销售的各种创新。如：在传统的旅游业价值链中，旅游者若想到某一旅游目的地进行旅游，必须要经过旅行社、旅游批发商或一些旅游组织，否则旅游者无法直接了解旅游目的地信息，只能选择旅游中介提供的旅游产品，整个旅游活动是一个套餐式服务。而在电子商务环境下，旅游者可以通过旅游专业平台、旅游目的地信息系统了解到目的地信息，选择自己喜欢的项目，对旅游中介提供的产品进行拆分重组，体验一种点餐式服务。

7.6.3 旅游商品的电子商务推广策略

企业建立电子商务网站的目的是提高企业的知名度，进而达到提高效率的目的，而网站推广策略则是实现这一目的的有效途径。国际互联网的商业化已经成为不可避免的趋势，商人纷纷将自己的产品推广到网上，以争取网上的一席之地，旅游业同样也需要将旅游商品推广到网站上实现促销的作用，说到底，旅游商品的电子商务推广也就是电子商务网站的推广。

电子商务网站的推广策略很多，企业应根据自己的产品或服务特点，选择适合自己的推广策略，以下从搜索引擎、网络广告、平台信息等几个方面探讨具体的推广策略。

7.6.3.1 搜索引擎推广策略

据统计，国内用户得知新网站的途径中，搜索引擎占到70%以上，因此搜索引擎推广成为电子商务网站推广的重要途径。

① 向搜索引擎提交网页：国内外各大搜索引擎，如 Google、Alta、Yahoo、百度、搜狗、搜搜、新浪等都提供了注册或登录免费分类目录的功能，及时对网站信息进行登录就能使其免费收录该网站，从而增加搜索机会。要注意定期更新内容，定期重新提交网页。

② 搜索引擎优化：搜索引擎优化是利用工具或者其他各种方法，使自己的网站符合搜索引擎的搜索规则，进而提高网站在搜索引擎中的排名，增加网站访问量。

③ 关键词优化：用户在搜索引擎中输入某个关键词会得很多结果，因此有效选择关键词能使网站排名前移，并能获得更多商机。关键词必须符合网站主题，并控制一定的出现频率。常规关键词被搜索到的概率较大，但搜索结果多，排名会比较靠后；非常规关键词排名较靠前，但用户使用该关键词进行搜索的概率较小，因此关键词选择要恰当。

④ 网站结构优化：网站结构尽量避免采用框架结构，因随着网页层次的增加，网页在搜索结果中的级别也会降低，所以网站层次结构应清晰简捷为好。有些网页使用框架、使用 JAVA 和 FLASH 做导航按钮，虽美观但搜索引擎找不到，对于这样的设计可在页面底部用常规 HTML 链接再做一个导航条，以确保搜索引擎找到这个导航条。

⑤ 搜索引擎竞价排名：搜索引擎竞价排名是按照付费高者关键字排名前的原则来进行排名。搜索引擎竞价排名可提高网站在搜索结果中的自然排名，进而增加访问量，最终将访问量转化为销售量，这是一种常用的推广方式。国内常见的有百度、雅虎、金泉网、阿里巴巴、3721等。

7.6.3.2 网络广告推广策略

网络广告是一种收费推广策略，其市场发展速度很快，已成为传统的电视、广播、报纸、杂志四大媒体之后的第五大媒体。

① 搜索引擎广告：搜索引擎广告是通过关键词搜索和数据库技术把用户输入的关键词和广告信息进行匹配，进而将广告显示在用户搜索结果页面的一侧或搜索结果中。广告摆放位置与用户查询的信息具有较高的相关度，易于被用户接受，传播效果好。

② 在线分类广告：在线分类广告的广告内容按产品与服务的类别详细分类，将零散而数目较大的广告合理地组织起来，为用户提供一个方便检索的平台。

③ 网页广告：当用户浏览网页时，网页广告会自动显示在屏幕上，常见的有网幅广告、图表广告等形式。网页广告要注意广告发布的数量、尺寸、位置和播放时间等因素，避免干扰用户信息浏览活动而降低其效果。

④ 嵌入式广告：嵌入式广告是把广告嵌入到软件中，当用户安装软件时，其插件同时被安装上，从而广告出现在软件界面中。如在 QQ、金山词霸、迅雷等看到的广告就属于此类广告形式。

⑤ 电子邮件广告：通过邮件列表、新闻邮件、电子刊物等形式，在向用户提供有价值信息的同时附带一定数量的商业广告信息，如企业优惠政策，新产品信息等。这些邮件列表客户在邮件列表商的网站注册的时候同意接受某些类别商业邮件信息，因此促销时可减少广告对用户的滋扰、增加潜在客户定位的准确度、增强与客户的关系、提高品牌忠诚度等。

7.6.3.3 链接类推广策略

① 互换链接：是具有一定资源互补优势的网站分别在自己的网站上放置对方网站的 LOGO 或网站名称，并设置对方网站的链接，是一种互惠互利的协作方式。具体表现为加入广告交换网、与其他网站建立友情链接等形式。在选择要相互链接的站点时，要考虑该网站的知名度和该网站的性质和主题与自己的站点是否相关。

② 导航网站推广：导航网站是集合较多网址，并按一定条件进行分类的一种网站，如网址之家。这种推广方式目标用户定位明确，若企业能被这类网站收录，将增加其访问量。

③ 行业网站推广：这种推广策略是将网站登录到行业站点和专业目录中，供用户有目的地查找及登录，其目标用户定位明确。

7.6.3.4 平台信息推广策略

① 论坛和贴吧推广：选择潜在客户访问量大或人气高的论坛或贴吧，发一些与自己网站内容相关的帖到各大论坛，如天涯、猫扑、百度知道贴吧等，可增加网站点击量和浏览量，但要注意发帖和回帖的数量、质量等，避免明显的广告色彩，否则会被删帖或遭封杀。

② 社区推广：社区推广的优点是传播性强，而且其分享机制很全面，如知名的社区网同学录、校内网、海内、同事录、雅虎关系等。

③ 博客推广：是通过在博客中撰写相关的文章来介绍自己的企业、相关产品及服务，在文章中非常自然地为自己的网站及产品进行宣传。这种推广方式很易于被用户接受，有一定的宣传效果。

④ 微博推广：以微博为推广平台，通过更新自己的微博向网友传播企业、产品的信息或者和大家交流共同感兴趣的话题，树立良好的企业形象和产品形象，从而达到推广的目的。

⑤ 问答类推广：问答类推广是通过问题的提出和解答，来获得宣传推广效果。问答过程应按网站的产品及服务的内容设计，提问者可直接将网站地址附在提问中或采用自问自答方式。常用平台有百度的"知道"、腾讯的"问问"、威客网等。

⑥ 百度百科推广：百度百科是一个创造性的网络平台，充分调动互联网所有用户的力量。将企业的名称注入百度百科，并编辑企业基本信息，注明网址。这样既可提高企业知名度，还可实现与搜索引擎的完美结合提升企业网站的访问量。

⑦ 即时通讯软件推广：利用即时通讯软件，如 QQ、阿里旺旺、MSN、飞信等，自建或选择加入一些相关用户聚集的群，使推广更有针对性，是一种快速有效的宣传推广方法。

7.6.3.5 视频推广

将企业的宣传视频放到优酷、土豆、酷六网等视频网站上，使用户拥有在线观看的体验，相比枯燥的文字会达到更好的效果。

7.6.3.6 病毒式营销推广

病毒式营销推广是利用用户口耳相传来进行信息的主动传播，让信息像病毒一样迅速扩散，从而达到网站推广的目的。病毒式营销推广可采用免费的方式，如为用户提供免费的资源或服务的同时附加上一定的推广信息，还可采用推荐返利的形式。常用免费内容包括免费软件、电子书、免费电子贺卡、免费邮箱、免费即时聊天工具等。病毒式营销推广既可增加网站访问量，还可节约营销成本。

7.6.3.7 软文推广

通过撰写软文，实现特定的目标和宣传企业产品、服务、品牌，借助文字表达与舆论传播，对消费者进行有针对性的心理引导，使消费者认同某种概念、观点和分析思路。如免费为其他网站的新闻邮件写一些专业性文章，文章里用简短的文字附带渗透网站或产品和服务，以获取对方链接。

本章案例

驴妈妈：个性化与低成本如何兼得？

驴妈妈成立之初，就以自助游服务商的身份进行市场定位，以景区票务为切入点，融合景区"精准营销"和"网络分销"的需求，使景区以"零投入"的方式拥有了自己的门票网上预订平台。

旅游电子商务快速发展，驴妈妈旅游网后来居上，截至目前约有 5000 多家旅游景区和 5000 多家特色酒店加盟驴妈妈。驴妈妈所提供的产品不仅有景区门票，而且包含景区＋酒店的自由行产品、旅游团购、国内游、出境游、精品酒店等多品类产品。

驴妈妈之所以能仅用三年时间就成为中国领先的新型 B2C 旅游电子商务网站，主要取决于它将个性化服务进行低成本运作。

（1）个性化服务

驴妈妈将主要消费群体定位为喜爱自助游的年轻人，这个年龄段的特点是：崇尚个性；喜欢自助、自驾、背包旅游，不愿跟团受拘束；对新事物好奇，喜欢接受新体验；偏爱省时、省力的互联网网上消费针对个性十足的目标群，旅游服务公司就必须满足消费者的诸多个性化需求，才能得到他们的喜爱和信任。驴妈妈是怎么做的呢？

旅游要组团才能享受门票打折优惠，这让越来越多的散客开始产生抱怨。驴妈妈创始人洪清华就是在听到市场的抱怨声后，洞悉了"自由行"这个巨大的市场需求，将驴妈妈准确定位在服务散客上。"一个人、一张票也打折"，这是驴妈妈最核心的服务。比如想去杭州晚上看印象西湖，一个人或几个人去窗口买票都是 220 元/人，如果从驴妈妈旅游网订票，一个人 160 元就可以了。

电子商务几乎都有"物流"，但驴妈妈的"电子门票时代"实现了零物流。这不仅节省了纸张和能源，还大大地提高了工作效率，同时也为消费者提供了更好的消费体验。游客只要在驴妈妈平台上预定旅游产品，就会收到一条手机短消息，客户根据这个含有二维码的手机短信，就能顺利地通过景区驴妈妈的专用通道，实现数字化通关。

那么，合作景区的数量激增之后，驴妈妈又是怎样把游客和景区"无缝对接"在一起的呢？有些高端客户想要更自由的旅游方式又是如何满足的呢？

驴妈妈开发的"E景通"软件，免费将景区的后台与驴妈妈网站对接。平台对接后，通过"E景通"可以直接把信息推送到驴妈妈网站指定的页面上，让更多需要查找信息、安排行程的"驴友"看到；而诸如"因大雪要封山"、"部分游乐设施正在维护中"等来自景区的临时性紧急信息，经由"E景通"也可以在第一时间通知到已经买了票的散客。

驴妈妈 iphone 客户端能满足游客对目的地的更多资讯，只要登录驴妈妈 iphone 客户端，不仅能享受到精美界面带来的现场体验，更能随时随地获取目的地旅游资讯。此外，该客户端还特别根据 iphone 用户的使用特点，添加了许多实用功能，如"目的地的丰富信息"、"推荐的景点和酒店"、"每周团购"等。驴妈妈 iphone 客户端甚至堪比一本精心编辑的旅游杂志。同时，客户端依托驴妈妈旅游电子商务的优势，提供便捷的"景点门票预订"、"酒店预订"、"自由行产品预订"、"订单管理"等贴心服务。

(2) 线上线下低成本营销

驴妈妈旅游网除了采取线上精准营销策略，还整合各种渠道进行联合营销，比如：2010年最佳世博游特色景区评选；携手腾讯助力"抄底游"；与百事可乐联手给力全民 7 亿瓶可乐游；参与宁夏卫视、上海第一财经制作的《中国职场好榜样》等，这些联合营销加线上线下低成本的营销手段，让驴妈妈的社会影响力持续攀升。

过去社区营销，就如同传统的地面军队进攻，常常因为信息不对称或沟通不畅导致延误战机甚至失利。而和各大社区网站联合的社区营销，就如同信息化的现代作战模式，陆军、空军协同配合，中央司令部统一指挥，从而确保营销战役的高效性和精准性。

对于旅游场所，最好的营销方式其实是口碑传播，而博客、微博正是口碑传播的天然集散地。"口碑传播"，为驴妈妈找到消费者中的"意见领袖"，并通过这些"引爆点"将某一旅游目的地的知名度迅速扩张，并且形成流行。

博客互动性强，成本低廉，拥有无穷的创造性与极强知识性、自主性和共享性，正是博客的这种性质决定驴妈妈把博客融入旅游目的地市场营销的全过程。在游客、成本、方便和可信度等方面充分发挥作用，实现旅游目的地市场营销整个流程的再造。

"十大商圈"地推活动，是驴妈妈从线上营销转到线下营销的一次重大举措。它为消费者提供了一个线下互动的实体店环境，也将旅游新理念带给更多的消费者。体验店相对于线上更侧重提升消费者的品牌体验——提供丰富的旅游产品展示、便捷的网上流程演示、有效解决大额支付等问题，方便不熟悉网络操作的消费者能享受到驴妈妈的服务。

大学生是未来消费能力最强的潜在消费人群。驴妈妈"校园推广大使"活动，激发了学生旅游热潮；大学生不仅可以获得礼品，还能享受到比会员更优惠的价格，目前驴妈妈"校园推广大使"活动已经覆盖上海地区所有大学。

2011 年 8 月 1 日，驴妈妈携手中国银行推出"旅管家"服务。只要订购驴妈妈旅游网境外游产品的游客就可以享受中国银行"旅管家"业务提供的旅游保证金服务、代收签证材料服务和外汇兑换等一站式服务，为广大游客出境游提供了极大便利。

除此之外，为解决广大驴友"自由行"交通需求，"驴妈妈旅游网"还联合一嗨租车推出"租车自驾游"，由驴妈妈提供景点门票、酒店、自由行路线等贴心服务，"一嗨租车"提供舒适安全的租车服务，让"自由行"真正自由！不用跟团，不用担心交通问题，也不怕景区门票的昂贵，只需轻点鼠标，快乐旅程即刻开启。

（案例来自《经理人》期刊第 210 期，作者石章强系上海锦坤咨询培训集团创始人、CEO）

案例思考题：
1. "驴妈妈"如何实现低成本营销和个性化服务？
2. 请结合案例说说"驴妈妈"成功的营销之道给你带来哪些启示？

本章小结

旅行社、交通、饭店、旅游商品被称为旅游业的四大产业。本章出了介绍以上四大产业之外还介绍了旅游餐饮业和旅游景区，首先介绍了旅游餐饮企业、饭店和旅行社的电子商务

概念、它们的业务功能和应用模式;其次介绍了航空、铁路、水运和公路电子商务的概念和运用模式以及交通业电子商务的整合与实现;最后介绍旅游景区和旅游商品的电子商务概念、应用以及旅游目的地营销系统的构建。旅游行业由以上六大模块构成,它们构成旅游业的一个整体系统,它们与电子商务的结合及运用将旅游电子商务的实施落到实处。

复习思考题

1. 餐饮企业电子商务系统的构建?
2. 饭店电子商务的应用有哪些?
3. 目前中国饭店行业电子商务存在哪些问题?
4. 旅行社对电子商务的应用有哪些?
5. 电子客票与电子门票相比具备哪些优点?
6. 交通业电子商务的应用是如何实现整合的?
7. 旅游景区电子商务的应用模式?
8. 中国旅游目的地营销系统存在的主要问题和对策?
9. 分析 E-bay 属于什么电子商务类型?
10. 旅游商品交易过程中如何应用电子商务?

讨论题

1. 餐饮企业电子商务系统是如何构建的?
2. 旅行社电子商务平台是如何构建的?与传统旅行社相比其优点是什么?
3. 交通业电子商务有哪几类?分别如何运用电子商务?
4. 试讨论电子商务的运用给交通行业带来了哪些伟大的变革?
5. 旅游景区电子商务系统有哪些功能模块?其作用是什么?
6. 电子商务如何运用于旅游商品的交易过程中?
7. 试描述电子商务服务业的发展趋势?

网络实践题

1. 假设你将于本年 12 月 20 日到北京出差,你想从成都双流国际机场乘飞机到北京,并于当晚入住某一酒店。请用电子商务实现上述业务。要求:飞机票选择打折机票,越便宜越好;住宿标准为 60~120 元/间/每天。定好后,写出 2~3 个选择的网站名(网址),酒店名、价格、联系方法,以记事本的方式保存到自己的目录下。

2. 将 www.sina.com.cn 收入到收藏夹的"门户网站"文件夹中,并从收藏夹点击进入该网页,将网页左上角 LOGO 图片存入到你的文件夹内。通过查询网络电子商务促销案例,分析各种促销手段,设计出某产品或服务的促销方案。

3. 旅游业是最早开展电子商务的行业之一,在国内发展极其迅速,除了携程,还有很多已成规模的旅游电子商务网站,通过搜索同类旅游业电子商务网站,列举网站名称并分析各自的服务项目与经营特色。

4. 假定你现在有一周的假期，打算到海南三亚去度假，初步准备花销 5000～8000 元，单身或两人一起去。为了更好的安排行程和开销，需要现在网上了解一些情况。

① 通过旅游网站介绍，首先了解一下海南省三亚的旅游景点都有哪些，以便制定旅游计划，写出您准备游玩的景点。

② 了解景点的分布情况后，请根据自己的资金状况预定酒店。如按星级或固定价格等条件搜索。给出你最后选择的酒店名称、地点和费用。

③ 请你从一个旅游电子商务网站设计者的角色出发，思考还应为客户提供那些可行的增值服务。

旅游产品网上中间商电子商务

学前导读

随着电子商务的发展,传统旅游产品中间商的商务模式发生了很大的变化,很多传统的旅游产品中间商面临着转型,开始转向网上中间商电子商务的模式。旅游产品网上中间商电子商务的概念是什么?传统旅游产品中间商需要有哪些方面的转变呢?旅游产品网上中间商电子商务网站的结构与功能是什么?那么,本章的内容就围绕着这些内容展开。本章的学习目标是掌握旅游产品网上中间商电子商务的概念,传统旅游产品中间商需要做出的转变,旅游产品网上中间商电子商务网站的结构与功能等知识点。

学习目标

■ 掌握旅游产品网上中间商电子商务的概念。
■ 传统旅游产品中间商向网上电子商务中间商转变的方式。
■ 掌握旅游产品网上中间商电子商务网站的结构与功能。

8.1 旅游产品中间商概述

8.1.1 传统旅游产品中间商的概念

随着生活水平的提升，旅游已经成为人们日常生活中的一部分。在人们准备旅游的时候，由于时间和精力有限，加上对于旅游地不是特别熟悉，不能很好地规划和安排旅游行程。这个时候好多人会选择到旅行社报团，既方便又省心。提到旅行社，我们就会想到一些相关的问题，旅行社并没有直接的旅游产品，那么我们在旅游的时候为什么会与旅行社打交道呢？这一问题就牵涉到了一个概念——旅游产品中间商，那么什么是旅游产品中间商呢？关于旅游产品中间商的定义有很多种，比如旅游中间商是指协助旅游企业推广、销售旅游产品给最终消费者的集体和个人。它主要包括旅游批发商、旅游经销商、旅游零售商、旅游代理商以及随着互联网的产生与发展而出现的在线网络服务商。也有这样认为的，旅游中间商是指介于旅游企业和消费者之间，专门从事转售旅游产品且具有法人资格的经济组织或个人。还有这样认为的，旅游中间商是指介于旅游生产者与旅游消费者之间，从事转售目的地旅游企业的产品、具有法人资格的经济组织或个人。由于旅游中间商在旅游市场营销中的作用不同，旅游生产企业与这些中介组织和个人的责权利关系不同，因而旅游中间商的类型也呈多样化。按其业务方式，大体上分为旅游批发商和旅游零售商两大类。根据不同旅游中间商的经营性质，人们又可将其划分为经销商和代理商。本书对于旅游产品中间商的定义是介于旅游企业与消费者之间，专门从事推广、销售旅游产品的具有法人资格的经济组织或个人。

8.1.2 旅游产品网上中间商电子商务的概念

电子商务的发展，使传统的旅游中间商受到了一定程度的挑战，同时它促进了旅游中间商的信息化改造，提高了效率，还使市场上出现，以电子旅游中间商为代表的新型中间商。旅游业是以关联协作为特征的产业，涉及食、住、行、游、购、娱六大方面，这就需要有某一信息平台将各种旅游服务集成在一起，使各行业间的信息更顺畅的流通，使旅游产品购买者拥有更多的自主权以满足其个性化需求，电子旅游中间商应运而生。电子旅游中间商包括旅游批发商、旅游代理商，是旅游供应商与旅游者之间电子商务活动的中间媒介，提供虚拟的旅游交易场所和交易服务，从而使旅游消费者省去大量查询时间，同时引导其进行消费。

本书认为旅游产品网上中间商电子商务就是旅游产品中间商用先进的电子商务手段作为技术支撑，用传统销售网络作为后台支持，把网络化"虚拟经营"与现实经营网络化结合起来，通过电子商务的模式从事销售旅游产品与服务的一种商务模式。

8.1.3 旅游产品网上中间商的发展现状

旅游产品网上中间商一般包括专业旅游信息网站和一些大型网站下面设置有关旅游内容的网页，他们还更多地停留在传统价值链阶段。

① 旅游信息网站停留在传统的发布信息的阶段。旅游信息网站在互联网上还只是简单地把网络视为介绍旅游路线、景点介绍、旅游常识等方面的工具，大部分网站苦于没有专业资源在背后支撑，旅游电子商务光有"电子"没有"商务"，没有认识到网络化的巨大价值在于改造传统的商业链条，将企业的核心业务流程、客户关系管理等都延伸到互联网上，使

产品和服务更贴近用户需求，网络将成为企业资源计划、客户关系管理及价值链管理的中枢神经。正因为如此，这些旅游网站未能将现有的众多传统旅行社所把持的市场资源整合起来，尚无法与传统的旅行社展开竞争。

② 旅游信息网站的内容和服务没有完全展示网上旅游的魅力。就目前的一些大网站来说，他们都还是包罗万象的"航空母舰"，旅游信息不过是其网站的一部分，甚至是一小部分。屈指可数的一些信息更多的是停留在门户阶段，内容主要包括国内主要的旅游路线，景点介绍，出门常识和游记作品。正因为旅游信息只是"航空母舰"里的一只"巡逻舰"，这些频道、栏目没有能够充分体现旅游信息的全面性、权威性和实用性，还只是对现有网站内容的补充。另外，由于专业性不强、缺乏行业性等这些天然"营养不良"的缘故，它还不能提供与旅游产业有关的全方位多层次的服务。因而现有的内容和服务远远没有完全展现网上旅游的魅力。

8.1.4 传统旅游产品中间商的职能

传统旅游产品中间商在整个旅游产品的销售环节中处于一个重要的地位，他们把旅游产品的生产者与消费者联系在了一起，把旅游产品更好地展示给了消费者。旅游产品中间商通过深入地了解市场，掌握了第一手有关消费者的信息，然后根据这些信息来更好地组合旅游产品来达到消费者的满意。那么总结起来，有关传统旅游产品中间商的职能有以下几方面：

（1）市场调研，加强供求双方的信息沟通

旅游产品中间商利用自己直接面向旅游消费者的有利地位，真实、客观、全面地调查、掌握消费者的意见和需要，从而为旅游产品供应商提供准确、及时的信息，帮助供应商对市场的变化做出及时的反应，使旅游产品和服务的供应能不断适应旅游消费者的需求。

（2）组合加工，进行市场的开拓

旅游产品中间商专门进行旅游产品的购销工作，他们集中来自各个旅游产品供应商。这些供应商的产品数量众多、品种特色各异，因此需要根据产品特点、市场需求特征组合出内容、线路、时间、价格、交通及旅游方式等各不相同的旅游产品。既要满足一次旅游活动的整体需求，又要满足客户各不相同的需求倾向。同时，他们可以通过自身对市场的变化及走向的强烈的敏感性，把旅游产品供应商提供产品的生产优势与自己的市场开拓的营销优势结合起来，使旅游产品生产企业与旅游产品中间商都得以顺利成长。

（3）促进销售，激发顾客的潜在需求

旅游产品中间商往往是旅游促销的专门人才，各自拥有自己的目标群体，与社会各方及市场中各部分有可能形成良好的公共关系，他们可以借助广告、宣传、咨询服务和名目繁多的促销活动，促使潜在需求转化为现实的旅游需求。同时，他们还可以提供诸如代办旅游签证、旅游保险等其他相关服务，更好地为旅游者创造各种附加利益。

8.1.5 传统旅游产品中间商的不足之处

通过前面的内容可以了解到传统旅游产品中间商的职能表现，他们的这些职能在旅游产品的销售当中起到了很大的作用。但是，也表现出了很多的问题。在旅游活动当中，由于旅游产品中间商的职能是分散的，缺乏联系的，因而不能很好地、完整地发挥这些职能，具体表现如下：

① 旅游产品设计单一，缺乏针对性。传统旅游产品中间商一般包括旅游产品批发商和旅游产品零售商。他们主要从事具体的旅游业务，如传统旅游批发商为旅游产品进行整合与

包装，并注入接待与导游服务，而传统旅游零售商则提供了咨询与代理服务。但在实际业务运作中，由于只能面对较少数量"上游"和"下游"业务伙伴，而且是固定的线性联系，所以对大量的信息和消费者的快速需求变化的反应就显得没有弹性，缺乏效率。因此，他们的旅游产品设计组合单一，雷同较多，不能真正满足消费者个性化的需求，也缺乏个性化的导游，所以经常出现靠拼价格、增加购物时间等损害消费者利益的手段来获取利润。

② 推广旅游产品缺乏针对性。在传统的旅游价值链中，旅游产品中间商对于新业务、新产品的推广一般采用遍地撒网式推广，给所有的游客推介所有的新业务。或者是采用守株待兔的方式，通过各种媒体轰炸式宣传，被动地接受游客服务请求。旅游者来自五湖四海，习惯，爱好各有不同，对旅游产品需求的层次也不同。如果对他们发布相同的信息，提供相同的服务，就不能有效地找到自己的客户。

③ 切断了供应商与旅游者的联系。大型旅游产品中间商利用其发达的销售渠道和大规模的采购优势，也使得供应商和客源地旅游者的信息沟通不畅。旅游产品中间商本来是旅游产品供应商与旅游者之间的桥梁，但是他们并没有很好地发挥这方面的作用。这样一来，就导致旅游产品供应商无法了解到市场的第一手信息，无法针对性地提供旅游产品，进而也就导致旅游者无法享受到优质的旅游服务。

8.1.6 旅游产品网上中间商的职能转变

由于现代信息技术和网络的飞速发展导致了产品价值链的重新构建，旅游产品生产者和消费者在因特网上直接沟通和交易成为可能，传统的中间商机构将面临着企业通过因特网能直接到达消费者所带来的威胁。而我们知道，旅游价值链中的每一个成员要成为其中不可缺少的一环，就必然要显示出自己有能力给这个价值链附加更多的价值，而他人不可取代。所以，旅游中间商必须转变其职能，要适应信息技术和电子商务的发展，转变角色，调整相应的策略。

（1）由粗放式销售职能到基于客户关系管理的销售职能转变

传统的旅游产品中间商对所有的顾客的要求是不会区分对待的，他们以单一的信息和单一的产品满足着顾客的不同要求，所以他们的销售也是粗放型的。而在基于电子商务环境中的旅游产品中间商在进行电子商务网站建设时就必须树立客户关系管理的理念，特别是在中国加入WTO之后，国内旅游企业要想与有着成熟电子商务经验的国外旅游服务公司进行竞争，就必须尽快利用现代信息技术，建立统一规划的旅游电子商务网，收集包括客户信息在内的各种数据，在此基础上利用网络数据挖掘技术，对客户进行细分，对不同层次的客户提供不同的个性化服务，并将客户意见及时反馈到产品设计中，使企业能够及时发现市场的发展趋势和潜力，做出适当的营销策略，这就是"以客户为中心"的基于客户关系管理的旅游电子商务，它将改变现有的"被动坐等客户旅游"的旧模式，形成"主动寻找客户旅游"的新模式。

如作为电子商务的旅游中间商的以"华夏网"为代表的这类专业网站，一开始就致力于做"旅游的行家，电子商务的专家"，不仅针对大众旅游人士提供旅游服务，而且为国内旅游企业提供旅游电子商务交易平台。随着大众收入的普遍提高，市场需要从传统简单的满足观光游览需要转变为对"舒适、自由"有着极高要求的"个性化旅游"。因此"华夏网"除了在线展示庞大的旅游信息之外，更将质量作为对旅游路线的重要衡量标准。除了着重当地的名胜古迹外，还介绍了与这些名胜古迹有关的历史人物和发生在他们身上的动人故事、历代文人墨客为之赞咏的诗词歌赋、当地优美动人的神话传说、独特的风土人情，让旅游者得到高品质的文化享受。华夏网上还有国内外的两千多条旅游线路和遍布全国的一千多家酒店，以最优惠的价格供游客预订。除此之外，还可以在网上预订机票、国际班轮、国际列车、长江游船票。旅游者可以在华夏网上挑选到自己满意的路线，旅游企业则可以直接发布各类服务报价、网上组团、旅行社之间的拼团、电子签约，从而极大优化价值链，达到深层财富再造的目的。

需要注意的是，旅游电子商务网站的建设，为企业提供了一个与客户进行互动、及时得到客户信息的平台，但仅有这些是不够的，它必须要有强大的企业内部管理信息系统的支持，否则可能导致从网上接收的众多订单难以进行高效处理，甚至会造成业务的混乱。所以旅游中间商必须充分利用 Intranet 做好企业内部管理信息系统建设，实现企业内部信息上传下达的畅通和功能完善的业务管理，保证基于 Internet 的旅游电子商务网站与基于 Intranet 的内部管理信息系统的无缝对接，实现现代旅游中间商的"客户关系管理"。

（2）由单纯的、甚至对立的经营到传统旅游中间商与专业旅游网站的战略合作职能的转变

目前，单纯的网站大多数亏本经营，而传统的旅游中间商也受到来自网络的巨大挑战，所以真正可行的电子商务是将电子商务平台的优势和传统企业相结合的联盟关系，通过传统企业与网络更深层次的交叉和融合，才能真正体现网络的功能和效果。传统旅游企业通过与旅游网站建立合作，占领互联网销售的先机，又免去了自建网站的投资风险和网站推广面临的困难。同时，旅游网站背靠传统旅游业务的支撑，以及传统旅游企业提供的详尽准确的第一手旅游资料，使网站内容富有鲜明独特的个性和服务风格。旅游网站还可以通过为旅游企业服务收取一定的费用，以维持其正常运营并盈利。所以，旅游企业与旅游网站的战略合作是一个双赢的举措。

旅游中间商与旅游网站的联盟方式可以是多元化、市场化的。联盟既可以通过资本手段进行战略性重组，造就大型企业集团，也可以委托旅游网站完成传统旅游企业的网络化。旅游企业与旅游网站通过组建企业集团借助资本运营实现资源的优化组合，便于管理和运作，同时具备朝阳产业与网络高科技双重题材，易于上市融资提升核心竞争优势。携程旅行网（以下简称携程网）继 2000 年 11 月收购国内最早、最大的传统订房中心——现代运通后，2002 年 4 月又收购了北京最大的散客票务公司——北京海岸航空服务公司，并建立了全国统一的机票预订服务中心，在十大商旅城市提供送票上门服务。2003 年，携程网又与中国旅行社总社就度假产品达成业务合作，中旅作为"特约产品信息提供者"，每月提前将下月新推出的网上旅游产品在携程网上公布，同时作为互换，携程网将自己开发的下月机票加酒店套餐提供给中旅，供中旅各营业部销售，并且，携程网代理组织的网友国内外自助旅行活动，也将优先选择中旅的地接社作为合作伙伴。

或者如以旅游信息化为切入口，鼓励旅游企业开发和运营基于 Internet 的电子商务。提供旅游公司、旅游景点、商场、宾馆、旅店、铁路、航空、旅游车辆等信息；帮助旅游者了解旅游线路、风景点、日程安排、费用标准、宾馆住宿、交通等信息。旅游公司在 Internet 网上实现订房、订票、旅游线路等一体化服务业务；旅游者通过网络办理旅游手续，直至与旅游公司签署旅游合同并实现网上支付。

（3）由自己独建的专业旅游网站到与综合性导航台独家合作分销职能转变

访问率的高低是决定网站生存的一个重要因素。旅游网站，特别是新的旅游网站的推广除了在刊物、报纸、电视上进行广告外，与大的综合性导航台合作是提高旅游网站访问率和知名度一种很好的方法。综合性的导航台本身的知名度高，受众广，它可以吸引到各类人群，这样可以快速地提升旅游中间商网站的知名度。旅游产品中间商可以在综合性导航台、搜索引擎中注册网址，在相关网站中设置图标广告链接。与这些网站合作，提供旅游电子商

务服务，同时门户网站也会在合作中得到分销的回报。鉴于旅游消费者的分布十分广泛，所以一个旅游网站的旅游广告其实可以散布在各个领域，例如温泉浴场的网站广告可以放到美容美发的网站中去，商务旅游预定服务的广告可以放到人才网站上。关键是根据受众的特点进行选择，相互交叉是基本的思路和旅游网站广告的特点；而在服务功能方面能够互补的旅游网站之间的相互链接，也是推广网站的好办法。与访问率高的导航台或搜索引擎独家合作，将预定服务融合在导航台或搜索引擎之中，通过电子邮件刊物及网上定制服务吸引和维系受众。

在美国，访问率最高的10个网站中就有9个已经分别与6家在线预定网站合作。然而，国内在这方面还存在很大的不足。目前，虽然也有很多网站与门户网站进行了链接，但是均不是独家链接，如 e 龙旅行网和春秋航空旅游就与 163.net 的旅游频道进行了链接；遨游网、e 龙旅行网与网易进行了链接；再见城市旅游网与搜狐是合作媒体、网络联盟，同时 e 龙旅行网又与搜狐是品牌合作机构；21世纪旅游频道与中华行知网、e 龙旅行网、中国旅行热线结成了合作伙伴关系；雅虎的旅游频道与遨游网、e 龙旅行网是合作伙伴；而没有专业旅游网站与新浪旅游频道进行链接，新浪旅游频道的旅游独家品牌联合合作伙伴是北京雅仕博商广告有限公司等。这种现状，在一定程度上，影响了专业旅游网站的访问量。因此，我国的旅游产品中间商要更好地实现由自己独建的专业旅游网站到与综合性导航台独家合作分销职能转变，以得到更好的发展。

8.2 旅游产品网上中间商电子商务模式

8.2.1 旅游产品网上中间商电子商务模式概述

旅游产品网上中间商电子商务主要模式有 B2B 模式、B2C 模式、B2E 模式和 C2B 模式。B2B 一般是合作对象、范围相对有限的合作企业间的交易，交易内容包括采购产品与服务、查询交易信息、进行网上谈判及合同签订、网上支付与结算等。B2C 模式是企业对消费者的交易，主要功能包括企业为消费者提供关于旅游服务的信息咨询、消费者进行产品的在线预订与支付等。B2E 模式主要是指，旅游产品中间商为经常需要处理大量的公务出差、会议展览、奖励旅游事务等的非旅游类企业、机构、机关，提供旅游产品的一种商务模式。大型企业 C2B 交易模式是由旅游者提出需求，然后由企业通过竞争满足旅游者的需求，或者是由旅游者通过网络结成群体与旅游企业讨价还价。四种模式都是充分利用互联网边际成本低、无时空限制的特点，给企业带来更多的商机。

(1) B2B 交易形式

在旅游电子商务中，B2B 交易形式主要包括以下几种情况：①旅游企业之间的产品代理，如旅行社代订机票与饭店客房，旅游代理商代售旅游批发商组织的旅游线路产品。②组团社之间相互拼团，也就是当两家或多家组团旅行社经营同一条旅游线路，并且出团时间相近，而每家旅行社只拉到为数较少的客人。这时，旅行社征得游客同意后可将客源合并，交给其中一家旅行社操作，以实现规模运作的成本降低。③旅游地接社批量订购当地旅游饭店客房、景区门票。④客源地组团社与目的地地接社之间的委托、支付关系，等等。旅游业是一个由众多子行业构成、需要各子行业协调配合的综合性产业，食、宿、行、游、购、娱等各类旅游企业之间存在复杂的代理、交易、合作关系，旅游 B2B 电子商务有很大的发展空间。B2B 电子商务的实现提高了旅游企业间的信息共享和对接运作效率，提高了整个旅游业的运作效率。

（2）B2C 交易形式

目前 B2C 电子商务模式深受企业青睐，现有的电子商务绝大多数是这一模式。B2C 旅游电子商务基本内容主要包括：目的地旅游信息的宣传营销、酒店预订、机票预订等。目前在线预订是 B2C 电子商务的主要形式。对旅游业这样一个旅客高度地域分散的行业来说，旅游 B2C 电子商务方便旅游者远程搜寻、预定旅游产品，克服距离带来的信息不对称。按照在线预订的业务运作特点，可以把在线预订 B2C 电子商务分为两种模式：代理模式、直销模式。

① 代理模式。采用代理模式的在线旅游网站自身没有机票及酒店客房，它们只是代理酒店和航空公司的产品。与传统的旅行社代理模式相比在供应链上没有本质区别，不同之处在于这种代理模式提供的服务全是线上完成，而传统的服务则是在线下。这种模式的优势在于充分利用网络的优势，信息覆盖面大、信息查询方便、信息获取成本和比较成本相对较低。收入主要来自酒店、机票、景区、租车、演出门票预订的代理费。这种模式的代表主要是携程、艺龙、同程网等旅游电子商务网站。

② 直销模式。直销模式主要是指具备一定实力的酒店连锁集团通过自建网站，绕过代理商一环，自己在网上开展直销业务，直接面向消费者进行网上销售。采用这种模式自建网站的酒店能否有效吸引用户，很大程度上取决于酒店自身的品牌知名度及其提供的服务质量。同时，采用这种模式也不是每个酒店都可以做的，因为要考虑网站的建设费用和一开始的宣传费用，由于在线旅游初期的投入非常大，如果收益小于投入的成本，还是选择网上代理属于比较好的现实选择。目前只有形成一定规模的全国性经济型酒店连锁集团实现了网上直销。如家快捷、锦江之星是其中的典型代表。

（3）B2E 模式

B2E 中的 E，指旅游企业与之有频繁业务联系，或为之提供商务旅行管理服务的非旅游类企业、机构、机关。大型企业经常需要处理大量的公务出差、会议展览、奖励旅游事务。他们常会选择和专业的旅行社合作，由旅行社提供专业的商务旅行预算和旅行方案咨询，开展商务旅行全程代理，从而节省时间和财务的成本。另一些企业则与特定机票代理商、旅游饭店保持比较固定的业务关系，由此享受优惠价格。

B2E 模式较先进的解决方案是企业商务旅行管理系统（Travel Management System，TMS）。它是一种安装在企业客户端的具有网络功能的应用软件系统，通过网络与旅行社电子商务系统相连。在客户端，企业差旅负责人可将企业特殊的出差政策、出差时间和目的地、结算方式、服务要求等输入 TMS，系统将这些要求传送到旅行社。旅行社通过电脑自动匹配或人工操作为企业客户设计最优的出差行程方案，并为企业预定机票及酒店，并将预定结果反馈给企业客户。通过 TMS 与旅行社建立长期业务关系的企业客户能享受到旅行社提供的便利服务和众多优惠，节省差旅成本。同时，TMS 还提供统计报表功能。用户企业的管理人员可以通过系统实时获得整个公司全面详细的出差费用报告，并可进行相应的财务分析，从而有效的控制成本，加强管理。

（4）C2B 模式

在这种模式中，旅游产品中间商提供一个虚拟开放的网上中介市场，提供一个信息交互的平台。上网的旅游者可以直接发布需求信息，旅游企业查询后双方通过交流自愿达成交易。

C2B 模式主要有两种形式。第一种形式是反向拍卖，是竞价拍卖的反向过程。由旅游者提供一个价格范围，求购某一旅游服务产品，由旅游企业出价，出价可以是公开的或是隐蔽的，旅游者将选择他认为质价合适的旅游产品成交。这种形式，对于旅游企业来说吸引力不是很大，因为单个旅游者预订量较小。第二种形式是网上成团，即旅游者提出他设计的旅游线路，并在网上发布，吸引其他相同兴趣的旅游者。通过网络信息平台，愿意按同一条线路出行的旅游者汇聚到一定数量，这时，他们再请旅行社安排行程，或直接预定饭店客房等旅游产品，可增加与旅游企业议价和得到优惠的能力。

C2B 模式利用了信息技术带来的信息沟通面广和成本低廉的特点，特别是网上成团的运作模式，使传统条件下难以兼得的个性旅游需求满足与规模化组团降低成本有了很好的结合点。C2B 模式是一种需求方主导型的交易模式，它体现了旅游者在市场交易中的主体地位，对帮助旅游企业更加准确和及时地了解客户的需求，对实现旅游业向产品丰富和个性满足的方向发展起到了促进作用。

8.2.2 国内典型旅游产品网上中间商电子商务模式分析

近年来，电子商务在我国迅速发展，各个行业都在针对自己产品的特点开展了电子商务。电子商务改变了人们的消费习惯，也激发了消费者的需求。国内的传统旅游产品中间商已经不能很好地满足旅游者的旅游需求，他们并开始向电子商务环境下的商务模式转型。这其中就涌现了不少新的电子商务模式，这里重点介绍以下三种。

(1)"携程网"模式

市场定位及服务内容：一个旅游行业的中介服务机构，酒店预订、机票预订及旅游项目为三大核心业务。在产品形式上，定位于商务旅行、自助度假旅行，主要面对散客；服务手段上主要通过网络、电话提供服务，服务从最开始的酒店、机票代理人逐渐渗透到度假预订、商旅管理、特约商户、旅游咨询等领域，被誉为传统旅游与互联网"无缝结合"的典范，成为国内在线旅游预订领域的领军企业。盈利模式：携程网的收费方式很简单，实际上是扮演了中介服务公司的角色，比如它将客户与酒店互相引荐，并促成两者之间的生意，然后收取佣金。网上酒店预订的代理费在 10%左右，订票为 3%。由于自身无产品资源，其盈利多少关键取决于其能从上游服务提供商手里拿到的价格。目前正面临盈利上的挑战：一方面是去哪儿网在流量上远远领先于携程，另一方面是淘宝旅游、艺龙、芒果、京东及移动 12580 都加入了旅游市场竞争中，迫使携程网不得不想办法获得更多的流量及线下资源。

(2)"去哪儿网"模式

独特的价值定位与服务内容：旅游垂直搜索引擎，为旅游者提供国内外机票、酒店、度假和签证服务的深度搜索，为用户提供及时的旅游产品价格查询和信息比较服务，帮助中国旅游者做出更好的旅行选择。服务内容除了传统的机票、酒店、度假、签证搜索，还提供火车票搜索、"知道"、博客、团购、奖励和优惠服务。盈利模式：一是广告，广告是去哪儿网的主要收入来源，包括首页广告、机票搜索结果页面广告、酒店页面广告等，还包括为航空公司、酒店、签证服务代理机构及旅游景点提供的广告服务；二是在搜索结果中提供竞价排名服务，按照用户点击收费；三是酒店预订电话收费，向酒店收取消费者与加盟酒店通话所产生的电话费用，此项业务对酒店来说比其他网站收取佣金的模式更为划算，也更能成为去哪儿网的重要收入来源。

(3)"同程网"模式

市场定位及服务内容：是目前国内唯一拥有 B2B 旅游企业间平台和 B2C 大众旅游平台的旅游电子商务网站。网站由"同程网"、"一起游"、"旅交会"三个子网站组成，在行业内首创"先行赔付"和"点评返奖金"等特色增值服务，为游客提供更全面、优质与低成本的旅游服务。目标定位只在 B2B 和 B2C，即同程网的行业商务和社会商务。盈利模式：以多元化、一站式为特色的"网上旅行超市"模式。B2B 平台为旅游企业提供旅游资源的整合、交易，B2C 平台向消费者提供类似携程网的各项旅游服务，从酒店、机票到各类门票、租车、旅游产品，最终都通过向商家抽取佣金的模式获利。网站已获得腾讯网千万元投资，并准备启动国内创业板的上市计划。

8.3 旅游产品网上中间商电子商务网站结构（OTA）

8.3.1 旅游电子商务网站的介绍

用户通过与网络相连的个人电脑访问网站实现电子商务，是目前最通用的一种形式。Internet 是一个全球性媒体，它是宣传旅行和旅游产品的一个理想媒介，集合了宣传册的鲜艳色彩、多媒体技术的动态效果、实时更新的信息效率和检索查询的交互功能。它的平均成本和边际成本极为低廉。一个网站，无论是一万人还是一千人访问，其制作和维护的成本都是一样的。目的地营销组织在运用其他手段进行营销时，预算会随着地理覆盖范围的增加而增加。而互联网与地理因素毫无关系，在全球宣传、销售的成本与在本地销售的成本并无差别。互联网用户以年轻、高收入人群居多，是有潜力的旅游市场。

我国旅游网站的建设最早可以追溯到 1996 年，经过十几年的摸索和积累，国内已经有相当一批具有一定资讯服务实力的旅游网站。这些网站可以提供比较全面的、涉及旅游中的食、住、行、游、购、娱等方面的网上资讯服务。按照不同的侧重点可以分为以下六种类型。

① 由旅游产品（服务）的直接供应商所建。如北京昆仑饭店、上海青年会宾馆、上海龙柏饭店等所建的网站就属于此类型。

② 由旅游中介服务提供商，又叫做在线预订服务代理商所建。大致又可分为两类，一类由传统的旅行社所建，如云南丽江南方之旅（www.lijiansouth.com）、休闲中华（www.leisurechina.com）分别由丽江南方旅行社有限责任公司和广东省口岸旅行社推出；另一类是综合性旅游网站，如中国旅游资讯网（www.chinaholiday.com）、上海携程旅行网（www.ctrip.com）等，它们一般有风险投资背景，将以其良好的个性服务和强大的交互功能抢占网上旅游市场份额。

③ 地方性旅游网站。如金陵旅游专线（www.jltourism.com）、广西华光旅游网（www.gxbcts.com）等，它们以本地风光或本地旅游商务为主要内容。

④ 政府背景类网站。如航空信息中心下属的以机票预订为主要服务内容的信天游网站（www.travelsky.com），它依托于 GDS（Global Distribution System）。

⑤ 旅游信息网站。它们为消费者提供大量丰富的、专业性旅游信息资源，有时也提供少量的旅游预订中介服务。如中华旅游报价（www.china-traveller.com）、网上旅游（www.travelcn.com）等。

⑥ ICP 门户网站，几乎所有的 ICP 网站都不同程度地涉及了旅游内容，如新浪网生活空间的旅游频道、搜狐和网易的旅游栏目、中华网的旅游网站等，显示出网上旅游的巨大生命力和市场空间。

8.3.2 旅游产品网上中间商电子商务网站的结构

电子商务网站主要可分为两类：一类是企业对企业（B2B）模式，还一类是企业对消费者（B2C）模式。企业对企业模式指的是企业与企业之间通过互联网或专用网等现代信息技术手段进行的商务活动，B2B 电子商务是现代电子商务发展的主流。B2B 电子商务模式是一个将买方、卖方以及服务于他们的中间商（如金融机构）之间的信息交换和交易行为集成到一起的电子运作方式。而这种技术的使用会从根本上改变企业的计划、生产、销售和运行模式，甚至改变整个产业社会的基本生产方式。企业对消费者模式指的是企业与消费者之间的商务活动。在一定意义上 B2C 模式是一种电子化的零售方式，企业通过 Internet 为消费者提供一个新兴的购物环境——网上商店，消费者通过网上购物、网上支付等方式来完成商品的购买。

无论是企业对企业模式，还是企业对消费者模式，电子商务网站都是由表现层、商务层、数据层三部分组成，即三层体系结构。所谓三层体系结构就是将一个应用系统划分为表示层（presentation layer）、商务层（business layer）、数据层（data access layer）三个不同的层次。每个层次之间相对独立，分工合作，共同组成一个功能完整的应用体系。其体系结构如图 8-1 所示。

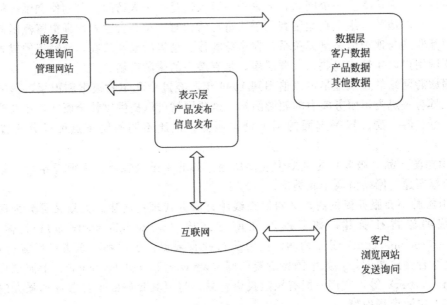

图 8-1　电子商务网站的结构

网站结构对网站的搜索引擎友好性及用户体验有着非常重要的影响，电子商务网站结构在决定页面重要性（即页面权重）方面起着非常关键的作用，电子商务网站结构是衡量网站用户体验好坏的重要指标之一。清晰的网站结构可以帮助用户快速获取所需信息，相反，如果一个网站的结构极其糟糕的话，用户在访问时就犹如走进了一座迷宫，最后只会选择放弃浏览。

在三层体系结构中，表现层（前台），这是用户看到网站最直观体现，也是网站数据的页面体现，为用户提供与网站交流的界面，实现商品与信息的发布与查询。客户端被设计得尽可能简单，通常只处理用户接口。这种形式的客户端可能是由像（Microsoft Visual Basic）之类的编程语言设计的一些窗体构成，也可能是由一些运行在 Web 浏览器中的 HTML、ASP 页面组成。在 Web 出现之后，Web 浏览器已经成为三层体系结构中理想的客户端。开发人员只需要管理 Web 服务器上的 Web 页面文件就可以控制所有的用户接口。相对于传统的两层体系结构中客户端的复杂结构、分发的繁琐、更新维护的困难，这是一个巨大的进步。

商务层即网站的后端，主要用于管理者管理修改前台，处理询盘，访问数据库，处理实际应用中的商业规则或者运算等。对于客户层而言，只需要通知商务层执行哪一种"商业规则"或者"运算"，并不需要知道如何执行这些"商业规则"或者"运算"。从软件开发过程的历史进程来看，利用Component Object Model（COM，组件对象模型）创建商务规则组件是实现商务层功能理想的技术手段。提到COM，就不能不提到COM+/MTS（Microsoft Transaction Server，微软事务服务器）。顾名思义，COM+/MTS具有事务管理功能（All or Nothing）。即在一个事务所需要的一连串的数据库存取操作（添加、修改、删除等）中，如果不是全部成功（All），就是全部失败（Nothing）。当多个COM组件存取相同的资源时，COM+/MTS可以解决可能发生的冲突，同时，COM+/MTS也能协调组件之间的交互，达到同步一致的效果。除了这些显而易见的功能之外，COM+/MTS还拥有数据库连接共享（Connection Pooling）、线程共享（Thread Pooling）、对象共享（Object Pooling）等资源管理和共享的能力。虽然严格来说，在三层体系结构中不一定要使用COM+/MTS，但是由于其拥有的功能是如此强大，使得COM+/MTS成为商务规则层中COM组件运行的理想平台。

数据层是网站后台数据库，包括产品信息，客户信息，询问信息，实现商务数据管理，根据商务层的指令对数据库进行指定操作。在数据访问层，数据库服务器存放系统运行所需的用户注册、订单信息以及游记文章等各类数据，接收应用服务器提交的数据存取请求，通过数据处理逻辑实现对数据的查询、修改、更新，并返回处理结果。随着大数据时代的到来，网站可以利用这一工具来收集、分析用户的数据，总结出每个人的偏好和习惯，最终为每一个用户定制出个性化的服务。目前，大数据处于起步阶段，但它已经显示出自身的强大功能，它将为实现每个用户的个性化服务提供不可估量的作用。

8.3.3 旅游产品网上中间商电子商务网站的功能

旅游产品网上中间商电子商务网站是以商务活动为中心进行的，网站要本着为客户提供更好的服务来设计。而旅游产品中间商作为一个企业也要进行企业日常的管理，因此在设计旅游产品中间商电子商务网站的时候二者都要兼顾。整个电子商务网站的系统主要由两个大的功能模块构成，即企业管理的功能模块和面向客户功能模块两部分。

（1）企业管理的功能模块

企业内部信息管理系统、供应链管理系统、客户关系管理系统等。具体功能如下所示。

① 客户关系管理（CRM）：是企业与顾客之间建立的管理双方接触活动的信息系统。主要包括有三个方面。营销自动化（MA）、销售过程自动化（SFA）和客户服务（Customer Service）。客户关系管理是电子商务成功的关键环节。

② 交通票务管理系统：能够管理机票、火车票、汽车票、轮船等详细信息。

③ 客户订单管理：用户有订单可以直接发送到客户服务邮箱，同时发电子邮件给客户确认、可以设定订单的状态、分析当天的销售情况。

④ 酒店管理：添加和修改酒店，可以设定星级标准等。

⑤ 房间管理：针对某一酒店的房间类型、房间剩余情况等可以进行管理，通过实时更新让客户了解房间预定情况。

⑥ 旅游线路管理：可以分类别管理旅游线路、设定热点线路、分析旅游线路的销售情况，发布景点介绍信息，旅游线路搜索，可以制定旅游地点、价格、时间等搜索条件。

（2）面向客户功能模块

信息浏览、网上商务系统和呼叫中心、旅游社区，具体功能如下所述。

① 景区信息：根据不同景区的优势和特点，使用文字，声音，图像等多种方式介绍风景区，实现互联网上的景区包装和推广。

② 订票系统：为客户提供网上预订机票及其相关服务。航班查询，机票预计，订单的查询与修改，退票，代理出票/退票/订单维护功能。

③ 票务搜索：可以对票务的类型、发站和到站、座位种类、时间等进行搜索。

④ 酒店系统：为需要在上查询和预订酒店的客户提供迅速，方便，可靠的在线服务。客户登录，酒店查询，酒店预订，更改预订，取消预订，房源维护，库存预警，退款模块。酒店搜索：可以按照地区、星级标准、房间价格、时间等进行搜索。

⑤ 旅游线路系统：为客户提供迅捷，方便，可靠的在线旅游信息服务和在线预订。客户登录，信息查询，线路预订，更改预订，取消预订，旅行社管理和维护。

⑥ 餐饮销售系统：游客能在网上预定行程中的餐饮服务。

⑦ 娱乐表演销售系统：游客能在网上预定行程中的娱乐表演节目。

目前，我国旅游网站尚处在向动态交互性信息服务的过渡中，还未出现通过网络提供个性化的旅游产品和服务的网站。网上旅游服务项目少，国内大多数旅游网站为散客提供的服务仅限于订票和订房，很少提供旅游路线的设计，自助旅游安排等服务项目，不能满足个性化旅游的需求，能够提供互动式旅游服务的更是寥寥无几。因此，旅游网站的建设要进行改善，主页的设计应图文并茂、生动、有吸引力，而且信息内容应尽量准确、详细、注意时尚文化，适应市场需求。此外，个性化的旅游产品越来越受到人们的欢迎，个性化服务的最大好处在于商家可以进行针对性的促销，为客户提供比较满意的备选方案。这就需要全面地收集、提炼和整合不同消费者的需求特点，然后将这些信息加以细分，并提供相应的产品和服务，使消费者可以自由选择旅游目的地、饭店、交通工具、旅游方式等。随着大数据时代的到来，旅游网站应该利用好这一工具，建立自己的旅游资源数据库。总之，旅游电子商务网站发展的基础是旅游资源数据库，发展的关键是信息质量和数量，发展的市场指针是网络访问量。

本章案例

上海春秋国旅开展旅游电子商务的成功案例

春秋国旅在国内是较早实现企业信息化的旅行社，1994 年就建立了当时在全国较有影响的电脑实时预订系统。目前春秋国旅在上海拥有 50 家全资门店，境内 31 家全资分公司（分社），境外 7 家全资分公司，全球 1500 家代理商。在全球互联网热潮时期，春秋也不失时机地推出了自己的春秋旅游网（www.china-sss.com），不过当时只是具有简单的信息发布功能而已，不能算是开始发展旅游电子商务。直到 2001 年 1 月，春秋国旅将春秋旅游网从简单的信息发布改造成为能够进行旅游电子商务的网站。在短短三个季度，使得春秋旅游网的营业收入和利润很快进入了良性循环的创收轨迹，2001 年第一季度营业交易额达 120 万，第二季度达 400 万，第三季度将达到 600 万，而且取得了很好的利润目标。

春秋旅游网依靠春秋国际旅行社产品、品牌、服务上的优势，走上一条通过电子商务整合发展的道路。为此，规划建立与之相适应的网站结构和网面形式，以随时更新价格，开班日期，游程安排，供应标准等上网游客所能直接进行商务预订的数据，并推出了商务订房票以及自助旅游等产品，力求化整为零的服务。

一直以来，传统的旅游信息咨询、旅游线路查找以及旅游合同签订等旅行前的准备工作都既让人感到琐碎，又费时费力。目前，春秋旅游网正式推出了旅游电子票概念，为人们出行提供了一个省心、省时、方便快捷的新型旅游预订方式，也为旅行社的经营带来了全新的理念。机票电子票早已有之，但使用旅游电子票，春秋国旅此举在国内尚属首例。在欧美信息发达国家和中国几大航空公司中，电子客票、无纸化乘机已成事实，甚至在欧美国家已非常普遍。近年来，我国信息产业发展及旅行社业电子商务实施日趋成熟，为什么中国游客不能实现一站式的旅游预订服务呢？基于此，春秋国旅大胆尝试推出旅游电子票的全新运作模式，意欲凭借在全国31个分社和近2000个网络成员组成的接待网络，以及每月上千航次的包机线路，向游客提供贵宾纯玩团、自由人、爸妈之旅、度假产品、中外宾客同车游等国内和出境旅游产品，探索为游客提供网上优质服务、降低旅游产品价格的新途径。

春秋旅游网利用春秋旅行社在北京、西安、广州、郑州、沈阳、杭州、南京、桂林、三亚等主要旅游城市均有分社的优势，形成了以上述城市为中心的网络服务系统，在旅游网的主页上设立了在线服务城市，发布该地区的产品内容和服务范围，同时又以这些地方分社为基点，将春秋旅游网的服务辐射到全国。这种网上预定服务触角的延伸使游客感受到春秋旅游网不仅仅是用电脑和电话线连接起来的一个虚拟空间，而且是实实在在的服务网络。同时，企业规模化运作和互联网跨地区经营相互利用，互相促进，优劣互补，相得益彰，对于春秋旅游网的服务品质活力起到保障催化作用，也使春秋旅游网在整合企业优势中发挥出独到的合力作用。可以预言，在雨后春笋般建立起来的旅游网站中，只有能够保持旅游网内容可靠、信息宽泛、品质优良的网站才能真正得到游客的认可和信赖。春秋旅游网有春秋旅行社批发商在产品、价格、服务优势的支持，又有各分社运作的紧密结合，所以在人力、物力、财力的应用上更能统筹兼顾，而不至于投入大于产出，也更适合在互联网上伸展手脚。

对于类似于上海春秋国旅的国内大型旅行社而言，通过成功地开展电子商务，可以实现企业的信息化改造，完全打通企业内部部门间以及企业与外部的信息壁垒，减少信息传递的环节，加快盈利模型中各个环节之间的沟通速度，整合网上网下的业务，使得传统的旅行社与网站融为一体，打造出完全的信息化旅游企业。

（案例来源：张军. 大型旅行社开展旅游电子商务的成功案例分析——以上海春秋国旅为例［J］. 技术经济与管理研究，2005.6）

案例分析题：

1. 如果你是春秋国旅的总经理，你会从哪些方面来创新自己的业务？
2. 试着总结一下春秋国旅开展电子商务的步骤与模式？

本章小结

旅游产品中间商利用电子商务的模式进行经营管理已经是一种必然的趋势，随之而来的是旅游中间商职能的转变。旅游中间商进行电子商务的模式主要有B2B、B2C、B2E、C2B四种，其中B2C的模式深受企业青睐，B2C的模式又主要分为代理模式与直销模式。国内的典型的旅游产品中间商电子商务的代表主要有"携程网模式"、"去哪儿网模式"、"同程网模式"。旅游产品网上中间商电子商务网站的结构主要是以三层体系结构为主，分为表示层、逻辑层、数据层。其功能主要由两个大的功能模块构成，一是企业管理的功能模块，包括企业内部信息管理系统、供应链管理系统、客户关系管理系统等；二是面向客户功能模块，主要包括信息浏览、网上商务系统和呼叫中心、旅游社区等。

复习思考题

1. 请思考旅游中间商是否适合开展电子商务？为什么？
2. 旅游中间商电子商务的概念是什么？
3. 读完本章后，你认为制约我国旅游中间商电子商务发展的原因有哪些？试着提出一些建议？
4. 如果你是一家旅游产品中间商的管理者，你会不会考虑为客户定制个性化的服务？如果会，从哪些方面来做？
5. "自驾游"对旅游中间商电子商务的发展有什么影响？如何利用"自驾游"来更好地发展旅游中间商电子商务？
6. 旅游中间商职能的转变有哪些地方可以做得更好？
7. 试分析国内最好的旅游产品中间商电子商务模式是哪几种？
8. 试着总结一下旅游产品中间商电子商务的范围、概念、模式等？
9. 你认为，旅游中间商电子商务网站的结构还可以有哪几种？
10. 旅游产品中间商电子商务网站的功能还有哪些地方可以完善？

讨论题

1. 分组讨论国内几家典型的旅游产品中间商电子商务模式的优缺点。
2. 国内比较成熟的旅游产品中间商电子商务是哪几家？讨论它们做得好的原因。
3. 讨论一下除了文中提到的四种旅游产品中间商电子商务模式之外，是否还有别的商务模式。
4. 传统的旅游产品中间商的职能有哪些。
5. 假设你是一家旅游产品中间商的总经理，讨论你的公司是不是需要开展电子商务。
6. 试讨论旅游产品中间商电子商务未来发展的趋势。

网络实践题

1. 进入一家旅游产品中间商的电子商务网站，去体验一下网站的功能。
2. 制作一个旅游网站，实现搜索、查询、管理订单等基本功能。
3. 在网上查看旅游产品中间商电子商务的产品，如果需要，下单体验一下它们的服务。

旅游电子商务管理

学前导读

相比成熟的传统旅游行业,旅游电子商务起步较晚,经营思路和发展方向上仍处于探索阶段,大多数利用电子商务走在发展前列的旅游企业,由于受到电子商务宏观应用环境还不十分成熟的限制,旅游电子商务的流程、营销策略、物流、客户关系等方面的管理还处于探索阶段,这些旅游企业电子商务的功能无法实现真正意义上的高效。因此,无论对国家、行业还是企业个体来说,旅游电子商务的管理都是十分重要的。旅游电子商务管理是指,为实现旅游企业战略目标,对旅游电子商务应用中的技术、商业和创新活动进行计划、组织、领导和控制的过程。旅游电子商务管理的主要内容包括旅游电子商务流程管理、旅游电子商务网络营销策略管理、旅游电子商务的物流与供应链管理、旅游电子商务的客户关系管理等。

学习目标

- 掌握旅游电子商务企业业务流程和管理;
- 了解旅游电子商务的网络营销策略、手段和管理;
- 掌握旅游电子商务的物流体系,了解旅游电子商务的供应链运营模式;
- 了解旅游电子商务客户关系管理的主要内容。

9.1 旅游电子商务流程管理

在我国电子商务不断发展的环境下,旅游电子商务给传统旅游业的发展创造了良好的条件,旅游电子商务对外是一个连接网络与旅游市场的纽带,对内可以为旅游企业的流程管理提供便利,在未来的发展过程中,会扮演着越来越重要的角色。因此,这就需要我们通过分析旅游者需求变化,进行即时反应,对旅游企业的电子商务服务流程进行管理与改进,以增强旅游企业电子商务服务的合理性与高效性。在旅游企业的流程管理中,旅游电子商务的作用主要体现在电子商务对企业内部流程的优化方面。

9.1.1 流程管理

流程管理(process management),是一种以端到端的卓越业务流程为中心,以持续的提高组织业务绩效为目的的规范化、系统化方法。通过流程管理,企业可以有效加强自身对市场环境的应变能力和适应能力,通过业务流程创建和业务流程重组,保证企业业务运营管理的敏捷性。流程管理的理论发展经历了两次管理革命,分别为传统分工理论与业务流程再造。

(1) 传统分工理论

1776年,亚当·斯密在《国富论》中提出劳动分工理论。他认为,劳动分工可以带来劳动生产力最大的改善,同时可以提高运用劳动时所表现出的技巧和判断力,使之变得越来越熟练。亚当·斯密劳动分工理论认为可提高劳动生产率的具体原因为:①分工可以提高劳动熟练程度;②可以节省以往生产交换时产生的时间,从而使每个人专门从事的工作更为专业;③有利于工具改进和发明创造。

亚当·斯密的劳动分工理论成为近代工业革命的起点。按照这一理论所建立起来的企业管理模式,在当时极大提升了劳动生产率,并有力地推动了社会经济的发展。但是,将企业业务流程建立在劳动分工理论基础上,从业务流程角度进行分析,就会发现劳动分工的弊端:①分工虽然使劳动者更专业化,能够提高生产效率,但是容易造成每个员工失去全局的眼光,只从自身的局部工作来看问题,最终远离了顾客;②工作的细分会导致部门不断增加,管理层次也随之相应增多,形成金字塔式的组织结构形态,流程就越来越长,增加了部门间的协调工作,从而更难以对顾客的需求做出快速有效的反应。

(2) 业务流程重组(BPR)

业务流程重组于1990年首先由美国著名企业管理大师、原麻省理工学院教授迈克尔·哈默教授提出,随即成为席卷欧美国家的管理革命浪潮,并被誉为是18世纪英国经济学家亚当·斯密的专业分工理论之后具有划时代意义的企业管理理论。美国的一些大公司,如IBM、柯达、通用汽车、福特汽车、施乐公司和AT&T等纷纷推行BPR,试图利用它发展壮大自己。实践证明,这些大企业实施BPR以后,取得了巨大成功,企业界把BPR视为获得竞争优势的重要战略和一场工业管理革命。

1993年,哈默和钱皮在《公司再造》中对BPR做了如下定义:企业流程重组是对企业的业务流程作根本性的思考和彻底重组,其目的是在成本、质量、服务和速度等方面取得显著的改善,使得企业能最大限度地适应以顾客、竞争、变化为特征的现代企业经营环境。在这个定义中,包含四个关键特征:显著的、根本的、流程和重新设计。BPR追求的是一种彻底的重组,而不是追加式的改进,它要求人们在实施BPR时作这样的思考:"我们为什么要做现在的事?为什么要以现在的方式做事?"这种对企业运营方式的根本性改变,目的是追求绩效的飞跃，而不是改善。对于旅游企业来说，旅游业务的流程重组是一种大幅度的改进，追求的是对新的产业环境良好的适应性。

9.1.2 旅游电子商务企业的业务流程

随着旅游电子商务的快速发展，传统旅游企业运营方式面临着巨大的挑战，传统旅游企业业务流程虽然在一定程度上为旅游企业的业务管理提供较好的帮助，但由于很难适应信息时代旅游者所需，由此需要旅游企业在传统业务流程的基础上，通过将电子商务技术、互联网思维等融入到传统业务流程中，以提高对旅游者的服务能力。

（1）传统旅游企业业务流程

一个业务较为齐全的传统旅游企业一般内设：①销售部，分析客户需求，进行市场营销，招徕客源；②报价部，对具体旅游项目、整体行业状况、阶段消费形势进行分析，从而对旅游过程中的食住行游购娱活动作出科学定价，并安排行程；③外联部，与饭店、交通部门、参观游览和娱乐单位、保险公司等社会经济各方签订总的合作协议书及办理具体的预订业务和营业往来；④接待部，按具体接待计划安排导游（全程陪同或地方陪同），帮助游客完成旅游活动；⑤计调部，在企业内保证 24 小时的联络畅通，随时将陪同人员在外碰到的问题和变故汇报给接待部经理，对电话内容作记录，并将接待部主管或其他负责人的处理意见和安排通知陪同人员；⑥后勤部门，如人事部、财务部等。这些部门的划分或部门的名称在各旅游企业中不尽相同。不管如何具体划分，总的特点是组织结构为职能型，即执行同一职能的工作人员属于一个部门，向本部门主管负责和汇报，发生跨部门交涉时由部门主管处理。在这样的旅游企业中，其业务工作重点体现在对旅游团的接待工作和计调部的协调工作两方面。

如图 9-1 所示，在传统旅游企业中，通常各个部门之间业务分工极其琐碎复杂，需要反复填写和审核各种合同副本、表格、单据等来进行信息沟通，这种信息传递方式繁琐、错误率较高。当发生某种变动或差错时，需要跨部门协商，并往往要由部门主管出面，交易成本较大。尤其是在当陪同人员遇到问题时，由于计调员不能及时掌握全部信息，而且也无权做出决定，要经过部门主管研究和处理，再反应处理意见，不仅工作效率低下，更为重要的是降低了顾客满意度。旅游企业传统的业务流程中各模块割裂严重，也使各职能部门之间的矛盾和摩擦加大，增加了企业的管理难度。此外，机制不灵活，责任推诿，缺乏创新等也是旅游企业传统业务流程的弊端所在。

（2）旅游电子商务的服务流程

流程再造与信息技术有着天然密切的关系，传统旅游企业要突破传统经营模式与手段，建立现代旅游管理信息系统，避免传统规模扩张中机构庞大、管理失效的弊病，形成规模化、产业化、标准化的旅游发展新格局，从而实现旅游电子商务服务整体的流程化。旅游企业通过开展电子商务有效地改善企业的业务流程、降低营运成本、减少服务所需的时间，并进一步提供许多策略性增值服务以获得竞争优势。

与图 9-1 旅游企业传统业务流程相比较，图 9-2 旅游电子商务企业业务流程中，外联部与供应商签订合作协议书及销售部与客户签约的同时，将资料输入数据库系统；报价部依据数据库的信息，制定日程表并输入数据；外联部根据数据库的资料与供应商办理订票、订房、订餐等业务，并将结果输入数据库；导游从数据库系统中获取旅游者的详细资料，完成陪同业务；计调部主管收到导游交来的结算单，与数据库中的资料核对，若符合即验收；数据库收到签收信息后，即提醒财务人员付款。整个旅游业务处理流程由于计算机系统的提示，单据填写的出错率会降至最低。当出现某种变动或差错时，在技术部的协助下，业务员

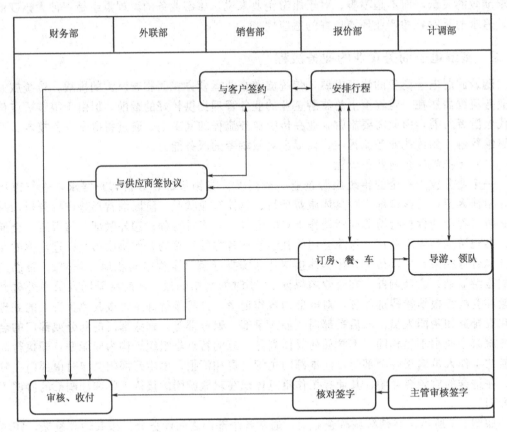

图 9-1 旅游企业传统的业务流程

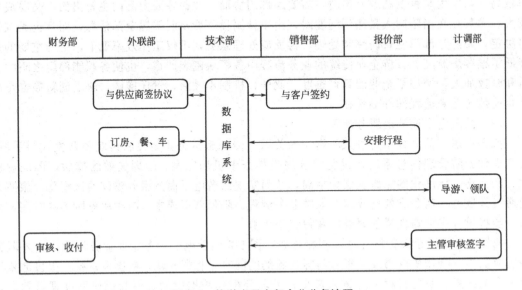

图 9-2 旅游电子商务企业业务流程

能直接与相关人员协商完成改动协调工作,而用不着汇报主管,再由主管跨部门去交涉。计调部业务人员通技术部的协助,通过电话就能帮助在外陪同人员解决所遇问题,减少中间环节,提高工作效率。

9.1.3 旅游电子商务的业务流程管理

旅游企业利用电子商务加强自身信息化、流程化能力，不仅需要企业将电子商务与传统业务流程进行有效融合，还需要企业在日常运营中有效的执行电子商务服务流程，通过管理层的战略决策、信息系统的建立等业务流程管理手段，实现企业业务流程的电子商务化管理。

（1）管理层的战略决策

旅游企业的业务流程管理，应在企业管理层的领导下，按照战略要求进行管理实施，因为只有在管理层的统一指挥下，企业才能集合合理资源，确保旅游企业流程的日常管理和流程再造的有效执行。通过管理层的战略决策与指导，在业务流程的管理上，要兼顾技术及旅游企业环境两方面因素，促进各部门间的信息共享与交换，提高各部门信息的一致性，改善各功能单元间的沟通。而对于旅游企业传统业务流程的再造，应该把企业自身的经营机制、管理体制真正按市场要求，以电子商务基础来加以再造。

（2）信息系统的建立

旅游企业在电子信息技术的基础上，通过电子商务系统进行流程管理，达到外部信息内部化、内部信息一体化、业务流程系统化、营销体系网络化、财务结算电子化、统计数据一致化的目标，优化接待业务流程和协调工作流程。旅游企业的每项业务，从组接团、旅游线路设计和包装、订房、订票、派车、派导游到后台保障、团队核算、财务结算、部门效益考核、应收应付往来、内部银行等，都有信息源、信息的处理加工和信息的贮存，通过信息的标准化实现信息的共享，通过信息流来驱动商流、物流和资金流。因此为旅游者提供及时的全天候的服务，及时采集和更新外部信息，并将外部信息内部化等的具有集成性的信息系统，对旅游企业来说至关重要。

（3）发展支付结算系统

支付结算系统是旅游企业电子商务能够顺利发展最重要的基础工程之一。电子商务是以互联网为平台，通过商业信息和业务平台、物流系统、支付结算体系的整合共同构成的新的商业运作模式，而网上支付则是实现旅游企业资金流、信息流顺利流转，最终实现价值流转、交易顺利进行的关键因素。网上支付能够推动支付流程再造，降低了交易成本。因此，无论是依托于传统商业银行的网上结算系统还是第三方支付结算，对旅游企业的业务流程的通畅和未来发展都是非常关键的。

9.2 旅游电子商务网络营销管理

近年来，我国旅游行业发展步入了一个相对稳定的时期，旅游市场供给增长速度快，导致市场饱和，旅游企业之间的竞争在不断地加剧，在旅游行业的发展带动下，我国旅游电子商务的潜在需求程度明显增高，但是因为技术等因素的影响，使得成交率相对较低，用户旅游购买力需要进一步的改善，同时，由于我国旅游电子商务行业发展处于初始阶段，这就出现了旅游电子商务行业产品同质化等诸多问题，而网络营销作为传播效果更好、成本更加低廉的营销方式，正确选择旅游电子商务的网络营销策略与手段，对旅游企业的发展是至关重要的。

9.2.1 旅游电子商务与网络营销

电子商务代表着未来贸易方式的发展方向，而旅游业生产和消费的特点决定了旅游业最能体现网络的优越性，是最适合开展电子商务网络营销的产业之一。旅游电子商务像一张大网，把众多的旅游供应商、旅游中介、旅游者联系在一起，通过旅游电子商务网络营销，旅游企业不仅可以增强旅游目的地的吸引力，还可以将原来市场分散的利润点集中起来，提高了资源的利用效率。

网络营销是指企业以电子信息技术为基础，以计算机网络为媒介和手段而进行的各种营销活动的总称；旅游电子商务网络营销则是指，旅游企业利用网络营销的策略和手段，开展包括旅游信息调研、旅游产品网络促销分销、旅游活动推广、旅游电子商务整体服务等，从而达到一定营销目的的一系列活动。

对于旅游企业和旅游消费者来说，通过网络进行旅游产品和服务信息的交互，达到随时随地信息沟通，旅游者的需求得到最大程度的满足，将是旅游电子商务网络营销的重要特征。因此，旅游电子商务网络营销应当是一种以客户为导向、强调个性化的营销方式，其最大特点在于以客户为先导，旅游者能够获得更多的信息，有更大的选择自由。

9.2.2 旅游电子商务的网络营销策略

旅游电子商务网络营销策略是旅游企业基于自身经营环境和资源，制定一定的网络营销策略，通过旅游电子商务网络营销策略的实施，从而实现营销目的达成的目的。旅游电子商务的网络营销策略主要包括会员制营销策略、主题营销策略、互惠营销策略、软营销策略和精准营销策略等。

（1）会员制营销策略

在旅游电子商务市场中，会员制营销模式指的是旅游电子商务企业，通过以某项服务或者高附加值旅游产品为主题，将企业当前拥有的高价值的客户组建一个俱乐部形式的旅游团体，然后针对这个团体制定相关的旅游宣传、旅游产品介绍、销售等相关的营销行为，为这一高价值客户群提供差别化的服务，进而提升这部分客户对企业的信任。

（2）主题营销策略

当前在旅游市场网络营销的发展过程中，越来越多的网络途径给旅游市场营销创造了条件。例如通过微博、社交网络等进行旅游电子商务的传播，具有一定的创新性。主题营销就是通过快速、高效的网络进行传播的，通过有目的的挖掘、使用某一主题来进行旅游电子商务的营销。

（3）互惠营销策略

在旅游电子商务营销的过程中，互惠营销指的是旅游电子商务网站对已有的客户提供一些相关的优惠活动，目的是通过已有客户的满意体验，来吸引已有客户身边消费者购买同一旅游产品的营销方式。

（4）软营销

软营销是指在网络环境下，企业向顾客传送的信息及采用的促销手段更具有理性化，更易于被顾客接受，进而实现信息共享与营销整合。传统营销活动中，旅游企业往往采用强势营销的策略，向既定的旅游群体不断地灌输信息，以期给客户留下深刻印象，并诱导消费，此时客户常常是处于被迫的、被动的地位，营销人员只根据自己的判断展开营销活动，营销效果很难保障。通过软营销，旅游企业进行营销活动是站在客户的感受与体会角度，更理性地让客户主动接受企业的营销活动。

（5）精准营销策略

电子商务时代，顾客是企业最重要的资产，企业要确保顾客资产的保值、增值，就必须比竞争对手更快更好地满足顾客的需求。旅游企业的精准营销是指旅游企业需要更精准、可衡量和高投资回报的营销沟通，需要更注重结果和行动的营销传播计划，还有更注重对直接销售沟通的投资，从而精准地了解旅游者需求、锁定目标顾客。在旅游电子商务中，通过精准营销，精确地沟通信息，是企业提供个性化、定制化服务的前提，是维系顾客忠诚及提高企业盈利能力的基础。

9.2.3 旅游电子商务的网络营销手段

旅游电子商务网络营销的手段是旅游企业与旅游群体建立直接联系的基础，包括有即时通讯营销、许可电子邮件营销、搜索引擎营销、SNS营销和整合营销等。

（1）即时通讯营销

无论是一般性网络营销，还是基于旅游行业的网络营销，即时通讯营销都使用率最高的方式。旅游企业可以通过QQ、MSN、微信及其他即时通讯工具与旅游者建立最直接的信息交流、产品推广、反馈建议等多方面关系，从而可以第一时间进行旅游产品的网络营销。

（2）许可电子邮件营销

这种营销手段指的是，旅游电子商务网站在获得用户同意的前提下，借助电子邮件进行旅游电子邮件的发送。旅游电子商务网站通过将旅游企业的相关旅游产品、信息等发送至客户的电子邮箱，引导客户进行电子邮箱信息的定制，从而有效地提升与客户之间的沟通效果，提升客户对品牌的忠诚度。

（3）搜索引擎营销

目前我国访客流量最多的网站一般都为搜索引擎网站，为了最大限度地扩展未知的潜在市场，旅游电子商务网站借由搜索网站开展搜索引擎营销尤为必要。在电子商务时代，以营销为目的的商业网站有很多很多，搜索引擎的作用就是让客户在诸多的站点中找到企业自身的站点。对于旅游企业来说，通过搜索引擎，从自身入手，优化网站页面设计，使网站在搜索引擎的排名算法中更有优势，从而获得较高的排名。另外，在各个搜索引擎中投放关键字广告也是方式之一，但这种搜索引擎营销通常不是免费的。

（4）SNS（Social Networking Services，社会性网络服务）营销

为了更好的提升旅游企业网络营销的效果，旅游电子商务企业可以通过SNS这一平台创建属于企业自身的营销小站，借助新浪微博、微信朋友圈等方式定期进行产品和活动信息的更新，向企业的目标群体发送相关的旅游产品、旅游服务信息，同时通过主动的、实时的营销来提升SNS营销的有效性。旅游电子商务企业还能借助这一平台上具备旅游消费倾向的潜在客户的分析与调查，来掌握旅游市场最新的旅游需求，进而为设计更为人性化的旅游产品与旅游服务，创造旅游网络营销的新局面。

（5）整合营销

整合营销包含两方面的含义：网络营销和传统营销的整合、网络营销各种手段的整合。网络营销与传统营销的整合，即利用传统营销手段来推广网上服务，例如在报纸、杂志、电视等媒体上做旅游目的地与旅游企业的广告，向传统媒体和网络媒体发布旅游行业相关新闻，在所有企业的文化用品和展示场所的适当位置印刷或标示出本旅游企业的网址、EMAIL和二维码等，总之，网络营销并非彻底抛弃传统营销，在一定程度上，网络营销还有赖于传统营销的一些宣传手段。网络营销各种手段的整合，即各种网络营销手段之间不是孤立的，更不是排他的，为加强网络营销的效果，可以采取多种手段齐头并进的方式。而且，网络营销中所有的工作都与网络营销效果有关，并不是一些方法的简单堆积，而是一个完整的体系，从旅游网站的策划、网页制作、旅游产品和服务的供给方式等基本环节做起，总目标都是为了取得最好的宣传和推广效果。

9.2.4 旅游电子商务网络营销的管理

为确保企业旅游电子商务网络营销策略的实现，旅游企业应努力在旅游电子商务整体观念、个性化服务、信息安全性和便利性、维护客户关系方面多加关注，从而提高旅游企业网络营销的效率和效果。

(1) 转变顾客的消费观念

首先，应努力提高旅游者对网络消费的接受度。对于大多数中国人来说，传统的购物方式已在头脑中根深蒂固，成为一种习惯，因此，旅游企业应该通过不断创新和丰富网络营销内容等方式来转变消费者"一手交钱一手交货"的购物方式。

其次，在旅游企业利用网络营销进行旅游产品宣传推广时，应建立良好的品牌度。网络营销被消费者接受的过程突出表现在人们对于旅游企业的信任程度上，从某种意义上来说，没有线下旅游企业良好信誉就没有网络经营，信誉是维系旅游市场诸方关系的重要纽带，是建立网络经营模式和开拓市场的必要条件。因此，旅游企业要充分利用网络营销的品牌策略，提高自身的知名度，树立良好的信誉，建立自身品牌形象，提升品牌信誉。

再次，可以在价格上转变旅游者线下传统消费观念。价格永远是影响消费者购买商品的重要因素，旅游行业也不例外。因此，通过对在线旅游产品消费的价格优惠，可以很好地吸引一部分旅游者到线上来，由此，旅游企业也更好地开展旅游产品的网络营销活动，如当消费者通过互联网直接与旅游企业联系，或者直接通过网站进行旅游预订，那么就能获得相当优惠的价格，从而增加旅游企业的线上流量。

最后，充分利用网络营销的信息发布功能，发布旅游信息，宣传旅游企业。除了通过网站介绍旅游信息外，还可以链接旅游新闻等信息，丰富网站内容。旅游网站可以和其它风景旅游名胜区的网站建立友好合作关系，并与众多在线媒介展开充分合作，借合作伙伴的力量，使网站的营销推广活动有效开展。另外，还可以选择在国内较有影响力的门户网站的旅游频道及一些流量较大的旅游行业电子商务平台投入网络广告。

(2) 制定个性化旅游服务

为适应旅游需求日趋个性化和差异化趋势，旅游行业应该自始至终都把"以客户为中心"视为一切网络营销活动的指南，根据旅游者个性化进行设计组合。具体来说，可以通过对旅游市场进行调查，通过信息挖掘的手段分析消费者的旅游偏好与消费习惯，根据客户的特殊需求，有针对性的向客户提供旅游产品。通过针对性的网络营销，不仅可以将一些需求比较类似的散客集中在一起，形成了相对集中的中心市场，而且也给旅游者带来人性化的关怀感。

(3) 加快网络的安全性与便利性发展

为了确保旅游信息的安全性，必须满足一系列重要条件，其中身份认证和数字签名是法律切入网络消费的突破口，是发展网络营销必须要解决好的立法前提，它与书面功能、网络安全、电子证据的可信性等问题息息相关，只有在用户身份被认证无误后，才能相应地解决和管理用户的数据访问，才能让客户用得放心。另外，考虑到当今旅游业务的分散性和使用 Internet 的风险性，旅游者的数据安全性和完整性必须得到保证，同时要确保旅游网络营销记录和事务的长期性、完整性，防止欺诈行为，这样才能保证旅游网络营销所必需的可信度。网站要安装有效的防火墙，防止"黑客"攻击，保障网民的隐私权和财产安全，并聘用网络安全方面的人才维护网站。同时，通过对旅游者的消费反馈和数据分析，不断优化旅游者在线消费细节，必要时，旅游企业需对电子商务的整体服务进行流程重组，使旅游者在使用旅游信息服务时能够更加便利。

（4）加强售后服务并实行客户关系管理

对于旅游企业而言，为了最大限度地引起旅游者的重复消费行为或口碑宣传，良好的售后服务即旅游反馈信息的收集与分析必不可少。通过实行旅游客户关系管理，积极主动地搜集和获取客户信息，在开发新客户的同时，重视与老客户的关系，从而降低企业的成本。此外，还可以推广网上社区，培养稳定的客户，通过对网上社区的管理，更好的凝聚在线人群，从而实施旅游企业的网络营销策略。

9.3 旅游电子商务物流与供应链管理

在物流业整体发展滞后，并日益成为旅游电子商务发展制约因素的情况下，建立完善的旅游物流和供应链体系是我国旅游电子商务发展的关键环节。而对旅游企业传统物流和供应链运营而言，电子商务环境给予旅游企业在旅游物流和供应链运营方面更多的选择与机遇，加强旅游电子商务物流与供应链管理势在必行。

9.3.1 传统旅游物流

随着我国经济的快速发展，第三产业比重不断上升，尤其是旅游业迅速发展，旅游物流作为一种配套服务，对旅游业务的完整实施具有保障作用，对国民经济的发展也具有一定的促进作用，因此，在电子商务大环境下，建立一个快速、高效、低成本的旅游物流体系成为当务之急。

（1）旅游物流

旅游物流作为传统物流行业的一个分支，主要涉及食、住、行、游、购、娱六方面物流活动。狭义的旅游物流是指在旅游活动过程中实体的流动，如游客从出发地到目的地的运输活动，旅游期间消费及购买的产品的活动；广义的旅游物流是指旅游者从出发地到目的地之间的所有相关流通和物流关系之和，如物品配送、物品仓储、游客运输、物资供应、信息流通及沟通管理等。

由于旅游产品的特殊性质，旅游物流和传统物流还是有所区别，如传统物流主要涉及储运流程和实体安全防护，而旅游提供的产品多为服务性质，很多时候无法量化且不可存储；其次，旅游产品涉及生产与消费即时同步，无法转移，使旅游物流的要求更高，使得物流流程必须严格围绕游客进行；此外，由于旅游物流和传统物流的差异，使得低成本不再成为考察物流效率的最主要目的，绩效标准有所不同。旅游物流的内涵包括以下几方面。

① 提出应当以顾客需求为导向的概念。如按商品定义，旅游业所包含的产品概念，不仅包含物质资源，还包括顾客的体验和感受，后者往往更加重要，因此旅游物流的研究对象也不仅仅是实体存在的物质产品，更包含无形的旅游服务；而且，旅游产品往往是生产和消费同步且不可转移，这也决定了旅游物流必须从顾客角度出发，以顾客体验满意度为标准来衡量。

② 描述了在满足顾客要求的前提下，提出应当充分利用信息技术和管理思想，实现全流程的高效且低成本。旅游物流本身也是一个流程管理，涉及仓储运输等多个方面，应当以全局思路进行管理，实现低成本高效率的目标。

③ 指出旅游系统是充分开放的，应当充分利用信息系统有效管理旅游物流的流程。信息技术的使用一方面丰富了游客路线的选择，节约了搜寻成本，另一方面有助于相关企业控制成本，同时可以及时掌握市场趋势，根据客户需求推出新的旅游产品，此外信息技术还为游客和服务提供商直接沟通提供了桥梁。

(2) 旅游电子商务的物流体系

旅游业很多时候并不是进行实物的交换，旅游者购买的往往是一种经历，旅游企业是通过提供服务来盈利，而票据的配送也可以通过电子票据来解决。因此，针对旅游物流来说，主要是以实物的流动为研究对象，是以旅游商品的包装、配送、仓储、运输、信息沟通等为主。电子商务环境下，旅游商品物流必须应用信息技术，运用科学的管理和调度，确保系统在高效稳定中运行发展。与传统的旅游商品物流相比，现代化的旅游商品物流成本将可以降低一半以上，准确率和运行效率也能得到极大提升。电子商务环境下的旅游商品物流体系如图 9-3 所示。

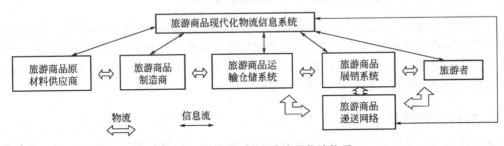

图 9-3　旅游电子商务中商品物流体系

① 旅游商品展销系统。现代电子商务环境下，旅游商品展销系统应是一个跨地区、多业态、多形式、准确有效地向旅游者传递旅游商品及相关信息和文化价值的综合体系，包括电子商务网站的旅游商品店、各旅游景点的旅游商品展销店、酒店附设的旅游商品店、旅游商品购物中心和大型旅游商品免税商场等。作为旅游商品物流体系的出口，旅游商品展销系统就如同人体的神经末梢，是信息有效传递和反馈的关键环节。在这个系统中，信息是双向传递的，不但要完成旅游商品有形和无形价值从供应商到旅游者的转移，而且要从旅游者那里获取全面的反馈信息，并最终完整地传送到旅游商品制造商和原材料供应商那里，作为产品改进和提高服务质量的重要依据。当然，这个双向传递信息的过程应该对信息进行必要的整理、分析和综合，能为企业的相关决策提供完整而有用的信息。

② 基于电子商务的旅游商品运输和仓储系统。旅游商品有品种规格多、批量少、保存运输困难等特点，旅游商品运输和仓储系统一般较为复杂，运营成本也较高。从有利于整个行业发展和规模经济的角度出发，旅游商品运输和仓储系统的相关功能多由实力雄厚的第三方物流、批发型物流或仓储运营型物流等服务提供商承担，作为旅游商品从制造商到零售商的物流环节，物流服务提供商也起到了商品配送的作用。

图 9-4(1) 和图 9-4(2) 分别是传统的旅游商品从制造商到零售店物流示意图和电子商务时代的旅游商品从制造商到零售店物流示意图。比较两图可以看出，电子商务时代的旅游商品物流简化了大量的沟通过程，大幅度降低了交易费用。现代化的物流技术、信息技术应用到旅游商品运输和仓储系统，保证了旅游商品实现空间和时间效应的准确高效。

③ 旅游商品现代化物流信息系统。旅游商品的现代化物流信息系统是一个基于互联网的物流信息平台，是信息的收集、整理、分析、预测和调控中心，作用在于整合整个旅游商品供应链上各节点的信息资源。主要功能有以下四个方面：保证旅游商品原材料运送的准时可靠，这是减少库存成本、提高客户响应率的基础；优化资源配置；保证对旅游者需求的及时响应；加强各相关系统工作的协同性。

要实现上述四个功能，旅游商品的现代化物流信息系统一般应包括以下四个子系统：订单系统——基于电子数据交换（EDI）技术和互联网技术的订单系统应能根据客户要求和存

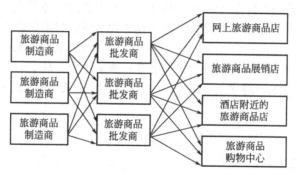

图 9-4（1） 传统的旅游商品物流示意图

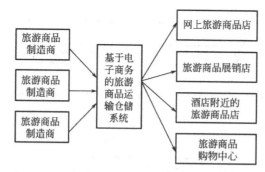

图 9-4（2） 电子商务时代的旅游商品物流示意图

货水平自动生成订单并发送到上一级供应商的系统中；电子支付系统——完善的电子支付系统可以明显缩短订单履行周期，有效控制各种欺诈行为；企业后台系统——良好的企业后台系统除了保证监控和协调企业内部体系外，应能与订单系统和电子支付系统相结合，同时能与供应链上的相关企业展开商务合作；旅游商品供应链管理系统——负责供应链整合、安全保护等功能。

④ 旅游商品递送网络。因为旅游者在旅途中购买的各种商品，尤其是大件商品，不可能随身携带，旅游商品递送网络功能就是实现旅游者所购旅游商品从仓储地到旅游者所指定地点（或指定人）的安全、准时递送。在这里旅游者指定地点（或指定人）可能是旅游者所住的酒店、居住地或特定的亲戚朋友手中。由于目的地分散，每次递送数量又少，适合利用现成的各种快递公司、托运公司及邮政等所提供的服务，采取外包物流的方式运作，但必须确保这种服务能按旅游者的要求高质量完成。为此，旅游商品零售商或批发商应和递送服务提供商结成有效的战略联盟，共同为旅游者提供完善高效的递送服务。

9.3.2 旅游电子商务的供应链运营模式

旅游供应链是人们为了实现旅游企业价值增值所创造的一种制度安排，旅游供应链的本质就是使企业价值增值，通过融合电子商务技术与思维，使旅游企业的供应链运营更加有效和易于控制。

（1）传统旅游供应链

由于旅游业是包括食、住、行、游、购、娱等不同行业的综合性产业，旅游产品的生产和消费需要旅游产业链上各个节点的合作才能完成，因此旅游产品综合性的特点决定了单个旅游企业不可能提供完全的产品，需要相关企业的支持才能完全满足旅游者需求，而当这些企业为了共同的营利目的发生业务来往关系时,便成为旅游服务供应链中的组成部分,可以说旅游产品综合性的属性决定了旅游供应链的存在和形成。目前旅游供应链并没有明确的定义,但其模式可以概括为:从食、住、行、游、购、娱等供应商到旅游批发商、旅游零售商再到旅游者这样一条以旅游企业为中心的供需链;或是从食、住、行、游、购、娱等供应商直接到旅游者的一条供应和需求链,在这个过程中,伴随着资金流、信息流的流动,如图9-5所示。

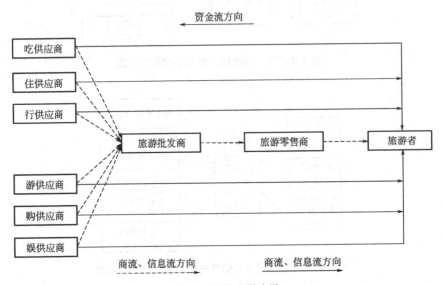

图 9-5 旅游业供应链

旅游业供应链的类型也可以分为三类:一是内部供应链,如酒店的内部销售部——前厅部——客房部就是一条供应链;二是外部供应链,即上下游供应链,如从旅游饭店——旅行社——旅游景区;三是供应链联盟,即由旅游上下游企业之间结成的战略联盟,这种关系虽然是动态的,但是更加稳定和长久,旅游企业供应链联盟如图9-6所示。

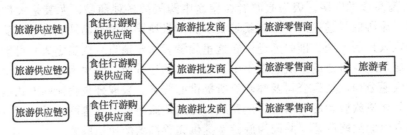

图 9-6 旅游企业供应链联盟

(2)旅游电子商务的供应链模式

目前,我国旅游供应链的电子商务平台大多通过与传统旅游不同程度的结合而实现盈利。这样的旅游供应链电子商务平台大致可以分为两类:一类是旅游互联网企业中结合传统旅游业务,如携程、艺龙;另一类是传统旅游企业信息化过程中诞生的旅游网站,如青旅在线。

①"先鼠标后水泥"供应链模式。基于"酒店+机票",再扩展到度假旅游线路的"先鼠标后水泥"供应链模式,是指在线企业利用线上与线下结合,从而使某一种实体产品或有形服务更好地落地,以此拓宽互联网在线企业更大的生存发展空间。这类企业中最具代表

性的是目前国内最大的综合性旅游网站携程旅行网（ctrip.com）。携程旅行网通过收购当时国内最大的订房中心和北京最大的票务中心，形成了"酒店＋机票"的主营业务，携程充分发挥酒店、机票预订本身所具备高标准化的特点，不涉及物流、无需订金等优势，率先开展最适合网上开展的订房业务，网站盈利主要通过酒店返还的佣金获得，不涉及网站与顾客的资金往来，再扩展到订票领域，发展成熟后逐步实现旅游度假等线路产品的网上经营。

②"先水泥后鼠标"供应链模式。主要是基于旅游线路，再扩展到酒店机票的"先水泥后鼠标"供应链模式，是指传统企业及实体经济借助互联网平台工具进行网络营销，包括业务拓展、成本创新、流程再造、渠道建设、促销整合、传播定制等新的营销模式与商业模式建构。中青旅是传统旅游企业电子商务化之后少数较成功的企业，它先从网上预订酒店机票做起，迅速发展到强大的旅游线路资源，将线路预订转变为网站主营业务和利润来源，其众多的线路行程和优惠的价格构成青旅在线的巨大优势。两种模式的对比如表9-1所示。

表 9-1　旅游电子商务两种供应链模式对比表

对比要素	"先鼠标后水泥"供应链模式	"先水泥后鼠标"供应链模式
主营方向	以酒店＋机票为主营业务，再拓展到旅游度假、商旅管理等	依托品牌优势走信息＋产品＋游客整合道路，线路＋酒店＋度假＋票务全面开花
产品特点	标准化程度高；不涉及物流配送；无需交纳订金	产品规模化、线路种类多；提供个性化的自选旅游服务；不涉及物流，但需交纳订金
盈利模式	酒店销售返佣；票务代理分成；广告收入等	线路预订利润；酒店/机票预订佣金；网站广告及会员活动等
业务优势	完全通过网络形成服务闭环；企业信息化程度高，沟通快；营业固定成本较小，从而风险小	依托自身优势资源，可控性强；产品价格及数量明显占优；以旅行社资源为支撑的规模优势
不足之处	自身无产品，价格受制于供应商；销售压力大，通常需买断资源（如包酒店、包机以确保用房及机位）；网络沟通比之当面沟通的效果差	对企业信息化要求高，沟通层次多；网站运营效率受人员水平制约；沟通成本较高、易影响游客满意度；网络营销投入大于传统渠道
代表企业	携程、艺龙等	上海春秋、中青旅等

9.3.3　旅游电子商务的物流与供应链管理

旅游电子商务在不断发展的网络技术与信息技术影响下将愈加完善，与此同时，旅游商品的虚拟经营、旅游商品供应及旅游连锁商业也愈加离不开物流和供应链管理的支撑，未来旅游物流和供应链将沿着规模化、一体化方向发展。

（1）加强对旅游商品市场的监管

加强旅游商品市场监管，是完善旅游商品物流中心、发展旅游商品物流的重要环节。首先，要进一步规范旅游商品市场，对旅游商品经营者进行严格的资格审查和监督，严厉惩处肆意抬高价格、销售假冒伪劣商品等行为，打造科学的旅游商品监管体系。其次，要重点扶持一批专业的旅游商品企业，应重点改造、淘汰一批实力不强、毫无发展前景的物流企业，大力扶持有实力、有思路、有前景的专业物流企业。最后，要定期召开旅游商品展示会，应结合景区自身客源优势，定期组织旅游商品展示会，推广新研发的产品，促进旅游商品企业的健康发展。

（2）建立专业的旅游商品物流企业

要想从根本上改变旅游商品无序化流通问题，必须建立一批专业的旅游商品物流企业。与普通商品物流相比，旅游商品物流的要求更高，必须真正实现专业化运作，并与电子商务手段进行很好的结合。在专业旅游商品物流企业建设过程中，要注意与区域相关部门通力协作，统一协调好运作管理、资金投入等各项工作，以最大限度发挥区域旅游景区的合力效应。

(3) 利用地方旅游资源禀赋，积极打造旅游商品物流中心

国内许多地区的旅游业已成为社会经济发展的支柱产业，如广西桂林、云南西双版纳、西藏拉萨等，都是利用地方旅游资源禀赋、打造旅游商品物流中心的典型代表，并展现出了良好发展前景。旅游商品物流中心的打造应当紧紧围绕地方资源禀赋优势，科学规划发展规模，正确估算市场预期，合理布置网址建设。

(4) 建设发达的区域化旅游商品物流辐射网络

如果旅游商品只是单纯地被运送至某个或某几个景区，很容易导致物流能力的闲置，要想从根本上解决这一问题，必须在切实解决物流中心货源问题的基础上，依靠便捷的交通条件，建设发达的区域化旅游商品物流辐射网络，同时通过构建先进的物流管理信息系统，加强与物流服务各方的协同，实现区域物流中心的高效管理。

(5) 构建以网络供应商为核心的旅游供应链

在旅游电子商务应用环境下，应构建以网络供应商为核心的旅游供应链模式，旅游企业应与旅游网络供应商建立合作伙伴关系，以更好地节省建立复杂网络系统的成本以及应对国内外的复杂竞争。一方面旅游企业应结合自身的优势为旅游网络供应商提供各种专业服务，实现旅游电子商务网站功能的扩展；另一方面旅游网络供应商应提供信息技术平台供旅游企业进行资源整合及信息共享，旅游企业可通过平台实现强强合作，构建旅游企业的供应链战略联盟，增强整个旅游供应链的竞争力，并能够根据游客的不同需求提供定制化个性服务。这种模式可充分实现供应链的成本低廉、服务个性化目标。

(6) 通过旅游电子商务发展实现旅游直销供应链创新

搭建旅游电子商务平台，旅游生产商通过旅游直销供应链可实现与游客的直接对话沟通，并完成相应的交易。电子商务环境下旅游直销供应链出现的新变化有：一是基于电子商务平台信息流、资金流的交互得以即时实现，信息传递的速度大大提高，信息传递的质量明显改善；二是生产商基于电子商务平台对供应链上下游的有效监控，能够更好地实现生产商与供应链节点企业及游客间高效的信息沟通。这两方面使得旅游生产商可以通过供应链进行低成本直销。因此在旅游电子商务背景下，应当运用各种新的信息技术手段，构建不同层次的信息系统，支持旅游供应商及旅游供应链上各节点企业与游客间的信息传递，使信息实时、有效地传递给游客，实现旅游直销供应链的创新。

9.4 旅游电子商务客户关系管理

旅游行业是一个特殊的行业，它提供给客户的产品和服务，无论是旅游路线、旅游景点还是旅游产品，同质性都非常强，而良好的客户关系必将是客户选择服务提供商的重要标准。特别是在我国开放化程度越来越高之后，我国旅游业必将成为国内外旅游企业竞相角逐的一个行业，做好客户关系管理就显得非常重要，而信息技术和互联网思维的不断发展与革新，为旅游企业做好客户关系管理提供了支持，电子商务将成为旅游企业发展客户关系管理的最佳选择。

9.4.1 电子商务环境下的客户关系管理

客户关系管理（CRM）最大的特点在于，它可以帮助各企业最大限度的利用其客户资源，并将这些资源集中于潜在客户和现有客户身上，包括一对一营销、统一资源的信息共

享、高度集成的交流渠道、商业智能化的数据分析和处理，对 WEB 功能的支持等。正如企业实施 ERP 可以改善企业的效率一样，CRM 的目标是通过缩减销售周期和销售成本，通过寻求扩展业务所需的新市场和新渠道，并且通过改进客户价值、满意度、盈利能力以及客户的忠诚度来改善企业的竞争力。

电子商务环境下的客户关系管理是在传统商务环境下的客户关系管理的基础上，以信息技术和网络技术为平台的一种新兴的客户管理理念与模式。在电子商务环境下，作为企业信息系统的组成部分，企业的 CRM 系统必须符合并支持电子商务发展战略。电子商务为企业发展 CRM 提供了外部环境，也对其实现提出了要求。电子商务环境下 CRM 系统具有以下特点。

(1) 高效的信息沟通

互联网及时的沟通方式，有效支持客户随时、准确地访问企业信息。客户只要进入企业网站，就能了解企业的各种产品和服务信息。同时营销人员借助先进的信息技术，及时、全面地把握企业的运行状况及变化趋势，以便根据客户的需要提供更为有效的信息，改善信息沟通效果。以客户为中心的电子商务时代，关键就是通过先进的沟通模式向客户提供满意的产品和服务，来实现客户的价值追求。在电子商务中实施个性化服务包含的内容十分广泛，总的来说包括三个方面：一是根据客户的偏好和需求定制产品；二是追踪客户的消费习惯，自动为客户提供最需要的商品和服务；三是根据客户的行为特征提供相应的信息服务。

(2) 较低的客户关系管理成本

在电子商务模式下，任何组织或个人都能以低廉的费用从网上获取所需要的信息。在这样的条件下，客户关系管理系统不仅是企业的必然选择，也是广大在线客户的要求。因此，在充分沟通的基础上，相互了解对方的价值追求和利益所在，以寻找双方最佳的合作方式，无论对企业或在线客户，都有着极大的吸引力。

(3) 技术支持

电子商务时代，网络和信息技术为 CRM 功能的实现提供了强有力的技术支持，企业 CRM 的各个模块（销售、营销、客户服务与支持）的实现必须是基于 Internet 平台的。而对基于 Web 的功能支持，可使得 CRM 实现网络化和同步化；客户信息的集中式管理，保证不同业务部门和不同应用软件功能模块之间的数据连贯性；利用数据仓库和数据挖掘技术，可在海量的缺乏结构化和组织规模型的客户信息中进行智能化的数据分析；呼叫中心和分布式的 Agent 代理，为企业与客户的互动提供了高度集成化的交流渠道。

(4) 客户与企业进行多点接触

在传统的销售方式中，客户通过各种途径分别接触企业。这样，不仅客户对企业的印象是片面的、分离的，获得的信息很有可能是不一致的，并且不能及时的更新，这使企业失掉一些机会。在电子商务环境下，客户同企业进行实时的在线交易，企业的 CRM 应集成与客户之间的各个接触点（如 Call Centre、Web 方式、电话、传真等），为用户提供一个集成的、无缝的平台，从而获取全面一致的数据。在电子商务环境下开发 CRM 系统，不仅要提供电子商务的对接口，还要全面开发支持电子商务的应用功能。如在市场营销方面，要支持电子商务的销售方式（B2B、B2C 等），提供在线支付的功能；在客户服务与支持方面，能提供在线服务请求功能。

(5) 应用系统的集成

在传统环境下，企业的信息分散在各应用系统中，信息是孤立的、零散的，企业对客户缺乏统一的、全面的认识。在电子商务环境下，企业同供应商、客户间进行实时的在线交易，这就要求 CRM 系统同企业其它的系统（ERP、SCM 等）整合起来，使企业能在一个统一的信息平台上真正实现电子商务化。同时，企业在统一的信息基础上进行决策，能跟踪每一位客户从购买意向到售后服务的一整套信息，从而能获得对客户的完整的认识，并能够将这些信息运用到企业的研发、制造、营销、销售等各个环节，为企业改进生产制造提供依据，从而真正为客户提供个性化的服务，提高客户的满意度。

CRM 要求企业以"客户满意"为中心，形成以客户服务为核心的业务流程和客户需求驱动的产品和服务设计。电子商务环境下，可以概括出一个总体的 CRM 模型，该模型包括客户与企业互动系统、运营与个性化服务系统、信息整合处理系统和辅助决策与分析系统四个部分，如图 9-7 所示。

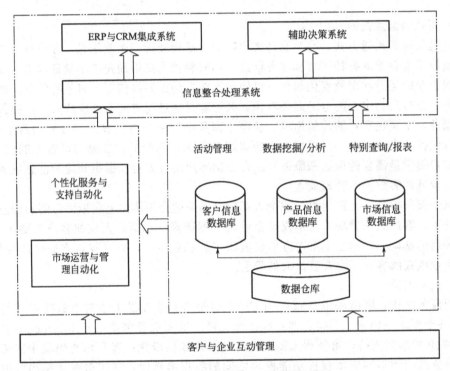

图 9-7 电子商务环境下 CRM 系统模型

a. 客户与企业互动系统

电子商务环境下，企业通过 B/S 架构的 WEB 层将产品、服务信息或者企业相应的运营信息显示给最终客户、中间商或者合作伙伴，并通过该 WEB 层接受来自最终用户、中间商或合作伙伴的信息。该系统是 CRM 系统的信息源，为 CRM 系统提供数据方面的支持。

b. 运营与个性化服务系统

运营子系统也被称作运营型 CRM，主要包括销售自动化（SFA）、营销自动化（MA）、客户服务与支持（CSS）等 3 个基本功能，以实现销售、营销和客户服务与支持业务流程的自动化。

c. 信息整合处理系统

该子系统整合企业内外信息流，通过集成 CRM 与 ERP 的信息流，使集成供应链中的信息实现无缝连接，把企业、合作伙伴以及客户集成在同一电子商务平台上，实现企业开放式运作模式。

d. 辅助决策与分析系统

辅助决策与分析系统又称分析型 CRM，它是电子商务环境下 CRM 的核心部分，通过对数据仓库中记录的客户及产品资料进行数据挖掘和分析,从中发现客户特征、客户行为规律、购买模式等,并为企业决策层更好地制定客户战略提供支持。

9.4.2 旅游电子商务的客户关系管理

目前,国内大多数旅游企业都已认识到发展旅游电子商务这一趋势,纷纷建立自己的专业网站,或利用一些中介网站提供的平台开展电子商务,但是这些网站的共同点是内容简单,大多数只包括旅游企业的简单介绍和"旅游路线介绍"等,能够与客户进行互动,了解客户需求的栏目很少,网页的精良与内容的匮乏形成极大反差。还有一些网站设计了统一的全面解决方案,希望能够占领全部的市场份额,但却忽视了不同层次客户的不同需求,造成其信息、产品"老少皆宜",缺乏明确的市场细分,企业的供给与客户个性化需求之间不能实现无缝对接,造成方向混乱、目标不清、促销乏力的后果。这种"以网站为中心"的旅游电子商务,模式雷同,内容缺乏特色,重复建设严重,充其量只是最初级的电子商务,它反映了我国旅游网站在建设过程中对自身缺乏准确、全面的认识,无法形成自己的特色,网站之间只能进行链接,但却不能实现各种资源的共享,既无法形成规模经营,发挥电子商务的优势,达到降低运营成本的目的,又无法有针对性地进行网上促销,吸引客户,同时预定的成功率又低,这些造成了旅游业网上市场空间运营的无效性。

造成这些问题的主要原因就是旅游业在进行电子商务网站建设时缺乏客户关系管理的理念。在企业之间竞争越来越激烈的今天,国内旅游企业要想与有着成熟电子商务经验的国外旅游服务公司进行竞争,就必须尽快利用现代信息技术,建立统一规划的旅游电子商务网,收集包括客户信息在内的各种数据,在此基础上利用网络数据挖掘技术,对客户进行细分,对不同层次的客户提供不同的个性化服务,并将客户意见及时反馈到产品设计中,使企业能够及时发现市场的发展趋势和潜力,制定适当的营销策略,这就是"以客户为中心"的基于客户关系管理的旅游电子商务,它将改变现有的"被动坐等客户旅游"的旧模式,形成"主动寻找客户旅游"的新模式。

根据电子商务环境下客户关系管理分为协作型客户关系管理、运营型客户关系管理和分析型客户关系管理的分类方式,从此角度出发,旅游电子商务的客户关系管理包括以下三方面内容。

(1) 整合沟通交流渠道

客户关系管理系统可以整合几乎所有媒体沟通交流的渠道,以满足不同旅游者的要求。例如,广东易通商旅资讯服务有限公司应用 CRM 系统通过客户统一服务中心,将来自网络、电话以及传真的用户信息整理分类,同时依靠自动语音分派将不同类型的需求信息和客户信息经过滤后添加至企业用户数据库和产品数据库中。数据库中包括了该名客户的基本信息、以往行为记录、咨询记录等。这就是协作型的客户关系管理在旅游电子商务中的应用。

旅游企业协作型客户关系管理的运用,在一定程度上使顾客无论通过什么样的渠道和企业联系,都可以及时、准确得到一致的信息,这一点极大提高了旅游企业提供给顾客的服务质量,并且降低了企业的经营成本,使一些员工可以从接待的工作中解脱出来,而转向其他工作职位,减少人力资源的开销。

(2) 整合旅游企业内部的服务

客户关系管理系统包括销售功能和企业计划市场功能,企业充分利用廉价网络的多种资源,可以降低企业服务成本。同时,建立了多种业务项目、多种客户群组的统一客户数据库,并通过分析结果划分了企业客户群体,制定不同的销售计划和营销手段,如根据对预订折扣机票的敏感度,推荐相关的机票打折信息和相应的优惠制度;根据对航空公司及航行时间或酒店的偏好,向客户推荐客户喜欢的航班和酒店等。通过 CRM 系统的管理使企业内部的信息化建设更加完善,销售、管理系统更加规范。另外,通过系统权限管理,企业各级负责人可直接浏览下级客服专员在服务中所交办给销售部门的代办事项,并进行及时处理,主管可及时监控客户服务后续工作的效果。这就是旅游企业运营型客户关系管理,它使得旅游电子商务企业的信息化建设更加完善,和提高了管理和服务的效率。

(3) 提供个性化的人性服务

随着信息技术的迅速发展和电子商务成为现代社会的主流,个性化服务的概念已经深入人心,尤其是旅游行业这种以特殊的服务和出售旅游产品的行业,顾客个性化服务平台重要性更为突出。一方面细分目标客户,利用数据库里的信息对客户群体进行细分,如把目标客户分为三类,即新客户、老客户和 VIP 客户。对于新客户,系统行动识别用户类别,然后记录完整用户信息,并为该用户提供及时、互动、多渠道的全方位服务,同时还可以向用户提供对此客户定制的商业规则和销售建议,通过即时通讯、E-MAIL、传真、电话等手段增加后续服务;对于老客户,系统进行分析、统计、整理信息资料,进一步发掘用户价值,建立良好的客户关系;对于 VIP 客户,系统对客户进行贡献度分析,找出对企业贡献最大的 VIP 客户,并针对这些客户,制定相应的营销规则,提供最好的服务。另一方面,利用数据挖掘技术对用户数据做统计、整理,进一步进行相应的数据分析,并做出关联性,让企业尽可能地了解客户的偏好和需求,从而在最合适的时机,通过最便捷的渠道为用户提供更个性化、更适宜的服务,如根据订机票与预订酒店的关联度,从而可以针对不同的客户在预订机票后推荐相应的酒店服务。同时还可以及时发现即将流失的客户,企业可以通过一些市场手段,及时给予这部分客户适当的关怀,避免客户流失,增加客户的忠诚度。这是分析型的客户关系管理在旅游电子商务中的应用。

本章案例

携程旅行网(Ctrip.com)的客户关系管理

携程旅行网创立于 1999 年,总部设在中国上海,员工 30000 余人,目前公司已在北京、广州、深圳、成都、杭州、南京、厦门、重庆、青岛、沈阳、武汉、三亚、丽江、香港、南通 17 个城市设立分支机构,在南通设立服务联络中心。2010 年,携程旅行网战略投资台湾易游网和香港永安旅游,完成了两岸三地的布局。2014 年,投资途风旅行网,将触角延伸及北美洲。作为中国领先的综合性旅行服务公司,携程成功整合了高科技产业与传统旅行业,向超过 2.5 亿会员提供集无线应用、酒店预订、机票预订、旅游度假、商旅管理及旅游资讯在内的全方位旅行服务,被誉为互联网和传统旅游无缝结合的典范。凭借稳定的业务发展和优异的盈利能力,携程网于 2003 年 12 月在美国纳斯达克成功上市,上市当天创纳市 3 年来开盘当日涨幅最高纪录。

携程的收入主要来自以下几个方面:酒店预订代理费、机票预订代理费、线路预订代理费、商旅管理及自助游中的酒店、机票、租车预订等代理费用、会员收入、广告收入等。携程的盈利模型主要由网站、目的地酒店、航空票务代理商、合作旅行社和网民市场构成,即通过与网民的交易获得预定代理费,与目的地酒店、航空票务代理商、旅行社的合作取得回扣,给客户和供应商带来利益的同时,也给自己创造利益。携程盈利模块如图 9-8 所示。

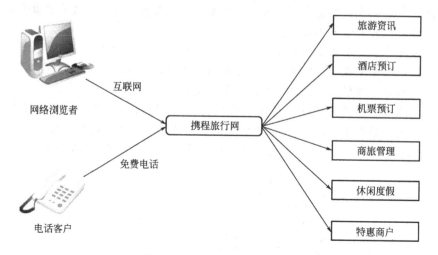

图 9-8　携程旅行网盈利模块

面对数量众多的客户，携程旅行网自 2000 年就开始引入 CRM 管理模块等精细化管理理念，携程公司的 CRM 系统结合了先进的 CRM 管理思想以及先进业务模式，并采用信息产业的最新成果，构筑了实现 CRM 管理思想的新型运营模式和信息平台。

携程客户关系管理系统的功能可以归纳为三个方面：对销售和客户服务两部分业务流程的信息化；与客户进行沟通所需要的手段（如电话、网络等）的集成和自动化处理；对以上两部分功能所积累下的信息进行的加工处理，产生客户智能，为企业的战略战术的决策做支持。

如图 9-9 所示，携程网的 CRM 系统分为三个模块。

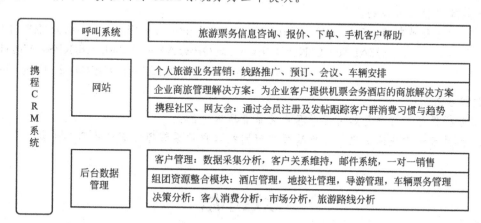

图 9-9　携程旅行网客户关系管理系统

第一个模块是呼叫中心。携程网 60% 的业务是由呼叫中心来完成的，呼叫中心实现了以下功能：信息咨询、总机查号、投诉处理、电话录音、传真应用、外拨应用。坐席代表分类受理，并将信息派发到相应的责任部门，保证了订单处理的准确性和服务的高质量。外拨应用功能通过电话和短信形式及时对参团客户进行满意度回访，实现了呼叫中心 CRM 的闭环流程处理，提高了客户满意度，减少了运营成本的同时还便于管理。

第二个模块为携程网站（www.ctrip.com）。网站为客户提供了大量实用信息，特别是景点、酒店、旅游路线方面的信息，同时还有各种优惠和折扣。携程通过在门户网站上刊登广告、提高在各大搜索引擎上的排名来导入流量；在网站深度上，通过后台数据库、业务系统设计和网站页面内容吸引并留住客户。

第三个模块为后台数据处理系统。携程通过强大的呼叫中心系统与网站和后台数据处理相结合，将自己的业务提供和顾客价值很好地结合了起来，做到细分客户群体，了解客户的需求，同时对网站上的用户数据进行深度分析，提供个性化服务。

依托于良好的客户关系管理，携程网在我国在线OTA市场仍保持市场份额第一的地位，艾瑞咨询统计数据显示，2014Q3 中国在线旅游 OTA 市场，携程营收占比 55.9%，艺龙占 9.7%，同程占 6.3%，三家企业合计占比接近 72.0%，如图 9-10 所示。

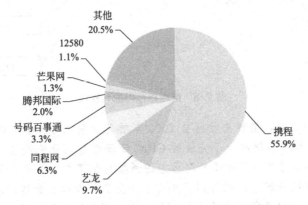

图 9-10　2014Q3 中国在线旅游 OTA 市场营收份额

近年来，随着在线旅游业的快速发展与竞争加剧、呼叫中心地位相对下降、移动端数据流量的激烈争夺，携程网客户关系管理应如何进行调整，从而维持其中国在线旅游市场龙头地位，是非常值得考虑的。

（资料来源：百度文库，http：//wenku.baidu.com/link? url=7znJRW3LBFO-v7AEZeycCaNz8DOhxvyVxvQBwgAXaqqXr04h-AbrKBSsp5IgarBzs6eRUsrofcQchAwxUVWhgCZSsTN3gRQV2n9JIheVuO_）

案例分析题：
1. 分析携程旅行网是如何运用客户关系管理理论的？
2. 针对市场的快速变化，分析携程旅行网在客户关系管理方面应作哪些改变。

本章小结

旅游电子商务管理是指，为实现旅游企业战略目标，对旅游电子商务应用中的技术、商业和创新活动进行计划、组织、领导和控制的过程。通过对旅游电子商务的管理，旅游企业在旅游产品或服务提供过程中包括流程、营销、物流与供应链、客户关系等关乎企业核心运营绩效方面进行有效改进，从而实现旅游企业由"被动服务"向"主动服务"进行转变，实现流程改进、客户增长、物流高效、客户维护和深挖掘等多方面的效益。

在旅游行业经营形式多样化的今天，旅游企业间的竞争已上升为知识含量更高的竞争，利用电子商务发展旅游产业是未来趋势所在，旅游企业通过将的旅游电子商务管理的学科知识，应用的实际的生产运营中去，才能沉着地应对各种竞争。

复习思考题

1. 旅游电子商务管理的内涵是什么？
2. 旅游电子商务的服务流程是怎样的？
3. 旅游电子商务的业务流程管理有哪些要点？
4. 旅游电子商务的网络营销策略有哪些？
5. 旅游电子商务的网络营销手段有哪些？
6. 传统旅游物流的特征有哪些？
7. 电子商务环境下旅游商品的物流体系是怎样的？
8. 电子商务环境下客户关系管理的特点是什么？
9. 电子商务环境下CRM系统模型是什么？
10. 旅游企业应如何依托电子商务进行客户关系管理？

讨论题

1. 讨论在提供服务的过程中，传统旅游企业业务流程和旅游电子商务企业业务流程的区别所在。
2. 讨论旅游企业应如何进行网络营销管理。
3. 讨论怎样进行旅游电子商务物流与供应链管理。
4. 讨论旅游企业利用电子商务进行客户关系管理的好处有哪些？
5. 试论我国旅游电子商务管理与国外相比有哪些方面的不足。
6. 试论随着电子商务环境的不断变化，旅游电子商务管理的思维将发生怎样的转变？

网络实践题

1. 登录相关网站，分析我国旅游电子商务管理的现状和未来趋势。
2. 登录去哪儿网，分析其进行电子客票营销的方法及策略。
3. 登录尚品旅游物流平台，了解旅游物流的运营模式。
4. 登录携程的网站，了解旅游电子商务客户关系管理的要点所在。

智慧旅游

学前导读

"智慧旅游"自提出以来便受到国内各大旅游城市政府、旅游业相关企业热捧,国家旅游局将2014年确定为"智慧旅游年"。智慧旅游的提出,一方面有助于实现旅游城市的智慧、环保、便捷、可持续发展;另一方面有助于促进国家战略支柱产业——旅游业在以游客为中心的前提下快速发展。本章围绕智慧旅游介绍了智慧旅游的渊源、概念与内涵,进而对CAA体系模型及智慧旅游的技术体系进行了说明,最后对智慧旅游的四大应用——智慧旅游城市、智慧景区、智慧酒店、智慧旅游公共服务体系进行了介绍。

学习目标

- 掌握智慧旅游的基本概念、内涵
- 熟悉智慧旅游的体系模型
- 了解智慧旅游的技术体系
- 了解智慧旅游的典型应用

导入案例

新华网北京2012年5月25日专电（记者钱春弦）记者25日从国家旅游局获悉，为积极引导和推动全国智慧旅游发展，北京等18个城市成为"国家智慧旅游试点城市"。国家旅游局有关负责人表示，为贯彻落实《国务院关于加快发展旅游业的意见》精神，积极引导和推动全国智慧旅游发展，在自愿申报和综合评价的基础上，经认真研究和遴选，确定18个国家智慧旅游试点城市包括北京市、武汉市、成都市、南京市、福州市、大连市、厦门市、苏州市、黄山市、温州市、烟台市、洛阳市、无锡市、常州市、南通市、扬州市、镇江市、武夷山市。

国家旅游局要求各试点城市将智慧旅游作为一项重点工作来抓。政府要在整合资源、组建机构和配套服务方面发挥主要作用，积极引导民间资本参与建设智慧旅游，建立统筹发展的体制机制，探索科学有效的发展模式。各试点城市要抓紧编制本城市《国家智慧旅游试点城市建设方案》。国家旅游局去年提出，用10年左右，在我国初步实现基于信息技术的"智慧旅游"。国家旅游局局长邵琪伟在表示，旅游活动作为生活方式的延伸，必然因信息技术发生革命性变革。随着在线旅游、邮轮游艇旅游、房车旅游、自驾车旅游等快速发展，满足新兴需求，从技术层面说，最重要的是实现基于移动互联、"智慧城市"等内容的"智慧旅游"。

资料来源：新华网。

10.1 智慧旅游产生发展的背景

自1978年改革开放之后，旅游业才逐渐从外事接待中脱离出来，步入发展期。20世纪80年代，中国国际旅行社引进美国PRIME550超级小型计算机系统，标志着我国旅游信息化的开端。步入21世纪，一方面，旅游信息化被确定为提升我国旅游业国际竞争力的四个主要战役，"金旅工程"也在同年启动；另一方面，面对着来自国内外旅游企业的竞争，国内传统旅游企业（旅行社、景区、酒店、餐饮）也加快了旅游信息化建设的步伐，携程、途牛、同程等旅游电子商务企业也先后成立并快速发展。在国民收入不断增长的背景下，旅游便捷性和亲民化极大地激发了国民的旅游热情，旅游市场欣欣向荣。但是旅游过程中的矛盾也不断凸显：导游或接待人员利用信息不对称宰客、服务态度差；餐饮场所过于拥挤，排队时间过长；住宿条件劣质；强制购物与隐性消费；线路设置不合理等。一时间媒体口诛笔伐，给旅游业蒙上了一层阴影。如何解决以上矛盾，提高旅游服务质量来满足游客的日趋高涨的体验需求；面向未来，如何满足游客日益凸显的个性化诉求，这两个问题成为旅游业实现良性、可持续发展所亟须解决的。尽管在旅游信息化后，相关部门与学者又提出了"数字旅游"、"智能旅游"等概念，强调将信息技术更广泛地应用于旅游。一方面，游客个性化需求日益高涨，自驾游和自由行等旅行方式悄然兴起，对主动感知与获取旅游目的地信息的需求逐渐显现；另一方面，数字旅游、智能旅游等的推广虽然在一定程度上促进了旅游业的信息传递，提高了旅游企业的服务水平，完善了旅游管理部门的公共服务水平和管理能力，但是信息传递的双向性不完善，无法更好地满足当下旅游市场需求的变迁。

在这样的背景下，江苏省镇江市于2010年在全国率先创造性地提出以游客为中心，改善游客交互体验的"智慧旅游"概念，开展"智慧旅游"项目建设，开辟"感知镇江、智慧旅游"新时空。与此同时，物联网、云计算、移动互联网等技术创新与普及，也使得旅游行业信息交流和共享方式、消费模式、经营监督管理等信息化变革成为可能，为智慧旅游的实现奠定了坚实的技术基础。2011年7月15日，国家旅游局局长邵琪伟正式提出，旅游业要落实国务院关于加快发展旅游业的战略部署，走在我国现代服务业信息化进程的前沿，争取用10年时间，在我国初步实现"智慧旅游"。这无疑将智慧旅游提高到了旅游业发展的战略高度。由此，智慧旅游引发了各级旅游城市政府和旅游业企业的极大关注，也引爆了智慧旅游建设的热情。相关学者和专家纷纷表示，如果说旅游信息化建设从数字化到智能化是旅游业的第一次飞跃，那么从智能化到智慧化的过程就成为了旅游业的第二次飞跃。

本章内容将围绕智慧旅游从概念、内涵、体系框架、技术、应用等方面来探讨智慧旅游，以期能为读者介绍智慧旅游的基础性知识，也期待着能有更多人参与到智慧旅游的研究与建设当中。

10.2 智慧旅游的概念

"智慧旅游"的概念源自于"智慧地球（Smarter Planet）"及其在中国实践的"智慧城市（Smarter Cities）"。在国务院《关于加快发展旅游业的意见》（国发〔2009〕41号）精神指引下，旅游业开始寻求以信息技术为纽带的旅游产业体系与服务管理模式重构方式，在此过程中受智慧城市的理念及其在我国建设与发展的启发，"智慧旅游"的概念应运而生。从城市角度，"智慧旅游"可视作智慧城市信息网络和产业发展的一个重要子系统，实现"智慧旅游"的某些功能可借助或共享智慧城市的已有成果。因"智慧旅游"是一项侧重公共管理与服务的惠民工程，将"智慧旅游"在城市视角下纳入"智慧城市"有助于明确建设主体并集约资源。因此，本节首先介绍智慧地球与智慧城市，进而介绍智慧旅游的概念与内涵。

10.2.1 智慧地球与智慧城市

2008年，IBM公司首先推出了"智慧地球"的商业计划，就是把感应器嵌入和装备到电网、铁路、桥梁、隧道、公路、建筑、供水系统、大坝、油气管道等各种物体中，并且被普遍连接，形成所谓"物联网"，然后将"物联网"与现有的互联网整合起来，实现人类社会与物理系统的整合。

"智慧城市"是"智慧地球"的基础上发展而来，是"智慧地球"从理念到实际落地城市的举措。IBM的"智慧城市"理念把城市本身看成一个生态系统，城市中的市民、交通、能源、商业、通信、水资源构成了子系统。这些子系统形成一个普遍联系、相互促进、彼此影响的整体。我国专家对"智慧城市"有自己的解读。中国工程院副院长邬贺铨认为，智慧城市就是一个网络城市，物联网是智慧城市的重要标志。两院院士、武汉大学教授李德仁形象的说法是"数字城市＋物联网＝智慧城市"。

被称为"智慧城市之父"的倪会民对"智慧城市"有更全面和深刻的认识，他认为"智慧城市"是指：各城市依据具体要求、条件和目标等情况，选择使用人类现有思想、科技和模式等所有最优资源，实现城市（含农业）的智慧化，例如安全、方便、舒适和三化（人性化、国际化和最优化）。在"智慧城市"这个概念中，我们是把城市看作为一个大的生态系统，而子系统包括市民、交通、能源、商业、通信、水资源等。

在"智慧城市"的实践方面，欧盟于2006年发起了以用户为中心的基于新工具和方法、先进的信息和通讯技术来实现"集体的智慧与创造力"的欧洲Living Lab组织。2009年，美国的迪比克市于 2009 年与 IBM 合作,建立了美国第一个智慧城市。新加坡提出 2015 年建成"智慧国"的计划。丹麦建造智慧城市哥本哈根(Copenhagen),同时提出在 2025 年前成为第一个实现碳中和的城市。国内方面,住房和城乡建设部 2013 年 8 月 5 日对外公布 2013 年度国家智慧城市试点名单,确定 103 个城市(区、县、镇)为 2013 年度国家智慧城市试点,共包括 83 个市、区;20 个县、镇以及在 2012 年首批试点基础上扩大范围的 9 个市、区。加上住房城乡建设部此前公布的首批 90 个国家智慧城市试点,目前国家智慧城市试点已达 193 个。其中代表性的城市有北京、上海、广州、深圳、天津、武汉、宁波、南京、佛山、扬州、浦东新区、宁波杭州湾新区等。

10.2.2 智慧旅游的概念

从字面上看来,智慧旅游的英文表述有 Smarter Tourism、Intelligent Tourism、Wisdom of Tourism。从技术角度来说,Intelligent 对应的是智能,即针对不同的需求、不同的状态或者是不同的历史经验产生合适的输出反应;而 Smarert 对应的是智慧,智慧包含了更多、更广泛的内容,同时也对于输出结果有着更高的要求。简而言之,智能是技术范畴,而智慧则更多的是强调技术对人们产生的效果。

国外方面,智慧旅游的概念的提出可以追溯到 2000 年,加拿大旅游协会的戈登·菲利普斯在他的演讲中提到,"智慧旅游就是简单地采取全面的、长期的、可持续的方式来进行规划、开发、营销旅游产品和经营旅游业务,这就要求在旅游所承担的经济、环境、文化、社会等每个方面进行卓越努力"。在他看来智慧旅游需要两个方面的技术,一是智慧的需求和使用管理技术;二是需要智慧的营销技巧。

2009 年 1 月,在西班牙举行的联合国世界旅游组织的第一次委员会会议上,秘书长杰弗利·李普曼将智慧旅游定义为服务链的各个环节,包括清洁、绿色、道德和质量四个层面。

2011 年,英国的"智慧旅游组织"给出的定义是:在旅游部门使用和应用技术称为"数字"或"智慧"旅游。

2011 年,台湾学者黄等在其论著中提出了智慧旅行系统(Smart-Travel system)——这是一个基于 SNS、物联网、UGC 的一个新的泛在化的旅游系统,基于云服务的需求,设计一个查找旅游信息的新方式,整合了智能手机、GPS、谷歌地图和 AR(虚拟现实技术),为手机使用者提供了一个全新的体验平台。

2012 年 3 月,Molz 教授在其著作中将智慧旅游定义成使用移动数字连接技术创造更智慧、有意义和可持续的游客与城市之间的关联,其认为智慧旅游代表的是更为广泛的公民深度参与与旅游的形式,而不仅是一种消费形式。

同时,台湾服务系统技术中心、CICtour CUNE、Brennan、Wöber 以及默罕默德·塔里克都对智慧旅游提出了的各类概念方法、解决方案。

国内方面,北京联合大学的张凌云教授提出,"智慧旅游是基于新一代信息技术,为满足游客个性化需求,提供高品质、高满意度服务,而实现旅游资源及社会资源的共享与有效利用的系统化、集约化的管理变革"。

王咏红对智慧旅游的定义是"智慧旅游是旅游信息化的延伸与发展,是高智能的旅游信息化,以游客为中心,以物联网、云计算、下一代通信网络、高性能信息处理、智能数据挖掘等技术为支撑并将这些技术应用于旅游体验、产业发展、行政管理等诸多方面,使游客、企业、部门与自然、社会相互关联,提升游客在旅游活动中的主动性、互动性,为游客带来超出预期的旅游体验,让旅游管理更加高效、便捷,为旅游企业创造更大的价值"。

李云鹏认为"智慧旅游是旅游者个体在旅游活动过程中所接受的泛在化的旅游信息服务。旅游信息服务是对智慧旅游共同属性的概括,但并不是所有的旅游信息服务都是智慧旅游,只有那些为单个旅游者提供的、无处不在的旅游信息服务,也就是基于旅游者个体特殊需求而主动提供的旅游信息服务才算是智慧旅游"。

百度百科中,智慧旅游也称为智能旅游,就是利用云计算、物联网等新技术通过互联网/移动互联网,借助便携的终端上网设备,主动感知旅游资源、旅游经济、旅游活动、旅游者等方面的信息,及时发布,让人们能够及时了解这些信息,及时安排和调整工作与旅游计划,从而达到对各类旅游信息的智能感知、方便利用的效果。

智慧旅游是基于新一代信息技术(也称信息通信技术,ICT),为满足游客个性化需求,提供高品质、高满意度服务,而实现旅游资源及社会资源的共享与有效利用的系统化、集约化的管理变革。

智慧旅游是智慧地球及智慧城市的一部分。智慧旅游是通过现代信息技术和旅游服务、旅游管理、旅游营销的融合,以游客互动体验为中心,使旅游资源和旅游信息得到系统化整合和深度开发应用,并服务于公众、企业和政府的旅游信息化的新阶段。

本书认为智慧旅游并不等同于智能旅游。智慧旅游是利用云计算、物联网、下一代通信网络、高性能信息处理、智能挖掘、大数据管理等技术,通过互联网/移动互联网或信息处理终端及时掌握旅游的主体(旅游者)、客体(旅游资源)、媒体(旅游业)、载体(旅游环境)的需求,并主动感知旅游资源、旅游经济、旅游活动、旅游者等诸多方面的因素,通过提取、分析数据信息,不断优化各主体之间的关系,使其以一种系统化、集约化的方式高效、便捷、可持续地呈现出来。能够实现旅游的主体、客体、媒体、载体之间相互促进、和谐可持续发展。同时,由于旅游者与城市居民的特性与需求差异,"智慧旅游"与"智慧城市"体系下的"旅游"是不同的两个概念;旅游并不局限于城市,前者要比后者具有更广泛的内涵。

10.2.3 智慧旅游的内涵

智慧旅游是旅游信息化的发展新模式,与智能旅游有一定的相似性,但这三者之间也有很大的不同。因此,准确把握"智慧旅游"的内涵,需要将智慧旅游与旅游信息化、智能旅游等概念加以区分。

(1) 智慧旅游的内涵

通过智慧旅游的概念认识,在分析智慧旅游与旅游信息化和智能旅游的关系基础上,智慧旅游的内涵主要体现在以下三个方面。

一是面向游客的服务泛在化。智慧旅游通过感知体系主动感知游客需求,为游客提供餐饮娱乐消费引导、远程资源预订、自导航、自导游、电子门票、电子支付、社交网络等多种信息服务;整合目的地的资讯网站、目的地移动门户、旅游服务热线、旅游咨询中心多种渠道,为游客提供任何时间、任何地点、任何人的泛在化服务;提升游客在食、住、行、游、购、娱等每个旅游消费环节中的附加值,满足游客的个性化、多样化需求,为游客带来超出预期的旅游体验。

二是面向管理部门的旅游业务管理智能化。智慧旅游为政府与其他用户提供实时、精确的旅游行业相关数据,通过数据统计和智能分析,实现对旅游行业的智能化、精细化管理;通过对游客信用的评估、对服务企业的评价或评级,加强行业监管水平;通过旅游信息共享和应用协同,有效配置资源,提高快速响应与应急管理能力;通过专家系统和数据挖掘,对旅游资源保护、产品定价或旅游行业政策模拟测试,实现旅游管理的科学决策。

三是面向旅游行业和企业的产业价值链优化升级和商业模式创新。对于旅游行业来说，智慧旅游借助信息技术对传统旅游产业进行改进和创新，全面整合旅游资源和产业链，改善旅游企业间的信息共享和业务协同，提高旅游产业链的效率，促进旅游产业结构向资源节约型、环境友好型的方向转变，创造了产业发展的新模式和新形态。对于旅游企业来说，新一代互联网等新技术的应用推动了传统旅游营销向现代旅游营销模式转变，实现精准有效的网络营销，提升旅游品牌与文化价值；为旅游企业及其他旅游服务业者提供完整的电子商务服务，创新第三方金融或准金融服务，完善网上支付、移动支付以及信用体系，解决电子商务发展的关键"瓶颈"问题。

（2）智慧旅游与旅游信息化

智慧旅游与旅游信息化既有区别又有联系。信息化是指充分利用信息技术，开发利用信息资源，促进信息交流和知识共享，提高经济增长质量，推动经济社会发展转型的历史进程。旅游信息化狭义上讲是旅游信息的数字化，即把旅游信息通过信息技术进行采集、处理、转换，能够用文字、数字、图形、声音、动画等来存储、传输、应用的内容或特征；广义上讲是指充分利用信息技术，对旅游产业链进行深层次重构，即对旅游产业链的组成要素进行重新分配、组合、加工、传播、销售，以促进传统旅游业向现代旅游业的转化，加快旅游业的发展速度。因此，信息化与旅游信息化既是过程，也是结果，过程的理解侧重于实现信息化的过程，而结果则侧重于"信息化了"的结果。然而，由于信息技术的不断发展，信息化在实践中更侧重于是一个随着信息技术的发展而不断进行的过程。智慧旅游则可理解为旅游信息化的高级阶段，其并不是旅游电子政务、旅游电子商务、数字化景区等用"智慧化"概念的重新包装，而是要能够解决旅游发展中出现的新问题，满足旅游发展中的新需求，实现旅游发展中的新思路以及新理念。为此，智慧旅游的建设目的集中于三个方面：①满足海量游客的个性化需求。日渐兴盛的散客市场使得自助游和散客游已经成为一种主要的出游方式。据不完全统计，北京旅游的散客占到游客总数的91％。未来散客的市场份额将不断扩大，因此更加便利快捷的智能化、个性化、信息化的服务需求量将不断扩大。②实现旅游公共服务与公共管理的无缝整合。随着电子政务向构建服务型政府方向发展，旅游信息化的高级阶段应是海量信息的充分利用、交流与共享，以"公共服务"为中心的服务与管理流程的无缝整合，实现服务与管理决策的科学、合理。③为企业（尤其是中小企业）提供服务。旅游中小企业的信息化水平不高，在智慧旅游的建设过程中如何吸引旅游中小企业加快信息化进程是目前各智慧旅游试点省市在实践中遇到的难点问题。基于云计算的智慧旅游平台能够向中小旅游企业提供服务，为其节省信息化建设投资与运营成本，是旅游中小企业进行智慧旅游集约化建设的最佳方式。

（3）智慧旅游与智能旅游

智慧旅游与智能旅游是很相似的概念，不少学者和机构将这两个概念等同，并受到了大多数人的认可。但是严格意义上，这两者还是有一定的差别，厘清这两者的区别有利于我们正确理解智慧旅游的概念和内涵。"智能"是强调技术上的，一种能够使人更好的享受便利、高效的服务的能力，是将有形的产品看作整个服务的一部分；"智能"也可以看作是一种体验，但是这种体验人处于被动地位，即智能程度不同获得的体验可能也不同，同时人必须主动的通过智能设备才能获取需要的服务。而"智慧"强调的是通过技术手段或设备的主动感知和数据积累，使人可以被动地获取准确的服务，主动的发现人的需求而推送服务，对信息数据集成技术的依赖程度比较高。"智"的结果是"能"和"慧"，而"能"是"慧"的基本效能，"慧"则是"智"的升华，这便是智能和智慧的主要差异。所以我们说，智慧旅游依托智能旅游的技术基础，凭借先进的智能化手段，将以物联网、云计算、射频技术等最新科技信息革命的成果注入为旅游者服务中去,通过超级计算机和云计算将"物联网"整合起来,实现人与旅游资源、旅游信息的整合,以更加精细和动态的方式管理旅游景区,从而达到"智慧"状态。

10.3 智慧旅游的体系构成

智慧旅游的研究与建设必须明确开发主体、应用主体以及运营主体,因而,构建相应的体系模型就显得尤为重要,本节首先重点介绍了张凌云提出的 CAA(Capabilities-Attributes-applications)体系框架。此外,信息技术在智慧旅游建设与实现中的作用也不可小觑,相关技术体系的介绍将在本节第二部分展开。

10.3.1 CAA 体系模型

张凌云指出智慧旅游理论体系需要从智慧旅游的能力(capabilities)、智慧旅游的属性(attributes)以及智慧旅游的应用(applications)三个层面来构建,并首次提出了一个旨在明确开发主体、应用主体基于运营主体的 CAA 体系框架(见图 10-1)。能力是指所具有的先进信息技术能力,属性是指智慧旅游的应用目的,应用是指智慧旅游能够向应用各方利益主体提供的具体功能。营利性应用由市场化机制来决定服务提供商。智慧旅游的属性能够决定其开发主体、应用主体以及运营主体;公益性指智慧旅游的应用由政府或第三方组织提供,以公共管理与服务为目的,具有非营利性。

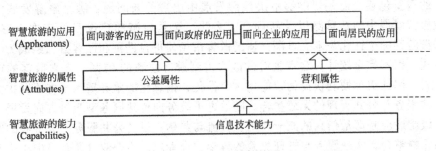

图 10-1 CAA 框架体系

CAA 框架的内涵可以归结为以下三点:①以智慧旅游目的地概念来明确应用主体。因此,除了一般智慧旅游所涵盖的旅游者、政府、企业之外,还包含了目的地居民,即智慧旅游面向涵盖了景区、城市(街道、社区等)、区域性旅游目的地概念;②公益和盈利属性是信息技术能力和应用的连接层,即纵向可建立起基于某种(某些)信息技术能力,具有公益或营利性质的,面向某个(某些)应用主体的智慧旅游解决方案;③公益性智慧旅游和营利性智慧旅游的各种应用以及两者之间具有某种程度的兼容性和连通性,可最大程度地避免信息孤岛和填补信息鸿沟。

10.3.2 智慧旅游技术体系

智慧旅游技术体系主要包括了三大部分,分别为:"一心、两端、三网"(见图 10-2)。

其中,"一心"是指构建旅游大型数据分享中心,利用云处理技术实现服务端的数据运算和处理,云端处理的结果再通过网络传输至客户端为用户解决相应的问题。"一心"的构建需要依靠超大型的服务器群以及足够的网络带宽,这对目前的硬件条件提出了巨大的挑战。目前,现实的"一心"建设也在相继的开展,在硬件条件尚未成熟的前提下,构建面向

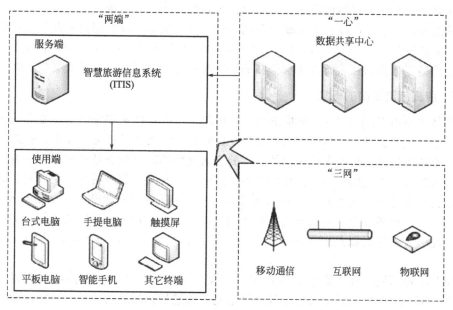

图 10-2 智慧旅游技术体系

业务及应用的旅游数据仓库成为了可能。旅游综合数据仓库将融合多种符合智慧旅游信息系统功能需求的数据信息，数据仓库在设计上更加注重提供多样的信息服务、知识服务以及决策分析服务，做好数据仓库的建设工作将为"一心"的构建打下基础。

"两端"是指服务端和使用端。"智慧旅游"是针对整个旅游产业而提出的智能化的旅游信息服务体系，该体系为旅游活动中的游客、企业以及管理部门服务，以信息服务为主要手段，提供智能化的解决方案。"服务端"从用户的角度出发，在数据中心的基础上，承担着为用户提供各类信息服务的角色，如旅游资源信息、旅游住宿信息、旅游餐饮信息等。而"使用端"则是服务端提供的各类信息的承载体，用户可通过 PC、智能手机、平板电脑、触摸屏等多样的终端来进行信息的访问，从而实现自身的应用需求。"智慧旅游"体系中的"使用端"伴随着新一代移动通信技术的发展，呈现出日新月异的态势，多样的移动及非移动终端为随时随地的信息服务提供了可能。

"三网"是指物联网、互联网和移动通讯网。"三网"在"智慧旅游"体系中的作用主要体现在信息的传递上，它突破了传统的信息传递方式，使得对物体的数据信息的实时传递成为了可能。"三网"的建设所涉及的技术主要有：3G、蓝牙、WI-FI、RFID、视频监控等。

10.4 智慧旅游的典型应用

智慧旅游受到国内诸多学者的推崇，许多城市亦大力推广，就目前智慧旅游的应用情况而言，智慧旅游的应用主要体现在：智慧旅游城市、智慧景区、智慧酒店、智慧旅游公共服务体系四方面。

10.4.1 智慧旅游城市

在国家旅游局的"金旅工程"、"旅游信息化"等工程的推动下，我国旅游业信息化快速推进。另一方面，随着 80 后、90 后成为旅游市场的重要群体，旅游需求的个性化、旅游形式的自助化、旅游内容的娱乐休闲化，这些都对旅游业智能化和旅游信息服务水平提出了更高标准的要求。由此,以城市为单元,全面、统筹规划旅游城市信息化建设就凸显必要,加快智慧旅游城市建设,已经成为推动旅游城市进一步发展,实现我国旅游业创新转型的客观需要,国家旅游局也于2012年提出了"智慧旅游城市"建设,指出要在智慧服务、智慧管理和智慧营销三方面加强旅游资源和产品的开发和整合,推动我国旅游业又快又好的发展。

10.4.1.1 智慧旅游城市的概念

智慧城市是由IBM于2010年提出的,是把新一代信息技术充分运用在城市的各行各业之中的基于知识社会下一代创新(创新2.0)的城市信息化高级形态,其中,创新2.0旨在将以技术发展为导向、科研人员为主体、实验室为载体的科技创新活动向以用户为中心、以社会实践为舞台、以共同创新、开放创新为特点的用户参与的创新模式转变。智慧城市基于互联网、云计算等新一代信息技术以及大数据、社交网络、Fab Lab、Living Lab、综合集成法等工具和方法的应用,营造有利于创新涌现的生态,实现全面透彻的感知、宽带泛在的互联、智能融合的应用以及以用户创新、开放创新、大众创新、协同创新为特征的可持续创新。

智慧旅游城市则是在国家旅游局于2012年提出的,旨在推动主要旅游城市智慧化建设的新概念。因此,智慧旅游城市可以理解为是基于智慧城市理念的外延——将旅游内容加入到智慧城市建设中,围绕旅游产业,综合利用物联网、云计算等信息技术手段,结合城市现有信息化基础,融合先进的城市运营服务理念,建立广泛覆盖和深度互联的城市信息网络,对城市的食、住、对行、游、购、娱等多方面旅游要素进行全面感知,并整合构建协同共享的城市信息平台,对信息进行智能处理利用,从而为游客提供智能化旅游体验,为旅游管理和公共服务提供智能决策依据及手段,为企业和个人提供智能信息资源及开放式信息应用平台的综合性区域信息化发展过程。国外方面,巴西的里约热内卢,新加坡,澳大利亚的布里斯班等都已大力打造智慧旅游城市。国内方面,截至目前,国家旅游局共确定了33个国家智慧旅游试点城市,分别是北京市、武汉市、成都市、南京市、福州市、大连市、厦门市、苏州市、黄山市、温州市、烟台市、洛阳市、无锡市、常州市、南通市、扬州市、镇江市、武夷山市、天津市、广州市、杭州市、青岛市、长春市、郑州市、太原市、昆明市、贵阳市、宁波市、秦皇岛市、湘潭市、牡丹江市、铜仁市。

10.4.1.2 智慧旅游城市建设的意义

① 有利于打造国际化旅游城市品牌,提升旅游城市的国际形象。

② 有利于实现我国旅游业的进一步发展,是将旅游业培育成战略性支柱产业的主要途径。

③ 智慧旅游城市建设能有效促进城市本地经济的发展。据世界银行城市可持续发展报告测算,以一百万人口的中等城市为例。如开始智慧城市建设,当其达到实际应用程度的75%时,该城市的GDP在投入不变的条件下产能增加3.5倍。

④ 智慧旅游城市建设能有效缓解旅游城市环境污染、人口膨胀、交通堵塞等"大城市"病。联合国报告指出,虽然城市面积只占全世界土地总面积的2%,却消耗着全球75%的资源,本就易于引发上述"大城市病"。另一方面,伴随着国民的旅游热潮,各旅游地,尤其是旅游城市每年吸引的游客激增,由此带来的城市污染、交通堵塞等问题不可小觑。智慧城市建设能有效缓解上述"病症",例如:斯德哥尔摩的交通拥堵收费系统,采用交通拥堵收费、事故信息诱导、低碳环保检测等手段,从2006年开始试用智能交通系统,到2009年实现交通堵塞降低25%,交通排队所需时间降低50%,出租车的收入增长10%,城市污染也下降了15%;浙江不停车收费系统使得2011年浙江省8万ETC用户共实现不停车收费900

万车次，日均 2.4 万辆次，累计减少碳排放 585 吨，节省燃油消耗约 27 万升——平均到每辆车，每年能节约 3.375 升燃油，至少省下 1 小时等候收费时间。

10.4.1.3 智慧旅游城市的实践

厦门市作为首批智慧旅游试点城市，在 2014 年 1 月 21 日的"智慧旅游年"启动仪式上，提出了智慧旅游城市建设十大工程。

① 旅游大数据工程。融通公安、交通运输、环保、国土资源、城乡建设、商务、航空、邮政、电信、气象等相关部门和单位涉及旅游的数据，与百度、谷歌、淘宝等主要网络运营商合作，建立旅游大数据资源库，为旅游业发展提供重要的决策依据。

② 游客采样分析系统建设工程。加强对特定区域的客流及其客源地消费需求的统计分析，做好旅游高峰期的客流疏导、短信预警等工作，加强对三大运营商的数据综合分析，将数据汇聚分析平台开放给政府相关部门及相关旅游企业。

③ 诚信旅游管理系统建设工程。进一步完善诚信旅游管理系统，建立游客消费反馈、需求反馈、评价反馈及其处理分析系统，实现对旅行社团队、散客旅游服务质量的监督。

④ 智慧景区建设工程。以景区运行智能化为基础，通过智能网络的技术应用，开发和应用高科技的便捷讲解服务工具，建设电子门票统一验证、门户网站和电子商务、数字虚拟景区和互动体验等平台，发挥人在服务中的核心作用，实现景区智慧化。

⑤ 智慧饭店建设工程。通过数字化与网络化实现酒店数字信息化服务，建设智能门禁、交互视频、电脑网络、展示互动、信息查询等智能化体系，扩大销售，改进服务质量，降低管理成本，提升客户满意度，满足游客对酒店的个性化需求，感受高科技带来的舒适和便利，实现酒店智慧化。

⑥ 智慧旅行社建设工程。将旅游产业链条各要素通过互联网、无线技术、定位和监控技术，实现信息的传递和实时交换，建设团队（游客）管理、旅游电子合同管理、旅行社及导游领队服务管理等智能管理系统，使游客在旅游信息获取、旅游计划决策、旅游产品预订支付、旅游过程体验和旅游回顾评价整个过程中享受到智慧化旅行社的服务。

⑦ 12301 旅游服务热线建设工程。建设 12301 旅游热线，形成统一电话服务窗口及一站式服务，实现旅游消费者信息服务的快速回复、快速分流及快速反馈，满足广大消费者多样的旅游需求，有效维护旅游消费者的权益。

⑧ 新媒体智慧旅游营销工程。在提升厦门旅游网、海西旅游网和市旅游局官方微博、微信平台的媒体价值基础上，创新线上与线下互动的模式和方法，创新线上智慧营销的平台和方式，创新旅游宣传品与线上平台的互动，扩大新媒体的宣传营销覆盖面和精确度。

⑨ 费无线上网环境建设工程。

⑩ 智慧旅游卡工程。进一步升级完善闽南旅游卡，建立旅游消费精准营销平台运营体系，实现线上与线下相结合的 OTO 模式，提升旅游卡范围和使用的便捷度。

到 2014 年底，厦门市智慧旅游城市建设取得阶段性成果：厦门智慧旅游公共服务平台荣登"2014 中国智慧旅游创新项目 TOP10"榜单；四大服务平台（旅游质监数据管理平台、旅游团队服务监管平台、旅游质监电子地图平台和旅游质监电子政务平台）完成主体建设；旅游投诉管理系统、质监执法管理系统和游客满意度管理系统相继上线运行。智慧旅游城市建设也促进了本地民生：通过建设手机电子站牌服务系统，整合 7500 辆公交、BRT、出租车的 GPS 车辆运行数据，推出覆盖全市所有公交线路的手机电子站牌服务，为乘客节约 60% 以上的等车时间；厦门市民通过在各医院部署自助挂号机，只需刷社保卡，便可完成包括挂号、缴费、取药、打印化验单、购买病历卡等多种功能，全程数字化管理，实现市民就诊时间从 2~3 小时缩短到 30~40 分钟。

10.4.2 智慧景区

景区是旅游城市的核心内容，是旅游业的核心要素，是旅游产业链中的中心环节，是各国旅游业发展的基础，对景区所在地的旅游相关产业有很强的辐射、带动作用。景区的智慧化建设是智慧旅游建设的重要内容。"智慧景区"是基于"数字地球"向"智慧地球"转型的重大背景，结合景区规划、保护、管理、发展的客观需求而诞生的，是在"数字景区"基础上的发展飞跃，旨在实现人与自然和谐发展的低碳职能运营景区，从而有效保护景区所在地的生态环境，同时提升景区服务质量。

10.4.2.1 智慧景区的概念

"智慧景区"是在"数字地球"向"智慧地球"转型这一重大背景下，结合景区规划、保护、管理、发展的客观需求而诞生的新型研究领域，是"数字景区"基础上的飞跃发展。借鉴智慧地球、智慧城市的概念，可以认为："智慧景区"就是通过传感网、物联网、互联网、空间信息技术的集成，实现对景区的资源环境、基础设施、游客活动、灾害风险等进行全面、系统、及时的感知与精细化管理，提高景区信息采集、传输、处理与分析的自动化程度，实现综合、实时、交互、可持续的信息化景区管理与服务目标。广义的"智慧景区"是指科学管理理论同现代信息技术高度集成，实现人与自然和谐发展的低碳智能运营景区。这样的景区能够更有效地保护生态环境，为游客提供更优质的服务，为社会创造更大的价值。狭义的"智慧景区"是"数字景区"的完善和升级，指能够实现可视化管理和智能化运营，能对环境、社会、经济三大方面进行更透彻的感知，更广泛的互联互通和更深入的智能化的景区。狭义的"智慧景区"强调技术因素，广义的"智慧景区"不仅强调技术因素，还强调管理因素。

广义的"智慧景区"内涵丰富，主要包括以下方面：
(1) 通过物联网对景区全面、透彻、及时地感知；
(2) 对景区实现可视化管理；
(3) 利用科学管理理论和现代信息技术完善景区的组织机构，优化景区业务流程；
(4) 发展低碳旅游，实现景区环境、社会、经济的全面、协调、可持续发展。

10.4.2.2 智慧景区建设的体系结构

"智慧景区"建设的体系结构涉及 5 个层次的功能体系（见图 10-3）。

(1) 网络层（信息基础设施体系）

实现信息的获取与资源接入，数据的交换与信息传递，业务系统的运行，支撑整个智慧景区的运维，其中涉及各种设备互联、数据采集、访问操作等服务。根据景区信息化管理工作需求，智慧景区网络将包括景区骨干网、视频监控网、环境监控网、服务终端网、电子票务网等，在这些设备网的基础上提供设备消息中间件，为各种业务应用提供保障。通过设备层，实现底层设备的集成与整合，保障景区资源保护与管理服务工作的正常开展。

(2) 数据层（数据基础设施体系）

数据层构成整个智慧景区的数据基础设施支撑环境，主要包括统一数据访问平台与数据仓库 2 个部分。数据仓库支持结构化数据与文档、图片、音频、视频等非结构化数据的管理与维护，涵盖基础数据库以及面向业务应用服务的各种业务数据库，同时实现底层数据资源的互联与共享。在此基础上，统一数据访问平台为各种业务应用提供统一的数据访问接口服务，屏蔽底层数据实现细节，实现数据资源的无缝集成。

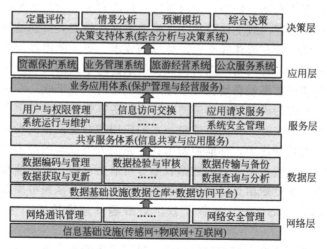

图 10-3 智慧景区建设的体系结构

(3) 服务层（信息共享服务体系）

在智慧景区框架下部署信息共享服务体系，实现应用建模、任务执行、流程管理、资源服务访问调度的工作。在信息共享服务体系中，应用开发人员通过工作流系统，实现应用流程的快速搭建；在业务应用过程中，共享服务体系负责任务状态管理、任务执行维护以及资源访问调度等工作；在任务执行过程中，共享服务体系采用端点引用等方式实现数据转移、汇聚与重构，降低系统负载，提高任务的可靠性与稳定性。

(4) 应用层（业务应用系统）

主要面向各个业务部门提供资源保护、业务管理、旅游经营、公众服务等业务应用系统。业务部门与管理人员分别通过资源保护、业务管理及旅游经营系统展开工作，实现对自然及人文资源的保护、管理与经营。游客与公众通过公众服务系统，实现游览之前、游览过程中、游览之后的信息获取、游览引导、虚拟体验、学术交流、呼叫救助等活动及服务。

(5) 决策层（决策支持系统）

主要是以应用层的 4 大应用系统为基础，结合专家知识系统、集成数据分析、数据挖掘与知识发现，通过虚拟现实、情景模拟等手段为景区管理机构及人员对景区的应急指挥与重大事件的综合决策，提供技术支撑和信息支持，提高决策的透明度与科学性。

10.4.2.3 智慧景区的建设意义

旅游景区建设是智慧旅游良好可持续发展的第一动力，是智慧旅游整体建设的关键一环，是推进信息技术与旅游业高效融合的契合点，对推进旅游业发展，树立我国旅游业在国际的良好形象具有重要意义，具体而言，包括以下几个方面。

(1) 有助于推动景区管理机构服务职能转变

智慧景区的建设可以优化景区的资源协调与配置，智慧景区中，信息的双向传递更为通常，与游客、工作人员的高效互动得以实现主动，实时感知景区内个体的需求信息，实现景区服务管理从传统的被动处理、事后弥补向全过程管理、实时处理转变，促进旅游管理机构的服务职能由被动处理向主动服务转变，变粗放管理为精细化管理，使景区由传统服务向信息智能化服务转变，有利于提升旅游的整体竞争力。

(2) 有助于促进景区旅游产业的跨越式发展

覆盖 PC、移动等终端的旅游在线平台建设投入，游客对景区信息的可得性将更全面与实时、全方位的旅游资讯和动态服务，使得游客对景区有更全面的了解，能够有效提高其对景区体验的信心，促使游客由线上体验到线下消费的现实转变，特别是散客资源。良好的游客口碑可以借助自媒体、社交媒体等平台以更低的成本、更大范围地覆盖受众，发掘与吸引更多的潜在游客。推广的广度与精准度的提高使得景区跨越式的飞速发展成为可能。

(3) 旅游景区将实现旅游经营增长和管理成本优化的双重丰收

旅游景区管理机构作为满足游客体验需求、吸引游客体验消费的服务主体，它具有商业盈利和服务规范的双重诉求。一方面，信息技术的应用和智能设施的投入，极大地提高了旅游景区对大规模游客的接待能力，亦能控制由此带来的人力成本的激增。另一方面，大数据的应用使全面的旅游舆情监控和大量的数据收集分析成为可能，更快速与准确地定位挖掘旅游热点和游客兴趣点，推动旅游景区的服务创新和营销创新。从服务质量上，服务水平与质量的提升、实时沟通能力的实现，确保了景区对游客日益增长的个性化信息诉求的响应能力。

此外，智慧景区建设还有良好的辐射效应。景区是旅游业发展的核心环节，对周边的餐饮、住宿、交通有较强的辐射能力。因而，景区智慧化的实践，一方面能带动周边相关产业的智慧化发展；另一方面，更大的景区游客容纳量，更好的知名度和口碑对周边相关产业的促进作用也是非常明显。

10.4.2.2.4 智慧景区的应用实例

我国首个"智慧景区"——九寨沟。2010年1月，在"基于时空分流导航管理模式的RFID技术在自然生态保护区和地震遗址的应用研究"（国家863重大课题）正式开题，首次提出了"智慧九寨"这一管理模式。同年10月29日，全国首个具有自主知识产权的景区可量测实景影像服务平台通过评审验收，标志着九寨沟成为全国首个"智慧景区"。

2011年，九寨沟景区将根据3年来863个科研项目的实践成果，进行"智慧九寨"一期建设，着力于景区管理精细化、低碳化、移动化方向，通过该项目的实施将进一步提升九寨沟景区的旅游服务质量，整合景区旅游资源，加强旅游资源的共享，共同推动智慧景区的实施建设。

2013年，九寨沟"跨区域多形态的实景三维智慧文化遗产及旅游综合服务系统研发及应用示范"项目正式启动。通过对中西部少数民族文化以及世界文化遗产的渊源、传承、保护的研究，结合互联网、移动互联网等成熟的信息化技术，打造数字化中西部文化遗产区域地理信息地图，构建全国首个跨区域多形态实景三维智慧文化旅游综合服务平台，打造区域旅游资源整合营销模式，开展跨区域文化旅游综合服务示范，创新文化旅游休闲服务模式，繁荣文化旅游服务经济，培育服务品牌。

"智慧九寨"是九寨沟景区管理的智能化，它是建立在集成的、高速双向通信网络的基础上，通过先进的传感和测量技术、先进的控制方法以及先进的决策支持系统的应用，有效改善九寨风景区商业运作和公共服务关系，实现九寨沟旅游资源的优化使用、生态环境的有序开发和保护、游客满意度提升、产业效益最大化的目标。

纵观九寨沟智慧景区的建设，景区利用三大先进技术：先进的传感和测量技术；先进的控制方法；先进的决策支持系统。将微信平台引入到景区的运营管理中，建立了微群指挥中心，结合基于RFID的"时空分流"导航管理模型以及基于人脸识别技术的人流量视频智能分析系统，及时全面掌握景区内车流、人流的时空分布情况，均衡游客时空分布；通过票务门禁系统对游客实施分时售票、分段进沟、分区游览，为游客提供了舒适的游览环境。这些措施有效缓解了景区商业运作与公共服务的矛盾；旅游资源的优化使用与保护生态环境的矛盾；游客数量不断增加与游客满意度的矛盾。

10.4.3 智慧酒店

酒店是旅游业的重要组成部分，酒店服务是智慧旅游建设的直接体现，因此，旅游城市的智慧化离不开智慧酒店建设。传统旅游方式下，酒店主要通过与旅行社进行合作，吸引旅游团的入住。旅游自助化和个性化无疑对这一传统方式产生了巨大的冲击，游客对旅游体验的诉求日益强化，酒店预订与入住体验则是其中极其重要的一环，因而，酒店智慧化建设也成为当下酒店发展的客观需要和重要内容。本部分内容首先对智慧酒店的概念进行介绍，继而以 IBM 的智慧酒店方案为主要内容来阐述智慧酒店的内涵。

10.4.3.1 智慧酒店的概念

智慧酒店是指酒店拥有一套完善的智能化体系，通过数字化与网络化实现酒店数字信息化服务技术，是基于满足住客的个性化需求、提高酒店管理和服务的品质、效能和满意度，将信息通讯技术与酒店管理相融合的高端设计；是实现酒店资源与社会资源共享与有效利用的管理变革，因此是信息技术经过整理后在酒店管理中的应用创新和集成创新。

10.4.3.2 智慧酒店的建设意义

智慧酒店的发展使得现在和将来的酒店建设方或管理方在技术决策方面更加简单，能够提供高质量的服务给酒店方和他们的客人，提供开放的，灵活的网络架构包括高效的，低成本的语音，数据和图像信号给酒店客人，在传统的酒店信息系统和各种供应商自己开发的应用软件之间架起一个可以对接无缝的信息系统架构。能够使得智慧旅游的实施有着强有力的保障，能使智慧酒店、智慧旅游城市和智慧旅游之间形成一个互相促进的有机整体。

10.4.3.3 智慧酒店的应用实例

IBM 是较早提出智慧酒店这一概念的公司，其深悉中国酒店所面临的局势，并在酒店顾客体验和酒店管理运营维护方面做出大胆创新，通过先进的技术和快速部署能力，向酒店业客户提交了四大极具创新的解决方案，这四大解决方案包括机房集中管理、桌面云、自助入住登记和退房以及无线入住登记和融合网络，针对酒店行业从运维、管理、客户服务到客户体验的具体需求，提供全方位的策略咨询、设计、集成和实施等一系列整合解决方案。

（1）机房集中管理

连锁型酒店逐渐在中国成为酒店业主流，而通常每个酒店都拥有自己独立的 IT 机房、服务器和管理软件也需配备一个 IT 团队来支持 IT 运维。随着酒店规模的不断扩大以及人力成本的不断提高，连锁型酒店所承担的 IT 运维成本将不断增大酒店盈利的负担。针对这一现象，机房集中管理和 IT 整合外包将成为酒店 IT 解决方案的新趋势。IBM 建议连锁酒店应建设集中的 IT 机房，以取代分散在各个酒店的独立机房，进而各个酒店只需通过网络连接到集中 IT 机房，即可使用大机房的服务器以及软件，进行正常的酒店业务管理。

此外，IBM 建议酒店客户充分利用 IT 外包服务，减少酒店公司内部的 IT 人力成本和设备维护成本，并使用 IT 服务商所提供的设备租赁服务，直接获得更大的 IT 机房，在 IT 服务商专业人员的辅助下轻松实现智能化的酒店管理。

（2）桌面云

传统的酒店 IT 部门架构覆盖数量众多并且极度分散的 PC 客户端，面临着难于管理、总体拥有成本高、难于实现数据保护与保密以及资源利用效率不高等诸多问题。IBM 针对以上难题设计了创新的云计算集成 IT 解决方案——"桌面云"，帮助酒店客户增强其竞争力，通过提高管理效率、减小运行和维护负担以及降低人力需求等,最终实现总体拥有成本的降低。

通过"桌面云"的部署,酒店管理方可大大提升酒店网络的管理性,实现桌面环境设立、配置、资源管理和工作负荷管理的集中化与简单化,有效地将硬件资源归集和共享,并且灵活地实现计算资源的重用以及桌面环境计算资源的动态分配。"桌面云"的运用更实现了用户端的零维护,降低了故障率和管理成本,免除升级的繁琐并最大化了使用周期,在有效控制使用权限的同时提高工作效率。此外"桌面云"还带来了高度的系统安全性,数据输出的集中管理使客户端避免了病毒的感染,实现数据保护与保密。考虑到酒店级计算环境的规模性和复杂性,"桌面云"解决方案更从酒店客户实际需要出发,提供端到端的安全性,简化验证和增强登录的安全。

(3) 自助入住登记和退房/无线入住登记

在高峰时段,酒店的客人经常会需要排队等候。IBM 提出的"自助入住登记和退房"以及"无线入住登记"解决方案,能够提供人性化、省时、便捷的服务,为客人省去不必要的排队时间,给客人带来更为出色的入住体验。另外,此解决方案,无线无纸、节能环保,为客户提供简单省时的服务体验的同时,更帮助酒店细分客流,进一步提升效率。

自助入住登记服务可以让客人在大堂或电梯厅的自助登记设备上直接办理入住登记和退房手续。即使有 VIP 客人驱车入住,车库的自助入住登记设备也可在汽车进入车库的入口处同时完成入住登记和房卡制作。而无线入住登记服务为在 VIP 休息室沙发上休息的客人提供无线联网的触摸式电脑,通过电子入住登记表进行登记。客人只需要在触摸屏上显示的入住登记表上签字就可以完成入住手续,USB 接口的小型制卡机立刻可以完成房卡的制作。

10.4.4 智慧旅游公共服务体系

随着散客时代的到来以及飞速发展,旅游公共服务体系最为城市,尤其是旅游城市公共服务的重要组成部分愈发受到重视。2012 年,国家旅游局发布了《关于进一步做好旅游公共服务工作的意见》,从信息、安全、交通、便民和行政五个方面提出旅游公共服务体系的建设要求。以智慧旅游为基础的智慧旅游公共服务体系无疑提供了一条更加科学、合理、可持续的实践路径。

10.4.4.1 智慧旅游公共服务体系定义

旅游公共服务是以旅游管理部门为主的相关公共部门为满足旅游公共需求,向国内外旅游者提供的基础性、公益性的公共产品与服务。一般包括旅游公共交通服务、旅游公共信息服务、旅游公共安全服务、旅游公共环境服务、旅游公共救助服务五大方面内容。

在旅游公共服务体系基础上,以智慧旅游为背景的智慧旅游公共服务体系是指面对散客时代对于旅游信息资源的巨大需求,将智慧的思想和手段植入城市旅游公共服务的运营与管理过程中,以实现旅游城市整体运营方式转变的一种新型的旅游宣传营销与接待服务体系。相对于传统的旅游公共服务体系而言,智慧旅游公共服务体系具有全面物联、充分整合、协同运作和激励创新的特点,为游客、旅游供应商提供个性化、自助化、便捷化、一站式的旅游服务。智慧旅游公共服务体主要包括以下四方面的内容。

(1) 智慧旅游公共信息服务体系

为迎合散客对于旅游信息便捷性、即时性和准确性的愈发迫切的需求,发展智慧旅游公共信息服务体系,建设智慧旅游公共数据服务中心。一方面需要整合旅游城市的旅游资源数据、规范旅游信息数据库;另一方面需要将游客服务相关信息与城市运行信息无缝对接,实现为游客提供准确、及时的旅游信息服务。

发展智慧旅游公共服务体系，需要与现有的服务体系结合，如，增强游客服务中心和旅游集散中心在智慧旅游服务中的作用；利用移动终端提供视频、音频、图片甚至虚拟旅游的服务，增强旅游信息的针对性和真实感。

（2）智慧旅游公共交通服务体系

智慧旅游公共交通服务体系基本为两大类服务：面向自驾游客和团队游客的智慧旅游公共服务体系；面向其他散客的智慧旅游公共服务体系。

面向自驾游客和团队游客的智慧旅游公共服务体系，旅游者关注的重点在于目的地交通标识、导航与停车条件。软件方面，智慧旅游公共服务体系将旅游交通信息融合在地理坐标中，建设旅游交通三维地理信息系统；硬件方面，要求旅游公共交通标识与导航服务、停车服务齐全，实现自驾车无障碍旅游。

面向其他散客的旅游公共服务体系，一般都需要借助旅游目的地之间和内部的交通工具，对于旅游换乘体系和旅游交通标识服务体系需要强烈。智慧旅游公共服务体系全面推进旅游交通公共基础设施项目建设，建设完善的智慧旅游交通换乘体系，努力为散客提供"零换乘"的旅游线路交通服务。

（3）智慧旅游安全公共服务体系

智慧旅游公共安全检测服务体系主要是指对旅游公共安全信息的监测、搜集、分析和发布，对涉及旅游公共安全的信息及时进行披露。采取系统的自动的监测和志愿者人工监测相结合的方式，将各种信息沟通渠道（网站、数字电视、广播、手机、提醒电子显示屏等）整合起来实现同步多语言和文字的发布旅游公共安全信息。

智慧旅游公共安全应急救援服务体系是当发生旅游事故时，以地理信息系统（GIS）平台为基础，利用现代通讯和呼叫系统，实现旅游事故的24小时受理；根据旅游公共突发事件处理预案，调度和协调旅游相关部门进行执法和处置并进行处理督办，确保旅游安全救援的时效性。

（4）智慧旅游公共环境服务体系

自然环境方面，打造绿色旅游发展模式，实现旅游发展与低碳经济的双赢。倡导低碳旅游，在保护环境的前提下。利用新一代信息技术，在泛在信息全面感知和互联的基础上，实现人与自然之间的智能自感知、自适应、自优化，为旅游者提供一个绿色的旅游环境。

社会环境方面，针对游客对于旅游文化内涵和科教价值的需求越来越强烈的趋势，智慧旅游公共环境服务体系从文化（旅游目的地文化开发与保护）、民生（旅游公益服务）、科教（旅游公共教育）、城市管理（旅游制度与行业秩序）、等多种城市需求做出智能的响应，形成具备可持续内生动力的安全、便捷、高效、绿色的城市旅游公共服务机制。

10.4.4.2 智慧旅游公共服务体系的建设意义

建设完善智慧旅游公共服务体系是"智慧旅游"新形势下适应我国公共服务体系建设与旅游业发展新阶段的要求，加强旅游目的地建设，加快旅游强国建设，具有重大意义。

我国旅游业发展新阶段与新形势，要求建设与完善智慧旅游公共服务体系。随着游客意识与需求的提高，我国旅游市场"散客化"的趋势也日益明显。随着游客游览内容和旅游方式的个性化需求日益突出，旅游需求愈发多元化，尤其是自驾游、休闲游、特色游的兴起，游客对旅游公共服务的需求越来越强烈。随着智能终端的普及，通信网络的改善，游客对于旅游信息服务质量的时效性要求也日益苛刻。建设与完善智慧旅游公共服务体系，已经成为适应旅游业发展新形势的关键步骤。

全面提升我国旅游产业素质水平，迫切要求建设与完善智慧旅游公共服务体系。随着我国从下中等收入国家行列迈入上中等收入国家行列，旅游日益成为公民的刚性需求。提升旅游产业素质和运行效率，除了继续加大旅游投入、合理配置旅游要素外，更为重要的就是要强化旅游公共服务职能。我国旅游产业存在旅游公共服务不完善，旅游公共服务相对滞后的问题。旅游公共服务贯穿于旅游活动的始终，是旅游活动顺利进行的内在需求。完善先进的旅游公共服务体系，将为游客提供一个更为便捷、安全和舒适的旅游环境，带动旅游业的高效发展，极大提升其总体运行效率。智慧旅游信息服务体系可以降低旅游者与旅游产品信息之间的不对称性，提升信息传递速率，提高旅游活动中的便捷性，有利于扩大潜在旅游者的旅游需求。

加强旅游目的地建设，必然要求建设与完善智慧旅游公共服务体系。一个城市的旅游公共服务水平和档次在一定程度上代表了整个城市的公共服务水平，具有导向性和基础性的作用。智慧旅游公共服务体系的构建，能够很好地实现旅游目的地与旅游者之间的互动，并有效保证互动的准确性。快速准确地提供有效信息给旅游者，这已经日益成为旅游者衡量一个城市智能化水平和友善度的重要指标。构建体系完善、功能齐全、便捷舒适的智慧旅游公共服务体系，既是城市旅游目的地的核心内容，也是城市形象的重要展示。

10.4.4.3 智慧旅游公共服务体系的应用实例

智慧旅游公共服务体系的应用实践，以北京市为例，根据北京市发布的北京"智慧旅游"行动计划纲要（2012～2015），北京将在以下几个方面来建设智慧旅游公共服务体系。

（1）建设旅游公共服务信息系统

建设和完善北京旅游网（www.visitbeijing.com.cn）。为旅游者提供全方位信息的智能服务，配合"市民主页"，提供各类整合的移动服务信息，将北京旅游网打造成北京旅游的名牌。

建设旅游公共信息服务平台。以物联网、现代通信技术为基础，建立旅游公共信息服务云平台；建立旅游公共信息数据库；建立基于地理信息的旅游服务平台；实现旅游行业信息的收集、分类、处理、发布的自动化。

完善旅游公共信息服务管理平台。建立健全相应的规章制度，加强旅游信息收集、发布的管理平台建设。

（2）推进"智慧旅游"电子商务系统建设

发展电子商务，积极推进北京旅游卡建设，建设和推广刷卡无障碍支付工程。推动旅游营销信息发布及旅游服务在线预定平台建设，推进旅游星级饭店、景区等旅游企业提供在线预定和智能服务。

（3）推进"智慧旅游"便民服务系统建设

建立虚拟景区旅游平台。编制网络虚拟旅游建设规范。以北京旅游信息网为载体，以北京市各A级景区为蓝本，开发北京景区网络虚拟旅游平台。

推动建立景区自助导游平台。编制景区自助导游系统建设规范。采取多种形式，鼓励A级景区开发、使用自助导游软硬件系统。

推动开发建设城市自助导览平台。编制城市自助导览系统建设规范。开展城市自助导览的研究、探索和开发工作。

推动旅游信息传播渠道多元化。编制旅游信息展示终端建设规范，推动旅游饭店、景区、旅行社、旅游乡村等旅游企业旅游信息传播渠道多元化。

推动无线宽带网覆盖。采取多种方式，促进饭店、旅游乡村、景区等旅游企业建设开通无线宽带网。

本章案例

杭州市智慧旅游城市建设

杭州市是闻名遐迩的旅游城市，以风景秀丽著称。与苏州并称"苏杭"，素有"上有天堂下有苏杭"的美誉。市内人文古迹众多，以西湖风景区最为著名，周边有大量的自然及人文景观遗迹。2013年，杭州市在"2012中国智慧城市发展年会"荣获智慧旅游城市示范奖，同年被国家旅游与列为第二批智慧旅游试点城市，截止2014年底，杭州市智慧旅游城市建设取得阶段性成果。

A 智慧旅游城市

智慧旅游城市建设方面，杭州市旨在通过建设智慧旅游城市，一方面，更好地以游客为中心，提升游客在杭州的旅游体验，另一方面，也希望使城市管理精确高效、城市服务即时便捷、城市运行安全可靠、城市经济智能绿色、城市生活安全舒适。兼顾本地民生与旅游城市建设。

（1）智慧城市建设

在杭州，现在只需一张市民卡，无需带现金，刷卡就可付费结算。两年时间内，杭州人节约了655万小时的排队时间。通过"居民健康互动平台"和"市属医院检验、体检报告网上自助查询系统"，市民可以足不出户通过网络查询健康档案和医院化验、体检结果等信息；市属医院之间实现医学影像检查结果互阅共享以及重复检查警示提醒，减少不必要的重复检查。

出行方面，杭州的自行车租赁系统，日均租用量达40多万人次，在全球最好的16个地区公共自行车系统评价中，夺得第一名。出门点点手机APP，便可找到最近的租赁点，成功模式已输出达25省90多个城市。下一步准备将公共自行车亭升级为公交智能便民服务亭。除了能查公共自行车租还记录，还能24小时售卖食品、饮料，支持银行转账，还具备信用卡还款、手机充值、游戏充值、机票预订等多项功能。未来两至三年，争取建成2000~3000个智能便民服务亭，形成遍布杭州的"智慧公交点"网络。

"智慧安监"、"智慧城管"正稳步推进，社会治安动态监控系统、物流公共信息平台、数字校园、文化信息资源共享工程等多领域信息化建设也是踏实向前。

（2）智慧旅游APP

"杭州智慧旅游"APP里清晰的条目分类和图标让使用者一目了然。游客只需下载使用杭州智慧旅游手机APP，就可以轻松玩，实现定位、信息、交通、景区导览、语音讲解、导购服务等功能的及时掌握。

"品游尚城"电子杂志APP是上城区风景旅游局的一项智慧行动。该APP集结风景、旅游、美食，涵盖吃住行，今后APP还将开发在线订餐、地图定位、折扣券下载，实时资讯查询等功能。

（3）智慧旅游网络平台

"西湖游览网"（www.toxihu.com），首期推出西湖概况、门票预订、自助游（景区套票）、餐饮预订、驴友服务板块，住宿预订、休闲娱乐、杭州特产服务板块也将在年底前陆续推出。

移动平台上,南宋御街·清河坊推出了"清河坊·南宋御街"微信公众号。

该公众号包含了逛老街、看民俗、玩互动三大栏目。其中,"逛老街"为游客讲述河坊街、南宋御街、二十三坊巷等街巷故事,不仅"有图有真相图",还有语音导游功能,把街巷的人文、历史、地理等信息,老街的故事向游客娓娓道来,可以说是手机上的"私人导游"。

如果想更加了解南宋御街·清河坊的文化,在公众号还可以找到民间艺人,民俗活动,老字号和风味美食的介绍,老杭州的民俗风味在这里尽收眼底。

B 智慧景区

智慧景区建设主要涵盖以下三方面的内容:景区智慧导览、景区智慧导购、景区智慧管理。

西溪湿地于2012年成为全国首批22个智慧景区试点单位,浙江省首批10个智慧景区试点单位。通过以新一代宽带泛在网、云计算、3DGIS、混合现实等新兴信息技术为支撑,构建跨平台、跨网络、跨终端的西溪检测监控管理平台和"一云多屏"的西溪旅游公共服务及营销平台,使旅游行业管理和旅游公共服务信息化水平明显提高。

(1) 高效及时的智慧管理

"以前汛期,我们的维修工人来回赶着去关水闸的阀门,至少需要两个小时,现在通过智慧平台只需5秒钟就够了。"严主任在介绍"智慧西溪"的智慧管理方面时举了关水闸的例子,另外类似的还有关闭路灯、排污系统等,智慧管理使景区的管理变得高效和及时。目前西溪湿地已经或即将投入使用的系统包括OA系统,电子售票系统和西溪湿地数字化管控平台(包括园区水闸系统,高压配电系统,排污系统,路灯系统,停车场的视频接入和车流量分析系统,园区建筑设施管理系统,园区名木古木管理系统,园区强电、弱电线路管网系统,园区车、船定位管理系统,园区安保人员定位调度管理系统,人流量统计系统等)。随着信息技术和知识经济的发展,用现代化的新技术、新装备改造和提升旅游业,正在成为新时期旅游业发展的新趋势。西溪湿地下一步要建设的景区WAP门户网站、景区自助导游系统、二维码景区电子导航以及景区信息查询厅正响应了这样的趋势。

西溪湿地智慧景区建设的下一步是建设基于"云3DGIS"引擎的"智慧西溪"旅游信息服务集成总平台。湿地管理方可以通过平台对游客的数据进行管理和追踪,全面掌控整个城市的旅游资源,比如可以根据各涉旅企业的数据同步,对旅游高峰期的人员进行预估,提前做好应急方案,避免重特大事故的发生;比如可以在平台上对高峰时出现的旅游车行车路线通过车载GPS进行实时规划,分流交通拥堵路段;还比如可以对各个热门景区进行实时监控,人流量过大的景区,可以对所有的旅游团队进行提示,节省游客等待的时间,提高游客的旅游体验。自驾游客则可以通过客户端,随时调取管理方的交通疏导路线图、酒店空房表、景区热点等实用数据,提升游客到达目的地城市后的亲切感和归属感。

(2) 贴心享受的智慧服务

通过"智慧西溪"移动客户端,游客不仅可以通过智能手机和平板电脑享受西溪提供的服务,也能借助电脑显示屏、多媒体触摸屏、LED大屏、电视屏等多种终端,按需实现"导航、导览、导游、导购"等旅行中的基本服务需求。服务平台包括虚拟系统,行程定制系统,终端自组服务系统,触摸屏互动体验系统等,优化游客在游前、游中和游后三个阶段的体验需求,为游客提供全方位、个性化的一站式旅游服务。

服务平台会为每位抵达西溪的游客分配一片服务云,它将跟随游客完成整个旅游过程,游客通过服务云可以在游前享受虚拟游、感知目的地，规划自己的行程，安排好所有的吃、住、行、游、娱、购，并进行电子支付。游客落地后，服务员会通过多种终端对游客安排好的线路进行导航，并在第一时间通知所有已经接受游客预订并付款的商家做好接待准备工作，游客的位置将会实时告知接待单位。游客也可以通过多种终端随时更改自己的行程安排，服务云将会根据管理平台上统计的数据随时向游客提供合理建议。在游玩某一景点时，游客还能通过应用听到语音介绍、浏览不同时节的景点照片，感受更全面更丰富的西溪景致。

（3）便捷优化的智慧营销

"智慧西溪"移动应用还提供了智慧营销的功能，服务平台将整合吃、住、行、游、娱、购六个行业的周边商家，向游客即时推送周边各个宾馆空房以及餐馆餐位情况，并为游客提供在线预订和在线支付等功能性服务。游客可以享受通过多种终端实现房门开启、房间灯光控制、会议提醒、酒店服务等功能，可以享受随时订车、公交线路规划、景区线路规划、智能导游、应急救援等游览服务功能，可以实现异地购物、购物送货等购物服务功能，还可以通过平台分享旅游体验，与网友交流心得，并反馈和提交建议。目前，西溪湿地已携手西溪宾馆和汝拉小镇，利用智慧西溪智慧营销功能，为游客提供便利的消费服务。严主任透露，每年至少三百万的入园游客人次，将带来巨大的经济效益。

地处杭州西溪湿地公园东南角的西溪天堂也与支付宝钱包达成战略合作，打造国内首个"未来生活广场"。双方将一起探索线下商业综合体在移动互联网时代的全新体验模式，通过支付宝钱包"服务窗"提升线下商业的一系列服务。通过此次合作，西溪天堂将加入支付宝钱包的"全民免费 Wi-Fi 计划"，并入驻支付宝钱包的"服务窗"，为用户提供免费上网、酒店预订、美食预订、地图导航、商户推荐等一系列服务。服务窗是现实场景和用户交互的虚拟窗口，目前西溪天堂的服务窗对区域内的商家进行了分类，按照酒店、美食、休闲娱乐等门类分别介绍，并辅以地图导航等功能，还接入了"淘宝旅行"和"淘点点"服务，保证用户随时随地可以预订酒店和美食。除了酒店和餐饮预订之外，未来西溪天堂服务窗还会加入智能停车、KTV和电影票预订、室内导航等新服务。比如，以后将导航与停车场信息打通，可以推送消息，为用户推荐最佳的出行方案。

（4）智慧保护

生态保护一直是西溪湿地保护开发过程中优先遵循的原则，智慧西溪项目中的第四个层面就是智慧保护。西溪的云数据中心除了监测景区的游客流量，还可以收集环境、水文、地质、生物、文物等动态监测数据，通过自动采集、人工报送、系统数据交换等多种手段相结合，从各景区获得监测业务数据。云数据中心还包括西溪湿地文化遗产数据库，利用数字化技术将湿地文化遗产转换、再现、复原成可共享、可再生的数字形态，并以新的视角加以解读，以新的方式加以保存，以新的需要加以利用。利用西溪湿地生态环境监测站和智慧西溪平台的生态监测能力，可以实时向游客展示湿地环境、水质、PM2.5等监测数据，使游客更了解西溪。

C 智慧酒店

智慧酒店是指利用物联网、云计算、移动互联网、信息智能终端等新一代信息技术，通过饭店内各类旅游信息的自动感知、即时传送和数据挖掘分析，实现饭店"食、住、行、游、购、娱"旅游溜达要素的电子话、信息化和智能化。

杭州市智慧酒店建设应以黄龙饭店为指导。如果你是黄龙饭店的VIP客人，在走到离总台5米远的地方时，酒店服务员就能识别你是怎样一位客人。进入酒店后，你不用办任何手续就能完成入住，而且客房将自动按照你的习惯进行相关设置，如自动调节光线、温度等,让你能够马上在自己熟悉的舒适空间里工作和休息。这是因为黄龙饭店为酒店的 VIP 客人制定了特殊的智能卡。借助 RFID 的应用,凭借此卡,VIP 顾客一进入酒店即可被系统自动识别。不管你是不是 VIP 客人,入住后,也不用像以往那样担心酒店客房太多而找不到自己所属的客房,因为出了该楼层电梯,就有指示牌根据你的房间号直到把你引导到你所属的客房。客房内的互动电视系统可以自动获取你的入住信息,并且在你进入房间时主动欢迎你入住,系统的背景画面和音乐可以随季节、节日、客人生日及特殊场合而自动更换。如果你恰巧正在沐浴或已就寝,或者在其他不便应答的时候有人按门铃,不必像现在这样走到猫眼去看门外到底是谁,因为门外的图像会主动跳到电视屏幕上,一目了然,然后你才需要决定以什么样的形象去开门。

D 智慧公共服务

目前,杭州市的智慧公共服务建设包括以下三个方面的内容。①建设智慧旅游公共数据服务中心。在全市范围内建立有效的旅游公共服务数据资源共享和分级管理机制。②开发新型游客体验终端,利用网络和多媒体技术,研发新型游客体验终端,并将终端与杭州市官方网站和官方微博实现实时互动,第一时间播报旅游相关资讯、查询相关信息。③旅游执法 E 通:智慧旅游中的"旅游执法信息管理移动终端查询系统"业务是基于移动网络,适用于普通智能型手机的移动终端所搭建的支持旅游管理需求的应用系统。执法人员在执法现场只要利用一部 3G 手机,就能查询旅行社、旅游星级饭店等信息,现场拍摄"取证照片",录制"取证录音",并将数据资料传送回后台的数据库中备案。

除了上文所提到的智慧旅游 APP、智慧旅游网络平台,还有以下的智慧公共服务可供使用:①萧山"物流 E 通",通过配货平台和智能手机整合物流货源信息,为物流司机、物流中介和货源企业三方提供智能化应用;②智慧交通信息平台——出行宝,"基于无线数字电视的智能交通导航系统"经过五年的努力,已经研发成功;③免费 WIFI 覆盖全城——i-hangzhou。

(案例来源:http://www.xzbu.com/7/view-5117453.htm;http://hangzhou.zjol.com.cn/system/2014/08/05/020182090.shtml;
http://www.isenlin.cn/sf_CEE760E0C59E4EA3BF8DFE067920F6F0_209_xxgy.html)

案例分析题:

1. 结合案例,总结杭州市智慧旅游建设中可取的经验,并给出杭州进一步发展智慧旅游的建议;

2. 下载并体验案例中提到的一款智慧旅游类 APP,根据自身使用体验,指出 APP 的可取之处,并给出改进建议。

本章小结

智慧旅游来源于"智慧地球"及"智慧城市"。"智慧城市"是"智慧地球"从理念到实际、落地城市的举措。智慧旅游并不等同于智能旅游或旅游信息化,智慧旅游是利用云计算、物联网、下一代通信网络、高性能信息处理、智能挖掘、大数据管理等技术,通过互联网/移动互联网或信息处理终端及时掌握旅游的主体(旅游者)、客体(旅游资源)、媒体(旅游业)、载体(旅游环境)的需求,并主动感知旅游资源、旅游经济、旅游活动、旅游者等诸多方面的因素,通过提取、分析数据信息,不断优化各主体之间的关系,使其以一种系统化、集约化的方式高效、便捷、可持续地呈现出来。能够实现旅游的主体、客体、媒体、载体之间相互促进、和谐可持续发展。

智慧旅游的研究与建设必须明确开发主体、应用主体以及运营主体，因而，构建相应的体系模型就显得尤为重要，本章重点介绍了张凌云提出的 CAA（Capabilities-Attributes-applications）体系框架。此外，旅游信息化是智慧旅游的核心内容之一，本章对智慧旅游的"一心、两端、三网"技术体系进行了介绍。

纵观先有的智慧旅游实践与应用，主要涵盖智慧旅游城市、智慧景区、智慧酒店和智慧旅游公共环境服务体系这四个方面的内容。在阐述介绍各应用的基础上，分别介绍了厦门市的智慧旅游城市建设、九寨沟的智慧景区、IBM 的智慧酒店解决方案以及北京市的智慧旅游公共服务体系。

复习思考题

1. 智慧旅游的定义及内涵分别是什么？
2. 智慧旅游与智能旅游、旅游信息化的异同？
3. CAA 体系模型指的是什么？它的内涵是什么？
4. 智慧旅游的技术体系包括哪些方面？分别有什么内容？
5. 智慧旅游的应用包括哪几方面？分别表示什么？
6. 简要阐述你对智慧旅游城市的理解，并阐述智慧旅游城市的建设意义。
7. 智慧景区的定义是什么？简要说明智慧景区的体系结构。
8. 什么是智慧酒店？酒店智慧化的意义是什么？
9. 简要介绍 IBM 的智慧酒店解决方案，并结合其中某一或几个方面，基于实际案例来探讨其应用的效果。
10. 什么是智慧旅游公共服务体系？该体系包括哪些方面，简要介绍每一方面的内容。

讨论题

1. 除了 CAA 框架以外，国内外学者还先后列出过其他一些框架体系，试列举两个，并比较这三者的异同。
2. 本章介绍了智慧旅游的一般性技术体系，检索相关资料，以智慧景区、智慧酒店等为例，具体分析其智慧化的技术体系。
3. 结合您所在的城市或周边热点旅游城市，分析其某一方面或几个方面的旅游智慧化发展情况，并给出自己的发展建议。
4. 检索相关资料，分析大数据在智慧旅游中的应用，并给出自己的看法。
5. 以小组形式拟定一个景区智慧化综合管理解决方案。
6. 以小组形式讨论我国智慧旅游的发展现状，并给出发展建议与对策。

网络实践题

1. 以你所在城市为起点，通过互联网或移动互联网安排好你的每一步行程，并思考其中包含的智慧旅游的各种信息,记录下你的行程以及感受,给该次旅行中涉及智慧旅游的部分提出自己的看法和意见。

2. 选取一家智慧酒店,浏览主页并收集相关信息,分析其智慧化应用情况及效果。

3. 以九寨沟景区为对象,检索相关数据信息,分析其实施智慧化前后的变化,并给出未来发展建议。

4. 选取国内智慧旅游试点城市,查阅相关信息,体验该城市的智慧旅游服务,并进行比较,评价各自的优劣势。

参考文献

[1] 谢彦君. 基础旅游学 [M]. 北京：中国旅游出版社，2004.
[2] 杨路明，巫宁. 现代旅游电子商务教程 [M]. 北京：电子工业出版社，2004.
[3] 杜文才. 旅游电子商务 [M]. 北京：清华大学出版社，2006.
[4] 杨路明，薛君，胡艳英. 电子商务概论 [M]. 北京：科学出版社，2006.
[5] 黄敏学. 电子商务 [M]. 北京：高等教育出版社，2007.
[6] 杜友珍，裴玉昌，吴洪亮. 旅游概论 [M]. 重庆：西南师范大学出版社，2007.
[7] 杨路明，巫宁. 旅游电子商务 [M]. 北京：科学出版社，2010.
[8] 李炳义. 旅游经济学 [M]. 北京：高等教育出版社，2010.
[9] 吴应良，左文明. 旅游电子商务 [M]. 广州：华南理工大学出版社，2012.
[10] 董林峰. 旅游电子商务（第二版）[M]. 天津：南开大学出版社，2012.
[11] 吕宛青. 旅游经济学 [M]. 北京：高等教育出版社，2012.
[12] JAMES CHAMPY, MICHAEL HAMMER. REENGINEERING THE CORPORATION [M]. NICHOLAS BREALEY PUBLISHING，1993.
[13] Karcher K. The four global distribution systems in the travel and tourism industry [J]. Electronic Markets，1996（2）：20-24.
[14] Michael J.，Earl. Information Management [M]. Oxford University Press Inc.，New York，1996.
[15] Grant R M. Prospering in dynamically competitive environments：organizational capability as knowledge integration [J]. Organization Science，1996，7（4）：375-387.
[16] 迈克尔·哈默，詹姆斯·钱皮. 改革公司 [M]. 上海：上海译文出版社，1998.
[17] Margaret Bruce，New technology and the future of tourism [J]. Tourism Management，2002，82：115-120.
[18] Carter, Roger. E-Business for Tourism：Practical Guidelines for Destinations and Businesses, World Tourism Organization Business，2002.
[19] Annika Hinze l，Agnes Voisard. Location-and Time-Based Information Delivery in Tourism [C]. Proc. 8th International Symposium in Spatial and Temporal Databases，2003.
[20] Berger, S. Lehmann, H. Lehner. Location-based Services in the tourist industry [J]. International Journal on Information Technology & Tourism，Cognizant，2003，5（4）.
[21] U. Varshney. Mobile and Wireless Information Systems：Applications，Networks and Research Problems [J]. Communication of AIS. 2003，12：155-167.
[22] Jong Woo Kim，Chang Soo Kim，Arvind Gautam，Yugyung Lee. Location—Based Tour Guide System Using Mobile GIS and Web Crawling [C]. Knowledge—Based Intelligent Information and Engineering Systems 9th International Conference，2005.
[23] Shuchih Ernest Chang，Y'ing—Jiun Hsieh. Chien-Wei Chen. Location—Based Services for Tourism Industry：An Empirical Study [C]. Ubiquitous Intelligence and Computing Third International Conference，2006.
[24] Dimitrios Buhalis，Rob Law. Progress in Information Technology and Tourism Management：20 years on and 10 years after the Internet——The state of E-Tourism research [J]. Tourism Management. 2008，29（4）：609-623.
[25] Gary Akehurst. User Generated Content：the use of blogs for tourism organizations and tourism consumers [J]. Service Business，2009，3：51-61.
[26] Jinn·Shing Cheng，Hung-Wei Hsiang，Wer-Chih Wu. The Design of Intelligent Mobile Tourism Service System [J]. Computer Symposium (ICS)，2010：813-817.

[27] 阿布都热合曼·阿布都艾尼．旅游电子商务对传统旅游的影响［J］．中外企业家，2010年第2期（下）：169．

[28] Anil Bilgihan, Fevzi Okumus, Khaldoon "Khal" Nusair, David Joon-Wuk Kwun. Information technologyapplications and competitiveadvantage in hotel companies［J］．Journal of Hospitality and Tourism，2011，2（2）：139-154．

[29] Vinnie Jauhari. Summing up key challenges facedby the hospitality industry in India［J］．Worldwide Hospitality and Tourism，2012，4（2）：203-211．

[30] Chandana Jayawardena, David McMillan, David Pantin, Martin Taller, Paul Willie. Trends in the international hotel industry［J］．Worldwide Hospitality and Tourism，2013，5（2）：151-163．

[31] JANG Sung-Won. Seven Disruptive Innovations for Future Industries［J］．SERI Quarterly，2013（7）：94-98．

[32] 曾喻江，谢自美，盛翊智．电子商务网站中的三层体系结构［J］，信息技术，2001，（11）：32-33．

[33] 王昌．基于旅游电子商务的网络营销应用研究［D］．太原：山西财经大学，2003．

[34] 杨路明，巫宁．旅游产业与电子商务的天然适应性讨论［J］．重庆工商大学学报（社会科学版双月刊）第20卷第6期：97-100，2003．

[35] 罗莹华．互联网冲击下旅行社的商机与危机［J］．韶关学院学报（社会科学版），2003，（5）：31-33．

[36] 白翠玲，耿俊辰．电子商务冲击下的旅行社发展浅析［J］．石家庄经济学院学报，2003，（4）：444-445．

[37] 苗学玲．旅游商品概念性定义与旅游纪念品的地方特色［J］．旅游学刊，2004（1）：28．

[38] 谢兰云．基于客户关系管理的旅游电子商务［J］．东北财经大学学报，2004（2）：35-36．

[39] 刘亚军．移动电子商务对旅游业的影响及对策［J］．商业经济，2004，1：78-80．

[40] 刘四青．旅游移动电子商务发展对策研究［J］．企业经济，2005，7：114-115．

[41] 朱玮．电子商务在旅行社中的应用［J］科技广场，2005（9）．

[42] 洪岩．基于三层体系结构的B2C型电子商务系统的设计与实现［D］，天津：南开大学，2005．

[43] 杨竹青，杨路明．电子商务环境下的旅游商品物流体系研究［J］．物流科技，2005（29）：4-6．

[44] 郭炜，高琳琦．电子旅游中间商的个性化信息服务模式研究［J］．情报科学，2006（5），732-735．

[45] 肖俊鹏．论网络隐私权的法律保护［D］．长春：吉林大学，2006．

[46] 郭炜，高琳琦．电子旅游中间商的个性化信息服务模式研究［J］，情报科学，2006（5），P732-735．

[47] 钟海燕许振文李雪涛．中小型旅行社电子商务网站的设计［J］．长春师范学院学报：自然科学版，2007（1）．

[48] 雷霖．论基于个性化定制的旅游电子商务网站设计［J］．中国西部科技：学术版，2007（6）．

[49] 李晓婷．电子商务条件下的旅行社业务流程再造研究［D］．北京：北京第二外国语学院，2007．

[50] 杨丽，章雪岩．铁路货运电子商务信息规范实施框架研究［J］．铁路信息化，2007（8）：21-23．

[51] 金立韬．桂林旅游电子商务网络营销分析及解决方案［J］．时代经贸，2008（6）：199-200．

[52] 李艳花．信息化背景下旅游供应链核心企业探讨［J］．商场现代化，2008．

[53] 孙琴．网络金融与电子支付问题探讨．［J］．中国商界，2008，4：67-68．

[54] 万冬娥．旅游电子商务环境下CRM系统的研究［D］．济南：山东大学，2008．

[55] 杨路明，劳本信．电子商务对传统旅游价值链的影响［J］．中国流通经济，2008，4：38-41．

[56] 金福才．电子商务环境下对铁路货运工作的思考［J］．铁路信息技术与电子商务，2008（7）：40-42．

[57] 胡艳梅．对哈尔滨市餐饮业发展状况的分析与思考［J］．商业经济，2008（6）．

[58] 徐晏，杨路明．基于信息技术的中小企业组织结构模型研究［J］，工业技术经济，2009（2），22-24．

[59] 王建宏，李广振，闵旭光．电子商务安全技术研究［J］．中国商贸，2009（9）：72-73．

[60] 杜杰慧．辛江电子支付在旅游电子商务中的应用研究［J］．经济研究导刊，2009，12：176-177．

[61] 陈瑞卿．旅游供应链本质的研究［D］．开封：河南大学，2009．

[62] 曾德彬，卢海霞．浅析电子商务在餐饮业中的应用［J］．全国商情，2010（19）．

[63] 冉祥云．电子商务在旅行社业务中的应用［J］．电子商务，2010（8）．

[64] 梁涛．论旅游电子商务网站的品牌化建设［J］．电子商务，2010（8）．

[65] 彭小敏，王东，李姿含．移动电子商务在旅游业中的应用前景分析［J］．知识经济，2009，8：88-89．
[66] 汪军．电子商务网络安全体系的设计．实验室研究与探索［J］．2010（9）：179-183．
[67] 蒋小华等．电子支付在旅游电子商务中的应用与发展探讨［J］．现代商业，2010，4：167-168．
[68] 张华强．基于电子商务的旅游供应链平台项目后评估研究——以广之旅旅游供应链电子商务项目为例［D］．广州：中山大学，2010．
[69] 周春林，杨洁，俞肇元．旅游电子商务网站内容交付性测量与评价研究［J］．旅游学刊，2010（12）．
[70] 陆媛等．我国旅游电子商务体系解析［J］．兰州石化职业技术学院学报，2011（3）：21-25．
[71] 王冬．旅游物流能力综合评价模型［D］．桂林：桂林理工大学，2011．
[72] 金福才．铁路货运发展电子商务的策略和建议［J］．铁路信息技术与电子商务，2011（4）：15-19．
[73] 胡道华，赵黎明．基于旅游体验过程的游客感知评价［J］．湘潭大学学报（哲学社会科学版）．2011（02）．
[74] 朱芳琳，宁凯，闫晨，张岳．旅游目的地营销策略探讨［J］．中国集体经济，2012（19）．
[75] 陈宁．旅游电子商务对旅行社的影响及应对策略研究［J］．现代商贸工业，2012（7）：151-152．
[76] 郇正良，任翔，姜焕军．区域旅游产业信息化升级与电子商务应用研究［J］．泰山学院学报，2012，34（6）：36-39．
[77] 张凌云，智慧旅游的基本概念与理论体系［J］．旅游学刊，2012.5：66-73．
[78] 丁凤芹，我国智慧旅游及其发展对策研究［J］．城市经济，2012.1：32-33．
[79] 马衍民，金迪，李敏，张健沛．Web数据挖掘在旅游电子商务中的应用研究［J］．中国电子商务，2012（21）．
[80] 王义龙．体验经济背景下旅游目的地营销模式［D］．天津理工大学，2012．
[81] 赵慧娟．我国旅游产品与服务中间商电子商务模式分析［J］．全国商情，2013（36）：59-60．
[82] 尚宇航，朱斌．电子商务在旅行社业的应用［J］．电子商务，2013（10）：28-29．
[83] 蔡思露，胡涛．海南小型旅行社电子商务运营模式分析——以三亚某旅行社为例［J］．旅游管理研究，2013（3）：19-21．
[84] 张亚明．服务企业电子商务发展模式研究——以旅行社为例［J］．企业经济，2013（9）：5-10．
[85] 荆林波，梁春晓．中国电子商务服务业发展报告［M］．北京：社会科学文献出版社，2013．
[86] 赵慧娟．我国旅游产品与服务中间商电子商务模式分析［J］．全国商情，2013（36），59-60．
[87] 刘红军．物联网在现代旅游业发展中的应用初探［J］．现代商业，2013，3：90-91．
[88] 姚国章，赵婷．利用云计算技术推进智慧旅游发展研究［J］．电子政务，2013，4：79-86．
[89] 杨路明，巫宁，黄刚，电子商务与旅游市场运行机制研究［J］．资源开发与市场，2003，19（6）：427-428．
[90] 王靖华．旅游电子商务网络营销平台设计［J］．桂林航天工业学院学报，2014（2）．
[91] 何佳．移动电子商务及其在旅游行业中的应用［J］．现代商贸工业，2014，05：170-171．
[92] 何佳．我国旅游电子商务应用现状及创新发展研究［J］．科技文汇，2014，3：87-88．
[93] 杨路明，陈昱．电子商务对旅游市场中间商的影响分析［J］．思想战线，2014（2）：152-156．
[94] 谢艳等．我国旅游企业电子商务微观运营体系研究［J］．兰州石化职业技术学院学报．
[95] 蒋小华，卢永忠．电子支付在旅游电子商务中的应用与发展探讨［J］．现代商业．
[96] 赵慧娟．电子商务环境下旅游供应链运营模式的优化［J］．现代服务业，2014（01）：26-27．
[97] 王天擎．微信在旅游移动电子商务中的应用研究［J］．电子商务，2014，8：36-37．
[98] http：//www.xiaomayi88.com/O2O/1718.html．
[99] http：//news.cb.com.cn/html/company_11_18278_1.html．
[100] http：//www.chinaz.com/start/2014/0213/338710.shtml．
[101] 旅游电子商务网站．http：//wenku.baidu.com/link?url=zlULLZvCWK1T_Ho98m8GhbimjKnCAI-vAAE6LpHRnMO3vIXxXSwwBVJQMz6aoRFV6As00mmzOU9Q_8F0Vangseobi2mOo4u_9ScnqVOjrsa．
[102] 旅游业电子商务案例分析http：//blog.sina.com.cn/s/blog_6bc1bc660100wqvn.html．
[103] 携程_百度百科http：//baike.baidu.com/link?url=5401e1fICqEiMwGxz9wkkOzJxk8Ca7sErEaz4X3-JFNVuy2qb73xUwEvg1d1qzgBbsV3iXIoW828dmGqXRwlgM_．

［104］ 中国互联网络信息中心（CNNIC）.我国互联网发展状况调查报告.http：//www.cnnicn.net.cn/.
［105］ 王迪 2014 年度互联网趋势报告：大数据发威发布时间：2014-05-30 09：33：00 来源：中关村在线 http：//server.chinabyte.com/24/12969024.shtml.
［106］ http：//www.kchance.com/nvision_details.asp？id＝1843，旅游电子商务助推全民出境游.
［107］ 在线旅游经营服务新规今起施行，人民日报海外版，2014.7.1.
［108］ 中国互联网络发展状况统计报告 http：//wenku.baidu.com/link？url＝lsC4AxaOS6Hksv1ZfZam3V-YnmBtpwzovnTPRs2IaoWvJZ1I13s5j7Z6l9fncg4aB_3FWIT8BOBkn1l5EUJdaYIKzXqJNHPt5QZmG-12OG_.
［109］ 移动互联网新技术 http：//wenku.baidu.com/.
［110］ GPS、GIS 在汕头旅游信息系统中的应用 http：//www.3snews.net/index.php？m＝content&c＝index&a＝show&catid＝57&id＝185.
［111］ 电子金融（汉语词汇）_百度百科_.
［112］ 旅游信息化兴起云南旅游更智慧_云南网 http：//yn.yunnan.cn/html/2013-11/01/content_2941209.htm.
［113］ 艺龙旅行网_百度百科_.